2012

广东国土资源年鉴

广东国土资源年鉴编纂委员会编

广东省地图出版社

图书在版编目（C I P）数据

广东国土资源年鉴. 2012 /《广东国土资源年鉴》编纂委员会编. -- 广州：广东省地图出版社，2012.12
ISBN 978-7-80721-492-2

Ⅰ. ①广… Ⅱ. ①广… Ⅲ. ①国土资源 - 广东省 - 2012 - 年鉴 Ⅳ. ① F129.965-54

中国版本图书馆 CIP 数据核字 (2012) 第 277078 号

责任编辑：蔡　倩　邝文强

广东国土资源年鉴（2012）

1996 年创刊

编　者　广东国土资源年鉴编纂委员会
出　版　广东省地图出版社
发　行　广东国土资源年鉴编辑部
地　址　广州市环市东路 468 号
邮　编　510075
电　话　020-87601858（采编室）
　　　　020-87601827（通联室）

开　本　850 毫米 ×1168 毫米 1/16
印　张　18.75
字　数　445 千字
印　数　800 册
版　次　2012 年 12 月第一版
　　　　2012 年 12 月第一次印刷

书　号　ISBN 978-7-80721-492-2/F·103
定　价　160.00 元

编 辑 说 明

一、《广东国土资源年鉴》是广东国土资源年鉴编纂委员会组织编撰、反映年度广东省国土资源利用变化以及行业活动的史实记录。其前身《广东地政地产年鉴》，1996 年创刊，2000 年更名为《广东国土资源年鉴》。

二、2012 年的《广东国土资源年鉴》记述 2011 年广东国土资源工作有关资料。全书设图片专辑、特辑、国土资源省情、国土资源行政、党建纪检及人事、各市国土资源管理、部门国土资源管理、厅属事业单位、学会社团、统计资料、政策法规选登共 11 章，约 445 千字。附照片 110 张，图表 14 幅。

三、本年鉴编排结构：采用编目、类目、条目三个层次，采用不同层次的标题、字体、字号和版式设计标示。其中全书出现最多的“目”一级标题，统一用黑体字加【】表示。

四、本年鉴所有的统计数字，主体是国土资源部门统计数字。由于统计口径的差异，有的数字可能与政府统计部门的数字不尽一致，公开使用时应以省统计局《社会经济统计资料》的数字为准。

五、本年鉴的资料来源：全省性的资料由省国土资源厅、社团提供；各市及部门资料由各市国土资源管理部门及有关部门提供。

六、广东国土资源年鉴编辑部负责全书资料的收集、整理及校核，由广东省地图出版社出版。在本年鉴编纂出版过程中，各级领导给予关怀和支持，供稿、编校人员付出辛勤劳动，借此深表谢意。疏漏之处，敬请指正。

2012 年 12 月

广东国土资源年鉴编纂委员会

广东国土资源年鉴编辑部

2012年《广东国土资源年鉴》主要撰稿人

目　录

党建、纪检及人事

各市国土资源工作

部门国土资源工作

厅属事业单位

学会社团

统计资料

政策法规选登

1/40

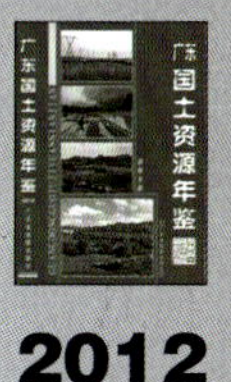

责任编辑：邝文强　卢凤华　卢小娅

2011年3月13日，中共中央政治局委员、广东省委书记汪洋，广东省委副书记、省长黄华华在京会见国土资源部部长、党组书记、国家土地总督察徐绍史，就如何进一步推进广东国土资源管理制度改革、在严格保护和管理资源的同时切实保障广东经济发展等问题进行商谈。省长黄华华、副省长林木声先后汇报广东国土资源管理工作情况。

2011年5月，国土资源部党组书记、部长、国家土地总督察徐绍史带领调研组一行，莅临广东进行调研。5月26日，徐绍史在河源市东源县古云村整装勘查区考察当地稀土矿的勘查、开发与集约利用情况。

2011年2月23～24日，国土资源部副部长、国家测绘局局长徐德明到广东省潮州市、汕头市调研。广东省国土资源厅党组书记陈耀光、副厅长李俊祥等陪同调研。

2011 年 9 月 27 日，国土资源部副部长、国家测绘地理信息局（原名：国家测绘局）局长徐德明在广东省国土资源厅党组书记、厅长陈耀光，广州市常务副市长苏泽群以及广州市国土资源和房屋管理局局长李俊夫陪同下，视察广州市土地房屋管理数据中心工作室并与工作人员亲切交谈。

2011 年 5 月 11 日，国土资源部党组成员、副部长王世元一行在省国土资源厅党组书记、厅长陈耀光的陪同下，对广东国土资源管理工作进行调研。调研期间，王世元前往佛山进行视察，并实地考察在建的佛山市国际家具博览城一期工程。

2011年11月19～20日，由中国土地学会主办的2011年中国土地学会学术年会在广东省佛山市召开。国土资源部党组成员、副部长、中国土地学会理事长王世元出席会议，围绕“城乡统筹发展与深化土地制度改革”年会主题，对土地学会工作提出要求。广东省副省长林木声出席会议并致词，广东省国土资源厅党组书记、厅长陈耀光参加会议和有关活动。

2011 年 11 月 10 日，广东省国土资源系统廉政文化优秀作品展闭幕式在潮州市举行，中纪委委员、国土资源部党组成员、驻部纪检组组长王寿祥出席闭幕式并讲话。广东省国土资源厅机关有关处室，潮州市委、市政府有关领导，粤东片国土资源管理部门干部职工近 300 人出席闭幕式。

2011年11月15日，国土资源部在东莞市召开全国国土资源系统“两整治一改革”工作汇报会。国土资源部党组成员、中央纪委驻部纪检组组长王寿祥，广东省委常委、省纪委书记黄先耀，省纪委常委、秘书长王兴宁，国家土地督察广州局局长束伟星，广东省国土资源厅党组书记、厅长陈耀光等出席会议。与会期间，各检查评估组组长及其他与会人员，结合检查评估情况进行汇报交流。

2011年11月22日，国土资源部2011年“12·4”全国法制宣传日送法活动在广东省肇庆市瑞州区政府隆重举行。国土资源部党组成员、国家土地副总督察甘藏春，广东省人民政府党组成员李容根，广东省国土资源厅党组书记、厅长陈耀光出席活动。本次活动的主题为“弘扬整治精神、培育法制文化”，旨在进一步形成全社会共同保护和节约集约利用国土资源的良好氛围。

2011年9月29日下午，广东省国土资源系统“大地清风”廉政文化优秀作品展开幕式在广东省国土资源厅举行。广东省委副书记、省纪委书记朱明国，省政府副省长林木声，省纪委副书记丘海，省纪委常委许泽红，省检察院副检察长梁德标和省纪委各室领导应邀出席。朱明国，林木声，陈耀光为展览揭幕。

2011年1月14日，广东省政府在广州召开全省国土资源工作会议，深入贯彻落实国土资源部、国家测绘地理信息局工作会议和省委十届八次全会精神，全面总结“十一五”国土资源管理工作，研究部署“十二五”及2011年的工作任务。副省长林木声和国家土地督察广州局局长束伟星出席会议并作讲话，省国土资源厅厅长招玉芳做工作总结。

2011年1月20日，广东省国土资源厅在韶关市召开全省矿产资源管理工作会议。省厅党组成员、副厅长黄奕锋，韶关市副市长尚伟出席会议并作讲话。

2011年2月11日，广东省国土资源厅召开全体干部大会，广东省委常委、组织部部长李玉妹出席会议，宣布陈耀光、招玉芳职务任免并讲话。

2011年2月18日，广东省国土资源厅在广州市花都区召开广东省"十二五"测绘工作座谈会。省国土资源厅党组成员、副厅长邢建江、李俊祥，党组成员、总工程师杨林安出席座谈会。

2011年2月21日，广东省政府在广州召开全省2010年度违法违规用地清查整治工作会议。会议通报2009年度土地卫片执法检查情况，部署2010年度违法违规用地清查整治工作。省政府副省长林木声、国家土地督察广州局局长束伟星出席会议并分别作讲话，省国土资源厅党组书记陈耀光主持会议。

2011年2月25日，广东省国土资源厅党组书记陈耀光在京出席国土资源系统2011年“两整治一改革”工作视频会议，并在会上作发言讲话。

2011年3月21日，广东省国土资源厅党组书记陈耀光主持召开全厅干部大会，传达学习全国“两会”精神。

2011年3月22日，国家土地督察广州局召开华南地区“双保工程”2011年行动第一次联席会议暨土地督察联席会议，国家土地督察广州局局长束伟星作讲话。

2011年3月23日，广东省国土资源厅在阳江市召开全省测绘工作会议，会议深入学习贯彻全国“两会”和全国测绘局长会议精神，传达副总理李克强对测绘工作的重要批示，回顾总结“十一五”期间和2010年的测绘工作，部署“十二五”时期和2011年的测绘工作。省国土资源厅党组书记陈耀光、厅党组成员、副厅长李俊祥分别讲话，厅党组成员、巡视员沈绍梅主持会议，厅党组成员、总工程师杨林安等出席会议。

2011年3月25日，中央纪委2010年度惩防体系建设第6检查组成员，中央纪委预防腐败室副主任于贤成，惩防办副处长刘振龙，在广东省纪委副书记、省监察厅厅长林浩坤，省纪委副秘书长黄先贵，办公厅秘书处处长孙川东陪同下，到省厅实地查看广东省国土资源系统惩治和预防腐败体系建设情况。

2011年4月8日，广东省国土资源厅召开矿产资源开发整合工作情况汇报会。国家抽查验收组组长、国土资源部开发司司长刘连和一行8人听取广东省国土资源厅党组书记、厅长陈耀光就矿产资源开发整合工作汇报，并查阅相关资料。省厅矿管处及相关处室负责人对国家抽查验收组提出的问题进行详细的解说。

2011年4月26日，广东省国土资源厅召开全省汛期地质灾害防治工作视频会议，传达贯彻全国汛期地质灾害防治工作视频会议精神，省国土资源厅党组书记、厅长陈耀光出席主会场会议并讲话。

2011年6月24日，全省地质勘查单位工作会议在广州召开。广东省国土资源厅党组成员、巡视员沈绍梅在会上作重要讲话。

2011年6月30日，广东省国土资源厅在厅机关主会议室隆重举行庆祝中国共产党成立90周年暨表彰大会，分别对先进基层党组织和优秀共产党员、优秀党务工作者进行表彰。省国土资源厅党组书记、厅长陈耀光作讲话。

2011年7月4日，广东省国土资源厅召开中心组理论学习会，专题学习胡锦涛同志重要讲话精神。省国土资源厅党组书记、厅长陈耀光主持学习会并作讲话，厅领导和机关各处室（局）主要负责人参加会议。

2011 年 7 月 7 日，广东省政府召开全省土地管理工作会议，省长黄华华作重要讲话并代表省政府与各地级以上市政府签订《2011 年度广东省耕地保护责任书》。

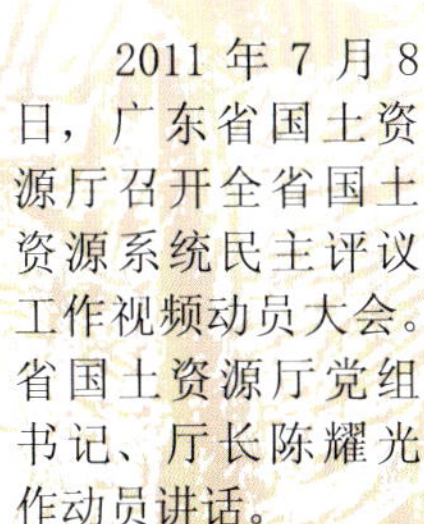

2011 年 7 月 8 日，广东省国土资源厅召开全省国土资源系统民主评议工作视频动员大会。省国土资源厅党组书记、厅长陈耀光作动员讲话。

2011年7月15日，广东省国土资源厅召开纪律教育学习月活动动员大会，动员和部署2011年纪律教育学习月活动。省国土资源厅党组书记、厅长陈耀光在会上作动员讲话。

2011年7月18日，广东省召开加快推进农村集体土地确权登记发证工作会议。会议要求，至2012年12月底前，各市、县（市、区）完成农村集体所有权确权登记发证工作。

2011年8月1日，广东省国土资源系统“两整治一改革”工作汇报会暨国土资源网上交易系统建设现场会在惠州市国土资源局召开。省国土资源厅党组书记、厅长陈耀光出席会议并讲话。

2011年8月10日，广东省国土资源厅在河源市连平县召开全省地质灾害群测群防现场会，省国土资源厅党组书记、厅长陈耀光，国土资源部地质环境司副巡视员陈小宁出席会议并讲话，厅党组成员、巡视员沈绍梅作上半年地质灾害防治工作报告。

2011年10月20～27日，按照国土资源部党组的部署，以司喜云为组长的国土资源部检查评估组一行，对广东省国土资源系统"两整治一改革"工作情况进行检查评估。

2011年11月30～12月1日，全省国土资源系统行政复议行政诉讼工作研讨会在广州召开。来自全省各地级以上市国土资源行政主管部门、顺德区国土城建和水利局分管法制工作的局领导、负责法制工作的机构负责人近60人参加研讨会。

2011年12月20日，广东省国土资源厅召开土地整治规划编制进展情况专题汇报会。厅机关有关处室、省规划编制各专题承担单位和顺德区、博罗县2个试点单位负责人和技术骨干以及中山大学、华南农业大学等有关专家30多人参加会议。

2011年12月21日，广东省国土资源厅党组务虚（扩大）会议在广州萝岗召开，省国土资源厅党组书记、厅长陈耀光，厅党组成员、巡视员沈绍梅，厅党组成员、副厅长黄奕锋、涂高坤，厅党组成员、省纪委、省监察厅派驻省国土资源厅纪检组组长叶伟龙，厅党组成员、副厅长邢建江、李俊祥，厅党组成员、总工程师杨林安，厅党组成员、执法监察局局长李师出席会议。

2011 年 11 月 8 ～ 12 日，由国土资源部主办的以"落实节约优先战略，促进节约集约用地"为主题的市、县长专题研究班在广州市开班。广东省副省长林木声出席开班仪式并致辞。

2011 年 9 月 30 日，全国首创的以地块为载体的"珠江三角洲地区营商环境暨'三旧'改造地块招商推介会"在广州举行。广东省副省长招玉芳出席会议并讲话。

2011 年 12 月 7 日，广东省国土资源厅赴香港举行"广东省支持外经贸企业转型升级稳定发展政策宣讲会"，广东省国土资源厅厅长陈耀光在会上对 "三旧"改造政策进行宣讲。

2011 年 3 月 7 ～ 9 日，部省联合广东调研组组长、国家土地督察广州局局长束伟星，就部省开展"破两难促转变"调研活动率队到湛江、茂名进行调研。

2011 年 3 月 15 日，广东省国土资源厅党组书记陈耀光一行，赴广州市房地产交易登记中心调研，并现场参观了解广州市国有土地一级和二级市场交易管理工作情况。

2011 年 3 月 25 日，河源市委书记陈建华率队拜访省国土资源厅，在省厅举行的座谈会上，双方就"十二五"期间河源市经济社会发展和国土资源管理等方面问题进行交谈。

2011年3月，广东省国土资源厅党组书记陈耀光在厅党组成员、副厅长邢建江、厅办公室主任朱江等陪同下，到广东省国土资源测绘院视察工作，听取测绘院组织实施基础测绘任务和科技创新工作汇报，给予充分肯定，并看望慰问生产一线的干部职工。

2011年6月18日，广东省国土资源厅、共青团广东省委员会联合在广州市英雄广场开展纪念第21个全国“土地日”活动，省国土资源厅党组书记、厅长陈耀光出席活动，并在万人接力签名布上签名。

2011年4月26日和5月10日，广东省国土资源厅分两期上线广东人民广播电台“民声热线”节目，厅党组书记、厅长陈耀光，厅党组成员、副厅长涂高坤，杨俊波，厅党组成员、执法监察局局长李师等领导分别上线倾听群众投诉、举报和解答咨询。

2011年6月18日，广东省全国“土地日”宣传周暨“珍爱国土·青年担当”——2011年广东青年“农村土地整治万里行”誓师动员大会，在位于徐闻县南山镇的汉代海上丝绸之路始发港遗址所在地举行。

2011年6月30日，广东省国土资源厅举行2011年“扶贫济困日”献爱心捐款仪式。厅党组书记、厅长陈耀光及其他厅领导率先垂范，带头捐款。

2011年7月1日，广东省国土资源厅党组书记、厅长陈耀光一行，前往对口帮扶梅州市丰顺县仙龙村视察，了解扶贫“双到”工作情况，并与当地村民握手交谈。

2011年7月29日，广东省国土资源厅转业复退军人欢聚一堂，庆祝建军84周年。党组书记、厅长陈耀光在座谈会上勉励转业复退军人为“加快转型升级，建设幸福广东”做出新贡献。

2011年8月10日，广东省国土资源厅在河源市连平县召开地质灾害群测群防现场会，厅党组书记、厅长陈耀光出席会议。期间，陈耀光一行前往连平县内莞镇国土资源所调研。

2011年8月30日，广东省国土资源厅党组书记、厅长陈耀光在省国土资源厅接待来访的肇庆市委书记徐萍华、市长郭峰一行，双方坦诚交换意见。

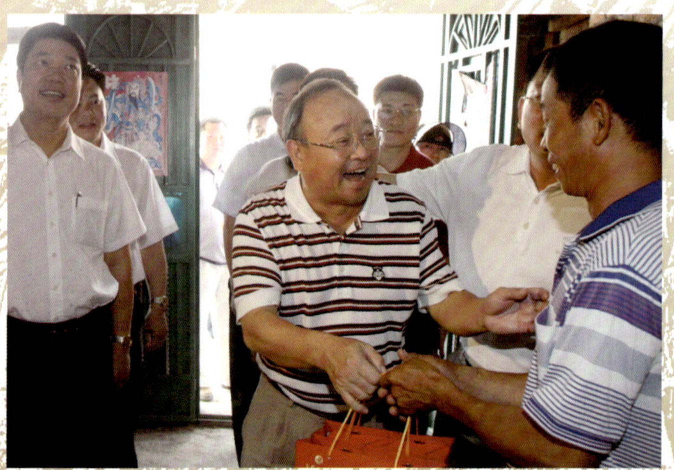

2011年9月5日，广东省国土资源厅党组书记、厅长陈耀光率办公室等处室主要负责人，先后赴云浮、阳春、高州、信宜等地，对去年“9·20”发生特大洪水灾害后农田复耕复垦工作情况进行调研。

2011年9月6日，广东省国土资源厅党组书记、厅长陈耀光到广东省阳江阳春市调研。陈耀光蹲在双滘镇旱田村复耕田间，用手触摸着绿油油的禾苗。

2011年10月15日，广东省国土资源厅党组书记、厅长陈耀光一行10人组成工作组，到西藏自治区林芝地区调研，并参加林芝地区国土资源厅办公基础设施和信息工程建设项目奠基仪式。

2011年10月23日，中国国土资源报社长陈国栋一行4人，深入广东省采访国土资源厅学习贯彻中央领导同志关于国土资源工作的重要讲话精神情况。广东省国土资源厅党组书记、厅长陈耀光，厅党组成员、副厅长邢建江，厅党组成员、总工程师杨林安出席座谈会。

2011年1月18日，国家土地督察广州局华南地区新闻媒体新春联谊会在海南举行。新华社广西分社、海南分社，中新社海南分社，以及《中国国土资源报》广东、广西和海南记者站等媒体负责人、记者出席联谊会。国家土地督察广州局副专员罗中华出席活动。

2011年3月，厅党组成员、驻厅纪检组长叶伟龙率检查组到惠州市国土资源局检查工作，对惠州市国土资源局领导班子及主要领导反腐倡廉建设和廉洁自律情况进行民主测评，实地抽查惠州市国土资源局土地矿业权交易中心党风廉政建设情况。

2011年8月29日，由广东省国土资源厅主办、中山市国土资源局承办的《中华人民共和国测绘法》宣传活动在中山市大信新都汇广场举行。省国土资源厅党组成员、副厅长李俊祥，厅党组成员、总工程师杨林安，省厅有关处室负责人及20多个测绘单位代表参加活动。

2011年9月5日，国家测绘地理信息局科技与国际合作司司长张燕平率队莅临广东调研。在省国土资源技术中心召开会议时，张燕平就广东省信息化建设、推进测绘地理信息事业等问题作指导发言。省国土资源厅党组成员、副厅长李俊祥等参加会议。

2011年10月20日，广东省国土资源厅组织专家在广州召开广州、韶关、东莞、肇庆、清远5市电子地图保密技术处理成果验收会。与会专家听取工作和技术报告，审阅相关文档资料，观看成果展示。省厅副厅长李俊祥出席验收会。

2011年8月15～16日，全省学习贯彻《土地复垦条例》培训班在广州举行，国土资源部耕地保护司副巡视员刘仁芙、处长卢丽华亲临指导并授课，全省300多人参加培训。

2011年7月4～8日，为期5天的2011年度广东省国土资源厅机关第一期脱产培训和集中读书活动学习班在从化开班，来自省国土资源厅各处室、局部分干部参加第一期学习活动。

2011年4月22日，广东省国土资源厅与潮州市人民政府联合开展第42个世界"地球日"宣传周活动。省国土资源厅党组成员、总工程师杨林安接受媒体采访。

2011年11月24日，国土资源部土地管理中心主任吴海洋率检查组一行，在广东国土资源厅党组成员、副厅长涂高坤的陪同下，前往蕉岭县检查农村土地整治专项清理工作。

2011年7月7日，由广东省对外贸易经济合作厅、广东省国土资源厅和香港贸发局联合举办的"广东省地块招商推介会暨旧城镇、旧厂房、旧村庄改造用地招商推介专场"在香港会议展览中心举行。

2011年3月28日，广州市举行广州矿业权交易中心揭牌仪式。广东省国土资源厅党组书记陈耀光与广州市常务副市长苏泽群在揭牌仪式上握手。

2011年11月30日，广州市委书记张广宁、市长万庆良一行，对琶洲开发建设情况进行调研，对黄埔古村和琶洲安置型新社区进行考察，并参观琶洲开发建设指挥部。

2011年3月10日，深圳市、区和街道三级查违部门在光明新区开展违法用地查处整治春季专项行动。图为查处违法用地现场。

2011年11月11日，国土资源部巡视员王宗亚、中国工程院院士王家耀及住房建设厅相关领导，深圳市委常委、常务副市长吕锐锋等参加数字监察平台开通仪式。

2011年4月19日，珠海市国土资源局召开全市国土资源系统反腐倡廉暨机关作风建设工作会议。局长夏克军与各分局、局属各单位及局机关各科室签订《党风廉政建设责任书》。

2011年10月12日，珠海市政府在珠海电视台举行“三旧”改造专题新闻发布会。发布会介绍珠海市“三旧”改造的有关政策措施、审批流程、规划编制、完成改造和改造成效情况。

2011 年 4 月 7 日，汕头市开展土地问题接访日活动，汕头市委常委、常务副市长郑人豪接待涉土问题上访群众。

2011 年，汕头市开展中心城区基准地价更新调整。图为 5 月 6 日，市举行中心城区基准地价更新成果听证会，市各有关部门、社会团体、房地产公司、土地评估机构以及群众代表参加听证会。

2011 年 6 月 25 日，佛山市在南海区开展以“文明佛山、珍爱国土、青年担当”为主题宣传活动。佛山市国土资源和城乡规划局、共青团佛山市委员会等有关单位负责人及南海区群众参加了当天活动。

2011 年 7 月 29 日，佛山市政府召开全市土地管理工作会议，常务副市长冼瑞伦强调，要加快建立健全依法管地、集约用地新机制，在促增长、调结构、保红线、惠民生等方面发挥更重要的作用。

韶关市国土资源局创新开发“限房价竞地价”、“限地价竞房价”等功能。图为 2011 年 3 月 25 日，韶关市国土资源局在省国土资源厅向中央纪委惩防体系检查组作国土资源网上交易系统演示汇报。

2011 年，韶关市开展严厉打击非法开采矿产资源专项行动。图为 4 月 29 日，由仁化县县长罗海俊带队，联合各职能部门对董塘镇山塘尾燃煤非采点进行整治，现场封堵 12 个煤窿及摧毁道路 6 条。

2011 年 3 月 15 日，河源市国土资源局举办全市地质灾害防治知识培训班，就突发性地质灾害防治基本常识对与会人员进行培训，参加培训的有市、县区、乡国土资源部门 80 余人。

2011 年 6 月 7 日，河源市国土资源局召开 2011 年度全市国土资源系统党风廉政建设工作会议。

2011 年 10 ～ 12 月，梅州市国土资源局采取“市局统筹组织、各县分区设点，在职自学为主、定期集中讲授”培训模式，举办矿产资源开发利用监督管理培训班。

2011 年以来，梅州市各级政府和国土资源等职能部门联合执法，深入开展打击非法盗采矿产资源专项整治行动，切实维护矿产资源开发管理秩序。

2011 年 12 月 5 ～ 6 日，来自非洲国家媒体的 20 名记者到惠州考察采访。记者们在惠州市国土资源局听取惠州反腐倡廉建设等情况介绍，并就反腐倡廉教育等有关问题进行提问。

2011 年 12 月 14 日，广东省委常委、省纪委书记黄先耀率省纪委工作组对惠州市国土资源局廉政风险防控工作进行调研考察。黄先耀对惠州市国土资源局廉政风险防控工作予以充分肯定。

2011年6月，汕尾市国土资源局领导班子带领有关科室人员到乡镇村检查基本农田保护、土地整理情况。

2011年10月13日，汕尾市城区政府和市城管局、城乡规划局、公安局、国土资源局、文广新局及香洲街道办事处等单位联合对市区坎下城明城墙文物保护区域违法建筑物进行拆除。

2011年4月26日，东莞市国土资源局以“五个台账”为抓手，推行精细化管理，全力做好用地服务和保障。

2011年6月14～16日，东莞市政府为各村（居）干部举办国土资源法律知识培训班。

2011年11月16～18日，中山市国土资源局举办全市房地产征收业务培训班。来自全市各条战线的业务骨干123人参加培训学习。市政府吕东玲副秘书长莅临培训班作动员讲话。

2011年12月28日，广东省国土资源厅和中山市人民政府联合举行数字中山地理空间框架建设项目设计书验收暨建设成果发布推广会。来自省国土资源厅、中山市各有关部门、市国土资源局领导及专家120人出席会议。

2011年，江门市国土资源局服务窗口获江门市“创建零投诉”满意服务窗口、市直机关作风建设年活动“公务服务创新奖”。图为江门市国土资源局局长利为民检查服务窗口工作。

2011年4月7日，江门市国土资源局副局长邓耀明带队在江门市住建大厦一楼大堂，开展领导干部基层大接访活动。图为接访现场。

2011年3月，阳江市国土资源局为加强学习型机关建设，努力提高全系统干部职工素质，邀请清华大学教授在市委会堂给全市国土资源系统股级以上干部进行专题培训。

2011年8月15日，阳江市政府召开全市土地管理工作暨“三旧”改造工作会议，魏宏广市长作动员部署并与各县（市、区）政府签订年度耕地保护责任书。

2011年7月26日，湛江市国土资源局局长杜林到陆战旅某部协调解决部队与地方土地纠纷。

2011年1月5日，湛江市国土资源局局长杜林带队到锦江花园小区开展国土资源法律政策咨询活动。活动旨在提高群众国土资源法律意识和维权意识。

2011 年，数字茂名地理空间框架建设项目全面完成并通过省验收，正式提供公共服务。图为 2011 年 9 月 26 日，项目成果启用仪式。

2011 年 7 月 25 日起，茂名市严厉打击各种违法采矿行为，对茂名盆地非法采矿实施 24 小时不间断监控。图为 2011 年 8 月 26 日，打击露天矿金塘矿区非法采矿现场。

2011 年 10 月 28 日，肇庆市国土资源局组织相关领导和专家组成的验收组，对市国土资源局网上交易系统进行验收。验收组认为，试运行达到合同约定的建设要求，一致同意通过验收。

2011 年 12 月 13 日，肇庆市国土资源局 2010-2011 年创建文明单位考核验收汇报会在肇庆市举行。

2011 年，清远市耕地保护责任目标履行工作被广东省政府评为综合一等奖。图为省国土资源厅党组书记、厅长陈耀光率省检查组到清远市进行考核。清远市长江凌、副市长刘柏洪汇报了清远市的耕地保护工作。

2011 年，清远市补充耕地 4906.67 公顷，补充耕地数量连续三年名列全省前列。图为 5 月 16 日清远市国土资源局局长莫俊峰陪同省土地开发储备局副局长宁晓峰到佛冈县检查指导补充耕地工作。

2011 年 5 月 6 日，潮州市委、市政府召开动员大会，部署开展打击非法采矿和破坏性采矿专项行动。市委、市政府及市各部门有关领导出席会议。

2011 年 6 月 15 日和 22 日，潮州市国土资源局局长陈鹏先后两次带领局相关人员上线潮州政风行风热线节目，接受群众关于土地业务办理、违法用地的来电咨询、举报。

2011 年，第 21 个全国"土地日"当天，揭阳市国土资源局组织青年团员组成自行车队在市区开展"土地日"宣传活动。宣传土地国情、国策、国法，让依法用地的理念进一步深入人心。

2011 年，揭阳市切实加强地质灾害隐患点治理。揭西县良田中学出现滑坡后，及时采用浆砌块石重力式挡土墙、截、排水沟等防护措施进行治理。图为揭西县良田中学隐患点治理后现场。

2011 年 6 月 28 日，云浮市隆重举行云浮市云城区河口街市政综合开发建设（BT）项目暨 324 国道河口——安塘改线工程动工仪式。这标志着云浮市 2011 年 100 个重点工程中又一个重点项目进入实质性建设。

2011 年 10 月 10 日，云浮市城区 2011 年国有建设用地基准地价更新成果听证会在云浮市国土规划局举行，会议邀请云浮市财政局、地税局及当地多家评估单位和房地产开发企业出席。

特辑

41/66

责任编辑：黄国锐 王彤

在全省土地管理工作会议上的讲话

广东省省长　黄华华

（2011年7月7日）

同志们：

我们在今天召开全省土地管理工作会议，表彰2010年先进单位，签订2011年度耕地保护责任书，目的就是要继续深入贯彻落实国家关于加强土地调控、严格土地管理的要求，强化耕地保护责任和土地管理责任，进一步提高我省国土资源管理工作水平。刚才，国家土地督察广州局束伟星同志作了讲话，省政府副秘书长罗欧同志和省国土资源厅陈耀光同志分别通报了2010年度全省违法违规用地清查整治工作和耕地保护责任制考核情况，江门市、东莞市的市长也分别作了发言，讲得都很好。希望全省各级政府及各有关部门认真贯彻落实这次会议精神，进一步采取有力措施，推动我省土地管理工作再上新水平。下面，我讲两点意见。

一、发扬成绩，再接再厉，更好地发挥国土资源在社会经济发展中的积极作用

2010年，我省继续保持了又好又快的发展势头，总体经济实力再上一个新台阶，人民生活水平不断提高。国土资源管理工作在土地调控更加强化、资源管理更加严格、供需矛盾更加突出的情况下，整体工作进展顺利，重点工作成效明显，有力地保障了经济建设和社会事业发展的土地需求。

一是坚持把土地管理放在全省经济社会发展大局中统筹考虑，取得保护资源和保障发展的双赢。去年我省耕地保护工作继续取得重大突破，在全国耕地保护责任目标履行情况的检查考核中，进入全国前十名的先进行列，比2009年上了一个台阶。连续12年实现年度建设占用耕地占补平衡，确保了全省耕地保有量和基本农田面积的稳定。去年开发补充耕地3.48万公顷，达到省政府确定目标的174%，开发补充耕地面积继续位居全国第一，为我省保障社会经济发展用地打下了坚实的基础。同时，建设用地得到了有效保障，为经济社会发展特别是重点项目建设提供了有力支撑。全年审核和上报用地814宗，面积2.88万公顷，同比增长了13.1%；其中审核上报国家的重点项目61宗，面积1.34万公顷，有力地保障了能源、交通、水利、产业转移、城市重要基础设施等重点项目建设，推动了全省扩内需、调结构工作目标的实现。

二是坚持严守土地闸门和转变资源利用方式并重，在严格管理中提高节约集约用地水平。坚持疏堵结合的原则，有保有压，突出重点，把有限的土地资源用在刀刃上。在“堵”的方面，通过严格用地审查，严把审批关口，对不符合产业政策、高耗能、高污染以及粗放用地、浪费资源的用地项目，坚决不予批准。严格监管责任，违法违规用地查处力度进一步加大，为依法依规合理利用土地提供了保证。去年全省通过动态巡查发现土地违法行为3458宗，有效制止3363宗，制止率为97.25%，有力遏制了土地违法违规行为，维护了土地管理的良好秩序，2009年度卫片检查全省违法用地宗数和面积比2008年度分别下降了76.6%和11.9%。在“疏”的方面，进一步加大了存量建设用地盘活力度，并以“三旧”改造为重点，着力挖掘存量用地潜力，提高单位土地面积的投入强度和产出率。去年我省完成“三旧”改造项目1042个，完成改造面积4233.33公顷，节地率达42.4%；正在改造项目1200多个，涉及改造面积6666.67多公顷，顺利实现了“一年见成效”的工作目标。此外，采取调整使用批而未供建设用地指标支持产业园区建设、开展城乡建设用

地增减挂钩试点等多种途径，积极盘活存量用地，促进产业集聚，促进土地的节约集约利用。

三是坚持把加快经济发展和改善民生相结合，努力实现土地管理事业的和谐发展。紧紧按照“以人为本”的要求，深化征地制度改革，继续加强征地补偿安置工作，在2006年出台的全省征地补偿保护标准的基础上，开展了征地补偿保护标准的调整修订工作，新征地价格比原标准提高了28%以上，更加有效地维护了被征地群众的合法权益。加快推进农村集体土地登记发证步伐，我省农村集体土地所有权、集体建设用地使用权和农村宅基地发证率均位居全国前列，为更好地维护农村集体和个人土地产权，调解土地权属纠纷提供了坚实的凭据。积极做好亚运会期间信访维稳工作，全年处理群众来信来访2089宗，同比下降18.9%，近三年信访总量连续下降。严格落实中央房地产用地调控政策，把优化供地结构和调解城市住房需求相结合，加大对廉租房、经济适用房、限价房保障性住房、自住性中小套型普通商品住房建设和棚户改造供地的数量，增加了建设保障性住房土地的有效供应。全省供应住宅用地4820公顷，同比增长2.9%；其中，经济适用住房、廉租住房和普通商品住房用地4733.33公顷，占住宅用地总量的98.3%，同比增长2.6%。普通商品住宅用地出让平均单价1988.43元/平方米，同比下降19.7%。

以上这些成绩，既是我省认真贯彻落实党中央、国务院加强土地调控、严格国土资源管理大政方针的结果，也是各地在省委、省政府的领导下，紧密结合实际，开拓创新、共同努力的结果。借此机会，我代表省委、省政府，对各级政府各有关部门特别是国土资源管理系统的同志们表示衷心的感谢！

在肯定成绩的同时，我们也要更加清醒地认识到存在的问题和不足：一是耕地保护的观念仍有待加强，保护措施仍不够完善，耕地保护的压力很大。二是在当前和今后一段时期内，土地需求持续增加是不容回避的客观事实。国家每年下达的新增建设用地指标均大大少于我省实际用地量，缺口达6666.67多公顷，土地供需矛盾依然十分突出。三是有利于节约集约用地的经济结构还没有完全建立，资源密集型、高耗能企业在我省产业结构中的比例仍然较大，经济增长方式还没有实现从粗放型向集约型的转变。四是节约用地、科学发展的观念还没有完全确立，一些地方违法用地问题仍然比较突出，各级政府依法依规管地用地、从紧从严保护资源的水平还有待进一步提高，国土资源管理部门的资源调控能力和行政执法能力还需要进一步增强。这些都需要我们认真对待，尽快解决。

为适应全球需求结构重大变化和全面建设小康社会的需要，抢占后金融危机时期国际竞争的制高点，中央做出了加快转变发展方式的重大部署，为我们推进改革开放和社会主义现代化事业指明了前进方向。省委十届八次全会明确指出，“十二五”时期我省要以科学发展为主题，以加快转变经济发展方式为主线，以“加快转型升级、建设幸福广东”为核心，努力实现GDP年均增长8%以上、人均GDP到2015年比2000年翻两番等目标任务，真正当好推动科学发展、促进社会和谐的排头兵，这是全省工作的大局。土地资源作为经济社会发展的物质基础，是生存之本和发展之基。土地管理工作，作为宏观调控的重要“闸门”和转变发展方式的有效抓手，必须围绕中心、服务大局，坚持保护资源、保障发展、维护稳定的主题，在工作的全过程认真履行好保护资源的基本职责，坚决落实好保障发展的根本任务，并把服务民生、增进民生福祉、促进社会和谐稳定的要求贯穿于日常工作的各个环节中，进一步解放思想，坚持改革创新，不断开创我省国土资源管理工作的新局面。

二、明确目标，突出重点，进一步提高我省土地管理工作水平

干好工作，关键在于加强组织领导，狠抓责任落实。各级政府和国土资源等部门要切实按照这次会议的部署和责任书的要求，紧紧围绕“加快转型升级，建设幸福广东”这一核心，明确目标任务，进一步增强信心，不断提高土地管理水平，更好地促进发展、保护资源、改善民生。下一步，要突出抓好以下六个方面工作：

（一）继续坚定不移保护耕地，在耕地开发补充上保持创先争优。确保耕地总量和占补平衡是我省土地管理的难点，“十二五”期间，我省耕地保有量的目标是不低于291.07万公顷，基本农田保护面积不低

于255.60万公顷。前几年我省在国家给予的支持政策下，抓住了难得机遇，在开发补充耕地方面取得了非常好的成绩。接下来我们要继续保持这种全国领先的地位，争取在耕地保护工作中再创佳绩。一是继续推进开发补充耕地工作。加快探索建立省级耕地指标统一收购储备制度，进一步规范耕地储备指标转让和使用，提高各地开发耕地、增加耕地储备的积极性，推进补充耕地工作上一个新台阶。同时，要加快推进土地整理项目，做好收尾工作，在今年年底前全面完成剩余土地整理项目。二是注重提高开发补充耕地质量。我省的开发补充耕地储备指标已超过8.67万公顷，可满足今后十年的耕地占补平衡的需要，从今年开始严格控制开发的数量，切实提高质量，落实对耕地实行数量和质量并重管理的有效措施，通过各地广泛建设示范项目和狠抓新增耕地后期管护，加大投入提高新增耕地质量。三是探索耕地保护经济补偿机制。目前我省广州、佛山、东莞等市已率先开展了基本农田保护经济补偿试点，每年对每0.07公顷基本农田给予200～800元的补助，专项用于基本农田保护、农业开发支出以及公共管理、公共服务等支出。下来，在总结试点城市经验做法的基础上，要尽快出台覆盖全省的基本农田保护补偿办法，进一步细化资金筹集的渠道、补偿范围、补偿对象及标准等内容，发挥经济激励效应，调动农村集体经济组织和农民保护耕地的积极性，让耕地保护者共享经济社会发展成果，促进城乡统筹发展。

（二）积极探索土地科学化管理新途径，不断提高土地调控和保障能力。随着我省加快转变经济发展方式的不断推进，土地管理工作也要加快转变思路，不断提高科学化管理水平，充分发挥土地资源在调结构、促转型中的服务和调控作用，以土地利用方式、管理方式的转变来促进经济发展方式“转型升级”。一是充分合理利用好新增建设用地。要坚决实施差别化管理政策，按照“有限指标保重点”的原则，进一步加强建设用地计划指标管理，按照国家产业政策、土地供应政策和我省经济社会发展战略规划，在建设用地供应总量、结构、布局和时序上进行严格把关，区分轻重缓急，突出重点区域、重点产业和重点项目，压缩不合理的用地需求，确保重大基础设施、战略性新兴产业、民生工程等项目用地的及时供应。二是完善重大项目服务协调联动机制。要积极主动地参与建设项目前期工作，加强对项目用地的服务和指导，协助建设单位做好建设项目用地预审与审批，提高建设用地审批效率，优先保障重点项目用地需求，切实提高用地服务效率和质量。三是着力强化建设用地批后监管。认真做好我省土地市场动态监测与监管系统的运行和维护，充分运用信息化手段，对建设用地“批、供、用、补、查”进行全程监管。突出抓好闲置土地和批而未供土地的处置，通过建立新增建设用地计划指标分配与批而未供土地处置情况挂钩制度，督促各地加大闲置土地和批而未供土地处置力度，将盘活的土地用于保障产业转移园、重点园区、重点项目建设。四是探索完善节约集约用地长效机制。抓紧研究制订节约集约用地考核办法，完善节约集约用地约束和激励机制。组织开展广东省工业用地指南研究工作，细化各行业投资强度、建设用地定额等控制性指标，在供地环节落实节约集约措施，鼓励高效用地，坚决核减超标准用地，促进产业结构优化升级。按照“产业集聚、布局集中、用地集约”的原则，加快工业项目向产业集聚区集中，尽快发挥产业集聚区的效能。

（三）积极推进“三旧”改造，在节约集约用地方面取得重大突破。去年以来，在各级政府、各有关部门的共同努力下，我省“三旧”改造取得了阶段性成效，基本实现了“一年初见成效”的阶段性目标。今年要按照“两年突破性进展，三年大改观”的要求，继续下大力气推进，确保今年内取得突破性进展，在节约集约用地上创造出更大的成果和更好的经验。一是要进一步提高各部门协调联动的力度。“三旧”改造是一项系统工程，没有各级党委、政府的高度重视，没有各职能部门的参与支持，不可能达到我们所预期的效果。在推动改造过程中，我们要坚持法律、经济、行政等多种手段综合运用、多管齐下，发改、国土、建设、财政、税务、文化、审计、监察等部门要密切配合，协同联动，保证改造工作的顺利进行。二是要注重抓好政策储备与制度创新。节约集约用地试点示范省是一项创新，“三旧”改造更是创新的重大突破口。我们要认真当好试验田这个角色，下来要重点围绕规划编制实施、产权制度、公开市场建设、交易程序规范、利益共享机制等方面开展专题研究，探索建立有效促进存量建设用地开发利用的管理制度，为国家深化土地管理制度改革提供经验借鉴与政策积累。三是继续完善和公开“三旧”改造操作规范，确保“三旧”改造的顺利推进。如省财政厅出台了《关于减免三旧改造回迁安置房房屋所有权登记费的通知》，明确要求在不降低服务质量，不影响工作进度的前提下，对我省“三旧”改造项目回迁安置房免收房屋所有权登记费，希望各有关部门严格执行落实好。同时，强化对“三旧”改造的全程监管，加强预防违法违纪行为的工作力度，确保实现“封闭运行，结果可控”。

（四）继续加强和改进土地执法监察，努力构建维护土地管理秩序的长效机制。为迎接2010年度国家土地矿产卫片执法检查，2月份省政府发出了全省集中开展2010年违法违规用地查处整治行动的通知，要求各地全面清查2010年违法违规用地，查处整治行动情况刚才已经通报了。接下来各地要继续巩固和深化查处整治行动的成果，对清查出的问题抓紧处理整改，严格落实好国家的各项要求和整改措施，切实做到刚性治理、铁腕整治，充分做好国家卫片执法检查准备工作。同时，要坚持专项工作与日常执法相结合，进一步健全及时发现、制止和查处的责任机制，重点是解决执法过程中“制止难、执行难”的问题。要进一步贯彻落实土地管理共同责任制，构建与完善国土、公安、工商、林业、水电等部门的土地执法联动机制，强化对重大典型案件的联合查处和责任追究，提高执法效能。各市、县政府要认真支持和配合国家土地督察广州局开展土地督察工作，自觉接受督察和指导，对在督察中发现的问题，要高度重视，切实按要求整改到位。

（五）坚持关注民生维护权益，促进社会和谐稳定。土地是民生之本，国土资源管理工作涉及生产生活的方方面面，与群众利益密切相关。各级党委、政府和国土资源管理部门要按照“建设幸福广东”的要求，认真履行职责，从群众最需求、最关注、最期盼的问题出发谋划和推进各项工作。一是切实保障民生工程建设用地供应。各地要继续加大房地产用地调控力度，保障性住房用地必须做到应保尽保，住房用地70%以上要供给保障性住房、棚户区改造和自住性中小套型商品房。对纳入供应计划的城镇廉租住房、棚户区改造等保障性住房，要加快供地进度，尽快落实到具体地块。对农村低收入住房困难户住房改造和高寒山区等不具备生产生活条件移民搬迁安置用地、农村民生工程、公共设施、公益事业和基础设施等建设用地，要加大保障力度。农村建设用地整理所节约的土地，应当优先满足农村民生工程和基础设施。二是切实做好征地补偿安置工作。各地要认真做好征地拆迁中矛盾纠纷化解工作，严格履行有关程序，保证被征地农民的知情权、参与权、监督权和申诉权，坚决防范和查处强征强拆等违法行为，防止简单粗暴压制群众，引发恶性和群体性事件发生。要严格执行省规定的新征地补偿保护标准，严格落实好留用地、社保等政府承诺，切实做好征地补偿安置工作，为失地农民提供就业、住房、社保、留用地等多元化安置补偿，切实维护群众合法权益。三是切实抓好国土资源信访维稳工作。强化信访突出问题源头治理，以涉地涉矿信访问题为重点，深入开展矛盾纠纷大排查，做到底数清、情况明、不遗漏。对排查出的信访案件，逐级交办，跟踪督办，重要案件由省国土资源厅挂牌督办。完善国土资源信访与执法联动机制，继续开展领导干部包案和定期接访行动，畅通群众诉求表达渠道，落实各项稳控措施，有效化解矛盾纠纷，切实维护群众合法权益，保障社会和谐稳定。

（六）积极争取各项措施，切实推进农村集体土地登记发证工作。农村集体土地确权登记发证工作是土地管理基础，务必加快推进。一是要高度重视。《中共中央国务院关于加大统筹城乡发展力度进一步夯实农业农村发展基础的若干意见》（下称中发〔2010〕1号文）和国土资源部、财政部、农业部《关于加快推进农村集体土地确权登记发证工作的通知》（下称60号文）已明确规定，2012年底前完成农村集体土地所有权登记发证工作，否则，农转用、土地征收审批暂停，农村土地整治项目不予立项。各级政府及国土、财政、农业部门要深刻认识这项工作的重要性、紧迫性和艰巨性，要将其列为今明两年国土资源管理工作的重点工作来抓。二是要落实工作经费。中发〔2010〕1号文和60号文均明确农村集体土地确权登记发证工作经费

（下转60页）

在全省国土资源工作会议上的讲话

广东省副省长 林木声

（2011年1月14日）

同志们：

在全省上下深入学习贯彻省委十届八次全会精神、科学谋划“十二五”和新一年发展大计的重要时刻，我们在这里召开全省国土资源工作会议，全面总结“十一五”国土资源管理工作，研究部署“十二五”及2011年的工作任务，这对于进一步提升国土资源管理工作水平，更好地服务和保障全省推动科学发展、促进社会和谐具有重要意义。刚才，招玉芳同志代表省国土资源厅作了一个全面的工作报告，讲得很好，我完全赞同。国家土地督察广州局非常重视和支持我省的工作，束伟星局长在百忙之中专门安排时间出席今天的会议，并作了重要讲话。希望全省各级各有关部门认真学习贯彻这次会议精神，进一步开拓创新，真抓实干，努力开创我省国土资源管理工作新局面。下面，我讲三点意见。

一、“十一五”期间我省国土资源管理工作取得显著成绩，为全省经济社会又好又快发展作出了重要贡献

刚刚过去的“十一五”时期，是我省积极应对国际金融危机、加快转变经济发展方式、保持经济社会平稳较快发展取得重大成就的五年，也是我省国土资源管理工作解放思想、改革创新、飞速发展、成效卓越的五年。五年来，全省各级政府和国土资源管理等部门深入贯彻落实科学发展观，按照省委、省政府及国土资源部的工作部署，坚持保护资源、保障发展和保持稳定并重的工作方针，认真履行职责，切实发挥作用，推动国土资源管理工作取得新成绩，使“十一五”时期成为我省国土资源管理工作水平不断提升、影响不断扩大、作用不断凸显的五年。主要体现在五个“明显提升”：

（一）保障经济社会发展水平明显提升。积极配合中央和省出台的扩大内需、促进经济平稳较快发展的政策措施，主动作为，及时跟进，强化管理，有效保障了国家和省重点项目、重要产业、社会民生、基础设施等的用地需求。开展了部省合作国土规划编制试点工作，编制实施《广东省土地利用总体规划（2006-2020）》，国家下达我省新增建设用地规模29.07万公顷，位居全国第一。积极争取国土资源部增拨建设用地年度计划指标，五年共下达我省农转用计划指标7万公顷，同比增长了25%。加快用地报批，优化审批程序，5年省级建设项目用地预审1081宗，涉及用地6.09万公顷，比“十五”期间分别增长82%和38.3%；共批准建设用地2191宗、7.05万公顷，面积比“十五”时期增长123%，有力地服务和保障了全省经济社会发展的用地需求。

（二）节约集约用地水平明显提升。以部省合作共建节约集约用地试点示范省为抓手，积极盘活存量土地，开展闲置土地清理及处置工作，土地利用效率显著提升，全省亿元GDP增长消耗新增建设用地由2005年的8.60公顷降到3.77公顷，降幅达56%；单位建设用地二、三产业增加值由1.22亿元/平方千米提高到2.37亿元/平方千米，升幅达94.3%。大力推进“三旧”改造，近三年完成改造项目1800多个，涉及面积近6000公顷，节地率达40%，效果非常可观。认真履行耕地和基本农田保护责任，五年共开发补充耕地10.28万多公顷，是之前10年的总和，连续11年实现耕地占补平衡，可满足今后10年耕地占补平衡需要。

（三）土地管理执法监管水平明显提升。严格落

实土地管理责任，加强基层国土资源所建设，建立基层动态巡查零报告制度，健全土地执法监管共同责任机制，土地执法监察工作制度进一步完善。大力开展违法违规用地专项治理工作，在全国率先实现全省卫片执法检查全覆盖，有效遏制了违法违规用地高发态势。“十一五”期间，全省共发现土地违法行为2.95万宗，涉及土地面积2.66万公顷，立案查处1.6万宗，涉及土地面积2.03万公顷。积极开展打击无证勘查、开采矿产资源专项行动，立案查处矿产违法行为1607宗，吊销采矿许可证255件，收缴罚没款5.11亿元，有效维护了国土资源管理的良好秩序。

（四）矿产资源保护与利用水平明显提升。全面加强矿产资源管理，探索建立矿政管理长效机制，大力推进主要矿产资源开发整合，优化了全省矿产勘查开发布局。规范地质勘查管理，启动部省合作地质找矿工作，“十一五”期间完成矿产勘查736项，新发现矿产地34处、矿点11处。积极推进矿山地质环境保护与治理恢复，五年完成矿山地质环境治理项目565个，恢复和复垦土地2000公顷。

（五）保障和服务民生水平明显提升。加大土地供应结构调整力度，切实保障民生用地供应，有效保障了各类保障性住房的建设用地需求。切实抓好地质灾害防治工作，建立健全群防群测体系，五年成功预报地质灾害126起，避免16180人伤亡，减少直接经济损失约1亿元。加强测绘工作和信息化建设，测绘服务保障能力有新提高。扎实做好国土资源信访工作，信访量连续三年下降，维护了社会和谐稳定。

回顾五年来国土资源管理工作实践，我们有如下四个方面的深刻体会：一是坚持解放思想、勇于创新，是国土资源管理攻坚克难、各项重大工作取得新突破的强大动力。我们以部省合作建设节约集约用地试点示范省为契机，大胆探索、先行先试，打破思想禁锢和政策局限，创造性地开展利用园地山坡地补充耕地、“三旧”改造等工作，有效解决了我省耕地后备资源不足、占补平衡压力大、新增建设用地指标紧张的瓶颈制约问题，为我省经济社会可持续发展赢得了新的发展空间。二是坚持围绕中心、服务大局，是国土资源管理工作必须紧紧围绕和服从的核心。我们认真按照中央和省委、省政府的工作部署，紧紧围绕促进推动科学发展、促进社会和谐的大局，跳出国土看国土，立足全局谋发展，坚持不懈推进国土资源重点领域和关键环节的改革攻坚，妥善处理好保障发展和保护资源的关系，不断增强了国土资源的服务保障能力。三是坚持齐抓共管、凝聚合力，是国土资源管理维护良好秩序的坚实保障。在推进国土资源管理工作中，我们通过建立土地管理共同责任制度，明确各级政府、各有关部门在土地管理中的职责和分工，逐步建立了政府领导、国土资源部门牵头、有关部门密切配合、社会各界广泛参与、齐抓共管的共同责任机制，形成了共同维护国土资源管理秩序的强大合力。四是坚持以人为本、服务民生，是国土资源管理工作科学发展的出发点和落脚点。我们坚持以民为本，科学统筹改革、发展、稳定和维权的关系，切实保护被征地农民的合法权益，认真开展地质灾害防治工作，积极做好土地信访维稳工作，有力保障了人民群众的生命财产安全，有效化解了矛盾纠纷，充分发挥了国土资源管理在维护社会和谐稳定中的作用。这些经验体会，进一步丰富了我省国土资源管理工作的实践，必须在今后的工作中加以坚持和完善。

总之，全省国土资源管理工作的扎实有效推进，有力地保障和服务了我省经济社会的平稳较快发展。预计2010年全省GDP达45636亿元，人均GDP按现行汇率约折合7000美元，各项主要经济指标均实现两位数增长，超额完成了全年预期目标和“十一五”规划发展目标。这些成绩的取得，是党中央、国务院和省委、省政府正确领导的结果，是全省人民团结奋斗的结果，其中也凝聚着全省国土资源系统全体同志们的辛勤劳动。以招玉芳同志为厅长的省国土资源厅领导班子，团结带领全省国土资源系统的广大干部职工解放思想、开拓进取、真抓实干，取得了一个又一个的显著成绩。省委、省政府对全省国土资源管理工作是满意的。借此机会，我代表省政府，对在座各位并通过你们向全省国土资源管理系统的广大干部职工表示衷心的感谢和诚挚的问候！

二、全面认识和把握国土资源管理工作面临的新形势新要求，努力开创“十二五”时期我省国土资源管理工作新局面

“十二五”时期是我省深化改革开放、加快转变

经济发展方式的攻坚时期，也是我省全面建设小康社会、率先基本实现社会主义现代化的关键时期。去年底召开的十七届五中全会站在新的历史起点上，深刻阐述了我国“十二五”发展的指导方针，为我们推进改革开放和社会主义现代化事业指明了前进方向。刚刚闭幕的省委十届八次全会明确指出，“十二五”时期我省要以科学发展为主题，以加快转变经济发展方式为主线，以“加快转型升级、建设幸福广东”为核心，努力实现 GDP 年均增长 8％以上、人均 GDP 到 2015 年比 2000 年翻两番等目标任务，真正当好推动科学发展、促进社会和谐的排头兵。国土资源管理承担着政府调控经济社会发展的重要职能，承担着保护资源、保障发展、维护稳定的重要职责，在我省推动科学发展、促进社会和谐中地位重要、责任重大。全省各地和各有关部门特别是国土资源管理部门要进一步认清形势，提高认识，切实增强做好新时期国土资源管理工作的责任感紧迫感使命感。

对照中央和省委、省政府提出的新要求，对照当好推动科学发展、促进社会和谐排头兵的标准要求，当前我省国土资源管理工作面临以下四个方面的挑战和压力：一是土地供需矛盾依然突出并将长期存在，保发展的任务繁重。按照我省现有的土地利用水平估算，随着今年乃至“十二五”时期我省工业化、城镇化和农业现代化的快速推进，我省每年实际需要新增的建设用地量将超过 2.67 万公顷，而国家下达我省的年均新增建设用地指标仅有 2 万公顷左右，每年的新增建设用地缺口达 6666.67 多公顷。二是国土资源执法监管形势依然严峻，保资源的压力巨大。2009 年度卫片检查结果显示，全省违法用地总量仍然偏大，在全国排第四，受到国土资源部内部通报批评，其中两个县级市违法占用耕地比例超过 15%，被国土资源部、监察部、人社部纳入启动问责范围。从 2010 年度卫片检查情况看，违法违规用地呈上升态势，仅国家和省重点项目以及非重点扩大内需项目违法用地面积就达 5760 公顷，其中边报边用地 3020 公顷，未报即用地 2740 公顷。可以预见，在现行体制下，各地多上、快上项目的冲动将给我们执法监管工作带来巨大压力。三是国土资源工作在服务民生、促进社会和谐稳定中的要求越来越高，保民生的问题迫切。当前我省正处于经济社会发展转型期，各种经济社会矛盾集中凸显，人民群众维护合法权益的呼声和诉求比较强烈，特别是民生建设用地需求与日俱增，征地拆迁中产生的矛盾纠纷居高不下，国土资源管理部门在增进民生福祉、维护社会稳定中的任务越来越重、要求越来越高。省委十届八次全会把“十二五”发展核心定为“加快转型升级，建设幸福广东”，正是针对当前经济社会发展新形势作出的战略部署。国土资源管理部门如何围绕“幸福广东”这个中心，加大力度解决好征地补偿安置、地灾防治、保障性住房用地供应、农村宅基地管理等方面的问题，十分迫切。四是节约集约用地水平不断提高，但以用地结构调整促进经济结构调整、加快经济发展方式转变还亟待进一步深入探索。加快经济发展方式转变是新时期我国我省经济社会领域的一场深刻变革，贯穿经济社会发展的全过程和各领域，这对国土资源管理工作来说是个全新课题。在这场变革中，各级政府如何增强国土资源工作与经济社会发展的适应性，以土地利用方式、管理方式的转变来促进经济发展方式转变，还需要进一步深入调研和探索。

总之，面对新形势、新任务、新要求，全省各级政府和国土资源管理部门要坚持以科学发展观为统领，认真学习领会、深入贯彻落实党的十七届五中全会和省委十届八次全会精神，切实把思想和行动统一到中央和省委、省政府的决策部署上来，紧紧围绕“加快转型升级，建设幸福广东”这一核心，进一步解放思想，坚持改革创新，不断开创我省国土资源管理工作的新局面。

（一）进一步增强大局意识，不断提高服务经济社会发展能力。国土资源工作关系国计民生，关系经济可持续发展及社会和谐稳定大局。各级政府和国土资源管理部门要认真学习贯彻中央和省委、省政府关于国土资源管理工作的部署，紧紧围绕省委、省政府的中心工作，牢固树立大局意识，以战略思维和全局观念谋划推动国土资源管理工作，主动适应经济社会发展的新趋势、新要求，充分发挥国土资源管理参与调控和服务保障作用，优化服务质量，提升服务水平，为全省经济社会又好又快发展作出新的贡献。

（二）进一步增强改革意识，努力转变国土行政管理职能和资源配置方式。改革创新是推动我省国土资源管理事业向前发展的不竭动力。要牢固树立改革意识，不断探索国土资源管理工作科学发展的新思路、新举措，切实转变行政管理职能和资源配置方式，把不该管、管不了的事项交给基层、市场、社会和中介，推动国土资源管理工作加快从重微观为重宏观、从重审批为重监管、从重项目安排为重制度设计的转变，把权力和责任真正放下，把服务和监管切实抓起来。

（三）进一步增强协同意识，着力形成多部门协调配合、齐抓共管的联动机制。国土资源管理工作牵涉面广，需要各部门的协调联动、支持配合。在执法监察、“三旧”改造、地灾防范、用地审批制度改革等重点工作中，国土资源部门作为牵头部门，要主动加强与相关部门的沟通协调，寻求合作。各相关部门要积极配合，相互支持，使部门之间实现真正联动，切实形成工作合力，提高工作效率，推动各项重大工作更好地开展。

（四）进一步增强民生意识，更好发挥国土资源管理部门服务百姓、促进和谐的作用。以人为本、民生优先是科学发展的核心要求。年初召开的省委十届八次全会，明确提出“建设幸福广东”的目标，这是新形势下省委、省政府作出的重大战略决策，也是对全省人民的郑重承诺。各级政府和国土资源管理部门要切实克服“见物不见人”的观念，坚持把以人为本、保障民生、维护权益、服务社会作为开展国土工作的出发点和落脚点，切实解决好土地征收、地质灾害防治、保障性住房用地供应等人民群众最关心、最直接的问题，更好地发挥国土资源管理部门服务群众、促进和谐的作用。

三、开拓进取，真抓实干，扎实做好2011年国土资源管理各项工作

今年是我省实施“十二五”规划的开局之年，做好今年的国土资源管理工作，对于为“十二五”发展开好局、起好步具有重要意义。关于今年国土资源管理工作，刚才招玉芳厅长已经做了细致全面的部署，大家要认真抓好落实。这里，我结合今年要重点抓好的几项工作，再强调六点意见：

（一）狠抓“三旧”改造，力促今年内取得突破性进展。去年以来，在各级政府、各有关部门的共同努力下，我省“三旧”改造取得了阶段性成效，基本实现了“一年初见成效”的阶段性目标。今年要按照“两年突破性进展，三年大改观”的要求，继续下大力气推进，确保今年内取得突破性进展。一是注重发挥政策效应。首先要用好用足现有政策。从目前来看，一些地方在推进“三旧”改造过程中，并没有很好理解省政府78号文的精神，没有把政策用足用好，影响了政策的实施效果。这里既有对政策理解把握的问题，有各地在实施中自行“缩水”的问题，也有审批程序上的问题。各地各有关部门要针对工作中存在的不足，进一步加强对78号文的学习、把握和运用，真正吃透其精神实质，落实好政策要求，切实用足用好政策。同时，要继续推进政策创新，形成“三旧”改造的政策合力。近一段时间来，监察、建设、文化等部门在省政府78号文的基础上，根据自身职能，与国土资源部门联合出台了相应的政策，有效地推动和规范了“三旧”改造工作。但从实践来看，由于“三旧”改造是一个综合性工程，仍需要相关职能部门给予更大的扶持。希望财政、税务、金融等有关部门高度重视，切实按照华华省长在广州和佛山“三旧”改造现场会上提出的要求，尽快研究制定相关配套政策，进一步完善“三旧”改造的配套政策体系，形成共同推进“三旧”改造的强大合力。二是注重发挥综合效益。现在纳入改造范围的“三旧”用地，有不少是由于我们城市发展理念滞后于经济社会快速发展，或者是没有严格实施城市发展规划造成的。因此，各地在推进“三旧”改造时一定要避免重蹈覆辙，要着眼长远、统筹考虑，自觉把“三旧”改造项目放到经济社会发展大趋势、放到城市发展长远布局中来把握，充分考虑城乡功能再造、产业转型升级、城市空间布局优化、环境资源保护、历史人文传承等综合因素，真正建设一批综合效益好、经得起时间考验的好项目。三是注重规范运作。“三旧”改造是一项复杂的系统工程，特别是其中牵涉的利益关系十分复杂。各地一定要以高度负责的态度，按照有关规定严格管理和规范实施，严格限定“三旧”改造范围，加强改造过程的全程监管，统筹协调好各方利益，特别是要坚持通过公平协商、公开听证、村（居）民投票表决等方式确定补偿标准和改造模式，切实保障群众的合法权益，确保群众利益不损害、国有资产不流失，推动“三旧”改造规范健康开展。

（二）坚持节约优先、双向调节，不断提高土地利用效率和调控能力。随着我省加快转变经济发展方

式的不断推进，国土资源管理工作必须加快转变思路，在全力保障经济社会发展的同时，充分发挥国土资源在调结构、促转型中的服务和调控作用，不断提高国土资源管理保障发展的能力。一是千方百计保障建设用地需求。土地供需矛盾仍然是我们当前面临的首要问题。据统计，目前全省批而未供土地面积达 2.14 万公顷。下一步，要坚持节约优先、双向调节的原则，加快转变用地方式，把闲置的土地盘活起来，把不合理的用地压下去，多渠道解决土地供需矛盾的问题，让有限的资源发挥出最大的效益来。要组织开展已批建设用地供地情况专项清查，全面掌握各地已批建设用地的征地实施、土地供应及供后利用情况，加快解决“批而不供”的现象。二是加大闲置地处置力度。各市、县政府均要成立以政府领导挂帅，国土、发改、规划、建设、金融、财政、司法和监察等有关部门参与的闲置土地处置工作领导小组，统筹协调闲置土地处置工作，切实促进闲置土地重新投入开发利用。各地要按照国家的要求落实处置和处理闲置地，而且要在真正消化和利用好闲置地上下功夫。对因企业原因造成的闲置地要按法律规定坚决依法收回，对限期开发的要严格按国土资源部的要求向社会公告，接受监督，直到动工建设。三是加大力度推进节约集约用地。要按照示范省建设工作方案要求，探索节约集约用地长效机制，抓紧研究制订节约集约用地考核办法，完善节约集约用地约束和激励机制。组织开展广东省工业用地指南研究工作，进一步提高用地的准入门槛。严格审查执行用地定额标准，防止在供地环节出现浪费用地问题。继续推进土地市场建设，不断提高土地资源的配置效益，提高土地利用水平。四是坚决实施差别化管理政策。坚持有保有压有控的原则，压缩不合理的用地需求，对项目进行甄别与排序，分轻重缓急进行供地，保障好重大基础设施、战略性新兴产业、民生工程、保障性住房等项目用地需求。对于高耗能、高污染、低水平重复建设和产能过剩以及其他不符合国家产业政策、供地政策的建设项目，坚决不予供地。对开发区、转移产业园和重点园区要重点发展，做大做强，引导产业集中布局、集聚发展，促进土地的集约使用。

（三）加强国土资源执法监管，坚决防止违法违规用地出现反弹。今年国土资源执法监察形势依然严峻，特别是违法占用耕地、违法用地、开发商“囤地”、矿山违法开采等问题比较突出。各级政府和国土资源管理等部门必须高度重视，采取切实有效措施，防止出现被问责情况，防止违法违规用地反弹。一是强化问责意识。去年是国家三部委首次实施对违法用地情况严重的地方进行问责的第一年，我省已有个别县（市）碰了“红线”。今年卫片执法问责标准将会更加严格，各地绝不能抱有侥幸心理。在国土资源部正式部署卫片执法检查工作前，各地必须抓紧做好清查整改和完善报批工作，争取工作主动。对清理出来的违法用地，国土资源部门要下达停止违法用地行为通知书，并立案查处，该复耕复绿的，必须在 2 月底前整改到位；对符合用地报批条件的，要抓紧组织材料上报。省已下达的建设用地指标，要集中优先用于完善违法用地报批，有关完善用地报批材料必须在 2 月底前报到省国土资源厅；逾期未上报的，暂停受理该市建设用地报批。二是完善检查手段。充分发挥卫片核查和动态巡查的作用，并结合 12336 举报电话、网络留言、媒体披露、群众信访等不同途径，及时有效地发现、制止和查处违法用地行为。同时，加大对稀土矿等非法开采行为的打击力度，维护矿产资源的良好开发秩序。三是加强部门协作。进一步贯彻落实土地管理共同责任制，构建与公安、工商、林业、水电等部门的土地执法联动机制，明晰各自责任和任务，加强联合执法，切实提高执法效能。

（四）扎实推进国土惠民各项工作，不断增强服务和保障民生能力。土地是民生之本，国土资源管理工作与人民群众息息相关。各地和国土资源管理部门要按照“建设幸福广东”的要求，认真履行职责，从群众最需求、最关注、最期盼的问题出发谋划和推进各项工作。一是抓保障性住房用地供应。加快保障性住房建设是党中央、国务院和省委、省政府的重大战略部署，也是当前人民群众高度关注的热点问题。各地要加大房地产用地调控力度，保障性住房用地必须做到应保尽保，住房用地 70% 以上要供给保障性住房、棚户区改造和自住性中小套型商品房，继续加强房地产用地供应和开发利用的动态监管，加大违法违规房地产用地信息公开和查处力度。省国土资源厅要严格按照国土资源部的要求审查出让公告，对存在超面积出让、捆绑出让、“毛地”出让、住宅用地容积率小于1、出让主体不合法等违反政策规定的出让公告，要责令撤销，确保我省房地产用地市场健康有序发展。二是抓征地补偿安置落实。今年是粤东西北地区交通建设的“大会战年”，各地的土地征收任务将更加繁重和紧迫。各地政府要高度重视征地工作的规范推进，严格履行有关程序，坚决制止和纠正违法违规强制征地拆迁行为。要严格执行省规定的新征地补偿保护标准，严格落实好留用地、社保等政府承诺，切实做好征地补偿安置工作，为失地农民提供就业、住房、社保、留用地等多元化安置补偿。要积极探索征地拆迁矛盾纠纷排查调处机制，避免因征地拆迁问题引发上访事件。国土、人保、建设、农业等部门要协调配合，进一步探索完善征地安置措施，规范留用地管理，健全社会保障机制，维护好被征地农民的合法权益。三是抓地质灾害防治。地质灾害防治工作是国土资源管理一项长期重大而艰巨的任务。各级政府要高度重视地质灾害的防治工作，将其纳入各地的“十二五”规划，全面建立地质灾害调查评价、监测预警、防治和应急四大体系。地质灾害隐患点搬迁与治理工程，已作为今年我省着力抓好的“十件民生实事”之一，各地要加大组织领导力度，积极筹措资金，落实工作责任，确保84个重点治理项目按时保质完成。同时，要加强地质灾害群测群防工作，今年要建成35个群测群防“十有县”。四是抓信访维稳。继续开展领导干部包案和定期接访行动，畅通群众诉求表达渠道，落实各项稳控措施，建立国土资源信访与执法联动机制，有效化解矛盾纠纷，切实维护群众合法权益，保障社会和谐稳定。

（五）认真抓好地矿、测绘等各项重点工作，提升国土资源管理工作整体水平。抓紧制订出台加快我省构建地质勘查工作新机制的指导意见，大力推进部省合作地质找矿工作。认真抓好市、县级矿产资源规划编制工作，积极推进矿业权有形市场建设，加大力度推进矿业权整合。加快地理信息公共服务平台建设，全面推进数字城市建设。大力推进“金土工程”建设，加快建立全省“一张图”管地、管矿机制，提高国土资源管理效率和服务水平。

（六）深入开展“两整治一改革”，进一步加强国土资源队伍建设。各级政府和国土资源管理部门要按照国土资源部的部署，结合工程建设领域突出问题清理、制度廉洁性评估等专项工作，深入开展“两整治一改革”专项行动，着力整治干部队伍廉洁从政存在的突出问题，着力整治土地和矿业权交易市场存在的突出问题，深入推进土地和矿业权审批制度改革，规范权力运作，进一步提高干部队伍的拒腐倡廉能力。要继续推进政务公开，以公开促规范、以规范求公正、以公正树公信。积极开展好“建设学习型党组织”活动和“创先争优”活动，大力推进基层国土资源所标准化建设，不断提升干部队伍的工作效能和执行力，努力打造一支素质高、能力强、作风好的国土资源管理干部队伍。

同志们，做好新时期的国土资源管理工作任务繁重、责任重大。希望全省各级政府和国土资源部门的同志们深入贯彻落实科学发展观，锐意进取，扎实工作，努力推动我省国土资源管理事业再上新台阶，为“加快转型升级、建设幸福广东”做出新贡献！

谢谢大家。

发扬成绩 开拓进取 推动国土资源管理工作再上新台阶

——在全省国土资源工作会议上的工作报告

广东省国土资源厅厅长 招玉芳

（2011 年 1 月 14 日）

尊敬的林木声副省长、束伟星局长，各位领导、同志们：

这次会议的主要内容是：认真贯彻落实中央经济工作会议、省委十届八次全会和全国国土资源工作会议精神，总结“十一五”工作，明确“十二五”工作思路，部署 2011 年工作。等一下，林木声副省长、束伟星局长将作重要讲话，我们要认真学习、深刻领会、抓好落实。下面，我讲三个方面内容。

一、全国国土资源工作会议主要精神

1 月 7 ~ 8 日，全国国土资源工作会议在北京召开。徐绍史部长在会上做了题为“开创国土资源管理工作新局面，为保障和促进科学发展做出新贡献”的工作报告。贠小苏副部长主持会议。

徐部长的报告系统总结 2010 年和“十一五”期间的国土资源管理工作。他指出 2010 年是国土资源事业及各项工作取得丰硕成果的一年。全系统保障发展用地、用矿，积极参与宏观调控，有力促进了稳增长、调结构；管控与激励并举，贯彻节约集约方针，有力保护了国土资源；执法监管体系基本建成，土地督察效能不断提高，有力维护了国土资源管理秩序；加大保障性住房用地供应，服务抢险救灾，有力保障了民生；信息化建设持续推进，基础工作不断夯实，有力支撑了国土资源事业发展。“十一五”期间，国土资源系统在应对国际金融危机、抗击汶川地震等特大自然灾害、促进经济平稳较快发展等方面作出了重要贡献，国土资源保障能力和服务水平不断提升。

徐部长的报告科学研判了“十二五”国土资源管理面临的新形势。他认为，国内外形势对国土资源管理造成了深刻的影响，土地管理多因素叠加，“两难”局面和双重压力日益突出；矿产品市场“一松一紧，震荡调整”的格局仍将延续，勘查开发形势趋好；改革在积极探索，但制度创新需要协调磨合；中央对国土资源工作提出的新的更高要求。徐部长要求，国土资源管理系统要变压力为动力，化挑战为机遇。

徐部长的报告提出了“十二五”时期国土资源管理的基本思路和基本要求，并强调 2011 年要做好六个方面的工作。一是科学编制规划，着力谋划“十二五”工作布局；二是扎实推进“双保工程”，着力促进发展方式转变；三是高举推进新机制、开展“358”两面旗帜，着力提升能源资源保障能力；四是加快重点领域和关键环节改变，着力增强国土资源发展动力。五是夯实工作基础，着力提高国土资源管理水平。六是推进党建和业务工作有关融合，着力提升干部队伍执行力。

徐部长的报告强调，各项工作任务已经明确，国土资源系统上下要改革创新，善治善为，推动国土资源事业在变革中发展、在发展中跨越。一要解放思想，锐意改革；二要协调联动，统筹推进；三要加强调研，关注基层；四要履职尽责、善治善为。

在会议结束时，徐部长做了一个总结讲话，着重强调了五个方面的工作，一是持续抓好“双保工程”；二是坚定不移地贯彻落实房地产调控政策；三是认真贯彻落实《国务院关于严格规范城乡建设用地增减挂钩试点切实做好农村土地整治的通知》；四是全面推

进地质找矿新机制，启动实施“358”行动；五是扎实推进“两整治一改革”专项行动。

徐部长的报告已经印发给大家，国土资源系统的同志们也通过电视电话会议同步听了徐部长的讲话，这里就不再专门传达，请国土资源系统的同志们回去后认真学习，领会好精神，抓好贯彻落实。

此前，国家测绘局也于2010年12月25日召开了全国测绘局长会议，李克强副总理对测绘工作作出了专门的批示，徐绍史部长作了重要讲话，徐德明局长总结部署了工作。下来将专门召开会议传达和部署。

二、“十一五”期间我省国土资源管理工作主要情况

“十一五”期间，全省国土资源管理工作坚持以邓小平理论和“三个代表”重要思想为指导，以科学发展观为统领，认真贯彻落实党中央、国务院和省委省政府的重大战略决策，紧紧围绕实现“三促进一保持”和落实《珠江三角洲地区发展规划纲要》，积极开展节约集约用地试点示范省建设，在保发展、保资源、保民生、保稳定上取得新成效，为促进全省经济社会发展作出了积极的贡献。

（一）大力推进节约集约用地试点示范省建设，充分发挥国土资源在加快转变经济发展方式中的积极作用。

一是节约集约用地工作机制不断完善。认真贯彻落实温家宝总理重要指示精神，以省部合作方式共建节约集约用地试点示范省。深入开展土地开发整理、“三旧”改造、闲置地处置、节约集约用地试点等工作，将节约集约用地指标纳入实施《珠江三角洲地区改革发展规划纲要》考核体系，初步建立起我省建设用地节约集约利用评价体系。与“十五”相比，“十一五”节约集约用地水平显著提高。全省单位GDP增长消耗新增建设用地由2005年的8.6公顷降到2010年的3.77公顷，降幅为56%；单位建设用地二、三产业增加值由1.22亿元/平方千米提高到2.37亿元/平方千米，升幅为94.3%；“十一五”期间我省节约集约用地水平位居全国前列。

二是“三旧”改造工作取得阶段性成效。在国土资源部的支持下，制定出台推进“三旧”改造的突破性政策，坚持试点先行，探索了有效的改造模式，完成了“三旧”改造标图建库与规划编制工作，“三旧”改造取得了阶段性成效。2008年至2010年11月，全省已完成“三旧”改造项目1864个，完成改造面积5833.33公顷；2010年启动项目1408个，改造面积9200公顷。通过开展“三旧”改造，实现了“五个促进”：一是促进节约集约用地，增强了可持续发展能力。两年多的“三旧”改造实现节地率达42%，按此比例推算，24万多公顷“三旧”用地全部改造后可节约土地约10万公顷。二是促进固定资产投资，推动了经济即期增长。2008～2010年11月，全省已投入改造资金1910亿元，占同期全省固定资产投资的5.01%。改造项目的年产值（营业收入）和税收比改造前分别增长了1.7倍和1.4倍。三是促进结构调整，提升了产业竞争力。在已改造项目中，淘汰、转移“两高一资”项目355个，引进先进制造业和现代服务业项目325个，引进世界500强项目28个。四是促进宜居城乡建设，推动了城镇化进程。在已完成的改造项目中，建设城市基础设施项目370个、城市公益事业项目194个，涉及用地1693.33公顷，新增公共绿地333.33多公顷；保护与修缮传统人文历史建筑753万平方米。五是促进群众生活改善，实现了改造成果的共享。在已完成的改造项目中，就业人口增加了45.9%，二、三产业就业人口比从改造前的2.1:1转变为0.9:1，就业结构进一步优化；旧村庄改造涉及的村集体收入增长了1倍多；建成保障性住房2.02万套，约占同期全省建成保障性住房总套数的1/3。

三是耕地保护和开发成效显著。进一步强化耕地保护责任，率先在全国将耕地保有量作为落实科学发展观的一项重要考核指标，自2007年起，华华省长每年与地级以上市市长签订耕地保护责任书。探索建立耕地保护补偿机制，建立了3个国家级、6个省级基本农田保护示范区。大力开展未利用地、低效园地山坡地开发补充耕地工作，省政府安排40亿元专项用于开发补充耕地。“十一五”期间，全省开发补充耕地面积达10.28万公顷，是“十五”期间完成面积的近3倍，不仅充分满足了“十一五”期间耕地占补平衡的需要，更为未来10年耕地占补平衡提供了保障。

（二）不断优化土地管理与服务，为经济社会发展提供了用地保障。

一是规划管控作用不断强化。开展了部省合作国土规划编制试点工作，明确了我省国土开发的总体框架。推进了新一轮土地利用总体规划修编，为土地管理参与宏观调控奠定了基础。在新一轮规划中，国家下达我省新增建设用地规模 29.07 万公顷，位居全国第一，为我省赢得了可持续发展的用地空间。充分发挥规划的用途管控作用，积极争取国土资源部增拨建设用地年度计划指标，实行差别化管理。“十一五”期间国家下达我省农转用计划指标 7 万公顷，比“十五”期间增长了 25%，有力地保障了重点项目和扩大内需项目的用地需求。

二是用地服务水平不断提高。围绕保增长、扩内需、调结构，先后出台了支持个体私营经济发展、加快建设用地报批、保障扩大内需项目用地、支持现代产业体系建设、保障文化强省建设、绿道网建设等一系列用地政策措施。建立了省重点项目用地预审和报批绿色通道，实行并联审查，将用地报批材料数量减少 40% 以上，进一步提高了工作效率。“十一五”期间，省级建设项目用地预审 1081 宗，涉及用地 6.09 万公顷，与“十五”期间相比预审宗数和面积分别增长了 82% 和 38.3%；共批准建设用地 2191 宗、7.05 万公顷，与“十五”期间相比面积增长了 123%，为我省亚运会场馆建设、产业转移园区建设和武广客运专线、厦深铁路、贵广铁路等一大批重大基础设施建设提供了用地保障，为全省保增长、扩内需、调结构做出了积极贡献。

三是土地市场建设与产权管理工作扎实开展。全面完成了我省第二次全国土地调查工作，进一步加强了土地产权管理工作。“十一五”期末，全省农村集体土地所有权发证率达 82%，集体建设用地使用权登记发证率达 84%，农村宅基地发证率达 77%。与 2005 年底相比，发证率分别提高了 68%、17%、10%。进一步加强了土地市场建设，“十一五”期间，全省共出让土地 6.11 万公顷，与“十五”期间相比增长了 28.03%，其中“招拍挂”出让土地 3.21 万公顷，与“十五”期间相比增长了 188%。

（三）进一步强化矿政管理与地质灾害防治，不断提高矿产资源保护与利用水平。

一是矿政管理水平不断提高。开展全省整顿和规范矿产资源开发秩序及“回头看”行动，有效遏制了矿产资源违法违规行为。推进矿产资源开发整合，进一步优化矿山布局。全面推进了矿产资源利用现状调查、矿业权实地核查和矿产资源潜力评价工作，为矿产资源有效管理和合理利用提供了可靠依据。积极推进矿业权市场建设，出台了矿业权招拍挂出让管理制度，矿业权市场配置力度不断加大。“十一五”期间，全省以招拍挂方式有偿出让矿业权共计 759 宗，价款 16.1 亿元，与“十五”期间相比分别增长了 146% 和 350%。

二是地质勘查工作取得丰硕成果。切实加强了重要成矿带矿产资源调查评价和战略性矿产资源勘查工作，“十一五”期间，完成矿产勘查 736 项，新发现矿产地 34 处。开展了部省合作地质找矿工作，为我省构建地质找矿新机制、加速地质找矿新突破、实现 358 目标提供了重要抓手。目前已安排地质工作项目 44 项和资金 1.37 亿元，新发现矿点 11 处；危机矿山接替资源找矿工作成效显著，大宝山矿和凡口铅锌矿均达到大型矿床以上规模；五方合作整装勘查取得初步成果，其中 16 个探矿权项目完成了探矿权评估报告备案，第一期已投入资金 1.2 亿元，大勘查、大投入、找大矿、快见矿初见成效。

三是地质灾害防治力度进一步加大。成立了覆盖各级政府的地质灾害防治工作领导机构和汛期应急指挥系统，基本建立了地质灾害监测预警预报体系、群测群防体系和地质灾害应急平台。“十一五”期间，全省投入地质灾害防治资金约 42 亿元，同比增加了 71.43%，开展重大地质灾害勘查治理项目 1390 宗，避险搬迁工程 916 项；地质灾害隐患点由 2.1 万处减少到 1.6 万处，减少了 24%；全省成功预报地质灾害 126 起，避免 16180 人伤亡，减少直接经济损失达 1.03 亿元。积极推进矿山地质环境保护与治理恢复，完成矿山地质环境治理项目 565 个，恢复和复垦土地 2000 多公顷。

（四）积极推进测绘工作与信息化建设，不断强化国土资源宣传教育工作。

一是基础测绘工作成效显著。改造全省高程基准，完成全省大地水准面精化，建成全国第一个省级连续运行卫星定位服务系统。及时有效地开展了基础地理信息数据更新，21个地级以上市已基本完成建成区大比例尺基础测绘，珠三角地区和全省中心镇以上城镇建成区基本实现大比例尺基础地理信息数据全履盖。全面推进数字城市和公共平台建设，珠三角基础地理信息公共平台被列入《珠江三角洲地区改革发展规划纲要》重大工程项目，开展地理信息数据保密处理和政务版公众版电子地图编制工作。21个地级以上市全部开展了数字城市地理空间框架建设。大力推进测绘公共服务，“十一五”期间共向社会和有关部门提供各种地图约14万幅，各等级控制点合计14000个，价值约55亿元，为我省经济社会发展和社会应急抢险提供了有力的基础测绘保障。

二是测绘管理工作不断加强。“十一五”期间，共完成测绘资质审核和备案970多宗，全省测绘资质单位达589家，比“十五”期末增加23%。审核地图570多件，有效防范“问题地图”现象的发生。开展地理信息市场专项执法检查，不断规范测绘市场、地理信息市场和地图市场秩序。在全国率先开展覆盖全部测绘单位的质量监督检查工作，强化测绘单位质量管理体系建设，有效推进测绘统一监管工作。

三是信息化建设稳步推进。加大力度推进“金土工程”，不断完善电子政务建设，建立健全了土地规划、矿产资源、基本农田、“三旧”改造四个数据库和土地动态监测监管系统，国土资源管理的信息化水平不断提高。建立健全了政府信息公开制度，设立了网络发言人，完善了信息收集、网民留言办理、网上发布等相关机制。省厅在2009年度全国国土资源政务信息网上公开执行情况检查评比中获得省级单位第三名；在省政府网站评估中获得二类省直网站第一名。

四是宣传培训形式不断创新。会同省委组织部组织了多期领导干部国土资源管理专题研讨班，开展市、县、镇、村级干部国土资源法律知识宣传培训活动和在线咨询，培训3万多人次，有力地提高了各级干部依法管地用地的意识。结合世界地球日、土地日、测绘日等重大节庆活动，组织开展了2000多场现场咨询活动，累计接待了80多万名群众的咨询。在广州、深圳、佛山等八市举办了“加快建设现代产业体系土地法规政策座谈会”，与香港贸易发展局在香港两次联合举办了土地法规介绍会，与省外经贸厅联合举办土地法规政策（加工贸易企业专场）宣讲会，强化了投资者依法用地、节约用地的意识。

（五）不断强化执法监察与信访工作，有效维护良好国土资源管理秩序。

一是国土资源管理秩序持续好转。积极开展卫片执法检查工作，在全国率先实现全省卫片执法检查全覆盖。大力开展违法违规用地专项治理工作，在2007年“土地执法百日行动”的基础上，2008年在全省集中开展了查处违法违规用地专项整治行动，有效遏制了违法违规用地高发态势。“十一五”期间，全省共发现土地违法行为2.95万宗，涉及土地面积2.66万公顷，其中，自身纠正整改1.35万宗，涉及土地面积6300公顷，立案查处1.6万宗，涉及土地面积2.03万公顷；立案查处矿产违法行为1607宗，吊销采矿许可证255件，收缴罚没款5.11亿元。2009年度全省违法用地宗数和违法用地面积分别比2006年度下降了13.7%和74%，国土资源管理秩序进一步好转。

二是执法监察工作机制不断完善。建立政府主导、有关部门齐抓共管的土地执法共同监管机制。加强执法监察队伍和国土资源所建设，落实行政执法专项编制6067个，配置了专门的执法监察车辆，进一步强化了一线执法力量。建立动态巡查和零报告制度，对违法用地行为做到早发现、早制止、早报告、早处置。

三是信访维稳工作稳步推进。强化信访工作的组织领导，成立了信访工作办公室，健全机构与人员编制。建立领导干部接访下访与包案督办、重要敏感时期24小时值班、信访与执法联动等制度，及时有效地排查、调处和解决信访问题。2010年共处理群众来信来访共计2089件，同比下降18.9%，实现了信访量连续三年下降。

（六）大力推进依法行政与反腐倡廉各项工作，不断提升全系统自身建设水平。

一是依法行政水平进一步提高。“十一五”期间，积极推进《广东省土地利用总体规划条例》的制定和《广东省实施〈中华人民共和国土地管理法〉办法》等法规规章的修订，出台了推进“三旧”改造、建立土地管理共同责任制度、加强集体建设用地使用权抵押融资管理等一批政策性文件，进一步健全国土资源管理法规政策体系。深入推进行政审批制度改革，对我厅原有的45项行政审批权进行了全面清理，下放审批权15项，取消10项，进一步简政放权。

二是反腐倡廉工作机制不断完善。认真落实了党风廉政建设责任制，进一步加强考核和问责，形成了"一把手"亲自抓，各部门齐抓共管，层层落实责任制的新格局。开展了"两整治一改革"专项行动，全省已排查出廉政风险点410项，制定相应的防控措施1081条。积极开展反腐倡廉教育，举办"大地清风"先进事迹宣传活动，树立了一批廉政勤政的正面典型。继续保持对腐败问题的高压态势，查处了一批违法违纪案件。坚持把政风行风建设作为国土资源管理工作的"生命工程"加以推进，省厅政风行风民主评议工作得到省直行评办（团）的充分肯定和高度赞扬，被评为"满意"单位。

三是党建工作与干部队伍建设不断加强。深入开展学习实践科学发展观活动，认真组织开展解放思想学习讨论活动、排头兵主题实践活动等主题教育活动，扎实开展了学习型党组织创建活动，进一步发挥各级党组织的战斗堡垒作用和广大党员的先锋模范作用。认真开展"规划到户、责任到人"扶贫开发工作，用一年的时间提前实现省委提出的"双到"工作三年目标，省厅被评为扶贫开发"双到"工作先进单位。顺利完成新一轮机构改革，扎实做好干部选拔任用工作，为国土资源管理工作提供了人力资源保障。

过去的五年，我省国土资源管理工作取得的成绩，是省委、省政府和国土资源部正确领导的结果，是国家土地督察广州局关心、指导的结果，是各市党委、政府和省有关部门大力支持的结果，同时也是全省国土资源系统干部职工辛勤工作、奋勇拼搏的结果。在此，我谨代表厅党组，向长期以来关心、支持我省国土资源管理工作的领导和同志们表示崇高的敬意，向奋战在国土资源管理一线的广大干部职工表示衷心的感谢！

回顾"十一五"，我们的工作卓有成效，成绩喜人；展望"十二五"，我们深感使命光荣，任务艰巨。首先，保发展与保资源矛盾依然突出，土地管理"两碰头、一忧虑"的局面依然没有根本改变，形势更为复杂；其次，国土资源的稀缺性更加凸显，转变国土资源利用方式任重而道远；再次，加快转变经济发展方式对国土资源管理工作提出了新的更高要求，我们的管理理念、工作机制和干部队伍还不能完全适应，等等。我们要高度重视面临的挑战，采取积极有效的措施认真加以解决，努力把各项工作做得更好。

三、"十二五"及2011年工作意见

"十二五"时期，是我省加快转型升级，建设幸福广东，当好推动科学发展、促进社会和谐排头兵的重要时期，也是加快构建和进一步完善国土资源保障和促进科学发展新机制的关键时期。我省"十二五"期间国土资源管理工作的基本思路是：紧紧围绕加快转变经济发展方式这一主线和"加快转型升级，建设幸福广东"这一核心，坚持解放思想、深化改革创新，全面构建保障和促进科学发展新机制，积极主动服务、严格规范管理，统筹保障发展和保护资源，大力实施节约优先战略，显著提高国土资源保障能力和保护水平，促进经济社会全面协调可持续发展。总体目标是：节约集约用地水平进一步提高，国土资源开发与储备能力进一步增强，保障与促进科学发展新机制进一步完善，国土资源参与宏观调控、服务大局的作用进一步凸显。至2015年，全省耕地保有量不低于291.07万公顷，基本农田保护面积255.6万公顷，新增建设用地得到有效控制，全省单位GDP增长消耗新增建设用地总体下降，国土资源得到合理开发利用和有效保护。地质找矿新机制不断完善，基础地理信息化水平不断提高。国土资源违法违纪行为数量明显下降，国土资源管理秩序不断好转。

根据上述总体要求，要实现"十二五"工作目标，必须在"五个着力"上下功夫。一是着力抓好服务保障。要不断完善国土资源保障与促进科学发展新机制，进一步强化国土资源参与宏观调控的作用，切实保障好、服务好经济社会发展。二是着力抓好节约集约用地。要继续深入推进示范省建设，突出抓好"三旧"改造与耕地开发补充，不断完善节约集约用地的长效机制，进一步提高土地利用效率。三是着力抓好国土资源执法监管。要坚持协调联动、关口前移、重心下移的原则，在保持对国土资源违法行为高压态势的基础上，不断完善国土资源执法监管的长效机制，确保我省国土资

源管理秩序持续好转。四是着力抓好地质灾害防治。要建立健全地质灾害防治的长效机制，落实地质灾害防治责任，提高对突发性地质灾害的应急反应能力，切实维护人民群众生命财产安全。五是着力抓好队伍建设。要进一步完善干部队伍选拔任用和交流培养制度，形成富有生机与活力的用人机制，努力打造一支高素质的专业技术人才队伍和管理干部队伍，不断夯实国土资源管理工作基础。

2011年是“十二五”开局之年，做好今年工作对全面完成“十二五”的各项工作目标具有十分重要的意义。今年我省国土资源管理工作要认真贯彻落实省委十届八次全会和全国国土资源工作会议精神，抓好以下七个方面工作：

（一）进一步做好用地服务和监管，促进经济发展方式加快转变。

一是切实保障重点项目用地。加强与用地单位和行业主管部门的沟通协调，进一步优化用地服务，切实保障产业结构调整、珠三角一体化、双转移、文化强省等省委省政府重大决策部署的用地需求。深化用地审批制度改革，简化一年一批次用地报批的征转实施方案相关材料，提高用地报批工作效率。

二是积极发挥土地调控作用。今年是新一轮土地利用总体规划实施的第一年，要进一步完善管理制度，充分运用信息化手段强化规划落实，不断提高规划严肃性和权威性。进一步完善土地利用计划与建设项目预审管理制度，严格限制“两高一资”等限制类项目用地，确保土地资源合理使用。

三是加强土地市场监管。完善我省土地市场动态监测与监管系统，力争今年第二季度实现与国家系统的互联互通，进一步强化对用地情况的全程监管。加大消化处置闲置地和批而未供土地的力度，建立新增建设用地计划指标分配与批而未供土地处置情况挂钩制度，力争今年底前盘活使用6000公顷的批而未供土地用于保障产业转移园、重点园区、重点项目建设。加大保障性住房用地供应，发挥土地政策对房地产市场的调控作用。进一步加强矿山用地（包括尾矿库）管理，依法解决矿山用地报批问题。

四是统筹城乡土地利用。按照统筹城乡发展的总体要求，不断深化农村土地管理制度改革。继续完善征地安置措施，适时调整征地补偿保护标准，认真抓好征地制度改革试点工作，切实保障被征地农民的合法权益。积极推进土地复垦和城乡建设用地增减挂钩试点工作，加快推进农村集体建设用地使用权流转，探索建立宅基地退出机制，不断提高农村土地的利用效率。加快农村土地登记发证工作，力争今年底前农村宅基地发证率达到80%以上，集体建设用地使用权发证率达到85%以上。研究制定地表上下空间建设用地使用权设立与管理的有关规定。

（二）进一步加快和规范推进“三旧”改造，确保工作目标全面实现。

一是抓紧启动和完成一批项目。要坚持以项目为载体，既整体推进“三旧”改造，又集中力量抓一批精品工程，点面结合推进“三旧”改造工作。在抓紧完成正在改造项目的同时，力争今年启动改造项目约4500个，涉及改造面积约1.93万公顷。各地要进一步增强紧迫感，对需上报省政府审批的“三旧”改造项目要抓紧组织材料上报；对属于自身权限可审批的项目，要组织相关部门进一步简化程序，抓紧审批。省厅也将会同省直有关部门研究制订加快审批效率的具体措施，共同加快审批效率。

二是不断完善配套政策。积极争取省有关部门共同研究制定税收优惠、财政支持等方面的配套政策，加大对欠发达地区“三旧”改造的支持；督促各地围绕在实践中遇到的问题，进一步完善和细化“三旧”改造操作办法。认真总结各地经验和做法，从规划编制实施、产权制度、公开市场建设、交易程序规范、利益共享机制五个方面构建起完备的政策体系，为“三旧”改造的全面推广做好政策储备。

三是进一步加强监管。完善“三旧”地块标图建库的动态调整机制，在严格限定“三旧”改造范围的同时，进一步提高“三旧”改造的针对性与时效性。建立健全“三旧”改造专项规划实施机制，确保规划严格落实到位。要统筹推进、综合布局，突出“三旧”改造对当地经济社会发展的综合效益。要切实维护好被拆迁群众的利益，注重保护好历史文化遗产。积极运用信息化手段，会同检察、监察、审计部门对“三旧”改造实行全程监管，落实“三旧”改造项目审批县（区）级逐宗实地核查制度。严肃查处违法违纪行为，确保实现“封闭运行，结果可控”。

（三）进一步强化耕地保护责任，不断提高耕地开发补充质量。

一是完善耕地保护机制。要完善耕地储备指标统一收购制度，将耕地储备指标交易纳入政府采购系统，力争在今年6月底前出台指标交易的管理办法。探索建立耕地保护补偿机制，制定耕地保护补偿机制试点工作方案，争取尽快实施。

二是狠抓耕地开发补充质量。要将开发补充耕地的工作重点从重数量向质量数量并重转变，严格把好立项设计和抽查验收关，切实加强施工期间的动态监管，把耕地开发补充质量作为政府耕地保护目标责任考核内容，确保开发补充耕地的质量。坚持示范带动，所有开展了利用园地山坡地开发补充耕地的市、县都要建设1-2个开发补充耕地的示范项目。协同农业等部门抓好后期管护，确保新开耕地不闲置、不丢荒。

三是加大土地整理工作力度。要明确时限，加强督导检查，确保土地开发整理项目按时完成。要将土地整理项目完成情况与耕地保护目标责任考核挂钩，对不按要求完成的市要在耕地保护目标责任考核中给予扣分。力争今年6月底前完成省级土地整治专项规划编制工作，为合理有效开展土地整治工作提供依据。

（四）进一步加强执法监察与信访维稳工作，切实维护良好的国土资源管理秩序。

一是认真抓好2010年度卫片执法检查。根据国土资源部和省政府的有关部署，认真组织开展全省2010年度土地卫片执法检查，确保实现立案率、查处率、整改率三个100%和结案率95%以上。要按照15号令，根据检查结果对土地违法严重地区的政府主要领导人员和其他负有责任的领导人员启动约谈、问责程序。认真抓好违法违规用地行为的查处工作，以铁的手腕严防违法违规用地案件反弹。

二是完善国土资源执法监管工作机制。要建立起与动态巡查零报告日报告制度相配套的动态巡查检查考核机制，进一步发挥12336举报平台作用，不断增强动态巡查的效果。对巡查发现的国土资源违法违规行为，务必做到100%发出责令停止国土资源违法行为通知书，100%报告同级人民政府和上一级国土资源部门，100%告知共同责任部门。继续强化土地管理共同责任，进一步完善与发改、规划建设、人社、林业、农业、监察、公安、信访等部门的联动机制，切实提高执法效能。建立国土资源违法案件挂牌督办制度，对重大违法案件实行公开督办，公示查处结果。继续推进基层国土所规范化建设，进一步发挥国土所的作用。

三是切实抓好信访维稳工作。要落实信访突出问题领导包案制度，切实提高信访案件办结率。继续完善省、市、县三级国土资源管理部门领导干部接访下访制度，加大排查、预警与调处工作力度，努力形成省、市、县三级信访工作大格局。建立健全信访信息处理电子系统，进一步提高信访工作的效率与质量。

（五）进一步强化矿产资源管理与开发利用，不断加大地质灾害防治工作力度。

一是不断提升矿政管理水平。要加快推进市、县级矿产资源总体规划编制工作，市级规划必须在今年3月底前上报省政府审批，县级规划必须在今年年底前上报所在地市政府审批。认真抓好稀土重点区专项规划的论证工作，力争在今年6月底前上报国土资源部。要抓紧做好矿产资源的“两查”工作，在今年3月底前完成矿产资源利用现状调查数据库与原有矿产资源储量库的衔接，落实矿业权实地核查中发现问题的整改工作，进一步拓展“两查”项目成果应用领域。积极推进矿产资源“标图建库”工作，在今年3月底前出台矿业权信息化管理及数据库动态更新的相关制度，不断强化矿产资源开发监督管理。要加大力度推进矿业权市场建设，尽快建立矿业权交易管理制度，完善矿业权招拍挂出让管理的配套政策，力争在今年3月底前省级矿业权交易机构挂牌运营。积极开展土地交易中心和矿业权交易机构合并的试点工作，探索建立统一的交易平台。

二是积极推进地质找矿工作。继续推进部省合作地质找矿工作，围绕地质找矿358目标，力争在重点矿产资源勘查上有新突破。抓紧出台我省加快构建地质勘查工作新机制的指导意见，强化对全省地质找矿工作的指导。积极争取设立省级地质勘查基金，完善项目基金管理办法。着力抓好矿产资源潜力评价工作，夯实地质找矿基础。

三是高度重视地质灾害防治工作。加快实施地灾隐患点搬迁与治理工程，消除地质灾害隐患，今年要完成珠江三角洲地区地质灾害重大隐患点搬迁与治理

13处、其他地区71处。继续加强地质灾害群测群防工作，创建35个地质灾害群测群防“十有县”。加快地质灾害应急机构建设，完善应急救援体系。加强对受灾地区灾后重建选址和地质灾害防治工作的指导，推动灾区重建工作。

（六）进一步推进测绘和信息化工作，充分发挥支撑保障作用。

一是加快地理信息公共服务平台建设。加强全省基础地理信息数据更新和整合利用，在完成惠州、佛山、深圳数字城市建设的基础上，争取年底前全部完成其他市数字城市建设。结合数字城市建设，加快珠三角基础地理信息公共服务平台建设步伐；启动省级基础地理信息公共服务平台建设，力争在今年底前完成。切实抓好基础测绘“十二五”规划项目立项报批工作。

二是提高测绘行政服务水平。加强测绘统一监管，完善测绘资质信息化管理系统，全面实现在线审批。推进测绘市场信用体系建设，建立以质量为核心的全省测绘质量信用体系，推进全省地理信息产业发展。加强国家版图意识宣传教育，加大地理信息市场监管力度，探索研究电子地图等新型地图产品的审核技术和政策，推进地图网站建设，做好公共地图服务。

三是积极推进信息化建设。加快推进省级“金土工程”项目建设，年底前初步实现网上审批、并联审批和网上监管。督促各市加快“金土工程”建设，确保2012年年底前90%以上的国土资源行政许可项目实现网上办理、网上监管。进一步完善基础数据库和应用平台建设，为强化国土资源管理提供有力支撑。

（七）进一步加强党建工作与反腐倡廉建设，不断提升队伍的整体素质。

扎实推进国土资源各项工作，全面实现既定目标，关键是要进一步发挥党组织的战斗堡垒作用和党员的先锋模范作用。要继续开展好“建设学习型党组织”活动和国土资源系统“创先争优”活动，切实抓好党员干部思想政治教育，不断提高党员干部的综合素质。扎实开展“两整治一改革”专项行动，着力整治干部队伍廉洁从政、土地和矿业权交易市场存在的突出问题，积极推进网上交易和网上监管，深入推进土地和矿业权审批制度改革。加快推进电子监管系统建设，及时公开土地和矿业权审批出让结果、供应计划、交易情况和违法案件等信息，依靠科技手段加大反腐工作力度。开展制度廉洁性评估试点工作，从制度层面消除腐败滋生蔓延的因素。加大人才培养力度，完善人才管理体制，推进干部交流使用，努力形成有利于优秀人才不断涌现和健康成长的良好环境。

同志们，做好2011年的国土资源管理工作，任务艰巨，责任重大。我们要在省委、省政府的正确领导下，深入贯彻落实科学发展观，振奋精神、同心协力，抓住机遇、锐意进取，努力为加快转型升级，建设幸福广东作出新的更大贡献！

注：林木声 广东省人民政府副省长
束伟星 国家土地督察广州局局长

（上接46页）

纳入财政预算。地方财政部门应统筹安排，务必将农村集体土地确权登记发证工作所需经费纳入各市、县财政预算，确保农村集体土地确权登记发证工作的按时完成。三是要加强部门配合协调。市、县人民政府是农村集体土地确权登记发证的法定主体，要把加快推进农村集体土地确权登记发证工作作为今明两年的一项中心工作来抓；各级国土资源部门负责牵头制定具体工作方案，明确任务分工，加强业务指导和检查，推进工作实施；财政部门负责落实将工作经费纳入预算；农业部门负责审核确认农村集体经济组织是否具备独立行使土地所有权的主体资格。要紧紧依靠乡镇人民政府（街道办事处）、农村基层党组织和村民委员会做好农村集体经济组织土地所有权权属界线的勘定工作。

同志们，今年是我省实施“十二五”规划的开局之年，加强国土资源管理任务繁重、责任重大。希望各级政府和国土资源等部门在省委、省政府的正确领导下，深入贯彻落实科学发展观，认真履行职责，扎实开展工作，努力推动我省国土资源管理事业再上新台阶，为“加快转型升级、建设幸福广东”做出更大贡献！

谢谢大家。

2011 年广东省国土资源重点工作成效

一、积极争取国土资源部的支持，2011 年新增建设用地指标及用地报批为历年之最。2011 年国土资源部共下达广东省新增建设用地指标 2.11 万公顷，为历年之最；报经国务院和省政府批准建设用地面积 3.13 万公顷，同比增长 37.22%，亦为历年之最。有效保障了交通项目、现代产业项目和保障性安居工程等一大批重点项目的用地需求。

二、国土资源管理主动参与宏观调控的力度不断增强，进一步促进经济发展方式转变。进一步落实差别化管理政策，对重大项目、现代产业 500 强及产业转移园建设予以倾斜安排。现代产业 500 强提出用地需求项目 377 个，共需用地 2.65 万公顷，已解决了 1.30 万公顷，待落实 1.34 万公顷，将在两年内根据项目建设进展的需求予以分期解决。专项安排新增建设用地指标 1153.33 公顷，支持南沙新区、横琴新区和中新知识城等重点区域建设。进一步加大对产业转移园区的支持力度，专门下达 1000 公顷用地指标用于奖励省十个产业转移重点园区和 2010 年产业转移目标责任考核中的优秀产业转移工业园。全省各地重大项目建设用地需求基本得到满足。

三、耕地保护工作扎实推进，顺利通过国家的耕地保护责任目标考核。2011 年全省通过省级抽查的新增耕地面积 3.44 万公顷，是国家下达省年度补充耕地总量 1.2 万公顷任务的 2.86 倍。近几年累计开发补充耕地 11.8 万公顷，可满足未来 10 年占补平衡的需要。广州、佛山、东莞、汕头等地建立了耕地保护经济补偿制度，得到国土资源部的充分肯定。顺利通过国家检查考核组对省 2006 ~ 2010 年的耕地保护责任目标履行情况的考核，并得到充分肯定。

四、转型期土地供需矛盾对策研究取得重大成果，土地管理制度改革试点顺利推进。落实汪洋书记在 2010 年两会期间与国土资源部领导会谈时的指示，省厅会同国土资源部规划司开展“广东省经济快速转型期土地供需矛盾及其对策”专题调研，全面分析广东经济快速转型期的用地需求特征，深入研究全省土地利用潜力及制约土地节约集约利用的各种因素，提出加强和改进土地管理、努力缓解土地供需矛盾的措施。在国土资源部的支持下，大力推动广州、深圳、顺德等地开展土地管理制度改革试点，广州市围绕城乡统筹、深圳市围绕高度城市化、顺德区围绕城乡一体化等分别制定土地制度改革方案。

五、“三旧”改造深入推进，实现“四个有力促进”。“三旧”改造工作取得明显成效，开展“三旧”改造以来，共完成“三旧”改造项目 2245 个，完成改造面积 8533.33 公顷，实现平均节地率 42.9%，有力促进节约集约用地；属于产业结构调整的项目占总数的 70%，有力促进产业结构调整优化；共建设城市基础设施和公益事业项目 812 个，新增公共绿地 400 多公顷，促进宜居城乡建设；旧村改造使村集体收入增长 1.28 倍、就业人口增长 1.84 倍，有力促进群众生活改善。同时，组织精干力量，专题研究“三旧”改造的实践经验，形成相关政策成果并已上报国土资源部。

六、地质找矿工作取得新突破，新增查明铁、铜、铅、锌、金等一批矿产资源储量。2011 年全省矿产资源勘查投入资金约 5 亿元，新增查明铁、铜、铅、锌、金等一批矿产资源储量。9 月省大宝山矿区被国土资源部、财政部列为首批矿产资源综合利用示范基地，计划 5 ~ 10 年投资 54.8 亿元（其中国家投入 27.4 亿元，企业自筹 27.4 亿元），是省近年争取国家财政支持开展矿产资源综合利用的成功典范。项目建成后预计可盘活或回收资源价值 321.6 亿元，大宝山将成为中国重要的工业原材料基地。

七、地质灾害防治力度不断加大，全面完成84处重大地质灾害隐患点搬迁与治理。2011年全省共发生地质灾害100起，造成2人死亡，直接经济损失2744.95万元，同比分别减少83.3%、95.4%和87.9%；各地成功预报地质灾害13起，避免人员伤亡381人；建成36个群测群防“十有县”。列入全省2011年“十件民生实事”工程之一的84处重大地质灾害隐患点搬迁与治理工作，目前已全部完成。

八、数字城市地理空间框架建设有效推进，成为全国第一个在全部地级以上市开展数字城市建设的省份。大力开展数字城市地理空间框架建设，目前广州等9市已先后投入使用，惠州、佛山两市被国家测绘局授予全国数字城市建设示范市称号，进度居全国前列。数字城市空间框架建设为公共服务、社会管理和宏观决策等提供重要支撑。

九、2010年度卫片执法检查实现历史性转变，违法用地面积4133.33公顷，同比下降21.8%。严厉打击违法违规用地、用矿行为，推进部门联动，全省国土资源管理秩序持续向好。在全国土地违法面积继续上升的情况下，2010年度省违法用地总面积和违法占用耕地面积却明显下降，分别比2009年度下降21.8%和58.4%，得到国土资源部充分肯定。在2011年12月全国2010年度土地矿产卫片执法检查工作电视电话会上，林木声副省长作为唯一的省级政府代表在会上作经验介绍。据初步统计，2011年度省违法用地面积还将比2010年度有较大幅度下降。

2012年1月9日，汪洋书记在厅相关报告上作重要批示：“难办的事办得不错，难管的事管得挺好，既守住了红线，又支持了发展，国土资源的其他工作也卓有成效，十分不易。望今年有更大作为。”

（黄国锐）

2011 年广东国土资源管理大事记

1 月

4 日　数字佛山地理空间框架建设试点项目通过国家级验收并正式开通使用。

·佛山市获得国家测绘局授牌成为“全国数字城市建设示范市”。

·国家测绘局、广东省国土资源厅、广州市人民政府在广州共同签署《数字广州地理空间框架建设示范合作协议书》。

14 日　全省国土资源工作会议在广州召开。会议深入贯彻落实国土资源部、国家测绘局工作会议和省委十届八次全会精神，全面总结“十一五”国土资源管理工作，研究部署“十二五”及 2011 年工作任务。副省长林木声和国家土地督察广州局局长束伟星出席会议并作讲话，省国土资源厅厅长招玉芳做工作总结，省政府副秘书长杨绍森主持会议。

·2010 年度省国土资源厅党组成员述职、述廉工作汇报会。

17 日　广东省十一届人大常委会第二十四次会议决定，任命省国土资源厅厅长招玉芳为省人民政府副省长。

18 日　数字湛江地理空间框架建设工程设计书评审暨共建共享协议签署仪式在广东湛江举行。

20 日　全省矿产资源管理工作会议在韶关召开。

2 月

11 日　广东省委常委、省委组织部部长李玉妹在省国土资源厅干部大会上，宣布广东省委决定：任命陈耀光为省国土资源厅党组书记。

21 日　全省 2010 年度违法违规用地清查整治工作会议在广州召开。副省长林木声、国家土地督察广州局局长束伟星出席会议并讲话，省国土资源厅党组书记陈耀光主持会议，深圳、韶关、肇庆先后发言。

23 ~ 24 日　国土资源部副部长、国家测绘局局长徐德明到广东省潮州、汕头调研。省国土资源厅党组书记陈耀光、副厅长李俊祥等陪同调研。

25 日　省国土资源厅党组书记陈耀光出席国土资源部在京召开的国土资源系统 2011 年“两整治一改革”工作视频会议，并在会上作发言。

3 月

13 日　中共中央政治局委员、广东省委书记汪洋，省委副书记、省长黄华华在京会见国土资源部部长、党组书记、国家土地总督察徐绍史。副省长招玉芳、省国土资源厅党组书记陈耀光等参加座谈会。

16 日　省国土资源厅召开 2010 年度违法违规用地清查整治行动进展汇报会。

21 日　省国土资源厅召开全厅干部大会，传达学习全国“两会”精神、吴邦国委员长参加广东代表团审议时重要指示精神、部省会晤主要情况和汪洋书记在 3 月 18 日全省传达全国“两会”精神电视电话会议上的重要讲话精神，结合广东省国土资源管理工作实际，对进一步提高国土资源管理工作水平提出了具体的要求。

23 日　全省测绘工作会议在阳江召开。

25 日　中纪委 2010 年度惩防体系建设第六检查组到省国土资源厅实地查看国土资源系统惩治和预防腐败体系建设情况。

30 日　省第十一届人大常委会第二十五次会议举

行第二次全体会议，决定任命陈耀光为省国土资源厅厅长。

4 月

1 日　国土资源部在京召开全国国土资源系统党风廉政建设工作视频会议。厅长陈耀光代表广东省国土资源厅在会上作先进典型发言。

14 日　全省国土资源系统党风廉政建设工作会议在肇庆召开。厅长陈耀光分别与各地级以上市国土资源局长签订“2011 年度党风廉政建设工作责任状”。

22 日　省国土资源厅与潮州市人民政府在潮州联合开展第 42 个“世界地球日”宣传周活动。

26 日　省国土资源厅召开全省汛期地质灾害防治工作视频会议。部署“十二五”时期及 2011 年全省地质灾害防治工作。厅长陈耀光出席主会场会议并讲话，巡视员沈绍梅主持会议，厅机关有关处室和厅属单位负责人，省相关部门负责人出席主会场会议，全省各地级以上市、顺德区国土资源行政主管部门以及各县（市、区）国土资源局约 900 人参加了分会场视频会议。

·省国土资源厅上线广东人民广播电台的“民声热线”节目。

5 月

10 日　省国土资源厅再次上线广东人民广播电台的“民声热线”节目。

11 日　国土资源部党组成员、副部长王世元一行对广东国土资源管理工作进行调研。

18 日　国土资源部召开严格规范土地管理促进批而未用土地利用视频会议，省国土资源厅厅长陈耀光、省政府办公厅副主任张爱军、副厅长杨俊波及厅有关处室主要负责人参加了广东省分会场的会议。

26 日　国土资源部部长徐绍史一行来粤调研考察，并出席在河源召开的矿产资源管理座谈会。省委副书记、省长黄华华在深圳会见徐绍史，省委常委、常务副省长朱小丹，副省长林木声，深圳市市长许勤等参加了会见。

6 月

18 日　省国土资源厅、共青团广东省委、湛江市人民政府联合举办“珍爱国土·青年担当”——2011 年广东青年“农村土地整治万里行”统一行动日暨誓师动员大会。

25 日　省国土资源厅、共青团广东省委在广州英雄广场联合开展纪念第 21 个全国“土地日”活动。

30 日　省国土资源厅隆重举行庆祝中国共产党成立九十周年暨表彰大会，分别对先进基层党组织和优秀共产党员、优秀党务工作者进行了表彰。

·省国土资源厅举行 2011 年“扶贫济困日”献爱心捐款仪式。干部职工共捐款 20.16 余万元。

7 月

1 日　省国土资源厅党组书记、厅长陈耀光一行到梅州市丰顺县丰良镇仙龙村开展帮扶工作。

4 日　省国土资源厅党组召开中心组理论学习会，专题学习胡锦涛总书记在庆祝中国共产党成立 90 周年大会上的重要讲话精神。

7 日　全省土地管理工作会议召开，总结通报 2010 年度全省耕地保护责任制执行情况，部署 2011 年土地管理有关工作。省长黄华华讲话并代表省政府与各地级以上市政府签订了《2011 年度广东省耕地保护责任书》。

8 日　省国土资源厅召开全省国土资源系统民主评议工作动员会暨廉洁从政教育视频培训会。

13 日　国土资源部召开汛期地质灾害防治工作紧急视频会议。会后，省国土资源厅迅速作出部署，要求全省各级国土资源主管部门通过“六个加强”认真贯彻落实会议精神，切实做好广东省汛期地质灾害防治工作。

15 日　省国土资源厅召开厅党组扩大会议，贯彻省委十届九次全会精神。

·省国土资源厅召开纪律教育学习月活动动员大会，动员和部署2011年纪律教育学习月活动。

18日　省国土资源厅、省财政厅、省农业厅在广州联合召开会议，部署加快推进广东省农村集体土地确权登记发证工作，确保2012年底基本完成把农村集体土地所有权证确认到每个具有所有权的农民集体经济组织的工作任务。

21日　国家城乡建设用地增减挂钩试点和农村土地整治清理检查组赴广东检查指导工作。

22日　省国土资源厅与省外经贸厅联合在广州举行广东省地块招商推介会签约项目落实工作座谈会。

29日　《广东省测绘条例》经广东省第十一届人大常委会第二十七次会议通过。

8月

1日　省国土资源系统“两整治一改革”工作汇报会暨国土资源网上交易系统建设现场会在惠州市国土资源局召开。

10日　省国土资源厅在河源市连平县召开全省地质灾害群测群防现场会。

11日　省国土资源厅召开全省国土资源系统政务信息公开暨网站建设工作会议。

16～19日　省国土资源厅在广州召开省国土资源系统纪检监察业务培训班、纪检组长座谈会暨党风廉政建设理论交流会。

18日　广东省首届全国国土资源节约集约模范县（市、区）实地考核陈述现场会在省国土资源厅举行。

9月

5～8日　省国土资源厅党组书记、厅长陈耀光率队先后赴云浮、阳春、高州、信宜等地，对2010年“9·21”发生特大洪水灾害后农田复耕复垦工作情况进行调研。

20～24日　国土资源部党组成员、副部长王世元率由国土资源部、农业部、监察部、审计署、国家统计局等五部局组成的国家耕地保护责任目标履行情况检查考核组，对广东省2006-2010年耕地保护责任目标履行情况进行实地检查考核。经过现场核查，国家检查考核组充分肯定了广东省耕地保护工作所取得的成绩。

20～26日　国家测绘地理信息局局长徐德明就数字广州的项目建设情况到广州市国土资源和房屋管理局进行视察指导。

26日　省国土资源厅和茂名市人民政府在茂名举行数字茂名地理空间框架建设项目验收会和建设成果发布推广会。

29日　省国土资源厅举办省国土资源系统“大地清风”廉政文化优秀作品展。广东省委副书记、省纪委书记朱明国、省政府副省长林木声、省纪委副书记丘海等领导应邀出席开幕式。

10月

12～13日　省国土资源厅在中山召开全省国土资源局长座谈会，学习贯彻落实中央领导同志重要讲话和全国国土资源厅局长会议精神，研究部署贯彻落实措施。

15～20日　省国土资源厅党组书记、厅长陈耀光率援藏工作组到西藏自治区林芝地区开展援助工作，看望慰问广东第六批援藏干部。

20～27日　国土资源部检查评估组对广东省国土资源系统“两整治一改革”工作情况进行检查评估。

11月

3～5日　省国土资源系统干部人事工作座谈会在珠海召开。

7日　省国土资源厅首次举行“2011年广东省拍卖挂牌出让探矿权公开摇号选定评估机构仪式”。

8～12日　国土资源部主办的“落实节约优先战略，促进节约集约用地”市、县长专题研讨班在广州市举行。副省长林木声出席开班仪式并致词。开班期间，广东省国土资源厅就“广东省‘三旧’

改造”作典型发言。

10 日　　省国土资源厅举办的“大地清风”廉政文化优秀作品展在潮州闭幕。中纪委委员、国土资源部党组成员、驻部纪检组组长王寿祥出席闭幕式。

15 日　　国土资源部在东莞召开全国国土资源系统“两整治一改革”工作汇报会。中纪委委员、国土资源部党组成员、驻部纪检组组长王寿祥、省委常委、省纪委书记黄先耀等出席会议。

19 ~ 20 日　　由中国土地学会主办的 2011 年中国土地学会学术年会在佛山召开。国土资源部副部长王世元，副省长林木声等出席会议。

22 日　　国土资源部 2011 年“12・4”全国法制宣传日送法活动在肇庆端州区举行。国家土地副总督察甘藏春出席活动并讲话。

23 ~ 24 日　　国土资源部党组成员、国家土地副总督察甘藏春一行到湛江考察调研。

28 日　　省国土资源厅和韶关市人民政府在韶关举行数字韶关地理空间框架建设项目验收会和建设成果发布推广会。

29 日　　省国土资源厅和清远市人民政府在清远举行数字清远地理空间框架建设项目验收会和建设成果发布推广会。

・部省地质工作协议 2011 年度执行情况评估会在广州举行。

30 日　　省国土资源厅党组书记、厅长陈耀光等陪同省委常委、省纪委书记黄先耀视察省国土资源厅。

12 月

5 日　　省国土资源厅利用全省国土资源业务网举办“深入学习贯彻中央领导同志重要讲话精神”视频专题讲座。

7 日　　2011 广东省支持外经贸企业转型升级稳定发展政策宣讲会在香港举行。宣讲会上，省国土资源厅厅长陈耀光宣讲了广东旧城镇、旧厂房、旧村庄“三旧”改造享受的政策优惠。

9 日　　广东境外勘查开发矿产资源培训研讨班在广州开班。培训班由国土资源部科技与国际合作司、省国土资源厅共同主办。

21 日　　国家土地督察广州局和广东省国土资源厅在广州萝岗召开第一次联席会议。

・省国土资源厅召开党组务虚（扩大）会议，会议围绕贯彻落实党的十七届六中全会、中央经济工作会议、国土资源部党组务虚（扩大）会议和省委十届八次全会精神，展开务虚，直抒己见，总结 2011 年的工作成就和基本经验，客观分析当前面临的突出矛盾和问题，提出今后工作的意见和建议。

22 日　　省国土资源厅党组书记、厅长陈耀光一行再次前往梅州市丰顺县丰良镇仙龙村开展帮扶工作。

26 日　　国土资源部在北京召开 2010 年度土地矿产卫片执法检查电视电话会议。副省长林木声出席会议并就广东省开展土地矿产卫片执法检查工作情况作经验交流发言。

28 日　　省国土资源厅和中山市人民政府在中山举行数字中山地理空间框架建设项目验收会和建设成果发布推广会。

29 日　　省国土资源厅和东莞市人民政府在东莞举行数字东莞地理空间框架建设项目验收会和建设成果发布推广会。

（王　彤）

国土资源省情

67/70

责任编辑：胡春雷

国土资源省情

土地资源

【概况】　广东省地处中国大陆最南部，位于北纬20°　09′　~ 25°　31′，东经109°　45′　~ 117°　20′之间。土地总面积17.98万平方千米

根据2008年土地利用变更调查等统计资料，广东省2008年农用地1489.12万公顷（其中耕地283.07万公顷），建设用地178.96万公顷，未利用地130.05万公顷。

2008年度广东省土地利用现状

土地利用类型		面积（万公顷）	占土地总面积比例	占上级土地利用类型比例
农用地	小计	1489.12	82.81%	100.00%
	耕地	283.07	16.03%	19.01%
	园地	100.75	5.38%	6.77%
	林地	1012.78	56.37%	68.01%
	牧草地	2.72	0.15%	0.18%
	其他农用地	89.79	5.02%	6.03%
建设用地	小计	178.96	9.95%	100.00%
	居民点及工矿	145.70	7.92%	81.42%
	交通运输用地	12.15	0.65%	6.79%
	水利设施用地	21.11	1.17%	11.80%
未利用地	小计	130.05	7.23%	100.00%
	未利用地	69.79	3.94%	53.66%
	其他土地	60.26	3.36%	46.34%
合计		1798.13	13.36%	100.00%

【土地资源特点】

自然地理环境优越，土地复种指数高　广东省位于热带、亚热带海洋季风气候区域，以砖红壤、红壤和赤红壤为主，年均气温大于等于10℃，年积温6000℃ ~ 8500℃，年雨日175 ~ 225日，年辐射总量420 ~ 5400兆焦/平方米，日照时数1500 ~ 2200小时，且雨热同季。大部分地区一年三熟，蔬菜可每年8 ~ 10茬种植，鱼虾2 ~ 3批生产。

地势北高南低、海陆兼备，适合多元化经营　广东属于多轮回造山区，地形地貌复杂，分布着中山地、低山地、丘陵地、台岗地、冲积盆地、冲积平原、冲积海积平原、水域和滩涂，素有“七山一水两分田”之称。多样化的地貌类型，为广东发展农、林、牧、副、渔多样化农业生产奠定坚实的基础。

人地关系矛盾突出，耕地后备资源不足　广东人多地少，人均耕地0.03公顷，仅为全国平均水平的1/3，而据调查，广东适合开发为耕地的未利用地只有5.3万公顷左右，耕地后备资源严重缺乏，人地关系十分

紧张。但同时，广东有100.75万公顷园地、1012.78万公顷林地，其中相当部分在低效利用，采取适当的生物、工程措施，即可以开发补充为耕地、弥补耕地资源不足，也可以用于城镇工业建设、减少建设占用优质耕地资源。广东还有面积广大的滩涂和海域资源，能围填为耕地或建设用地，拓展全省用地空间。

土地利用集约化水平高，但仍有较大潜力 2008年，广东省土地产出率1985万元／平方千米，仅次于江苏、浙江省，是全国平均水平的6倍，尤其是珠三角地区，土地产出率达到5435万元／平方千米，是全省平均水平的2.7倍。但广东省土地利用集约化水平与发达国家仍有相当大的差距，土地产出率仅相当于日本、韩国、德国等国的1/8～1/5。据统计，广东省有“三旧”（旧城镇、旧厂房、旧村庄）用地26.3万公顷，还有相当部分闲置土地，土地挖掘的潜力很大。

地缘人缘优势明显，有利于土地发展外向型经济 广东濒临海洋，毗邻港澳，面向东南亚，位于环太平洋经济圈，交通方便，华侨众多，地缘人缘优势明显，加上对外经济历史悠久，是中国改革开放先行地区，为广东土地发展外向型经济提供便利的条件。

土地资源分布与建设用地需求空间“错位”，保护耕地与保障发展协调难度大 珠江三角洲平原地区分布着广东省 中高产农田，但同时经济发达，建设用地需求量大，大量“良田”不得不变为建设用地。粤北山区中高产农田不多，但同时经济欠发达，建设用地需求量少。这种土地资源分布与建设用地需求的空间“错位”，使得保护耕地和保障发展难于协调，给广东省 土地资源管理工作带来巨大挑战。

另外，近年来，随着工业“三废”和生活污水、垃圾的排放增加，广东省 土地资源受污染面积不断扩大，程度不断加剧，尤其是珠三角和粤东部分地区，土地资源污染较为严重，土壤质量不断下降。而在粤北地区，由于森林过度砍伐和盲目开荒、陡坡垦殖及大肆取土开石，导致水土流失严重，造成土地易旱易涝，沙瘦土浅，土地综合生产能力大幅度下降。

（胡春雷）

矿产资源

【概况】 广东省地处欧亚板块与太平洋板块交接处，成矿地质条件优越，矿产资源丰富，种类较齐全。全省已发现矿产有148种，占全国已发现矿种（172种）的86%，已探明资源储量的矿产有101种，其中能源矿产7种，黑色金属矿产4种，有色金属矿产11种，贵金属矿产2种，稀有稀土及分散元素矿产15种，冶金辅助原料矿产8种，化工原料矿产9种，建材及其他非金属矿产41种，水气矿产4种。资源储量居全国前列的矿产有油页岩、铅、钨、锡、铋、钛、锆、铌、钽、镉、硒、硫铁矿、稀土、高岭土、水泥用粗面岩、饰面用大理岩等。资源比较短缺的矿产主要为煤、石油、天然气、铝、铁、磷、钾盐等。目前，全省开发利用的矿种主要有地热、矿泉水、铁、铜、铅、锌、钨、锡、锑、稀土、金、银、硫铁矿、高岭土、陶瓷土、水泥用灰岩、大理岩等。

【矿产资源特点】 全省矿产资源种类较齐全，资源禀赋居全国中等；矿产资源分布广泛，主要矿产地地域特色明显，重要矿产资源分布集中度高；有色金属、稀有稀土金属、放射性矿产及建材化工原料等非金属矿产资源优势明显；煤、石油、天然气、铁、铝、磷、钾盐等支柱性矿产资源短缺；小型矿床比例高，共伴生矿、贫矿及难选冶矿多；查明矿产资源储量地质控制程度较低。

（周洪广）

2012

国土资源行政

71/96

责任编辑：张 澄

国土资源规划

【国土资源工作“十二五”规划】 广东省国土资源工作“十二五”规划是全省国民经济和社会发展规划的重要组成部分，是广东省“十二五”重点专项规划，是未来五年全省国土资源管理工作的行动纲领。省国土资源工作“十二五”规划编制工作自2009年6月30日省政府办公厅《关于开展广东省国土资源“十二五”规划编制前期工作的通知》（粤办函〔2009〕349号）印发后开始启动。

2011年3月，省国土资源厅完成国土资源工作“十二五”规划编制工作。2011年4月，省国土资源厅联合省发展改革委将国土资源工作“十二五”规划报省人民政府审批。

省国土资源工作“十二五”规划主要内容。省国土资源工作“十二五”规划分为五个方面内容，即：“十一五”发展状况及“十二五”形势分析、规划编制的指导思想和基本原则、规划的目标和任务、重大工程和保障措施。主要内容如下：

一、分析“十一五”发展状况及“十二五”形势。“十一五”期间，全省建设用地节约集约利用水平显著提高、土地管理与服务水平不断优化、耕地和基本农田保护成效明显、地籍管理工作扎实推进、矿产资源勘查开发利用水平进一步提高、地质灾害防治和地质环境保护取得实效、基础测绘与测绘管理扎实推进、国土资源法制建设和科技进步成绩突出、执法监察工作成绩显著。

“十二五”期间，全省建设用地供需矛盾更加突出、落实耕地保护目标责任依然艰巨、矿产资源供需矛盾加剧、地质勘查任务繁重、地质灾害防治与地质环境保护形势严峻、基础测绘亟待加强、国土资源执法监察任务繁重。

二、明确规划编制的指导思想和基本原则。“十二五”期间，广东省国土资源管理工作要高举中国特色社会主义伟大旗帜，以邓小平理论和“三个代表”重要思想为指导，深入贯彻落实科学发展观，以科学发展为主题，以加快转变经济发展方式为主线，紧紧围绕“加快转型升级、建设幸福广东”这个核心，继续解放思想，改革创新，先行先试，逐步构建资源保障和促进科学发展的新机制，全面提高国土资源保障能力和保护水平，促进经济社会全面协调可持续发展。

国土资源工作“十二五”规划明确五项基本原则：一是保障科学发展，二是严格保护资源，三是坚持节约集约，四是完善市场机制，五是坚持改革创新。

三、提出规划的目标和任务。国土资源工作“十二五”规划提出八项规划目标：一是合理控制建设用地总量；二是节约集约用地水平显著提高；三是耕地和基本农田保护任务严格落实；四是矿产资源勘查开发利用和保护水平明显提高；五是矿政管理水平明显提高；六是地质灾害防治和地质环境保护体系更加完善；七是现代测绘基准和地理信息更新应用服务体系基本建成；八是国土资源执法监管体系进一步完善。

九项规划任务分别是：一是发挥规划龙头作用，促进土地节约集约利用；二是继续深化征地制度改革，维护农民合法权益；三是优化建设用地供应机制，完善土地市场；四是严格保护耕地和基本农田，实现耕地占补平衡；五是加强土地资源调查评价，完善国土资源产权制度；六是矿产资源勘查实现找矿重大突破，矿业权市场建设不断推进；七是加强地质环境调查与保护，实施地质灾害防治工程；八是完善现代测绘基准，建设基础地理信息服务平台；九是加强国土资源利用动态监测和执法监察。

四、确定十项重大工程和保障措施：一是“三旧”改造；二是基本农田保护补偿；三是土地整治；四是矿产资源综合开发利用；五是地质勘查；六是地质灾害防治；七是现代测绘基准与基础地理信息更新应用服务体系建设；八是国土资源信息化建设；九是国土资源利用动态监测；十是城镇地籍调查和集体土地所有权确权发证。此外，分别从人才支持、资金保障、法制建设、科技手段等方面提出保障规划目标实现的相关措施。

【土地规划】

一、规划修编、实施管理

全面推进新一轮土地利用总体规划编制。严格落实《关于加快完成新一轮土地利用总体规划修编工作的通知》（粤府办明电〔2010〕459 号），加快土地利用总体规划审核进度，规范并优化县级规划成果审核程序。截至 2011 年 12 月，全省土地利用总体规划修编工作基本完成，其中：21 个地级以上市市级规划中，由省政府审批的 11 个市级规划成果已经全部批准实施，由国务院审批的 10 个市级规划成果均已上报国务院待批；118 个县级规划、1389 个镇级规划成果全部批准实施。

加快土地利用总体规划实施与管理。全省自 2011 年 1 月 1 日起正式实施新一轮土地利用总体规划。基本建成全省土地利用规划管理信息系统，实现土地利用总体规划管理的信息化、数据化，2011 年省国土资源厅通过土地利用规划管理系统审核用地报批件 924 宗，涉及用地面积 19547 公顷，极大提高行政效能。规范土地利用总体规划实施管理，起草《广东省土地利用总体规划实施管理规定》（征求意见稿）、《广东省土地利用总体规划修改管理规定》（征求意见稿），并开展征求意见和专项调研。

二、年度计划

计划下达。2011 年国家下达给广东省新增建设用地指标 21113 公顷，其中农用地 17203 万公顷（耕地 10763 万公顷）。省及时分解下达，经过两次调整，省级新增建设用地指标 3905 公顷、占用农用地指标 3040 公顷（其中占用耕地 2320 公顷）；分解下达给各市（不含深圳市）新增建设用地 15461 公顷，占用农用地指标 12560 公顷（其中占用耕地 8066 公顷）；深圳市（国家计划单列下达）建设项目新增建设用地指标 1747 公顷，占用农用地指标 1603 公顷（占用耕地 377 公顷）。详见表一。

计划使用。2011 年全省使用当年新增建设用地指标 18046.8 公顷，其中占用农用地指标 15887.79 万公顷（占用耕地 5765.8 公顷），除去计划单列的深圳市，分别占国家下达广东省新增建设用地指标的 88%，占用农用地指标的 97%（占用耕地的 55%）。详见表二。

三、城乡建设用地增减挂钩试点

开展城乡建设用地增减挂钩试点清理检查。按照国家的统一部署，2011 年 2 ~ 8 月开展城乡建设用地增减挂钩试点清理检查工作，先后完成工作方案制定、《国务院关于严格规范城乡建设用地增减挂钩试点切实做好农村土地整治工作的通知》（国发〔2010〕47 号）贯彻意见起草、政策文件清理报告、自查情况报告、整改落实情况报告、“回头看”报告、典型材料整理、工作简报报送等工作，并顺利通过国家检查组的检查，被国家检查组认为探索出富有广东特色的增减挂钩试点路子。

加强城乡建设用地增减挂钩试点制度建设。总结试点工作经验，制订《广东省城乡建设用地增减挂钩试点管理暂行办法》（征求意见稿）、《广东省城乡建设用地增减挂钩试点项目区实施规划编制技术指南》（征求意见稿）、《广东省城乡建设用地增减挂钩试点项目区拆旧复垦验收办法》（征求意见稿）、《广东省城乡建设用地增减挂钩试点项目区拆旧区认定技术标准》（征求意见稿），完善增减挂钩试点管理制度，并建立城乡建设用地增减挂钩试点拆旧区现场踏勘制度，明确了增减挂钩试点审查分工、年度检查验收标准。截至 2011 年 12 月，全省批准增减挂钩试点项目区 52 个，涉及周转指标 2093 公顷。

【矿产规划】 全省有 19 个地级以上市完成市级矿产资源规划（送审稿）上报审批工作，32 个重点县（市）着手开展县级矿产资源规划编制工作。省、市、县三级矿产资源规划体系初步形成。

【地质勘查规划】 由省国土资源厅牵头、省地质局和省核工业地质局参与编制完成《广东省地质勘查“十二五”规划》（送审稿），该规划首次列入广东省重点专项规划，2011年11月17日报送省政府审批。

【测绘规划】

一、规划编制

2011年4月，《广东省基础测绘“十二五”规划》经省政府同意印发实施。开展“十一五”基础测绘规划实施评估工作，完成《广东省“十二五”基础测绘项目可行性研究报告》编写，并向省发展改革委申报立项。市级基础测绘“十二五”规划编制工作稳步推进，21个地级市中有17个完成规划编制，11个市经市政府批准印发实施，6个市正在上报审批。

二、计划管理

省国土资源厅编制下达2011年省级基础测绘项目计划，完成2012年广东省基础航空摄影计划和广东省“十二五”基础航空摄影计划编制上报工作，会同省发展改革委编制上报2012年广东省基础测绘计划。

表一　2011年土地利用计划分解下达表

单位：公顷

地区	新增建设用地	占用农用地	占用耕地	补充耕地	其中	
					义务量	任务量
广州市	2311.933	2048.733	1254.133	1227.00	1064.00	163.00
深圳市	1746.667	1603.333	376.6667	450.00	390.00	60.00
珠海市	759.0666	451.4666	300.3333	642.40	557.13	85.27
汕头市	860.8666	720.6	456.2	678.20	588.07	90.13
佛山市	732.6667	616.7334	392.7333	568.07	492.60	75.47
韶关市	872.9334	721.5999	469	540.13	468.33	71.80
河源市	692.8	575.9999	368.8667	451.67	391.67	60.00
梅州市	642.8	538.5334	345.4668	485.00	420.53	64.47
惠州市	550.5999	455.6667	296.2	512.13	444.07	68.07
汕尾市	440.1334	363.8667	237.6	356.07	308.73	47.33
东莞市	904.8667	736.7333	492	718.13	622.73	95.40
中山市	711.1333	515.2667	326	459.53	398.47	61.07
江门市	745.2666	615.5333	400.8667	696.33	603.80	92.53
阳江市	468.4666	393.1334	253.4666	377.73	327.53	50.20
湛江市	829.0667	550.9334	358.8666	533.80	462.87	70.93
茂名市	455.4667	370.8	244.3332	445.00	385.87	59.13
肇庆市	904.4001	743.4667	490.4667	641.87	556.60	85.27
清远市	882.2	732.2667	471.7334	743.53	644.73	98.80
潮州市	341.6667	280.9333	183.7333	356.27	308.93	47.33
揭阳市	616	514.4666	329.9334	525.60	455.73	69.87
云浮市	492.1334	407.8667	263.4665	416.87	361.47	55.40
顺德区	246.8	205.6667	130.8	214.67	186.13	28.53

备注：本表包含2011年国土资源部追加给广东省计划指标

表二 广东省2011年土地利用计划使用情况

单位：公顷

地区	已使用指标		
	新增建设用地	农用地	其中：耕地
全省	18046.7982	15887.7901	5765.7979
省 级	3648.112	3304.703	999.6316
广州市	2053.873	2024.875	823.8314
深圳市	1055.114	777.6028	45.4386
珠海市	723.7003	416.4327	157.2029
汕头市	720.548	681.0667	482.002
佛山市	706.6332	594.1346	219.231
韶关市	673.4452	541.7446	192.9338
河源市	660.0312	568.7999	177.1031
梅州市	501.2311	490.0001	251.4799
惠州市	521.981	415.12	162.0516
汕尾市	301.0757	262.6267	119.499
东莞市	800.2238	732.9066	330.046
中山市	605.7588	481.8	173.8907
江门市	662.1169	607.1333	209.2437
阳江市	427.7117	379.1977	139.1983
湛江市	695.7221	487.5001	189.598
茂名市	357.7391	342.5467	130.7517
肇庆市	786.3249	720.8667	168.0703
清远市	723.6375	687.2874	284.0852
潮州市	279.4828	273.7333	91.1738
揭阳市	545.7053	505.2266	278.569
云浮市	391.4699	387.8456	107.5673
顺德区	205.1607	204.64	33.199

备注：各市2011年指标截至2012年4月30日尚未使用的部分，全部收回到省级项目指标中统筹安排。

（熊进军 胡春雷 舒洁 周洪广 陈勇 温善强）

耕地保护与农地开发

【耕地保护责任目标履行情况】　根据土地利用变更调查结果显示，2011年底，广东省耕地面积315.37万公顷（含可调整地类面积55.27万公顷），超过国家下达全省到2020年290.87万公顷耕地保有量任务；2011年，初步划定基本农田面积265.47万公顷，完成国家下达省2020年255.6万公顷基本农田保护任务。

开展2010年度全省耕地保护目标考核　经省政府同意，2011年5月，省国土资源厅印发了《广东省地级以上市人民政府耕地保护责任目标履行情况考核评分细则》，进一步完善了耕地保护考核制度体系；5～6月，省国土资源厅会同省有关部门对全省21个地级以上市政府2010年度的耕地保护情况进行了实地检查考核，并结合日常工作和实地检查考核情况，对各地级以上市政府耕地保护责任目标履行情况进行评分，形成考核报告报省政府。7月7日，省政府召开全省土地管理工作会议，会上对2010年度各地级以上市耕地保护考核结果进行了通报。经考核，各地级以上市均完成了耕地保有量、基本农田保护面积指标任务，建设占用耕地实现了先补后占、占一补一。江门、清远获得2010年度耕地保护责任目标履行情况综合奖一等奖；河源、梅州、佛山获得综合奖二等奖；阳江、湛江、惠州、东莞、汕头获得综合奖三等奖。中山市获得节约集约用地一等奖，深圳、揭阳获得二等奖，广州、潮州、东莞获得三等奖。深圳获得“三旧”改造一等奖，阳江、汕头获得二等奖，梅州、中山、湛江获得三等奖。

通过国家耕地保护检查组来粤的检查考核　2011年9月20～24日，国土资源部、农业部、统计局、监察部、审计署等五部门组成检查组由国土资源部王世元副部长带队，对广东省2006～2010年耕地保护责任目标履行情况进行了检查考核。听取了广东省政府关于耕地保护责任目标履行情况的汇报，查阅了相关资料，实地查看了湛江、江门市补充耕地项目、补划基本农田和基本农田保护示范区建设项目等。国家检查组充分肯定了近年来广东省耕地保护工作取得的实效，并对下一步工作提出了意见和建议。

继续签订耕地保护目标责任书　在2011年7月7日省政府召开的全省土地管理工作会议上，省长黄华华与各地级以上市、顺德区政府主要负责人签订了2011年耕地保护目标责任书，将耕地保有量、基本农田保护面积等内容写进责任书，明确政府“一把手”是耕地保护工作第一责任人。

【耕地占补平衡】

继续推进开发补充耕地工作　2011年4月，省国土资源厅印发《关于开展补充耕地示范项目建设的通知》，确定了第一批22个开发补充耕地示范项目，并将示范项目建设工作纳入年度耕地保护考核评分范围。6月，省国土资源厅向省政府报送了《关于广东省开发补充耕地工作的情况报告》，对广东省近三年来的耕地保护工作进行了全面总结。省长黄华华在报告上批示：“2008～2010年的三年期间，全省完成开发补充耕地8.6万公顷，成绩非常显著，应认真总结经验，再接再厉，争取更大成绩”。2011年，全省共完成开发补充耕地3.44万公顷。

全面落实占补平衡和先补后占　2011年，全省非农建设占用耕地面积7620公顷，全部按照规定落实先补后占，做到占补平衡。按照国土资源部办公厅《关于做好农村土地整治监测监管系统和耕地占补平衡动态监管系统运行有关工作的通知》，广东省落实了土地整治项目网上备案和非农建设项目占补平衡挂钩网上备案的要求，加强了耕地占补平衡的监管。

【农村土地整治】

部署编制土地整治规划 2011年4月，省政府办公厅下发《关于切实做好城乡建设用地增减挂钩试点和农村土地整治工作的通知》(粤府办〔2011〕24号)，严格全省增减挂钩和农村土地整治工作管理，推进《广东省土地整治规划(2011-2015年)》编制工作，并确定顺德区、博罗县为县级土地整治规划编制试点单位，探索县级土地整治规划编制和实施工作。

加快推进全省在建土地开发整理项目进度 截至2011年底，广东省明确完成时限的145个项目，除申请撤销项目6个外，完成实地验收项目82个，竣工、正在准备报验项目51个，尚未竣工项目只剩6个，竣工(含验收)项目(131个)占应完成数(139个)的94%，项目建设进度明显加快。

【土地复垦业务培训】 举办全省土地复垦业务培训班。2011年3月，国务院颁布《土地复垦条例》后，省国土资源厅举办全省土地复垦业务培训班，邀请国土资源部有关领导对省、市、县各级土地复垦业务骨干进行全面培训，全面提升全省土地复垦业务水平。

【基本农田管理】

加快基本农田调整划定工作 完成全省基本农田调整划定的内业审查，通过基本农田初验面积265.47万公顷，占国家下达广东省基本农田保护任务255.6万公顷的103.9%。超额完成国家下达广东省的基本农田保护任务。

(肖桂涛)

建设用地与地产市场

【用地预审】 2011年继续主动做好用地预审服务，提前介入影响全局的重大战略性项目选址，专人跟踪督导，进一步加强建设项目用地预审工作。2011年全省共批复用地预审项目(省市县三级)总用地面积22428.8公顷(耕地8389.1公顷)，同比增长13.6%、85%。其中由省审批的预审项目用地预审共计177宗，总用地面积5791.6公顷(耕地1092.3公顷)。从全省用地预审项目(包括省、市、县三级)的用地结构来看，能源项目预审申报用地面积376.2公顷，交通项目5485.3公顷，水利项目9281.2公顷，其他项目7286.2公顷。

【建设用地审批】 2011年1～12月，全省经国务院和省政府批准建设用地共803宗，批准用地面积31328.38公顷，其中农用地24907.18公顷(耕地6792.76公顷)。与2010年度同期相比，批准用地面积同比增长37.22%。其中，国务院批准建设用地共97宗，面积19080.85公顷，占批准用地总面积的60.91%，为2010年同期的2.45倍，其中农用地15784.18公顷(耕地4204.92公顷)；省级政府批准建设用地706宗，面积12247.53公顷，占批准用地总面积的39.09%，为2010年同期的0.81倍，其中农用地9123公顷(耕地2587.84公顷)。

从批准用地类型看，批准单独选址建设项目用地18342.63公顷，主要是交通运输用地15302.87公顷、水利设施用地1261.66公顷、能源用地521.003公顷，分别占批准单独选址建设项目用地总面积的83.43%、6.88%、2.84%；批准城镇村建设用地12985.75公顷，主要是工矿仓储用地7220.78公顷，住宅用地1419.74公顷，分别占批准用地总面积的55.61%、10.93%。

【土地管理制度改革】

一、下发执行《关于印发广东省征地补偿保护标准（2010年修订调整）的通知》（粤国土资利用发〔2011〕21号）。修订调整后的征地补偿保护标准与原标准相比，全省整体提高28.78%，有效地保护被征地农民的合法权益。

二、深入贯彻执行《转发省人力资源社会保障厅关于进一步做好广东省被征地农民养老保障工作意见的通知》（粤府办〔2010〕41号），配合社保部门做好被征地农民社会保障工作，自2011年1月起实施新的被征地农民社保政策，科学确定了保障人数，提高被征地农民养老保障水平，并建立多方筹资机制，确保资金落实到位，其中个人部分由用地单位按当地最低缴费标准缴纳，纳入征地成本，由征地单位负责缴纳，实现被征地农民的“应保尽保”和“即征即保”。

三、出台《关于加强外商投资项目用地保障工作的通知》（粤国土资利用发〔2011〕14号），从用地规划计划、优化用地结构、节约集约用地等方面提出支持外商投资项目建设的优惠政策，引导外商投资于现代产业、战略新兴产业项目。

四、下发《关于促进批而未供建设用地指标调整使用的通知》（粤国土资利用发〔2011〕54号），规范推进批而未供建设用地指标调整使用工作，将调整出来的用地指标重点用于支持和保障产业转移园、重点园区和重点项目用地。建立新增建设用地计划指标与批而未供土地盘活利用相挂钩的机制，推动批而未供建设用地指标调整任务的顺利完成。

五、下发《关于进一步规范建设用地报批地类问题的通知》（粤国土资利用电〔2011〕409号），启用最新的土地利用年度变更调查成果作为建设用地报批的依据，根据建设用地的变更时间分门别类处理集体建设用地的合法性问题。

六、大力推进土地管理制度改革试点，指导佛山市制定《佛山市征地制度改革试点工作方案》，在完善征地补偿安置机制、规范房屋拆迁补偿办法等方面进行有益探索，目前该方案已经国土资源部批复，进入正式实施阶段；会同深圳市拟订和修改《深圳市土地管理制度改革总体方案》，在完善国有土地产权制度、深化土地资源市场化配置、创新土地资产资本运作机制、加强土地节约集约利用、强化土地调控与监管、统筹协调区域土地利用、完善土地管理法治环境等方面进行先行先试，探索建立全面城市化地区土地利用管理的新模式。

【国有建设用地供应和监管】 2011年1～12月，全省建设用地供应总量16213.75公顷（不含代征地），同比减少1.99%，国有建设用地供应量略有减少。从供地类型来看，供应工矿仓储用地和住宅用地10148.62公顷，占供应总量的62.59%，成为主要用地需求，其中，三类住房（保障性住房、棚户区改造、自主性中小套型中低价位普通商品房）用地供应3522.14公顷，占住宅用地供应总量的77.02%。

从供地方式看，出让面积11926.97公顷，其中招拍挂出让面积10257公顷，占出让总面积的86.00%。土地出让总价款1357.20亿元，同比减少0.28%。其中招拍挂出让价款1280.81亿元，同比减少0.24%，占出让总价款的94.37%。

从供应区域看，珠三角、粤东、粤西和粤北地区土地供应量分别是9885公顷、1408公顷、2495公顷和2426公顷，同比增减幅度分别为−11.98%、138.61%、8.55%和0.05%，占全省土地供应总量的比重分别为60.96%、8.68%、15.39%和14.96%。其中珠三角地区占全省土地供应总量的比重同比降低6.92个百分点，粤东、粤西和粤北地区比重同比分别提高5.12、1.49和0.30个百分点。

全省2011年出让土地平均价格为1137.92元/平方米，与去年同期的1045.11元/平方米相比，上升8.88%。其中住宅用地出让平均价格2140.19元/平方米，同比上升9.42%；商业用地出让平均价格2298.74元/平方米，同比上升19.35%；工业用地出让平均价格 315.01 元 / 平方米，同比上升 11.82%。

【土地市场建设】

一、加快建立土地使用权网上交易系统。制订下发《关于加快建立土地和矿业权网上交易系统的通知》（粤国土资利用发〔2011〕79 号），要求全省各地级以上市（含顺德区）在 2011 年 10 月底前建成并运行土地网上交易系统，进一步规范土地使用权交易行为。

二、开展土地使用权招标拍卖挂牌出让制度执行情况清理检查。下发《土地使用权招拍挂出让制度执行情况清理检查工作方案》（粤国土资利用发〔2011〕66 号），要求各地对 2007 ~ 2010 年出让的经营性用地和工业用地逐宗进行清理检查，重点清查规避招拍挂、违反规定设置出让条件、土地出让底价没有按规定经评估后集体决策综合决定、擅自调整修改土地出让条件、土地出让公告和土地出让结果不按规定在中国土地市场网等媒介发布（公布）、工业用地出让价低于工业用地出让最低价标准、擅自改变保障性住房用地性质以及住宅用地超面积出让、两宗以上用地捆绑出让、“毛地”出让、容积率小于 1、设定超过 3 年开发周期、出让主体不合法等十大类问题。经汇总，全省共清理经营性用地和工业用地 11389 宗，面积 42748 万平方米，涉及价款 45964328 万元；共查出违规出让行为用地 27 宗，面积 425.1127 万平方米，已全部进行整改。

三、加强土地储备机构管理。下发《关于开展土地储备机构自查整改工作的通知》（粤国土资利用电〔2011〕84 号），部署各地开展土地储备机构自查整改工作。经清查，全省共有土地储备机构 95 个，目前均已完成与下属和挂靠从事土地开发相关业务机构的彻底脱钩；各级国土部门及所属企事业单位目前已没有直接从事土地一级市场的情况。同时，下发《关于进一步加强土地储备管理工作的通知》（粤国土资利用发〔2011〕201 号），进一步理顺土地储备机构的设置，规范土地收购储备的运作，建立和完善土地储备资金风险控制机制，加强库存储备土地的管理和土地储备机构队伍建设，确保土地储备工作规范、有序开展。

四、加强土地价格评估工作。下发《关于加强土地价格评估工作有关问题的通知》（粤国土资利用电〔2011〕187 号），通过完善土地估价机构公开选聘机制、建立业绩清单备案制度和土地估价机构“黑名单”制度等有效措施，进一步加强广东省土地价格评估管理工作，切实提高全省土地估价执业水平。

五、进一步加强土地市场动态监测监管。正式运行广东省土地市场动态监测监管系统，内容涵盖征地实施、土地供应、开发利用、市场交易、土地储备、集体建设用地等多项业务，实现由建设用地审批到征地实施、土地供应和开发利用等过程的全程动态跟踪监管。根据国土资源部《关于运用土地市场动态监测与监管系统加强土地供应和开发利用监管的通知》（国土资发〔2011〕26 号）的要求，建立出让公告周督办制度和闲置土地周督办制度，对未按要求发布土地出让公告或违规发布土地出让公告的，以及疑似闲置土地的，发函督办、限期整改，进一步加强全省建设用地供应和开发利用的监管。

【“三旧”改造】 2011 年，省国土资源厅继续完善“三旧”改造配套政策体系，围绕“三旧”改造标图建库动态调整、实施工作有关事项、规划实施、收费减免等方面出台配套政策，进一步完善“三旧”改造配套政策体系。按照国土资源部徐绍史部长指示精神，组织广州、深圳、佛山、东莞四市围绕规划编制实施、产权制度、公开市场建设、交易程序规范、利益共享机制开展专题研究，为全国深化土地管理制度改革提供经验借鉴。联合省外经贸厅分别在广州、香港举办多场“三旧”改造政策宣讲与项目推介会，其中在香港的招商会共有 42 个“三旧”改造项目成功签约，项目总投资达 126 亿美元，在境内外引起强烈的反响，达到宣传、推介“三旧”改造的效果。据统计，2011 年全省投入“三旧”改造资金 908.4 亿元，约占当年全省社会固定资产投资总额的 5.36%；完成改造项目 453 个，完成改造面积 1846.67 公顷；节地面积 913.33 公顷，节地率 49.4%；正在改造项目 1500 个，涉及改造面积约 1 万公顷。

（熊进军　杜伟　向奔）

地籍管理

【土地登记发证】 为贯彻落实国土资源部、财政部、农业部《关于加快推进农村集体土地确权登记发证工作的通知》（国土资发〔2011〕60号）和省长黄华华在全省土地管理工作会议讲话精神，广东省国土资源厅会同财政、农业厅联合印发《关于加快推进农村集体土地确证登记发证工作的贯彻意见》，并经省政府同意，联合下发《工作实施方案》。成立以副省长林木声为召集人的加快推进农村集体土地确权登记发证工作联席会议，协调各部门在该项工作中的责任分工，解决工作中出现的重大问题。省国土资源厅会同财政、农业厅成立工作领导小组及其办公室，具体负责推进该项工作。根据工作部署，11月底省国土资源厅会同财政、农业厅开展第一次督促指导和检查工作。建立工作通报制度。编印工作简报16期。制订十五条宣传标语和编印6万套共24万张的工作宣传海报，已先后下发各县（市、区），要求张贴到每一个村民小组所在地。

截至2011年底，全省国有土地使用权应发证7200739宗，已发证6514357宗，发证率为90.4%；集体土地所有权（行政村一级）应发证95919本，已发证81700本，发证率为85.2%；集体建设用地使用权应发证844809宗，已发证708662宗，发证率为83.8%；宅基地使用权应发证14893877宗，已发证11547368宗，发证率为77.5%。

【土地登记规范化检查】 2011年元月，国土资源部下发《关于开展土地确权登记发证和权属纠纷调处规范化检查工作的通知》，省国土资源厅及时转发各地执行，并结合实际，制订《土地登记规范化和土地争议调处工作检查方案》，明确检查的依据和检查的内容，于2011年1月21日印发执行。在各市完成自查、互查工作的基础上，为巩固工作成果，2011年7月份，广东省国土资源厅部署开展对土地登记规范化的专项整治行动。由陈耀光厅长挂帅，成立领导小组及办公室。9月中下旬，由地籍处会同驻厅监察室、规划院共同对9个市的工作情况进行抽查和督导，并就检查情况及存在问题进行全省通报，提出具体整改意见。2011年11月初，部地籍司统一组织省际互查，广东省得到97分。

【土地变更调查】 根据《国土资源部关于开展2010年度全国土地变更调查与遥感监测工作的通知》（国土资电发〔2010〕145号）要求，广东省迅速开展2010年度土地变更调查工作。截至2011年3月15日，全面完成2010年度土地变更调查的数据汇总、上报、统计分析等各项工作，并接受部组织的两次交叉检查和国家级重点核查，成果已经国家验收入库。

国土资源部文件下发后，广东省国土资源厅成立以招玉芳厅长为组长的专项工作领导协调小组，各地按照省国土资源厅的模式成立相应的工作领导协调小组，在转发部有关文件的同时，结合全省实际，制订《广东省2010年度土地变更调查实施方案》一并下发各地执行。召开部署培训会对相关具体工作进行部署和系统培训。2011年元月10日下发《关于进一步核实2010年度土地变更调查相关数据的通知》（粤国土资地籍电〔2011〕9号），要求各地按照部下发的卫星遥感资料对相关数据进一步核实。2010年11月下旬，组织四个督导组对每个地级以上市选择2个以上的县（市、区）进行实地核查和指导，2011年1月10日，又组织两个督导组对建设用地增加前5名和耕地减少前5名的县（区）进行核查。

【土地权属纠纷调处】 2011年，全省各级土地权属调处机关受理土地权属纠纷案件959件，涉及宗地960宗，面积802公顷。其中调解583件，处理240件，结案率85.8%。发生行政诉讼133件，其中政府胜诉103件，败诉30件。具体情况见附表：

2011年土地权属争议情况表

<table>
<tr><td colspan="2">全年累计</td><td colspan="3">1769件（起）</td></tr>
<tr><td colspan="2">其中涉及</td><td>宗 地（宗）</td><td>面积（公顷）</td><td>集体之间土地所有权争议（件）</td></tr>
<tr><td colspan="2">受理</td><td>960</td><td>802.0104</td><td>201</td></tr>
<tr><td colspan="2">调解</td><td>583</td><td>189.5747</td><td>90</td></tr>
<tr><td colspan="2">处理</td><td>240</td><td>308.8255</td><td>61</td></tr>
<tr><td rowspan="2">行政诉讼</td><td>胜诉</td><td>103</td><td>222.3367</td><td>18</td></tr>
<tr><td>败诉</td><td>30</td><td>18.8913</td><td>14</td></tr>
</table>

2011年土地权属争议情况表（续表一）

<table>
<tr><td colspan="2" rowspan="3">其中涉及</td><td colspan="5">国有土地使用权争议（件）</td></tr>
<tr><td rowspan="2">总数</td><td colspan="4">其中</td></tr>
<tr><td>军地</td><td>宗教团体</td><td>铁路</td><td>其他</td></tr>
<tr><td colspan="2">受理</td><td>142</td><td>3</td><td>0</td><td>0</td><td>139</td></tr>
<tr><td colspan="2">调解</td><td>63</td><td>1</td><td>0</td><td>0</td><td>62</td></tr>
<tr><td colspan="2">处理</td><td>52</td><td>1</td><td>0</td><td>0</td><td>51</td></tr>
<tr><td rowspan="2">行政诉讼</td><td>胜诉</td><td>21</td><td>1</td><td>0</td><td>0</td><td>20</td></tr>
<tr><td>败诉</td><td>4</td><td>0</td><td>0</td><td>0</td><td>4</td></tr>
</table>

2011年土地权属争议情况表（续表二）

<table>
<tr><td colspan="2" rowspan="3">其中涉及</td><td rowspan="3">国有与集体之间土地所有权争议（件）</td><td colspan="3">集体土地使用权争议（件）</td></tr>
<tr><td rowspan="2">总数</td><td colspan="2">其中</td></tr>
<tr><td>宅基地</td><td>其他</td></tr>
<tr><td colspan="2">受理</td><td>252</td><td>364</td><td>314</td><td>50</td></tr>
<tr><td colspan="2">调解</td><td>165</td><td>262</td><td>233</td><td>29</td></tr>
<tr><td colspan="2">处理</td><td>41</td><td>83</td><td>69</td><td>14</td></tr>
<tr><td rowspan="2">行政诉讼</td><td>胜诉</td><td>19</td><td>42</td><td>40</td><td>2</td></tr>
<tr><td>败诉</td><td>3</td><td>8</td><td>7</td><td>1</td></tr>
</table>

（邵海勇）

矿产资源管理

【采矿权登记】 2011年，省国土资源厅共办理采矿权登记项目118宗，其中，新立登记4宗，延续登记65宗，变更登记49宗；办理划定矿区范围6宗，办理采矿权抵押备案7宗。

【矿产资源储量】 2011年，省国土资源厅共办理建设、项目压覆矿产资源储量15宗，矿产资源储量查明登记和占用登记46宗，矿产资源储量评审备案79宗。

【矿业权市场建设】 全省21个地级以上市均采取不同形式建立矿业权交易机构，广州矿业权交易中心同时承担省级矿业权交易机构职能。积极推进地级以上市采矿权出让网上交易试点工作，省国土资源厅制定《广东省地级以上市采矿权出让网上交易试点工作方案》，选择惠州、肇庆两市作为采矿权出让网上交易试点。2011年，全省招标拍卖挂牌出让采矿权45宗，出让采矿权价款1.53亿元。

【矿山年度检查】 2011年，全省共检查矿山2171个，年检率为97.8%，其中，年检合格矿山2130个，合格率达98.1%。全省共查处非法采矿矿山32个，注销采矿许可证18个，查处侵权越界开采矿山27个，追征矿产资源补偿费10.9万元，依法收取罚没款219.5万元。

【矿业权实地核查及矿产资源利用现状调查】 全省矿业权实地核查工作，新增完成对165个地热、矿泉水采矿权以及33个地热、矿泉水探矿权的实地核查工作，并通过省级成果验收。广东省地质调查院等5个单位和陈厚松等10名同志分别被国土资源部评为全国矿业权实地核查工作先进集体和先进个人。全省矿产资源利用现状调查工作，完成23个矿种、771个矿区的核查报告编制、评审及数据库建设。完成国家规定核查的铁、钨、锑、稀土、铜、铅、锌、金等19个矿种的单矿种汇总，并通过全国项目办评审验收，总体质量、进度均居全国前列。

【矿产资源开发整合】 全省挂牌督办的14个整合矿已按计划完成阶段性整合任务，并顺利通过国家抽查组的验收。梅州市文华矿山有限公司长隆山石灰石矿被国土资源部评为第一批全国矿产资源开发整合先进矿山。

【稀土开发秩序专项整治】 省国土资源厅在全省范围内组织开展稀土探矿权采矿权清理审核，全省累计发现稀土非法勘查开采案件201宗，越界开采8宗，罚没金额544万元；组织编制《广东省稀土重点规划区专项规划（2011–2015年）》；下达稀土开采总量控制指标并严格执行月报制度；向国土资源部上报17个稀土矿产地作为全国稀土储备试点区域。

【绿色矿山建设】 凡口铅锌矿、大宝山多金属矿、瑶岭钨矿、云浮硫铁矿等4家矿山企业被确定为第二批国家级绿色矿山试点单位。

【矿产资源节约与综合利用】 2011年，全省有13个项获得国家奖励资金和示范工程资金共6284万元；2011年9月，韶关大宝山铁铜硫资源综合利用示范基地被国土资源部和财政部确定为全国首批矿产资源综合利用示范基地，中央财政计划投入3.6亿元用于示范基地建设。

【地质资料信息服务】 2011年，省国土资源厅共为全省694宗扩大内需项目提供地质资料服务，其中，建设项目压覆矿产资源查询服务630宗；提供地质资料查阅1080宗，复制利用867宗；完成对108个单位的《涉密地质资料借阅复制证书》年审工作，新增颁布《涉密地质资料借阅复制证书》38本；开展地质资料信息服务集群化产业化工作，完成《地质资料数据集群与管理服务平台项目》的技术方案编制及项目。

（周洪广）

地质勘查

【地质找矿】 2011年，全省地质勘查投入资金约5.23亿元，其中中央财政投入0.54亿元，省级财政投入0.66亿元，社会资金投入4.03亿元；累计完成地质钻探约26.5万米，坑探约1.2万米，槽探约12.5万立方米，浅井约0.12万米；新增查明一批矿产资源储量，其中已提交（333及以上）资源储量金0.094吨，铜3.54万吨，铅锌12.2万吨。

部省合作矿产勘查进展顺利，合作协议实施通过国土资源部组织的评估。云浮市大金山地区钨锡多金属矿、乐昌市禾尚田地区多金属矿、紫金县曾公嶂盆地周边地区矿产勘查三个部省合作项目投入资金5700万元（本年度投入4900万元），累计完成钻探4.3万米、槽探2.6万立方米，初步估算333+334资源量WO_3 + Sn达14.5万吨，预期可提交大型可供开发矿产地2处。

2011年11月20日，大宝山钼多金属矿、凡口铅锌矿、瑶岭钨矿、石人嶂钨矿等4个老矿山接替资源找矿项目勘查成果报告通过国土资源部组织专家组终审，新增资源量（333）Mo、Pb+Zn、WO_3均达到大型或中型规模以上。省国土资源厅地质勘查处被国土资源部评为全国危机矿山接替资源找矿先进集体，邢长平同志被评为全国危机矿山接替资源找矿先进个人。

【基础地质调查】 区域地质调查主要实施广东1:5万大坡圩、广平圩、郁南、建城幅区调等6个项目及1:2.5万佛山市城市地质调查（2011年度）项目、珠江三角洲城市群（东莞）城市地质调查（2011年度）项目。

区域地质矿产调查主要实施1:5万广东英德金门—雪山嶂铜铁铅锌矿产远景调查、广东阳春地区矿产远景调查、广东中坝地区矿产远景调查、广东福田地区矿产远景调查5个地区矿产远景调查项目，圈定一批找矿靶区和一批综合异常区，发现一批矿化蚀变带（点）和矿化体。

【矿产资源潜力评价】 将2010年已完成的铜、铅锌、钨、锑、金、磷、稀土矿等八个矿种的预测工作区成果、最小预测区成果、成矿区带成果进行统一，核实全部预测区的资源量，创建共伴生资源量表。《广东省煤炭资源潜力评价》对有资源远景的7个煤田（煤产地）进行预测，全省预测1500米以浅面积1562平方千米，预测潜在资源量11.1亿吨。项目成果被全国煤炭资源潜力评价项目办公室评审为优秀。

【地勘钻探职业技能大赛】 2011年10月21日，由广东省国土资源厅、广东省人力资源和社会保障厅、广东省总工会主办的第一届全国地勘钻探职业技能大赛广东选拔赛闭幕。从事地勘钻探专业或工种的147

名选手参加固体矿产钻探工、工程地质工程施工钻探工、水文水井钻探工3个竞赛工种角逐。3名选手被授予广东省“五一”劳动奖章，9名选手被授予“广东省技术能手”荣誉称号，34名选手被授予“广东省国土资源系统技术能手”荣誉称号。

【探矿权市场建设】 首次编制《2011年广东省探矿权招标拍卖挂牌出让计划》并获省政府批准实施，计划出让探矿权项目40个，涉及勘查矿种9个，面积430平方千米。全面实行探矿权出让转让信息公示公开制度，在全国矿业权出让转让信息公示公开系统、省国土资源厅门户网站、广州矿业权交易中心交易大厅同步公示公开探矿权出让转让信息，累计公开行政审批探矿权申请项目11个、公示探矿权转让项目10个。

【探矿权登记和地质勘查资质审批】 2011年，全年累计办理省级、市级探矿权登记手续125宗，其中新立登记探矿权4宗，受理国家出资勘查计划项目探矿权新立登记申请16宗，公告废止探矿权42宗。准予矿产资源勘查实施方案评审意见备案499宗，不予备案49宗。出具国土资源部发证探矿权核查换证审查意见306份。探矿权年检应参加年检项目725个，实际参加年检项目683个，其中年检合格667个，年检合格率97.7%，抽检项目86个，抽检率12.2%。批准新设和变更乙级地质勘查资质单位9个。在全省范围内重点抽查17家地质勘查单位进行检查考核，均符合相应资质要求。

【制度建设】 出台《广东省矿产资源勘查项目评审专家管理办法》（粤国土资地勘发〔2011〕23号）、《关于进一步规范地质勘查资质管理有关问题的通知》（粤国土资地勘发〔2011〕91号）、《关于矿产资源勘查年度检查复检的通知》（粤国土资地勘电〔2011〕182号）、《关于建立矿产资源勘查工作进度快报制度的通知》（粤国土资地勘电〔2011〕278号）等规范性文件。

（陈　勇）

地质环境管理

【地质灾害防治】

一、地质灾害。2011年，全省发生地质灾害100起，造成2人死亡，直接经济损失2744.95万元，与2010年同期相比，发生地质灾害数量、死亡人数（含失踪）和直接经济损失分别减少83.3%、95.4%和87.9%。全省成功预报地质灾害13起，避免人员伤亡381人，避免直接经济损失2372万元。

二、地质灾害防治。2011年，省政府转发《国务院关于加强地质灾害防治工作的决定》，印发《广东省贯彻落实国务院关于加强地质灾害防治工作决定重点工作分工方案的通知》。省国土资源厅发布《广东省2011年度地质灾害防治方案》，先后下发20多份加强地质灾害防治和防范热带风暴强降雨可能引发地质灾害的文件，根据人员变动情况，及时调整以厅领导担任组长的地质灾害应急工作组，做好地质灾害防治工作监督指导和应急处置工作。各地广泛开展地质灾害排查巡查、监测预警和应急演练，学习推广连平县群测群防工作经验。

三、十件民生实事。全省投入地质灾害防治资金11.4亿元，地质灾害隐患点由13883处减少到12240处，减少11.8%。成功申报中央财政补助广东省特大型地质灾害治理项目资金9439万元。按照省委省政府实施“十件民生实事”的部署，治理和搬迁安置重大地质灾害隐患点84处，其中实施搬迁工程23处、治理工程61处，减少重大地质灾害隐患点的威胁人员56871人。

四、群测群防体系。建设地质灾害群测群防“十有县”36个，4名基层干部被国土资源部评为全国先进群测群防员。省政府批准全省地质灾害应急指挥车辆169部。全省开展应急演练14次，参加演练人数4400多人。参与宣传培训指导的专家380多人，培训各类人员约10万人，发放地质灾害防灾及避险明白卡13万份，印制、发放地质灾害宣传画近95万张、宣传册40万册。

【地质灾害防治单位资质管理和危险性评估】 2011年，省国土资源厅批准地质灾害危险性评估和地质灾害治理工程勘查、设计、施工单位乙级资质12个，办理地质灾害危险性评估报告（一级）备案登记298份。

【矿山地质环境保护】 2011年，省国土资源厅、省财政厅和省物价局联合印发《广东省矿山自然生态环境治理恢复保证金管理办法》。省国土资源厅完成矿山地质环境保护与治理恢复方案审查88份，成功申报中央财政补助矿山地质环境治理项目2个，资金1900万元，省级财政补助项目6个，资金2750万元。

【地质遗迹保护】 2011年，省国土资源厅制定《广东省地质公园管理暂行办法》，成功组织申报中央财政补助国家级地质遗迹保护项目4个，资金1224万元。经省政府同意，怀集县桥头镇燕岩地质地貌自然保护区升格为省级自然保护区。

【地下水和矿泉水资源管理】 完成粤北岩溶地区和雷州半岛地区地下水资源勘查监测项目野外工作，在严重缺水干旱地区找到丰富地下水，解决12万多人的用水和7333.33多公顷干旱农田的灌溉问题。省国土资源厅对84处饮用天然矿泉水水源地进行年检，完成矿泉水注册变更10个。

（罗　娟）

基础测绘

【成果管理及应用】 全面推行测绘成果使用单位保密人员持证上岗制度，制定《广东省涉密测绘成果保密检查工作方案》，会同省国家保密局组织全省680多家涉密测绘成果使用单位和测绘资质单位自查，抽查180家单位，查封违规使用计算机13台、移动存储介质2个，查封违规使用涉密地图166幅，处理责任人 15 名。全年受理使用基础测绘成果申请 202 件，依法批准 145 件。

积极推进军地基础地理信息资源合作共建，与广州军区司令部作战部联合转发《国家测绘地理信息局总参测绘局关于推进军地测绘融合发展的意见》，建立军地基础地理信息资源合作共建机制。

做好测绘成果应用服务，2011 年，省国土资源厅共向社会和有关部门提供各种比例尺地形图和数字产品 19380 幅、各种控制点成果 770 点，向省领导和省直部门提供公开地图 600 多幅；市、县国土资源管理部门向社会和有关部门提供各种比例尺测绘地理信息成果 6.42 万幅、各种控制点成果 3023 点。积极推动全省 1:25 万公众版、1:1 万政务版和公众电子地图在数字城市建设中的应用，积极服务国土资源管理“一张图”工程、国土资源信息化建设和“三旧”改造等工作，主动做好交通能源、产业园区等重大建设工程的服务保障。增强测绘应急服务保障能力，设立广东省突发事件应急卫星定位与低空遥感技术研究中心，引进无人机航摄系统设备，加强局部地区地理信息数据的获取和处理能力。

【测量标志保护】 组织开展全省测量标志普查，普查各等级 GPS 点、水准点、三角点等测量标志 17516 个。实行测量标志动态巡查制度，乡镇国土所定期巡查辖区内的测量标志，定期报送巡查统计情况。建立测量标志档案和数据库管理系统，实现动态更新和跟踪管理，并与涉密测绘成果审批和提供使用相衔接。

【基础测绘项目实施】 积极配合国家测绘地理信息局完成广州、阳江等测区面积为 4.6 万平方千米的航空摄影工作。经国家测绘地理信息局批准，梅州摄区和河源、汕尾、揭阳等 3 个数字城市面积为 2.3 万平方千米列入 2011 年国家基础航空摄影计划；测制更新 1:1 万数字线划地形图 1879 幅、数字高程模型 1139 幅、数字正射影像图和数字栅格地图各 963 幅，组织完成全省大比例尺地理信息数据采集 5.6 万多幅、GPS 大地控制点测量 1574 点、水准点测量 2479 点，完成浅海滩涂测量 300 平方千米、似大地水准面精化 1460 平方千米，完成全省大地控制网 2000 国家大地坐标系转换和 80 坐标系统整体平差工作。组织开展广东省连续运行卫星定位服务系统（GDCORS）社会化应用技术研究，制定《广东省连续运行卫星定位服务系统应用管理暂行规定》。

【数字城市建设】 全省 21 个地级市完成数字城市地理空间框架建设设计书评审，广州、惠州、佛山、深圳、茂名、韶关、清远、中山、东莞等 9 个市完成数字城市地理空间框架建设并对外提供使用服务，江门、潮州、珠海、肇庆、梅州等 5 个市基本完成建设，进入验收阶段。拓展数字城市建设深度和应用广度，建成 120 多个应用示范系统。数字广东地理空间框架建设项目列入 2011 年省政府工作要点，已完成技术方案编制，并向省政府进行申报。

【公共平台建设】 实施珠江三角洲基础地理信息公共平台重大项目建设，开展省级和珠江三角洲 9 市地理信息数据保密处理，实施省级和珠江三角洲 9 市地理信息政务电子地图、公众电子地图编制工作，开展全省地名地址数据库、行政界线数据库建设，开通广东省公众版地理信息公共服务平台，并与“天地图”国家主节点进行连通。“天地图・广东”一期工程建设基本完成。

【地理国情监测】 部署开展地理国情监测工作，制定工作实施方案，开展省内外调研工作，形成《广东省开展地理国情监测工作调研报告》，研究探索地理国情监测方法，开展监测服务和试点，实施土地利用、违法用地、“三旧”改造地块和矿业权等监测工作。着手研究利用广东省连续运行卫星定位服务系统（GDCORS）与省地质环境监测总站联合开发 GPS/CORS 地质灾害远程动态监测系统，建立省地质灾害远程监测预警平台。

【测绘科技创新】 广东省连续运行卫星定位服务系统（GDCORS）实时位置社会化应用技术和方法取得突破，基于机载三维激光雷达点云数据融合高分辨率卫星影像进行 1:1 万地形图快速成图技术完成研究，地理信息数据保密处理技术和方法实现调整，无人机航摄系统完成试验，形成生产力。广州市“测绘基准和空间信息快速获取关键技术及其在灾害应急测绘中的应用”项目获2011年国家科技进步奖二等奖，深圳市“开放式空间基础信息平台关键技术与数字城市实践”、佛山市基础地理信息一体化建设、第16届广州亚运会地图网站建设及应用分别获中国测绘学会2011年度测绘科技进步奖一、二、三等奖，“数字惠州地理空间框架建设与应用”项目获中国地理信息科技进步二等奖。

【测绘年鉴编纂】 根据国家测绘地理信息局的部署和要求，省国土资源厅组织广东测绘年鉴的编纂工作，积极做好《中国测绘年鉴》）的组稿供稿和征订发行工作，圆满完成国家测绘地理信息局布置的年鉴编纂工作任务，得到国家测绘信息局的充分肯定，被分别评为“十一五”中国测绘年鉴供稿先进单位和测绘年鉴发行先进单位。

（温善强）

测绘管理

【测绘资质管理】 推进测绘资质管理信息化建设，完善全省测绘资质管理系统，实现测绘资质在线申报、网上审批、网上监管，完成全省近600家测绘资质单位在线数据录入，实现国家、省、市三级在线互联，数据共享。组织做好全国注册测绘师资格首次考试，全省283人通过考试，占全国的1/11。加强测绘资质日常监管，办理测绘资质核准124家、来粤测绘单位验证备案43家，完成互联网地图服务测绘资质审查发证工作，新增互联网地图服务测绘资质单位42家。

【地图管理】 利用互联网安全监管系统加强互联网地图安全监管，建立地图审核绿色通道，为世界大学生运动会等重大活动和重点项目提供快速审图服务。2011年，审核地图117件，备案地图73件。立案查处“华尔街英语”使用问题地图等4宗违法地图案件。

【测绘质量监督】 落实基础测绘成果强制检验制度和测绘单位测绘成果质量监督检查制度，实施全省各等级测绘单位的测绘质量检查，并向社会公布检查结果。配合国家测绘地理信息局做好50多个重点检查项目的抽查工作，部署开展全省586家测绘资质单位和外省来粤测绘资质单位的质量监督检查，并将检查结果与测绘资质和行业管理挂钩。2011年，完成省级基础测绘项目验收19项，包括基础地理信息数据库1:1万“4D”产品13588幅、1:1万浅海滩涂测量300平方千米、三等水准测量364个点等成果验收。

【涉密测绘成果保密检查】 全面推行测绘成果使用单位保密人员持证上岗制度，按照国家统一部署，制定《广东省涉密测绘成果保密检查工作方案》，会同省国家保密局组织全省677家涉密测绘成果使用单位和测绘资质单位自查，抽查186家单位，发出整改通知书68份，查处涉密违法案件4宗、处理责任人和有关人员18人。省级抽查过程中，查封计算机14台、移动存储介质 2 个，查封地形图 166 幅。

【互联网地图和地理信息服务管理】 继续开展地理信息市场整顿和规范“回头看”工作，对 2009 年以来涉及测绘地理信息内容的中外合资合作科研、工程建设等 653 个项目进行摸底和排查，防范涉外测绘违法违规行为；组织检查互联网地图服务网站网址 910 家，查处问题地图网站网址 405 家，关闭地图网站网址 131 家。扶持地理信息企业发展，2011 年，全省拥有测绘资质单位 586 家，比去年增加 80 家，增长 14%。甲级资质单位 37 家，比去年增加 9 家，增长 32%；企业性质资质单位 338 家，占总数的 58%。

【公共地图服务】 配合加快数字城市地理空间框架建设、地理信息公共服务平台建设等工作，加快推进测绘成果社会化应用，重点在于广东省标准地图服务、公共地图服务和地图管理信息化建设。配合国家“天地图”工程，在厅门户网站开通全省 1:1 万公众版电子地图。研究网络地图等新载体、新形式电子地图内容审核技术方法和政策，为社会公众提供便捷安全的互联网地图服务。

全年编制出版行政区划地图、交通地图、地势图、旅游地图、地图册（集）等公开版地图 56 种，测绘图书 15 种，总印数为 1005 万幅 / 册。《新编广东省地图》、《中国 · 广州地图》《新编广州 10 区 2 市交通旅游图》被广东省书报刊发行业协会评为“2010 年粤版优秀畅销书”。

（王梦抒）

法制工作

【国土资源立法】 2011 年 7 月 29 日，广东省第十一届人民代表大会常务委员会第二十七次会议通过《广东省测绘条例》，第十一届人民代表大会常务委员会第 63 号公告上发布，并于 2011 年 11 月 1 日起施行。

2011 年 3 月，《广东省征地补偿保护标准（2010 年修订调整）》通过合法性审查，经省人民政府同意，在《广东省人民政府公报》第五期上正式发布。修订调整后的征地补偿保护标准与原标准相比，全省整体提高 28.78%，以有效保护被征地农民合法权益。

【普法工作】 根据国土资源部《国土资源管理系统开展法制宣传教育的第六个五年规划（2011-2015 年）》，为全面部署推进普法工作，省国土资源厅制定《广东省国土资源系统开展法制宣传教育的第六个五年规划（2011-2015 年）》，明确全省国土资源系统“六五”普法的总目标、要求、组织领导和保障措施。

2011 年，省国土资源厅组织编印《国土资源管理法规文件汇编》（2010 年卷），全面收集整理 2010 年度国家和省颁布的有关土地、矿产、测绘以及其他相关方面的规范性文件等 170 件，约 70 万字，供全省国土资源系统全面推进依法行政和实际工作的需要。

2011 年 5 月 5 日，中宣部、司法部联合下发《关于表彰 2006 - 2010 年全国法制宣传教育先进集体和先进个人的决定》，省国土资源厅被评为全国“五五”

普法先进单位；2011年3月17日，国土资源部通报表彰，广东省汕头市国土资源局等3个单位被评为全国国土资源管理系统“五五”普法工作先进单位，省国土资源厅吴兴菊、湛江市国土资源局郑志良等6人被评为全国国土资源管理系统“五五”普法工作先进个人；2011年5月，全国测绘系统依法行政工作会议上，省国土资源厅被评为全国测绘系统“五五”普法工作先进单位，广州市国土资源和房屋管理局曾广鸿等4人被评为全国测绘系统“五五”普法工作先进个人。

【行政复议和应诉】 2011年，省国土资源厅办理行政复议案件85件（含上年结转2件），经审查，决定受理40件、不予受理8件、告知向其他机关申请37件。受理的案件中，审结38件，驳回2件，维持23件，责令履行8件，确认违法2件，撤回申请3件，2件未审结。其中责令履行、确认违法的比例占已审结案件的26%，维护行政相对人的合法权益，促进下级国土资源管理部门依法行政，化解行政争议。在行政诉讼方面，出庭应诉行政案件28宗，审结26宗。其中维持14宗，驳回诉讼请求6宗，驳回起诉3宗，原告撤诉3宗。通过应诉，有效维护广东省国土资源厅的正当权益和形象。

【规范性文件审查、协调及清理及其他工作】 开展规范性文件合法性审查、办理各类法律、法规、规章及相关政策性文件征求意见答复71件。

继续推进工程建设领域突出问题专项治理工作，制定下发《2011年广东省国土资源厅工程建设领域突出问题专项治理工作安排意见》，明确2011年工程建设领域突出问题专项治理工作任务；制定印发《广东省土地市场诚信体系建设实施方案》、《广东省国土资源厅工程建设领域项目信息公开和诚信体系建设试点工作方案》、《广东省国土资源厅工程建设领域项目和信用信息公开目录》，深入推进工程建设领域项目信息公开和诚信体系建设各项工作。

根据《国土资源部关于公布已废止或者失效的规范性文件目录的公告》（公告〔2010〕第29号），组织对有关的国土资源管理规范性文件进行清理，决定对《关于印发广东省国土资源厅矿产资源勘查项目管理暂行办法的通知》、《关于高岭土矿采矿许可证审批颁发权限问题的复函》等44个规范性文件予以废止。根据省委办公厅和省府法制办的要求，组织对国土资源地方性法规、政府规章和规范性文件及厅发文件进行清理，并将清理意见报送省府办公厅与省府法制办，将厅发的58个规范性文件提请省法制办进行合法性审查、省府办公厅统一发布。根据省法制办的要求，组织对有关征地拆迁的规章和规范性文件、涉企的规章和规范性文件、涉及广东省国土资源厅行政强制职能的规章规范性文件进行清理，提出保留、废止、宣布失效或修改的意见。

（闫 宇）

政务公开

【主动公开】 2011年度，省国土资源厅通过服务窗口、《广东国土资源》杂志、门户网站（www.gdlr.gov.cn）三大主阵地做好政务信息公开工作。在服务窗口大厅通过设立显示屏、触摸屏、公开栏、宣传资料等形式，公开职责、办事流程、办文时限、办文制度、联系方式等信息。2011年度，门户网站、《广东国土资源》杂志刊登主要政务信息近200条，在门户网站通过开设“场景式服务”、优化设计、制作特色专栏等方式改善网上在线办事功能、规范信息公开内容。共新增主动公开政府信息24590条。其中，法律法规及规范性文件类信息36条，规划计划类信息143条，土地管理类信息21175条，矿政管理类信息182条，地质环境管理类信息13条，测绘管理类信息611条，综合管理类信息4416条。

【依申请公开】 2011年度，省国土资源厅收到依申请公开115件，同比增长36.9%，按期办理答复率100%。其中通过服务窗口申请69件，通过邮寄方式申请32件，通过“广东省依申请公开政府信息网上管理系统”申请14件，主要涉及用地批文、采矿权、探矿权查询等情况。

（袁学东）

执法监察与信访调处

执法监察

【案件查处】 2011年度，全省立案查处土地违法案件1069件，涉及土地面积429.58公顷（其中耕地64.5公顷），同比分别下降3.61%、41.57%（55.28%），立案查处违法案件数量和涉及土地面积同比分别下降10.07%和48.97%。拆除违法建（构）筑物21.87万平方米，没收违法建（构）筑物0.64万平方米，收回土地11.07公顷（耕地0.23公顷），收缴罚没款3296.47万元。行政处分3人，党纪处分20人，移送刑事案件20人。全省立案查处矿产违法案件296件，同比上升44.39%，收缴罚没款780.48万元，行政处分2人，移送刑事案件4人，刑事处罚3人。

2011年，国土资源厅执法监察局发文督查督办违法案件183宗（其中土地案件109宗，矿产案件74宗），并实地核查韶关市乳源民族体育公园违法占地案、韶关市“丹霞一号”违法用地案、汕尾市陆河县水唇中学违规建别墅案、茂名化州市同庆初级中学违法占地案、普宁市云落镇政府土地违法案等一批重大典型案件。其中，揭东县新亨镇仙美村违法用地案件：行政处罚款1340680元，强制拆除全部非法建（构）筑物，复耕复绿全部到位，党纪政纪处分5人，并将涉嫌犯罪的移送公安机关立案侦查；博罗县福田镇莲塘岗村纺织厂违法用地案件：拆除全部非法建筑物，复耕全部耕地，达到查处一案、震慑一片的效果。

【土地矿产卫片执法检查】 经核实，全省2010年度共有土地卫片图斑15951个（涉及土地面积3.69万公顷）中，违法用地2902宗、4066.67公顷（其中耕地600公顷），分别占新增建设用地总宗数、总面积和耕地面积的24.8%、12.7%和9.2%，没收违法建（构）筑物248.5万平方米，拆除违法建（构）筑物108.7万平方米，复耕土地39.36公顷，没收非法所得29.9万元，罚款2亿元，给予党纪政纪处分55人，追究刑事责任7人。全省矿产卫片执法检查199个图斑中，违法勘查开采的图斑172个（占图斑总数的86.4%），其中立案查处的46个，收缴罚款71.75万元，移送公安机关处理2人。国家矿产卫片执法检查组充分肯定广东省的工作，同意通过验收，总评分为99分，在全国排名靠前。

【打击非法开采矿产资源行为】 随着今年以来稀土等矿产资源价值不断攀升，部分地区非法开采稀土等矿产资源行为死灰复燃。对此，全省执法监察系统始终保持高压态势，加大巡查力度和打击非法开采行为力度。结合2010年矿产卫片执法检查工作，重点对全国整顿和规范矿产资源开发秩序的5个重点矿区和199个疑似图斑点进行拉网式排查，对发现的违法违规勘查开采行为进行坚决取缔、严厉打击。如：对和平县下车镇非法开采稀土矿点的非法开采现场进行综合整治，填平流程池，清理疏通河道淤泥，植树复绿被破坏林地，将破坏林地的犯罪嫌疑人缉拿归案。执法监察局根据国土资源厅与省林业局联合印发的《广东省打击非法毁林勘查采矿联合执法行动方案》，会同省林业局、公安分局分赴各地指导、督查工作落实，如深入茂名信宜市26个非法开采稀土点进行现场办公。2011年，全省立案查处矿产违法案件296件，同比上升44.39%，其中，属个人无证勘查1件，企事业单位无证开采4件，企事业单位越界开采1件，个人无证开采280件，集体无证开采2件，个人越界开采8件，罚没款780.48万元。

【建立健全执法监察长效机制】 2011年，省国土资源厅执法监察局研究制定《广东省国土资源违法案件挂牌督办管理办法》、《关于进一步规范群众举报国土资源违法行为处理工作的通知》、《广东省打击非法毁林勘查采矿联合执法行动方案》等文件，指导各地开展工作。深入基层了解国土资源执法监察工作现状，查找工作中存在的突出问题和深层次问题，分析成因，研究提出改进工作的意见和建议，形成《关于基层违法用地问题的专题调研报告》，着力破解国土资源违法行为“发现难、制止难、查处难”问题。

（洪浩鹏）

信访调处

【概况】 2011年，全省国土资源系统围绕主题主线，扎实开展工作，全省国土资源信访总量呈逐年下降态势，非正常上访、越级上访、群体性事件得到有效遏制，信访形势总体平稳向好，为推动科学发展、促进社会和谐做出贡献。厅信访办先进工作事迹被国土资源部《中国国土资源报》报导，3名信访工作人员姜桂华、王祯、余青青分别被评为全省优秀接访员、优秀办信员和优秀信访工作者。

2011年，广东省国土资源厅累计处理来信来访2083件，其中来信1127件，来访956批4672人次。调处信访复查复核案件127宗。与2010年相比，信访总量下降0.3%，其中来信数量下降0.7%，来访批次和人次分别上升0.2%和25.7%；复查复核件上升23.3%。

办理国土资源部、广州督察局和省信访局交办事项 56 宗，“民声热线”及省信访局网上信访 297 宗。派员参加全国、全省两会和深圳大运会信访维稳以及全省综治信访维稳督导组工作共计 262 天。

【接访探访和积案化解】 根据省委、省政府的部署和要求，省国土资源厅多次在全省国土资源系统组织开展领导接访探访和积案化解活动。一是清明节期间组织全系统开展“基层大接访”活动。全省有 944 名领导干部接访探访群众 1775 人次，排查矛盾隐患 319 宗，解决问题 325 宗。二是组织“民声热线”活动。厅主要领导亲自带领相关处室有关人员赴广东电台上线接访，全省上下四级联动，直接在线上与群众和各地国土资源部门沟通交流、解答释疑，实地处理咨询投诉 133 宗。三是与省加强信访工作和维护社会稳定协调领导小组办公室加强合作，共同梳理排查出 39 宗征地信访积案，要求各相关市县针对具体情况查找积案的症结和突破口，逐案予以化解，确保“案结事了”。12 月 28 日，省国土资源厅与省协调办召开联席会议，专门约谈部分调处不力的市委领导和市、区国土资源部门及市协调办负责人，确定调处方案和办理期限。通过接访、探访和积案化解活动，为上访群众解决切身利益问题，化解一大批信访积案，收到良好的效果。

【深圳大运会信访维稳】 按照中央和省委、省政府关于实现“平安大运”的工作安排，省国土资源厅下发《关于切实做好深圳大运会期间国土资源信访维稳工作的通知》（粤国土资信访电〔2011〕226 号），对全省国土资源信访维稳工作作了全面部署：督促各地市落实主要领导一线接访制度，着力解决信访重点和难点问题；制定国土资源信访突发事件处置预案，稳妥处置各类突发事件；派员参加粤东维稳督导工作（2 个月），协助地方做好信访维稳工作；严格落实信访值班，畅通指挥联络，确保发生突发事件能够快速反应、妥善处置。全省国土资源系统上下联动，圆满完成省委、省政府赋予的信访维稳工作任务，为深圳大运会期间的良好社会环境贡献力量。

【研究探索重大事项社会稳定风险评估制度】 根据省委、省政府办公厅《关于建立广东省重大事项社会稳定风险评估工作机制的意见》（粤办发〔2011〕3 号）要求，省国土资源厅制定印发《广东省国土资源厅关于开展重大事项社会稳定风险评估工作的意见》，在全省国土资源系统建立推行重大事项社会稳定风险评估工作机制。通过先行研判重大事项的安全性、合法性、合理性和可行性，从源头上预防和减少不稳定因素，促进社会矛盾的化解。

【加强信息和调研工作】 一是注重完善信息报送和分析指导，全年编发《省国土资源厅信访情况通报》和《突发事件信息专报》各 13 期，及时总结报送信访情况，督导和推动全省国土资源信访维稳工作。二是注重从来信来访、领导批示、上级文件简报等渠道，梳理分析信访问题，关注掌握信访趋势，落实推进信访工作。根据省主要领导在省信访局《广东省征地信访问题突出》（信访反映〔2010〕第 4 期）上的批示，1 月份，省国土资源厅对全省征地补偿保护标准进行修正调整，征地补偿标准平均提高 28.8%，有力地保障被征地农民的利益。三是开展调研活动。为了全面了解掌握征地信访维稳突出问题的现状、特点及成因，省国土资源厅联合省农业厅对农村征地问题进行实地调研，形成调研报告报送省委办公厅。报告针对目前征地补偿价格与土地出让价格存在极大差异等问题，提出探索合理的征地补偿机制使被征地农民享受土地增值收益、严格落实土地征用程序、推动村务决策公开透明，以及运用多重手段监管征地补偿款等对策建议。

（余青青）

科技教育宣传

【信息化】 2011年5月，印发《广东省国土资源信息化“十二五”规划》，11月印发《广东省土地矿业权网上交易系统数据交换标准（试行）》。开展视频会商系统建设，现已完成省、市、县三级设备联通建设，目前视频会商系统实现省级至全部地级市音视频通讯，县级基本全部联通。加强国土资源业务网建设，优化厅门户网站，目前完成省、市、县三级业务网连接，并着力进行对国土资源业务网进行优化。通过“金土工程”项目推进电子政务建设，“金土工程”项目的46个应用系统完成设计方案，有14个系统正在试用，数据库建设内容完成41个数据库的详细设计方案并完成部分数据库及数据更新，将为实现国土资源“一张图”管理提供重要支撑。

【科技管理】 2011年4月，印发《广东省国土资源“十二五”科学技术发展规划》。加强科技项目管理，推进科技创新，2011年申报国土资源科学技术奖3项，其中获国土资源科学技术奖二等奖1项；获国家测绘局科技进步奖二等奖1项；申报2011年度国土资源测绘自主创新产品9项；承担2012年度国土资源公益性行业科研专项3项。组织科学观测研究基地建设，广东省翁源县下庄花岗岩型铀矿野外科学观测研究基地及华南土地综合整治野外科学观测研究基地被正式批准。推荐命名地质试验测试与珠宝玉石鉴赏科普基地为第二批国土资源科普基地，并组织批准命名的丹霞山、湖光岩及即将命名的地质试验测试与珠宝玉石鉴赏科普基地编制国土资源科普基地“十二五”科普工作规划。

【教育培训】 组织年度的职称评审，审核申报测绘、国土专业技术资格条件材料224份，组织评审中、高级测绘、国土专业技术资格182人。组织开展国土资源各类业务培训26期，培训人数6705人次。2011年5～8月举办五期国土资源行业从业人员继续教育专业科目学习培训班，搭建全省国土资源行业继续教育专业科目学习平台，包括土地、测绘、矿产等国土资源领域的专业技术人员及管理人员参加培训，共1628人。6月在厦门组织举办全省县（市、区）国土资源行政主管部门主要负责人廉洁从政教育集中整训班，进一步增强县（市、区）国土资源行政主管部门主要负责人的思想政治素质和法纪观念，提高依法行政和廉洁从政的能力水平。协助组织厅机关干部开展2011年度脱产培训和集中读书活动，协助省委组织部举办广东省第13期城建市长（书记）研修班。

【宣传】

一、参加国土资源部举办的国土资源调查评价成果展，于6、7月份在中国国家博物馆参加展览，主要参展内容包括广东土地调查成果展、广东地质调查成果展、广东节约集约用地试点示范省建设纪实的成果展。

二、开展第42个“世界地球日”主题宣传活动，全省投入宣传经费400万元，设立咨询点180个，举办知识讲座80场，制作专题片65个，出版报刊160期次，派发各种宣传资料15万多份，刊登报道稿件300多篇，受众人数达400多万人，提高国人对国土资源国情国策的认识和节约集约利用资源意识，增强全民资源忧患意识，节约集约利用资源的理念走进群众日常生活目的。

三、围绕“土地与转变发展方式——促节约守红线惠民生”这一宣传主题，开展“土地日”活动，宣传党中央、国务院对资源管理工作提出“落实节约优先战略”的指导方针和战略举措等的一系列宣传活动。营造出保护耕地、节约集约用地、依法合理用地的良好舆论氛围和工作环境。期间，全省组织现场咨询活动514场，累计接待16多万名群众的咨询，举办知识竞赛20多场，专题演讲30多场，召开座谈会60多次，文艺演出100多场，发放宣传资料100多万份，制作电视片60多集，刊载文章300多篇，出动宣传车2400多车次，张贴标语、悬挂横幅16000多条，投入宣传经费1100多万元。

四、省国土资源厅组织拍摄广东省国土资源管理工作系列宣传新闻片，并于2011年12月、2012年1月在广东电视新闻频道《新闻最前线》栏目陆续播出。

五、组织拍摄“三旧”改造宣传片（中英文版），分别在“粤港交流会”和“广东省与世界500强交流会”上播出，宣传节约集约土地试点示范省成果及“三旧”改造相关政策，为“三旧”改造地块招商会招商引资发挥显著作用。

六、根据中国测绘宣传中心《关于深入宣传“十一五”测绘工作成就摄制专题片〈走向辉煌〉的函》要求，完成《走向辉煌》专题片摄制工作。

七、组织开展“地球科普知识进校园系列宣传活动”，历时二个多月，增强广东省少年儿童的资源危机意识和对广东省国土资源省情的认识，培养他们学科学、爱科学的良好习惯，做保护地球小主人（由广东省国土资源厅、省环保厅、省教育厅、共青团广东省委联合组织，“节约资源、保护环境，做保护地球小主人”广东组委会和广东省地质学会主办，省国土资源厅关心下一代工作委员会、广州市国土资源和房屋管理局、广东科学馆协办，广东省地质学会科普委员会、广州市第二中学负责承办）。

八、组织各地测绘行政主管部门开展8月29日测绘法宣传活动。

（胡吉进）

对外交往与学术交流

【因公出国】 赴国外考察、培训和参加国际会议9批次，共10人次；赴港澳台人员7批次，共14人次。

【国外矿产资源风险勘查专项项目编报】 2011年度组织了2次技术审核专家评审会，分2批次向国土资源部申报项目共13个，8个项目获部审批，获国家国外矿产资源风险勘查专项资金拨款3753万元。

（胡吉进）

党建 纪检 及人事

97/104

2012

责任编辑：卢风华

党建工作

【“创先争优促发展”主题实践活动】 一是抓好组织宣传。及时印发工作方案，明确了活动主题和推进举措。编发简报，及时交流活动动态，推动活动顺利开展。二是抓好专题汇报。6 月 27 日，省直机关工委副书记姚楚旋带队前来省国土资源厅，调研指导创先争优促发展主题活动和落实新修订的《中国共产党和国家机关基层组织工作条例》情况，充分肯定省国土资源厅创先争优促发展和落实条例情况。10 月 26 日，在省直机关工委召开的部分省直单位党建工作座谈会上，汇报省国土资源厅学习“机关党建走在基层党组织建设前头”理论研讨会精神和开展创先争优促发展主题实践活动的动态情况。三是撰写“机关党建走在前”论文。省直机关工委等五部门于 9 月 22 日在惠州召开“机关党建走在基层组织建设前头”理论研讨会，省国土资源厅党办撰写并以党组名义提交的论文《运用科技手段规范权力运行为保障国土资源事业科学发展提供支撑》，被编入论文集在大会交流。省委组织部副部长、省直机关工委书记罗东凯在大会总结讲话中，充分肯定省国土资源厅“运用科技手段，有效提高了机关效能，提高了机关党建工作的信息化和科学化水平”的做法。

【学习型党组织建设】 一是抓好 2011 年度厅机关脱产培训和集中读书活动，全年举办 4 期。二是督促厅属各单位做好本单位的脱产培训和集中读书活动。三是及时收集厅各基层党组织的活动动态和党员干部的学习心得体会，在厅门户网站“创建学习型党组织”专栏选登，在《广东国土资源》杂志和厅四楼宣传栏做好脱产培训和集中读书活动的宣传报道。

【纪念建党 90 周年活动】 一是学习党史。邀请省委党校教授作党史专题讲座；开展党史宣传活动，宣传党的光辉历史；组织党史党建知识测试，机关全体党员和厅属单位党员处级干部参加测试。二是召开专题组织生活会、主题党日等活动。三是做好评比表彰。省国土资源厅受省直机关工委表彰的先进基层党组织 1 个、优秀共产党员 3 人、优秀党务工作者 1 人；厅直属机关党委表彰先进基层党组织 5 个、优秀共产党员 35 人、优秀党务工作者 13 人；推荐参加全国测绘系统创先争优活动评选，1 人获得全国测绘系统创先争优活动“优秀共产党员”称号；推荐 2 人在广东电台进行先进事迹宣传。

【“扶贫济困日”活动】 6 月 30 日，广东省第二个“扶贫济困日”活动中，陈耀光厅长亲自率队前往省国土资源厅扶贫点丰顺县仙龙村走访慰问；厅直属机关党委组织机关党组织和仙龙村党支部的组织共建活动，机关的党支部书记为仙龙村党员上了党课；组织机关和直属单位党员干部献爱心捐款 20 余万元。

【党组中心组理论学习】 一是做好省国土资源厅党组 2010 年度中心组学习情况总结，分别报省委组织部、省委宣传部和省直机关工委；提出 2011 年度中心组学习计划，印发各中心组成员和直属各单位主要负责人执行。二是完成全年 4 次党组中心组集中理论学习，主要学习全国“两会”精神、党史党建知识、反腐倡廉形势、党的十七届六中全会精神、中央领导同志关于国土资源管理工作重要讲话精神等主题，邀请陈耀光厅长、叶伟龙纪检组长及省委党校毕德教授等领导和专家学者作专题辅导报告。三是做好学习资料发放，先后发放《中国共产党历史》（第二卷）、《党的基础知识简明读本》、《党的历史知识简明读本》、《幸福的方法》等14种书籍（影像资料）2500余册。

【机关党务】 一是做好厅直属机关党委会议的保障工作。召开厅第二届直属机关党委第21、22、23、24次会议，正常开展机关党建各项工作。二是做好党务公开工作。在2011年初对厅直属机关留存管理的党费的收缴、使用和管理情况进行公示；按要求对于新发展党员、预备党员转正和推荐评选表彰对象进行公示。三是做好党员发展工作。2011年通过2个基层党委的选举结果、审议通过接收新党员1人次、预备党员转正5人次。四是指导做好基层党组织建设。指导基层党委做好机构改革后的党代会选举工作，协助做好4人次发展对象的政审工作。五是抓好党员教育培训。先后选派4人参加省直机关工委组织的“创先争优促发展”党支部书记专题培训班，选派2人参加省直机关党务干部高级研修班，选派1人参加省直机关先进基层党组织代表学习研修班。组织20名在职和退休干部代表参加学习杨善洲先进事迹报告会，组织17名党员干部代表参加省直机关工委组织的“幸福广东与三个规律”专题党课讲座，组织厅机关110名党员干部观看电影《袁隆平》，组织厅机关全体党员干部和厅属单位处级干部观看韦寿增同志先进事迹报告会和浙江省第二地质大队先进命名大会。六是做好党内帮扶。通过向上级党组织申请、利用厅机关留存党费等途径，帮扶特殊困难党员，帮扶13人次计26500元。七是做好基层民主建设。推荐厅巡视员沈绍梅参加天河区人大代表选举，并成功当选。按照上级党组织部署要求，做好广东省出席党的十八大代表候选人推荐人选的推荐提名工作，做好省第十一次党代会代表候选人的推荐选举工作，做好省直机关党代表会议代表的推荐工作。

【机关工会】 一是统筹安排资金，对羽毛球、乒乓球等9个工会文体小组的活动继续提供资金保障，羽毛球、乒乓球、保龄球、网球、篮球等活动开展热烈、反应较好。在重阳节后组织厅机关全体干部职工登白云山活动。组队参加省直机关首届网球比赛。二是组织代表队参加国家测绘局组织的乒乓球比赛。三是做好评先表彰推荐。推荐1个班组获全国总工会评为“工人先锋号”称号、1个班组获省总工会评为“工人先锋号”称号。推荐2人分别获2008～2011年度“省直机关优秀工会之友”和“省直机关优秀工会积极分子”。四是慰问帮扶困难职工。根据上级部署，向全国劳模发放节日慰问金和体检费，组织省级劳模进行体检。通过向上级工会组织申请、利用留存党费和工会经费等形式，多方筹资进行帮扶，开展对困难职工的帮扶慰问活动，走访慰问病号5人次，帮扶困难职工9人次23000元。

【机关群团建设】 一是支持青年团开展工作。厅机关团委组织承办英语口语培训、网球培训等活动，反响较大；在“五四”青年节开展创先争优宣传活动；推荐1个单位团委获评为省直机关“五四红旗团委”。二是支持妇委会开展工作。在“三八”国际妇女节时，厅妇委会组织妇女干部代表外出开展庆祝活动；厅直属机关妇委会被授予省直机关2008～2012年“三八红旗集体”，1名妇女干部被授予省直机关2008～2012年“三八红旗手”。

（谭小兵）

纪检监察

【党风廉政建设】 扎实推进"教育、制度、监督、改革、惩处、纠风"六个方面工作，构建具有广东国土资源特点、防范廉政和行政风险并重的风险防控体系。开展"写廉政格言、诵廉政诗词、讲廉政故事、创廉政书画"为主题的"大地清风"廉政文化建设活动，2011年先后3次在全国会议上作了经验介绍；开展制度廉洁性评估试点工作，对由省国土资源厅代拟文稿并公布实施的9个地方性法规、4个政府规章以及省国土资源厅39个规范性文件进行评估，对全省国土资源系统216项制度进行排查，提出建议326条；推动国土资源交易制度、土地和矿业权登记发证制度、补充耕地和土地储备指标交易制度、土地出让及改变土地用途制度、土地和矿业权评估制度、土地开发整理制度、矿产资源补偿费及矿业权价款征收制度等7大制度的进一步完善；发挥"制度＋科技"的监督优势，全省有19个地级以上市建立土地和矿业权网上交易系统，土地登记发证信息管理系统、补充耕地和土地储备指标网上交易平台建设扎实推进；开展"两整治一改革"专项行动，在部组织的评估考核中综合成绩位列全国第一；开展政风行风民主评议，2011年民主评议为"满意"单位。

【"两整治一改革"专项行动】 深化廉政风险防控工作，组织全省国土资源系统开展廉政风险点"回头查"，新排查出廉政风险点188项，审核归并后整理出123项，其中A级风险点11项，B级58项，C级54项，新增或重新修订防范措施299条；按照"查、纠、改、整、处、建"的方针，全省国土资源系统18256人参加"回头查"活动，成效明显；制作了《权力运行廉政风险防范措施表》和《廉政风险点监管工作流程图》，编撰了《廉政风险防控手册》；11月14～16日，承办了全国国土资源系统"两整治一改革"工作汇报会；指导省地质局、省核工业地质局、广州海洋地质调查局、土地估价师协会结合本单位实际，开展有针对性的专项治理活动，专项治理实现由部门到行业，由行业到领域的全覆盖；在部"两整治一改革"办公室开展的检查评估中，广东省国土资源厅名列第一。东莞市国土资源局、惠州市博罗县国土资源局、韶关市武江区重阳镇国土所被评为全国"两整治一改革"工作先进单位。

【"大地清风"廉政文化建设】 在全省系统开展"写廉政格言、诵廉政诗词、讲廉政故事、创廉政书画"为主题的"大地清风"廉政文化建设活动，收到书法、绘画、摄影、木刻、漫画、动漫、格言、警句、廉政故事等廉政作品900余幅（篇）。在省国土资源厅举办了廉政文化优秀作品展，在茂名、惠州、潮州举行了巡展，参观人数超万人次。朱明国副书记为活动题词并和林木声副省长为活动揭幕，国土资源部党组成员、纪检组长王寿祥代表部党组作出重要批示并亲临闭幕式。2011年，省国土资源厅先后3次在全国会议上介绍了"大地清风"廉政文化建设活动情况，全国国土资源系统党风廉政建设工作会议给予高度评价。省内新闻媒体和《中国国土资源报》均对活动情况进行了报道。印发《广东省国土资源系统反腐倡廉教育读本》2万余册，在《中国国土资源报》宣传了揭西县坪上国土资源所原所长陈雄杰积劳成疾、牺牲在工作岗位的先进事迹。

【纪律教育学习月活动】 组织全省国土资源系统干部职工参加了国土资源部"两整治一改革"5期廉洁从政教育视频培训，在厦门首次举办全省县（市、区）

局主要负责人廉洁从政教育集中整训班，全省国土资源系统党员干部分11批共2.5万人次参加部、省、市组织的集中整训；举办了全省国土资源系统党风廉政形势报告会，厅党组成员、驻厅纪检组组长叶伟龙亲自授课；组织厅机关、厅属单位党员干部到广州女子监狱开展警示教育；组织全厅干部观看了专题片《廉政准则52个不准》、《清正为民写忠诚》、《工程建设领域腐败剖视录》、《欲盖弥彰——刘志华腐败案警示录》《暴风雨中的忏悔——皮黔生渎职受贿案警示录》等正、反面教材电教片；组织厅机关和厅属单位100多人参加建党90周年反腐倡廉知识竞赛。

【民主评议政风行风回头查】 成立了领导小组，建立了全省国土资源系统民主评议联络员网络。在厅机关办公楼、厅属单位公共场地张贴宣传标语500余条。印发《工作简报》9期，通过《中国国土资源报》、《广州日报》、《广东国土资源》、省国土资源厅网站发布宣传报道20余条。对厅机关6个处室、12个直属单位以及东莞、深圳、中山和珠海市国土资源行政主管部门开展评议工作情况进行了检查督导。7月30日～8月2日，邀请干部职工代表召开了民主评议群众代表座谈会，走访了有关省直单位、企事业单位，发放了调查问卷100份，听取对政风行风建设的意见和建议。委托移动通信公司向社会各界发送征求意见短信5万余条。经调查，社会各界对省国土资源厅的评价满意率达98.0%。中山市国土资源局南头分局、云浮罗定市国土资源局行政服务窗口负责人梁玲（女）被评为2011年度全省“窗口之星”集体和个人。

【行政效能建设】 2011年度，全厅经窗口办理文件7668件，其中按期办结7665件，正常办结率为99.9%；在省行政审批电子监察系统的文件办理中，省国土资源厅在49个省直单位中年均排名从2010年度的第15名上升到2011年度第12名。省纪委纪检监察信息第164期《省国土资源厅抓效能建设动真格出实招成效好》对省国土资源厅效能监察工作给予肯定。

【理论研究和信息工作】 全年编发纪检监察信息14期、专报6期，信息年度综合评分位居省直派驻机构第一名。《整治土地登记发证违纪违法问题刻不容缓》、《农村征地纠纷居高不下成为影响社会建设的重要因素》等信息被省纪委采用，前文还被中央纪委采用并得到中央领导重要批示。在全省国土资源系统开展党风廉政大调研，收到论文102篇；联合省纪委、省检察院、中山大学开展课题研究，提交专题报告3篇。8月，在广州召开全省国土资源系统党风廉政理论交流会，国土资源部、省纪委、省检察院领导和各地级以上市国土资源局主要负责人、纪检组长参加交流座谈。根据调研成果选送的《关于从源头上治理国土资源领域腐败问题的调研报告》分别在中纪委举办的“坚持中国特色反腐倡廉道路”理论征文和国家预防腐败局举办的“社会领域防治腐败”征文活动中荣获“优秀奖”。

（殷俊兵）

机构与人事

【机构设置和人员编制情况】 广东省国土资源厅机关设办公室（与机关党委办公室合署）、政策法规处、规划处、财务处（审计室）、耕地保护处、土地利用管理处、地籍管理处（省人民政府调处土地纠纷办公室）、矿产资源管理处、地质勘查处、地质环境处、基础测绘处、测绘管理处、科技教育处、人事处（与离退休人员服务处合署）、执法监察局等15个处（室、局）。2011年底厅机关总编制151名，其中行政编制111名，行政执法专项编制40名。有公务员138人。

厅属事业单位有10个，即：广东省国土资源厅政务服务中心、广东省地图院、广东省地质环境监测总站、广东省矿产资源储量评审中心、广东省国土资源测绘院、广东省测绘产品质量监督检验中心、广东省土地调查规划院、广东省土地开发储备局、广东省国土资源技术中心、广东省国土资源档案馆。共有编制731名，其中管理岗位143名，专业技术岗位557名，工勤技能岗位31名。有工作人员573人。

【人事任免调配】 据统计，2011年厅党组任免19个地级市国土资源局领导干部63人，其中选拔任用49人（含系统内提拔13人、平级转任2人、机构改革重新任命22人，系统外交流引进12人），免职改非、退休、交流14人。此外，干部试用期满转正11人。

厅机关干部选拔任用23人，其中处级10人（竞争性选拔5名），科级13人；干部试用期满转正15人，其中处级领导干部转正9人，公务员转正6人；事业单位班子成员任免2人，转正2名。

【公务员管理】

一、公务员考试录用

本年度通过考试录用、遴选、选调共补充11名公务员进入厅机关，其中通过广东省县级以上机关2011年考试录用公务员录取9名公务员，其中硕士研究生学历8名，本科学历1名；按照省统一部署，从基层遴选1名公务员；从其他省直单位选调1名公务员。

二、年度考核

厅机关2011年参加年度考核的人数为127人（不含厅领导），其中优秀等次22人（3名挂职干部按规定不占省国土资源厅优秀等次名额，处级领导干部6人），称职等次96人，不定等次9人（按规定新录用公务员试用期内不定等次）。

三、公务员培训

2011年安排1名厅级干部参加国家行政学院的厅局级公务员进修班学习，安排8名新提拔处级干部参加任职培训学习，派出4名（1名厅级、1名处级、2名科级）干部分别参加广东省第8期领导干部赴美国高级培训班、第2期公共管理意大利专题研究班、广东省第5期公务员公共管理瑞典研究班以及第3期新加坡公共服务专题研究班学习。

2011年组织安排100名市、县国土资源局领导班子成员或科级干部参加国土资源部举办的局长培训班学习，组织22名乡（镇）国土资源所长参加国土资源部人力资源中心举办的乡（镇）国土资源所所长示范班。

2011年省国土资源厅机关有2名干部参加在职博士生、6名干部参加在职研究生的学习。

【事业单位人员管理】

一、考试录用

首次采取考试方式面向社会公开招聘事业单位人员，录用38名，全部具有本科以上学历、学位，其中有3人具有高级专业技术职称、4人具有中级专业技术职称，博士研究生4名，硕士研究生15名。

二、年度考核

厅属 10 个事业单位参加考核人数为 535 人，其中优秀等次 107 人，合格等次 413 人，不定等次 15 人，未参加年度考核人员 38 人。

【制度建设】 制定出台《广东省国土资源厅机关竞争性选拔处级领导干部方案》、《廉政风险防控手册》、《全省各市、县（市）国土资源行政主管部门领导干部及关键岗位干部廉洁从政整训方案》、《关于进一步规范广东省国土资源系统领导干部在社会团体兼职有关问题的通知》等。

【扶贫工作】 2011 年先后有 3 名厅领导深入扶贫开发“双到”帮扶对象丰顺县丰良镇仙龙村调研指导工作，并增派 1 名正处职领导干部担任驻村工作组组长，连同原有 2 名驻村工作组成员一起开展驻村工作（即吴建林、万飞、区永洪）。截至 2011 年底，省国土资源厅筹集帮扶资金 928.86 万元，仙龙村 103 户贫困户全部实现脱贫，年人均纯收入由帮扶前的 1701 元增至 7258 元，村集体收入由帮扶前的 0.3 万元增至 15.3 万元。在 2011 年全省年度考核中，省国土资源厅获得 93.17 分的高分，在 240 个省直单位中位列第 15 名，在全省 3409 个帮扶单位中排在前列。2011 年仙龙村被确定为 100 个省扶持整村推进幸福安居示范村之一。

（范 晶）

各市国土资源工作

责任编辑：卢小娅

广州市

【概况】 2011年，在国家加强房地产市场宏观调控的背景下，广州市着力提高土地利用管理水平，破解土地供需矛盾，保障经济社会发展需求，保障用地供应能力，加强土地市场调控能力，促进广州经济社会又好又快发展。

广州市国土房管局继续推进《广州市土地利用总体规划（2006-2020年）》审查报批工作，编制广州市土地利用“十二五”规划和南沙新区土地利用总体规划，实施基本农田保护补贴资金管理办法。加强土地市场管理，实施土地出让阳光交易，出台《广州市土地利用年度计划管理实施意见》（穗国房字〔2011〕239号），建立保障重点、统筹协调，由下至上、高效使用的土地利用年度计划管理机制。创新耕地保护制度，出台基本农田保护补贴制度，制定耕地保护目标责任考核办法。强化广州市的属地责任和部门共同责任制，遏制违法用地行为，促进广州市土地管理秩序健康发展。加强地矿资源管理，启动广州市第二轮矿产资源总体规划的编制工作。

【土地利用规划修编】 2011年上半年，广州市11个区（县级市）土地利用总体规划全部获省政府批准实施，60个镇（街道）土地利用总体规划全部经市政府批准实施；11个区（县级市）60个镇（街道）土地利用总体规划全部上报省国土资源厅备案并批复。区（县级市）、镇（街道）土地利用总体规划修编工作的全面完成，实现新旧规划的有效和及时衔接，提供建设项目用地的规划依据。

2011年，继续推进《广州市土地利用总体规划（2006-2020年）》审查报批工作。《广州市土地利用总体规划（2006-2020年）》成果于2010年9月由省政府上报国务院，2011年6月、8月按照国务院有关部委、总参谋部、总后勤部和国土资源部有关意见进行修改完善，于2011年12月上报省国土资源厅，2012年1月经省国土资源厅同意上报国土资源部。

广州市推进土地利用“十二五”规划和南沙新区土地利用总体规划等专项规划编制工作。广州市作为全省第一个编制土地利用五年规划的城市，于2010年底启动《广州市土地利用“十二五”规划》的编制工作。2011年4月启动《南沙新区土地利用总体规划（2011-2030年）》编制工作，2011年6月完成初稿，并注重做好与《南沙新区发展定位和战略研究报告》、《南沙新区总体概念规划》等专项规划的衔接。

【耕地保护】 2011年，广州市与湛江市、肇庆市等签订15份有偿转让补充耕地储备指标合同，补充耕地储备指标9.88平方千米。通过易地购买补充耕地储备指标，全市实现耕地占补平衡。

2011年7月，广州市印发《广州市区、县级市人民政府耕地保护责任目标履行情况考核办法》。完成市级耕地保护责任目标履行情况自查工作，并接受省检查考核组对广州市耕地保护责任目标履行情况的检查考核。8月22日，广州市印发《关于2010年度全市耕地保护责任目标履行情况考核结果的通报》（穗府办函〔2011〕87号），广州市荔湾、黄埔、南沙和萝岗区耕地保护责任目标考核评为优秀。根据省府办公厅《关于2010年度全省耕地保护责任目标履行情况考核结果的通报》（粤办函〔2011〕383号），通报广州市获节约集约用地奖三等奖。

2011年1月1日起，《广州市基本农田保护补贴资金管理试行办法》正式实施，在广州市范围内全面实施基本农田保护补贴机制。广州市国土房管局印发《关于申报广州市2011年基本农田保护补贴资金的通知》（穗国房字〔2011〕318号）。

广州市国土房管局会同市财政局、市人社局、市农业局、市卫生局对补贴资金发放方案进行审核，2011年底，市财政局下达2011年基本农田保护补贴资金9922.07万元。

广州市国土房管局对2010年耕地保护责任目标履行情况考核抽查，并对八个区（县级市）基本农田调整划定进行市级初验。

【建设用地管理】 2011年，广州市国土房管局草拟《关于贯彻<广东省征收农村集体土地留用地管理办法（试行）>的通知》，启动1992年以来农村宅基地审批和利用摸查工作，力争解决现在的农民建房难、报建慢、建房不规范的问题；下发《关于整合和下放批后实施业务的通知》，将简化批后实施程序、提高批后实施工作效能。

落实留用地政策，保障被征地农民长远生计。对1992～2007年期间由市、区政府主导的征地项目进行核查，并将应留未留的农村留用地纳入历史欠账解决范围，对634条村上报的3407宗征地进行核查，目前历史欠账清理审核工作全部完成。全市解决273条村、890.73公顷欠账。

开展全市批而未供用地摸查工作。对2011年前各有权机关审批用地的安置补偿（征）、土地供应（供）两个阶段进行全面清查，及时建立档案，强化后续监管。经核查，广州市有批而未供土地面积4063.44公顷，其中批而未征土地186.17公顷，征而未供土地3877.27公顷。按照国家关于用地报批和批后实施政策的规定和省国土资源厅关于促进批而未供建设用地指标调整的政策精神，全市批而未供土地中可调整指标有853.04公顷（含省政府批复但省国土资源厅尚未下发批文的29.22公顷）。可调整指标主要位于花都、番禺、萝岗、南沙、从化和增城，累计占总数的99.6%。

【储备土地资源】 2011年，广州市按照土地储备“多个池子蓄水”的原则，建立“市区联动，以区为主”的土地储备机制，强化全市土地储备工作的统筹、指导、协调，形成各方合力共同推进土地储备新局面。出台《广州市人民政府征用土地办公室政府储备土地管理暂行规定》和制订《广州南站等九大重点功能区2011–2013年储备开发工作方案》，启动从化北部山区开发建设前期策划工作。开展《广州市2011–2015轨道交通沿线站点周边经营性土地储备规划和实施方案》、《广州市土地储备管理办法》等课题的研究。

2011年，计划完成土地红线储备面积42.02平方千米，实际完成17.10平方千米，完成率41%。全市计划储备土地为10.78平方千米，实际完成储备土地11.24平方千米，超出储备目标0.46平方千米，完成率104.3%。

土地开发建设投资计划为137.76亿元。至12月31日，筹集资金148.1亿元，其中市财政安排资金84.8亿元，银行借款63.3亿元。

【地籍管理】 2011年，广州市国土房管局出台《广州市集体土地及房地产登记规范（试行）》（穗国房字〔2011〕238号），率先建立起城乡统一、房地一体、体系完整、类型完善、保障集体建设用地使用权流转的登记制度。全市开展土地登记专项整治工作，制订《广州市土地登记违规行为专项整治行动工作方案》，整改一批土地登记案件。

广州市国土房管局印发《土地登记规范化和土地权属争议调处工作文件汇编》，加大对土地权属争议调处力度。广州市国土房管局会同“市三旧办”发出《关于加快办理“三旧”改造项目涉及完善历史用地手续的通知》（穗旧改办〔2011〕13号）。

广州市地上地下土地权利调查研究项目通过国土资源部、中国土地勘测规划院、广东省国土资源厅等上级部门的联合预检。该项目对广州市地上地下土地利用现状、权利设置与登记、空间利用与制度发展、对策建议进行阐述与分析，制定完整的具有较强实用性和推广性的地籍图与宗地图的制作规范。

广州市全年办理出让及划拨国有土地登记267宗，用地面积约774.74万平方米。办理历史用地确权26宗，用地面积79.03万平方米。调处4宗土地权属纠纷案件，涉及面积约36公顷。完成用地报批权属地类审核131宗。

【土地利用】 2011年，广州市国土房管局出台《广州市土地利用年度计划管理实施意见》（穗国房字〔2011〕239号），建立保障重点、统筹协调，由下至上、高效使用的土地利用年度计划管理机制。将计划指标由过去的按区、县级市切块分配，改为按项目配置，充分发挥计划指标对经济发展的引领作用。

省国土资源厅分四次下达和追加调剂广州市土地利用计划指标，全年下达广州市的指标为：新增建设用地2312公顷、农用地转用2049公顷、占用耕地1254公顷，土地开发整理复垦增加耕地1227公顷。用地指标中专项指标为：新增建设用地1145公顷、农用地转用1113公顷、占用耕地625公顷。

按照《广州市土地利用年度计划管理实施意见》（穗国房字〔2011〕239号）规定，中心城区项目指标：新增建设用地208公顷，农用地转建设用地205公顷，其中耕地74公顷，主要安排给位于中心城区的海珠区、天河区、黄埔区、荔湾区以及白云区等使用。其它区项目指标：新增建设用地2104公顷，农用地转建设用地1844公顷，耕地1180公顷。分解到各区的新增建设用地指标是：白云区145公顷，花都区192公顷，番禺区283公顷，南沙区279公顷，萝岗区697公顷，增城市235公顷，从化市273公顷。

广州市全年办理用地预审355宗，通过用地预审总面积1938.6公顷，同比增长16%。其中局本级办理用地预审81宗，预审总面积197.57公顷。

广州市获得省国土资源厅批复用地总面积2517.37公顷，其中新增建设用地2258.24公顷，农用地转用2207.55公顷，占用耕地657.95公顷。确保广州市留用地、保障房项目、“三个重大突破”重点建设项目以及新增国家、省、市重点工程违法用地等建设项目依法用地。

【土地市场】 2011年，广州市国土房管局制定《广州市国有建设用地使用权公开出让预申请办法》、《广州市土地出让招投标专家库管理办法》、《关于加强经营性用地招标出让的意见的通知》（穗国房字〔2011〕254号）等制度。广州市政府制定《印发广州市集体建设用地使用权流转管理试行办法的通知》（穗府办〔2011〕37号）。

广州市制定《广州市辖区经营性用地2011年出让计划》，市辖十区居住用地出让计划用地总量约3.37平方千米，预安排约4.47平方千米。商服用地正式计划的用地总量约2.2平方千米，预安排约3.3平方千米。产业用地正式计划的用地总量约7.15平方千米。确保“中低价位、中小套型普通商品房用地和经济适用房、廉租房等保障性住房用地供应量占居住用地供应总量比例不低于70%”。2011年，对全市土地使用权招拍挂出让制度执行情况进行清理检查。

6月8日，广州市举行“新广州新商机”土地推介会，向市场推介位于琶洲—员村、珠江新城、白云新城、大学城、广州南站等重点功能区的54宗用地，用地面积2.2平方千米，首次推介城市综合体项目用地。9月29日、10月17日分别举行琶洲土地推介会和香港投资推介会，全面系统地对广州南站地块进行推介，开创粤港深度合作的新方向。

广州市（十区两县级市）供应建设用地376宗、面积1749.5公顷。从供应方式看，划拨用地147宗、627.22公顷、占35.85%；协议出让44宗、302.06公顷、占17.27%；公开出让185宗、820.22公顷、占46.88%。从供应结构看，住宅用地70宗、429.17公顷、占24.53%；商服用地79宗、225.83公顷、占12.91%；工矿仓储用地108宗、492.77公顷、占28.17%；其他公共建筑、公用设施、交通运输、特殊用地等119宗、601.73公顷、占34.39%。

【矿产资源管理】 2011年，广州市第二轮矿产资源总体规划的编制工作由广州市国土房管局牵头组织开展，完成《广州市矿产资源总体规划（2008-2015年）》的起草、召开听证会、征求意见、《环境影响评价报告书》的编制等工作，并于3月通过市政府审核，报请省政府审批。省环保厅对广州市《环境影响报告书》进行审查并获得通过。

广州市建立矿业权有形市场，于3月底挂牌成立广州矿业权交易中心，承担省级矿业权交易机构职能，并于10月份土地和矿业权网上交易系统正式上线运行。

广州市加强矿山安全生产监督管理，采取3项措施：一是与各区分局（县级市局）和矿山企业层层签订责任状，严格落实监管责任；二是督促矿山企业落实安全生产主体责任，建立健全各项规章制度；三是开展隐患排查和治理整改工作，排查矿山企业57家次，发现一般事故隐患69项，全部整改完毕。

广州市加强对采矿权人矿产资源开发利用活动的监督管理。全市有矿山31家，其中矿泉水15家，盐矿1家，地热1家，采石场14家。实检矿山31家，抽查率100%。其中6家矿山企业因不符合要求，向其发出整改通知书限期整改。全市征收采矿权价款569.49万元；征收矿产资源补偿费684.92万元。

【地质灾害防治】 2011年，全市发生11起地质灾害，造成2人死亡，直接经济损失4.3万元。与去年同期相比，灾害数量下降73%，经济损失降低330.6%，防治工作取得明显成效。

广州市国土房管局制定《广州市2011年度地质灾害防治方案》，明确防范自然和人为因素引发地质灾害的重点区域和防范措施。着力推进重大隐患点的搬迁治理工作，“十二五”期间，广州市将由市、区（县级市）按比例共同出资（其中市本级估算投资2.44亿元），完成24处主要因自然因素形成的重大隐患点的治理工作。

广州市国土房管局和广州市气象局联合署名发布地质灾害预警预报信息。当地质灾害等级达3级（含）时，通过广州广播电视台综合频道气象节目预报。9月15日，广州市国土房管局联合省国土资源厅和萝岗区人民政府，在萝岗区东区街成功举办“广东省广州市2011年突发地质灾害应急演练”。

【测绘管理】 2011年，广州市政府贯彻落实科学发展观，建设“智慧广州”，成立数字广州地理空间框架建设领导小组，负责项目的决策、协调及宏观管理。由广州市国土房管局起草、制定相关政策和制度：一是《广州市数字广州地理空间框架建设与使用管理办法》，拟于2012年出台；二是《数字广州地理空间框架建设项目设计书》，于是年1月通过国家测绘局审核；三是广州市国土房管局和市发展改革委、市财政局联合发文《关于进一步做好我市基础测绘计划管理工作的通知》（穗发改规划〔2011〕8号），明确广州市基础测绘工作必须纳入基础测绘年度计划统一管理。

启动广州市二等水准网建设、数字广州地理空间框架建设、控制点维护与巡查、广州市连续运行卫星定位服务系统（GZCORS）维护与管理、城镇地形地籍成果更新、高分辨率卫星遥感影像图制作、航空摄影测量及数字正射影像图制作、影像地图集制作与政务地图库建设、九大功能区地块影像采集等项目建设，项目实际总投资为3962.93万元，相比2010年项目总投资2688万元，增加47.43%。完成编制《广州市政务基础地图册》、《广州市中心城区图》和《广州市地图》，向社会提供23批次基础测绘成果。

继续加强测绘地理信息行业和市场监管。制定《驻广州市的省外测绘资质单位备案程序》，对21家省外测绘单位来穗测绘进行登记备案；对丙、丁级测绘资质单位全面开展2011年广州市测绘成果质量监督检查；抽查广州市1:500 ~ 1:5000地形图建设项目质量；抽检互联网地图单位127家，发出整改通知7份。

【土地执法监察】 2011年，广州市国土房管局印发《广州市落实土地执法共同责任考核办法》（穗府办〔2011〕49号），强化广州市的属地责任和部门共同责任制，遏制违法用地行为，促进广州市土地管理秩序健康发展。一是建立国土资源执法监察联络员制度，会同区（县级市）执法队伍督办镇（街）落实整改违法用地，通过市、区（县级市）、镇（街）三级联动，确保各项执法措施落实到基层。二是加强动态巡查和国土所建设，构建“关口前移、重心下移”的执法监察体系。三是强化国土、林业执法联动机制，建立与市、区林业部门的联席会议制度，借助林业公安力量，打击无序砍伐林木，破坏林地资源的违法违规用地行为。四是制定并印发《查处测绘违法案件工作指引》，明确办理测绘违法案件的适用法律、证明材料、工作流程、处罚依据等，建立规范有效的测绘执法工作体系。

在土地实施卫片执法检查中，全市立案查处违法用地380宗、面积258.46公顷，其中耕地56.13公顷，违法用地占用耕地占新增建设用地占用耕地总面积的比例为5.87%，立案率、查处率、履行职责到位率均为100%；拆除、没收违法建（构）筑物67万平方米，复耕土地2.97公顷，罚款938.6万元，落实党纪政纪处分21人，追究刑事责任1人，申请强制执行案件204宗。

（黎洁瑶　李玉湘　何　欣）

深圳市

【概况】 2011年，深圳市规划和国土资源委员会（以下简称“市规划国土委”）深入推进土地管理制度改革，进一步加强土地集约节约利用，开展土地整备和土地储备，耕地保护、矿产资源管理、地质环境管理、测绘地籍管理等工作亮点纷呈，规划土地监察工作卓有成效，为促进发展模式转型、提升城市发展质量提供强大保障。

【土地审批管理改革】 2011年，市规划国土委全力推进《深圳市土地管理制度改革总体方案》报批和实施工作。年内，该委拟定部省市土地管理制度改革合作备忘录（送审稿），经省、市政府审核后上报国土资源部专题会议并原则同意改革方案内容；随后，改革方案经省政府两轮审核同意转报国土资源部批复。为推动方案获批后有序实施，该委提前研究草拟市、委层面的实施方案。年内，该委深入推进土地产权制度改革。一是推动全市土地确权研究工作，深入推进南山湾厦、宝安怀德、龙岗岗头、坪山石井和光明东坑5个试点土地权属调查工作，形成推进土地确权的总体思路，提出现状确权和重构确权两种实现路径，并对确权实施程序、整体核算、权益认定、与二次开发结合实现权益提出指引；二是开展土地权利制度试点工作，根据国土资源部《完善土地权利制度试点工作方案》的精神及相关部署要求，确定空间使用权权利完善和农村土地城市化过程中土地权利创新两项试点任务，制定《深圳市完善土地权利制度试点实施方案》报国土资源部审批。此外，2011年还开展地上地下空间权利调查试点和三维地籍应用试点、土地空间权权能创新研究等工作。

【土地利用】 2011年，深圳市继续加强土地利用规划和管理，促进土地集约节约利用。年内，市规划国土委全力推进《深圳市土地利用总体规划（2006-2020）》成果的修改完善与上报审批工作，向省政府申请授权深圳市自主编制、审批、修改片区土地利用总体规划，增加建设用地布局的空间弹性，目前土地利用总体规划成果由广东省人民政府上报国务院审查。年内，该委开展年度农用地转用报批工作，根据国家下达的计划指标，深圳市2011年度农转用方案中，新增建设用地总规模为1055.11公顷，其中农用地777.6公顷（其中耕地45.44公顷），未利用地277.51公顷。年内，该委完成220千伏福华变电站、西气东输二线香港支线、液化天然气（迭福站址）、轨道交通7号线、轨道交通11号线、500千伏现代（梅林北）变电站、轨道交通9号线7个重大项目的用地预审转报，切实保障深圳市重大项目的用地合法性。

【土地供应】 2011年，全市供应或报批建设项目用地291项，新供应用地1065公顷，占计划供应量的54.6%；全市实际土地供应总量542.86公顷，同比减少47.60%；龙岗区、宝安区和南山区土地供应量分别为191.16公顷、132.89公顷和109.63公顷，占全市2011年土地供应总量的79.89%，盐田区、福田区和罗湖区土地供应量分别为2.73公顷、10.41公顷和13.27公顷，占全市2011年土地供应总量的4.86%。年内，全市新增建设用地231.08公顷，其中宝安区、龙岗区和光明新区新增建设用地面积最大，占全市新增面积的86.19%，福田区、罗湖区和盐田区无新增建设用地。年内，工矿仓储用地供应161.21公顷，同比减少57.87%，占土地供应总量的29.70%；房地产开发用地（包括商服用地和住宅用地）供应280.21公顷，同比增加21.22%，占土地供应总量的51.62%；其他用地（包括公用设施、公共建筑、交通运输、水利设施、特殊用地）供应总量为101.44公顷，同比减少75.97%，占土地供应总量的18.68%。年内，完成招拍挂出让用地68项，新供应用地面积233.4公顷。其中居住用地13项，用地面积59公顷，包括安居型商品房7项23.4公顷，居住配套小学1项2公顷，配套幼儿园1项0.3公顷；工业用地41项，用地面积132.7公顷；商业用地8项，用地面积40公顷；经营性市政公用设施（加油站、停车场）6项，用地面积1.7公顷。同时，会同有关部门全力保障太子湾、百度、地铁车辆段上盖等深圳市重大项目用地。

【土地整备】 2011年，全市整备完成1300公顷土地入库。市规划国土委对土地整备体制机制展开专项研究，启动光明、坪山、前海、龙华新城的土地整备试点；从补偿标准、工作程序等方面入手，推进土地整备工作的规范化、标准化和长效性，制订土地整备协议示范文本，起草《深圳市房屋征收与补偿实施办法》、《深圳市土地整备项目实施方案编制指引》、《深圳市土地整备资金管理暂行办法》等相关配套政策法规；编制完成《深圳市2011年度土地整备计划》。年内，市政府出台《关于推进土地整备工作的若干意见》（深府〔2011〕102号），成为深圳历史上首个关于土地整备工作的规范性文件，是开展土地整备工作的纲领性文件；7月6日，全市土地整备工作大会召开，标志着土地整备工作由试点转入全面推进，许勤市长代表市政府与各区政府（新区管委会）在会上签订《土地整备任务书》。年内，市编委印发《关于完善我市土地整备管理体制问题的通知》（深编〔2011〕80号），市征地拆迁办更名为市土地整备局，由正处级升格为副局级。2011年，该委努力开展全市土地投融资体系创建工作，市土地投融资平台于7月正式运行，该平台与国家开发银行深圳分行和建设银行深圳分行签订200亿元的融资框架协议，全市有约25.53公顷的储备土地用于抵押融资；该平台与国家开发银行、招商银行签订74.5亿元贷款合同，向坝光精细化工园、华星光电周边配套项目、公明水库、莲塘口岸和金沙社区等重大项目、重点片区拨付土地整备资金34.34亿元。

【土地储备】 2011年，全市纳入储备管理的土地3569块，面积20889公顷，其中储备土地入库345块，面积1180公顷；出库814公顷。年内，市规划国土委修订《深圳市储备土地招标委托管理合同》，对受托管理单位违约情况实行零容忍；完成新一轮储备土地管理招标工作，并实现储备土地管理工作顺利交接；坪山储备办创造性开展联合巡查督查工作，提高储备土地现场管理效果。年内，该委以迎大运为契机，全力推进储备土地综合整治工作：一是加强储备土地违法侵占清理，全年梳理移交1143宗，总面积16985.44公顷，其中龙岗区清理约34公顷，为大运的顺利召开消除大批安全隐患。二是实施储备土地简易整治工程，对全市近200块政府储备土地完成围墙2.5万米，围网13万米，绿化面积104公顷等简易整治。三是推进储备土地边坡整治，全年完成11个边坡治理项目招标，其中4个竣工验收。年内，市土地储备中心首次以举牌应价方式成功竞得法院强制拍卖的17公顷土地及其地上建筑物所有权。年内，该委推动出台《深圳市储备土地登记规程》，规范储备土地登记行为，同时申请办理49块国有储备土地的使用权确权登记工作，总面积165.5公顷。

【耕地保护】 2011年，市规划国土委进一步加强耕地和基本农田保护工作。年内，完成2011年改造任务的新增耕地验收，并结合2012年改造任务的进度适时完成新增耕地验收。年内，按照国家、省关于划定基本农田实行永久保护的要求，在基本农田改造完成后督促落实各项保护措施，按照《广东省基本农田调整补划验收暂行办法》，划定基本农田，释放2004版基本农田，并申请省级验收，最终完成规划上图。年内，市规划国土委进一步强化耕地保护责任制，结合卫片执法检查、土地变更调查等专项工作，加强对耕地保护情况和基本农田状况的动态监测，建立健全严格的耕地保护责任考核体系，认真做好各级政府的耕地保护责任目标考核工作。

【矿产资源管理】 2011年，深圳市矿产资源管理工作进一步加强。年内，完成第二轮矿产资源总体规划环境影响报告的编制等工作，目前该环评报告书（送审稿）报送省环保厅评审，《矿产资源总体规划》通过市规划委员会审议。为确保平稳安全度过大运，

2011年，市规划国土委开展矿山汛前检查和大运前期及期间的多次安全检查工作，未发生食品安全和安全隐患事故。2011年，采石场整治复绿工作进一步加强，对禁采区内关闭的60余处采石场，在原基本完成整治复绿的情况下，继续加强日常巡查工作；对整治复绿的3个采石场，严格杜绝滥采滥挖现象的发生；对梅林关孤山、梅林关两个废弃石口、深康片区土石方工程以及东部红花岭采石场、待关闭补偿的深欧石场进行安全隐患、整治复绿进度等现场检查工作，确保以较好的环境迎接大运会。

【地质环境管理】 2011年，深圳市安排7.1亿元资金用于地质灾害和危险边坡防治工作，使6000多人免受地质灾害和危险边坡的威胁，避免约35亿元的经济损失。全年发生地质灾害6起，造成财产损失约105万元，无人员伤亡。年内，市规划国土委完成《深圳市地质灾害和危险边坡群测群防体系规范化建设研究》等课题研究，起草《深圳市地质灾害和危险边坡群测群防工作暂行规定》，组织编制《深圳市2012年度地质灾害和危险边坡防治方案》并由市政府颁布实施，启动《深圳市地质灾害防治工作平台建设》项目。年内，该委开展汛前地质灾害隐患排查，排查隐患点3710处；联合市气象局发布地质灾害气象预报预警8次；开展126场地质灾害防治宣传培训，发放12万多份宣传资料，出版7期《深圳市地质灾害防治工作简报》。大运会召开前夕和召开期间，该委分别对大运场馆周边及通道沿途的地质环境开展3次专项检查和复查，印发多个专项应急处置文件。年内，列入省政府"十件民生实事"的4处重大隐患点治理项目完成施工治理；列入《深圳市2011年地质灾害和危险边坡防治方案》的216处治理项目的96.3%启动治理。

【测绘地籍管理】 2011年，深圳市加强测绘管理工作。数字深圳空间基础信息平台应用得到进一步拓展，全年新增8个部门用户，为国土发展研究、城市管理、大运保障、应急指挥管理等工作提供基础测绘数据服务121批次，"开放式空间基础信息平台关键技术与数字城市实践"项目获2011年国家测绘科技进步一等奖。年内，市规划国土委与香港地政总署联合编制的《深圳·香港地图集》正式出版发行。年内，该委组织开展2011年度测绘质量监督检查，完成3家单位测绘资质申请材料初审、26家涉密测绘成果领取单位和45家测绘资质单位涉密成果保密检查；开展全市控制点普查，启动CGCS2000国家大地坐标系的应用研究，完成深圳市宝安区1:1000地形图修补测面积116.143平方公里，地下管线修补测量1194公里。年内，《测绘发展"十二五"规划》通过专家评审并经市政府批准同意实施。年内，该委有序推进地籍管理工作，制定地籍管理五年规划，组织开展土地调查相关规范研究等工作，完成罗湖福田盐田地籍数据清理及龙岗光明坪山地籍数据入库工作。

【规划土地监察】 2011年，全年开展整治行动7525次，出动21.6万人次，查处违法用地157.7万平方米，查处各类违法建筑518.2万平方米，拆除各类建筑物203.4万平方米，复耕3.47公顷，复绿78.99公顷，罚款1820.9万元，做出拆除决定移送法院强制执行31个建筑面积18.5万平方米，做出没收决定移送国资管理部门262个建筑面积314.8万平方米，移送管理部门补办手续94个63.55公顷，新增违法用地和违法建筑同比分别下降约80%、40%。年内，市规划国土委进一步落实"两级执法、多级管理、部门联动、共同责任"及"条块结合、以块为主"的查违体制，市、区、街道三级队伍基本建成，完善并报市政府审议查处违法用地和违法建筑工作共同责任考核办法及工作规范，制定违法用地违法建筑纠正率考评标准操作规程；编制完成规划土地监察工作五年规划，经市政府审议后实施；推进规划土地监察条例的修订工作；制定行政处罚案件管辖规定，出台巡查工作实施办法、行政处罚案件办理程序规定等规范性文件。年内，该委创新优化执法监察机制提升执法效能，以片区责任制优化巡查预防，动态巡查在线上报工作取得突破性进展；继续完善媒体响应机制，制定"三同步"工作措施，对于媒体报道的案件均列为重大案件，市支队同步现场核查、同步内业核查、同步转办指导查处。年内，"天地网"规划土地数字监察平台建成并投入使用；该委圆满完成国土资源部年度土地卫片执法检查，高标准完成土地例行督察整改，全面开展政府储备地清理行动，狠抓重大典型案件查处。

（王 芳）

珠海市

【概况】 珠海市位于广东省珠江口西南部，东与香港隔海相望，南与澳门相连，西邻新会、台山市，北与中山市接壤。行政建制为香洲区、金湾区和斗门区。根据2010年土地利用变更调查成果显示，全市土地总面积为1709平方千米。其中农用地966平方千米（含现状耕地保有量338平方千米）；建设用地446平方千米；未利用地297平方千米。2011年，全市实现地区生产总值1403.24亿元，同比增长11.3%。

机构设置 珠海市国土资源局内设办公室、人事科、财务科、政策法规科、土地规划与耕地保护科、土地利用管理科、地籍管理科、地质环境与矿产资源管理科和测绘管理科9个科室；1个派驻市行政服务中心窗口；市纪委监察局在国土资源局设立派驻机构。市局下设横琴新区分局、香洲分局、金湾分局、斗门分局、高新区分局、高栏港分局、万山分局7个分局以及香洲国土所等12个国土所。市局下属有6个事业单位。其中：一、实施及参照公务员法管理的事业单位3个，分别为执法监察支队（为实施公务员法管理的事业单位）、土地储备中心（含金湾、斗门分中心）和土地开发中心（为参照公务员法管理的事业单位）。二、非参照公务员法管理的事业单位2个，分别为市征地和城市房屋拆迁管理办公室、市国土资源信息中心。三、实行企业化管理的事业单位1个，为市测绘院。

工作概述 2011年，珠海局紧紧围绕加快转变经济发展方式主线和“率先转型升级、建设幸福珠海”核心任务，积极构建保障和促进科学发展新机制，扎实推进国土资源管理各项工作，不断增强用地保障和服务能力，为实施“十二五”规划和促进全市经济社会发展提供强有力的保障。在省政府2010年度地级以上市人民政府土地执法监察考核中，珠海市获得三等奖；珠海局被市人民政府授予“珠海市2010-2011年重点项目建设工作先进集体”称号。在珠海市十个具有行政执法职能部门的政风行风评议中，珠海局得分98.07分，排名第二。

【土地规划】 进一步完善管理制度，充分运用信息化手段强化新一轮市、区、镇级土地利用总体规划落实，不断提高规划严肃性和权威性，优化城乡土地利用结构和空间布局，发挥土地利用规划在调控经济发展、产业转型升级中的统筹和管控作用。加强土地利用年度计划管理，建立重大项目用地台账，分清轻重缓急，严格控制用地指标和用地规模，按保障重大项目建设和“先报先得”原则分配，确保年度计划指标合理高效使用。

根据省下达至珠海市的新一轮土地利用总体规划土地利用主要调控指标是：至2020年，全市建设用地总规模为56200公顷，城乡建设用地规模为49200公顷，全市耕地保有量为27617公顷，全市基本农田保护面积为24408公顷（其中金湾区6729公顷，斗门区17679公顷，香洲区不安排耕地保有量和基本农田保护任务）。

【耕地保护】 省政府与珠海市签订的《广东省2010年度耕地保护目标责任书》中，下达珠海市耕地保有量和基本农田保护任务分别是2.77万公顷和2.44万公顷。目前珠海市耕地保有量3.39万公顷、实际划定基本农田面积2.58万公顷，均超过省下达珠海市任务，顺利通过省政府考核检查。

层层签订责任书，切实落实耕地保护责任，市、区、镇共签订《耕地保护目标责任书》16份，签订率100%，实现经济建设和耕地保护工作双赢。建立耕地保护动态巡查机制，及时掌握耕地和基本农田的变化情况，杜绝违法占用耕地和基本农田现象的发生。积极联系异地购买耕地指标，探索耕地补充新途径。在2009、2010年异地购买补充耕地指标1180公顷的基础上，2011年增购异地补充耕地指标303.33公顷。加强珠海市开发的291.27公顷补充耕地的工程后期管护、耕地质量建设和种植管理，提高补充耕地质量和土地开发效益，为用地报批和项目建设耕地占补平衡提供保障。

【土地利用】

征地拆迁　完善“属地政府为主，国土部门指导、其他部门配合”的征地拆迁管理体制，实施新的征地青苗及附着物补偿标准，建立征收（征用）土地青苗及附着物补偿评估鉴定专家库，最大限度减少在征地补偿和地价收取方面的弹性和自由裁量权。建立重大项目征地拆迁进展定期通报制度，及时掌握工作动态，切实推进重大项目征地拆迁工作进展。协调指导各区和各项目业主单位全面推进重大项目征地拆迁补偿（用地清场）工作，完成或基本完成广珠城轨珠海站、珠海大道改造辅道工程（南湾立交至珠海大桥段）、高栏港高速、G105国道辅道排水系统工程、金港高速（金凤路段）先行开工段等项目征地拆迁补偿（用地清场）工作。

用地报批　开通用地报批绿色通道，实行专人专责跟踪协调，及时掌握和解决项目报批过程中遇到的困难和问题，加快项目用地报批进度，并在将省下达珠海市的新增建设用地指标481.4公顷全额用尽的情况下，积极争取省国土资源厅先后2次增拨273公顷用地指标给珠海市，有效缓解全市指标紧缺问题。确保全市的重点交通、产业项目合法落地。2011年共上报用地报批件80宗，涉及新增建设用地1143.46公顷，其中，省重点项目用地报批进度在全省21个地级市中名列第一。

项目供地　实施差别化供地政策，优先保障重大项目用地需求。2011年共完成供地138宗，总面积1762.36公顷，其中出让76宗，面积633.85公顷；划拨用地62宗，面积1128.51公顷。

民生保障　坚持有保有压有控，将有限的指标向基础设施、文化教育医疗项目、保障性住房等民生项目倾斜。做好保障性住房供地工作。落实竹银水源库区移民新村、金山花园三期、横琴镇人民政府安置房、沙美一队危房改造工程、恒丰新村西侧危房改造工程等15个项目，9764套保障性住房，用地面积44.54万平方米供地任务。

“三旧”改造　在旧工业厂房、旧城镇、旧村改造政策相继出台的情况下，结合珠海实际情况，进一步完善改造配套政策，制定出台《关于加快东部城区城中村改造的若干措施（试行）》，拟订《主城区旧工业厂房整合工作方案（试行）》，指导各区做好“三旧”改造标图建库动态调整、“三旧”改造控制性详细规划的编制和报批。全年完成“三旧”改造项目16个，涉及用地面积58.21公顷；启动“三旧”改造项目22个，涉及用地面积152.61公顷。通过粤港经贸“三旧”地块交流会招商、省与世界500强和境外大型企业合作交流会，珠海梅溪工业区改造项目、中航富元广场等改造项目成功签约。

节约集约用地　把土地节约集约利用作为促进经济发展方式转变和经济结构调整的重要突破口，探索节约集约用地的长效机制，建立健全建设用地效率评价考核体系。完成制定《珠海市闲置土地处理办法》初稿，该办法已纳入2012年珠海政府规章立法计划。强化建设用地批后管理，加大闲置土地处置力度，通过采取收取闲置费、延期开发、责令限期开工等方式，2011年共处置闲置土地77宗，面积186.8公顷。优先盘活使用二调中省和国家核查确认的4933.33公顷“批而未用”土地，在缓解全市新增建设用地指标紧缺问题的同时，有效地促进建设用地的二次开发、节约利用和空间拓展，真正做到高效用地。

【地籍管理】　办理国有出让土地使用权（空地）转让核准、国有划拨土地使用权转让（抵押）审批、土地确权、农村留用地更名、土地估价报告备案及其它日常地籍业务718份。建立珠海市国有土地使用权转让核准工作台账，为掌握全市土地二级市场的运转情况提供可靠的数据支持。

集体用地确权发证　推进农村集体建设用地确权发证工作。制定并印发《珠海市农村集体土地确权登记发证工作实施方案》，农村集体土地确权登记发证工作取得阶段性工作成果。其中，农村集体土地所有权应确权发证1230宗，已确权1189宗，已发证60宗；宅基地使用权应发证115844宗，已发证87609宗；集体建设用地应发证320宗，已发证107宗。

军队土地确权 根据上级文件的要求及广州军区珠海警备区的申请，在去年工作的基础上，组织珠海警备区、珠海高新区、高新区国土分局、万山区国土分局及各相关单位，采用多种形式进行沟通，并到唐家湾镇及万山管理区的多个海岛，在宗地现场进行地籍权属调查工作。目前万山区已完成26宗军队土地的确权；高新区基本完成军队确权宗地1:500地形图的测绘、当年“二区”划定和1973年时签订协议界线的界址座标上图等工作，并制订唐家湾地区军事用地确权工作方案报高新区管理会审批。

土地利用变更调查 对2010年土地利用变更调查有关资料收集整理录入和外业调查核实等做相关的收尾工作，成果已上报国家并完成数据的入库工作。按照国家土地变更调查工作的要求，珠海积极开展2012年度土地变更调查工作，目前初步工作成果已完成。

【土地市场】 不断加强土地经营工作，2011年挂牌出让用地79宗，用地面积645.92公顷。其中，经营性用地26宗280.41公顷。出让用地主要为横琴长隆项目用地、横琴富盈酒店、香格里拉酒店、银通投资控股项目、珠海兴业节能科技等高端制造业和服务业。

【执法监察】 继续强化土地管理共同责任的落实，完善土地执法联动机制，加强部门协作和联合执法，以铁腕手段遏制违法违规用地高发态势，切实维护规范、健康、有序的国土资源管理秩序。

探索构建新体系 不断理顺国土执法监察体制，构建国土资源执法监察四级网络体系。将“市国土资源局执法监察大队”更名为“市国土资源局执法监察支队”，将5个“执法中队”统一更名为“执法大队”。提高国土资源所行政级别，加挂执法中队牌子，各国土资源所所长兼任执法中队长，并增加行政执法编制32名。通过依法委托和授权的方式，赋予各大队、中队独立行政执法权。同时以金湾区为试点，每条村（居）聘请国土资源专管员作为日常执法补充，推动执法工作关口前移、重心下移，及时有效地发现、制止和查处国土资源违法行为，构建国土资源执法监察支队（市）、大队（区）、中队（镇）、国土资源专管员（村）四级管理体系。

动态巡查 严格落实土地执法共同责任制，完善国土资源违法违规案件查处协调机制、部门协作配合机制、违法违规用地行为联合查办案件制度，各区政府（管委会）、各有关部门密切配合，加大联合执法力度，共同遏制国土资源违法违规行为。全市经动态巡查发现国土资源违法行为511宗，立案查处违法案件114宗，通过联合行动拆除违法建筑物面积约17.95万平方米。

卫片执法检查 2010年度土地矿产卫片执法检查中，珠海市违法用地33宗，面积188.42公顷（含耕地25.27公顷）。扣除历史违法用地和6月30日前办理农转用手续或拆除复耕到位的用地后，违法占用耕地占新增建设用地占用耕地面积的比例为0.14%。2011年，立案处理22宗，拆除复耕2.13公顷。立案率、查处率、依法履行职责到位率均达到100%。顺利通过上级土地矿产卫片执法检查验收，实现违法案件立案率、查处率、整改率三个100%。

【矿产管理】 完成《珠海市矿产资源总体规划（2008–2015年）》环境影响评价编制和《珠海市矿产资源总体规划（2008–2015年）》矿产资源数据库建设工作。根据省国土资源厅《关于加快建立土地和矿业权网上交易系统的通知》要求，成立珠海市矿业权交易中心，进一步规范全市矿业权交易运作，加强矿业权市场化建设。加强对全市矿山企业矿产资源开发利用行为监督管理，完成珠海市2011年度矿产资源开发利用年检工作。

按照“四个百分百”和环保模范城复查迎检要求，组织实施《珠海市取土点规划（2009–2013）》、《珠海市废弃采石场、取土点整治复绿规划（2009–2013）》，积极开展生态文明示范市创建活动，在开发中保护，在保护中开发，促进人与地质环境和谐相处。指导和督促各区（经济功能区）推进旧石场和取土点的整治复绿工作，23个整治复绿点中，17个点已完成整治复绿，其余的整治复绿点正在整治中。

【地灾防治】 加强地质灾害防治工作，制定实施《珠海市2011年地质灾害防治工作方案》和《珠海市地质灾害防治责任考核办法》。开展地质灾害群测群防“十有县”建设，香洲、斗门区基本完成建设。建立汛期动态巡查，险情速报和24小时值班制度，健全地质灾害防治群测群防体系和预警预报系统，开展地质灾害防治气象预警预报系统建设，加强对全市314名地灾巡查员和基层社区（村委、居委）负责人的培训。加强对全市155处地灾点和省政府十件民生实事中珠海的2个重大地质灾害隐患点的监测和治理。免费发放宣传资料2万多份、张贴宣传画132张、树立警示牌300个、发放明白卡442张，举办地质灾害防治专题节目200多期，不断提高广大市民的防灾减灾意识，确保人民群众生命财产安全。

【测绘管理】 抓好基础测绘和测绘基础设施建设。加快数字珠海地理空间框架建设，实现地理空间信息资源的开发利用与共建共享。共完成各类测绘任务3349项，其中，土地预审测绘任务71项，土地勘测定界测绘城市规划拨地测量任务436项，地籍测量任务253项，建设工程规划定位测量任务378项，建设工程规划验线任务406项，建设工程竣工规划验收测量任务442项，其他工程测量任务1363项；房产面积测绘261万平方米，为社会各界提供各类地图和地理信息数据1000多份，以测绘成果为经济社会发展提供有力的信息支撑。

【土地储备】 根据新一轮珠海市土地利用总体规划，珠海市土地储备库共储备属建设用地有70宗，面积约18.34平方千米，储备土地主要分布在高新区（含淇澳）、南湾、横琴、斗门区、金湾区、万山区。2011年利用储备土地为港珠澳大桥珠澳口岸人工岛填海工程、城乡水利防灾减灾工程等重大项目融资贷款提供抵押担保，为珠海市经济社会发展提供资金保障。

【基层服务】

扶贫开发“双到”工作 加大扶贫开发力度，积极筹措和落实扶贫投入，开展帮扶普宁市云落镇五斗村“双到”工作和帮扶斗门区莲洲镇的扶贫工作，目前已落实帮扶到位资金402万元，启动和实施帮扶项目16个，完成帮扶项目13个，村集体增加收入3万元，334户贫困户已脱贫，占总贫困户的90%。

信息化建设 充分运用“制度＋科技”手段，推进“金土工程”，完成市、区、镇三级国土业务网硬件设施和视频会商系统的建设，全面推行网上办公，提高国土资源管理信息化水平，实现工作的全面提速。推动政务公开规范化建设，制定《珠海市国土资源局信息公开实施办法》，通过局网站公开570多条信息。制定《珠海市国土资源局档案管理办法》，基本完成对20多万份业务档案的规范整理工作，加快档案库房立项建设，为实现业务档案规范化和信息化管理奠定基础。

信访维稳工作 加大涉土信访案件排查力度，全面落实国土资源管理综治工作共同责任制和领导包案制度，有效化解社会矛盾纠纷。2011年共接待群众来访165批328人，受理群众来信214件，一批历史遗留问题得到妥善解决，有效化解不稳定隐患和苗头，全年没有因国土资源工作失误导致的大规模到省进京上访事件。共办理人大代表建议议案和政协委员提案31件，办结率和满意率均为100%。

对外宣传工作 通过刊登专版、电台滚动播出等形式，有效开展“地球日”、“土地日”、“测绘日”等宣传活动，深入学习贯彻中央领导同志三次重要讲话精神，新闻媒体共刊登和播出珠海局新闻稿件40余条（篇）、专版4个。参与市纪委、市电台、电视台联合举办的“行风热线”、“廉政之声”、“廉政纵横”等广播电视专题节目，不断加强与社会各界、社会公众的沟通和联系。

“净畅宁美”行动 努力抓好挂点督导区翠微市场和翠微路的综合整治督导工作。制定工作方案，组织全体干部职工开展清扫活动，清理拆除违章建筑物面积近4200多平方米，占道经营铁皮棚6000多平方米，违章广告牌20余块，清理垃圾50多吨，铲除牛皮癣600多块，有效改善翠微市场周边环境。

【干部队伍建设】 加强干部队伍建设，不断增强干部队伍的创造力、凝聚力和战斗力。

深化干部人事制度改革 坚持正确的用人导向，加大干部交流轮岗和竞争选拔干部的力度，形成有利于优秀人才不断涌现和干事创业的良好氛围，不断提高干部队伍的战斗力、凝聚力和创造力。制定中层干部和关键职位轮岗管理办法，有计划逐步组织开展干部轮岗交流。全年提拔任用干部16名，办理转正任职7名。

“两整治一改革”专项行动 围绕核心业务、重点岗位、关键环节，排查廉政风险点100个，其中A级17个，B级35个，C级48个。针对排查出来的廉政风险，按照“优化流程、简化环节、提高效率”的原则，建立健全业务审批与办理流程、廉政风险与防控、重要业务集体会审等多项廉政风险防控机制和运行制度，从体制机制上解决预防工作过错和廉政风险问题。

民主评议政风行风工作 加强政风行风建设，解决思想认识、服务意识和体制机制等方面存在的突出问题。在全市十个具有行政执法职能部门的政风行风评议中，珠海局得分为98.07分，排名第二，获满意档次。在2011年珠海市纠风办组织的社会满意度调查中，珠海局被评为“满意”单位。珠海局驻行政服务中心窗口连续四个季度被评为优秀，并获评2011年度文明窗口称号，基本达到国土资源部党组提出的“政风行风评议名次升上去，违法违纪案件数量降下来”的目标要求。

党风廉政建设工作 以推行责任制为抓手，市局与各分局、局属各单位主要负责人签订《党风廉政建设责任书》，分解落实工作责任和任务，并通过开展党风廉政建设责任制检查考核，促进党风廉政建设责任制的落实。开展以“以人为本、执政为民”为主题的纪律教育学习月和“创先争优”活动，通过观看警示教育片、参观廉政图片展、参加国土资源部远程视频廉政教育培训班，邀请珠海市领导、市检察院领导授课、组织局处级领导干部参加市纪委“三纪”班、“双集”班培训等多种形式，对党员干部进行党纪政纪法纪教育，提高党员干部的廉政意识和遵纪守法的自觉性。其中，珠海局干部撰写的调研报告《网络反腐与国土资源管理》被省国土资源厅评选为优秀论文。

（袁旭峰）

汕头市

【概况】 汕头市土地总面积2179.95平方千米，人口密度为2473人/平方千米，人均建设用地、人均耕地面积约0.01公顷。汕头市辖区范围内已发现的矿产共42种，共有矿产地180处，其中通过地质勘察探明储量的矿产有钨等19种，储量较少，可供开采利用的以建筑用石料及砂土为主。

【土地规划】 汕头市新一轮土地利用总体规划修编（2010～2020年）区县级规划通过省政府审批并完成备案，镇（街道）级规划通过市政府审批并完成备案。市级规划按国家各部委意见修改完善，于9月底上报省国土资源厅，经省国土资源厅、国土资源部审核后上报国务院。

【耕地保护】 各级政府层层签订年度耕地保护责任书，明确各级政府的年度耕地保有量、基本农田保护面积和基本农田占用补划要求。加强各级政府耕地保护履职情况考核并接受省政府考核，汕头市2010年度耕地保护责任目标履行情况获得省政府综合三等奖。制订并报市政府颁布实施《汕头市基本农田保护补贴资金管理办法（暂行）》，市、区两级财政负责对全市范围内的基本农田保护单位及农户按照每年每公顷450元的标准进行经济补贴。开展新一轮基本农田调整划定和标志牌设置工作，全市划定基本农田4.5万公顷，完成市级初验并申报省级验收。完成全市农用地产能核算工作，为加强农用地质量管理夯实基础。推进开发整理补充耕地项目建设，省级投资项目新增耕地246公顷通过市级初检并上报省级验收，新开工补充耕地项目112公顷，异地购买耕地储备指标730.27公顷，落实耕地占补平衡。加强建设项目用地预审，办理用地预审22宗、面积178.97公顷。

【土地利用】　2011年度省政府下达汕头市新增建设用地计划指标508.4公顷，年底又分三次追加下达汕头市新增用地指标352.47公顷，全年新增建设用地指标860.87公顷（其中包括省产业转移园等专项指标285.8公顷）。用地计划指标安排优先保障急需用地的交通、能源、水利、市政、园区、民生、工业、保障性住房等重点项目，协调推进土地征收，加快建设用地报批。截至2011年12月31日，全市组织上报农用地转用和土地征收23宗，面积748.33公顷；经批准的城镇建设用地共23宗，面积649公顷，同比增加48.26%，年度用地计划指标、上报用地、获批准用地数量均创历年之最，保障了东海岸新城、濠江新城、中国铅城、南山湾产业园、澄海物流园、达濠渔港、汕揭梅高速公路、厦深铁路、陈沙公路、谷饶污水处理厂、华能南澳东岛风电等重大项目的推进。组织编制2011年国有建设用地供应计划并向社会公开公布，全市供应国有建设用地99宗，面积447.74公顷，同比增加125.76%。中心城区上缴市财政土地出让收入15.99亿元。

【节约集约用地】　注重挖掘存量低效用地潜力，协调理顺中心城区土地涉及抵押查封、职工安置、拆迁补偿、用地置换等历史遗留问题，满足大型城市商业综合体建设和现代产业、总部经济发展用地。龙湖区十一街区百脑汇、苏宁广场土地按期移交并顺利动工，天山路与长江路交界西北角商业综合体土地出让成交，协商收储龙湖乐园商业综合体土地并发布挂牌公告；开展珠港新城、黄厝围片区土地情况摸查和盘活工作，收回预约出让土地4.07公顷，推进总部经济区一期土地公开出让；推进莲塘工业区、汕头大学南侧、金凤半岛等土地收储配套。修订加强中心城区闲置土地处置的实施意见，完成全市存量、闲置土地的全面清查和标图建档，落实管理责任。加强闲置土地分类处置，中心城区公告收回19宗机关事业单位闲置土地并已部分重新公开出让；征收土地闲置费15宗，金额314.32万元，涉及土地面积12.09公顷；以不按合同约定实施行政处罚21宗，罚款305.3万元，涉及土地面积21.34公顷。制订出台“三旧”改造国有建设用地协议出让、完善历史用地手续操作办法等四个文件，完成“三旧”改造项目涉及集体建设用地转为国有建设用地审批3宗，面积7.51公顷，汕头市获得省政府“三旧”改造二等奖。开展高新、保税、金平、龙湖产业园区节约集约用地评价工作。探索节约集约用地新思路，深化围海造地试点，推动地下空间开发利用，10月25日，全市首宗单独出让地下空间土地使用权——十一街区市民广场地下停车库用地1.33公顷以3300万元成交；鼓励农村宅基地分配制度改革，潮阳区华光村安排3.53公顷用地指标建设楼房化农村公寓。

【土地市场】　完善土地市场建设，规范实施建设用地改变规划设计条件补交地价、国有建设用地委托评估和土地储备前期开发等管理规定和操作程序，细化实施行政执法自由裁量权量化标准，完成中心城区200米×200米网格点基准地价体系更新并于12月1日起施行，修订上报市政府于12月26日起实施新的《汕头市地价管理规定》，开展土地矿产资源网上公开交易系统建设。制订上报市政府于10月31日实施《汕头经济特区现代产业用地使用权出让办法》，建立多部门分工负责、共同把关的差别化土地供应机制，服务和保障现代产业项目落地。

【制度改革】　按照特区扩围和城乡统筹的新要求，积极争取上级土地管理政策支持，联合汕头大学开展土地管理制度改革调研，拟订《汕头市土地管理制度综合改革试点方案》，重点将从深化围海造地试点、探索土地空间权开发利用、完善农村土地管理制度、整合盘活存量闲置土地资源、探索改革建设用地报批方式、建立耕地保护激励机制、加强土地管理基础课题研究等方面开展土地管理制度综合改革试点。《试点方案》经征询市各部门意见修改后报市政府，由市政府报省政府，并根据省政府及省各部门的意见修改完善。

【矿产管理】 在原市土地交易中心基础上，于9月份成立市土地与矿业权交易中心。进一步明确市、区（县）两级国土资源部门探矿权、采矿权管理职责和受理申办程序，制订实施矿业权市场管理、交易实施办法和评估机构选定办法。完成12宗采石场登记和全市34家采矿企业年检，收取采矿权出让价款（含新立及延续）459.7万元。加强固体矿山储量年度检测核查，完成12个采石场土地复垦方案评审，对采矿企业提取土地复垦治理保证金，加强矿山环境治理复绿。

【地灾防治】 推进地质灾害群测群防“十有县”建设，龙湖区和金平区通过省级验收，南澳县和濠江区通过市级验收并上报省国土资源厅。制订实施《2011年度汕头市地质灾害防治方案》，完成全市地质灾害隐患点摸查，加强隐患点监测巡查预警。筹得省、市、区三级专项资金310万元开展地质灾害隐患点治理，完成地质灾害隐患点治理工程9宗，受到省国土资源厅通报表彰。

【地籍管理】 开展年度土地变更调查和土地登记规范化检查，结合新的汕头市土地、房屋登记办法取消强制公证的规定修改完善土地房产登记办事程序，中心城区办理土地房产登记2.37万宗，配合房管部门解决一批商品房确权发证涉及土地遗留问题，联合农业、财政等部门在全市部署加快推进农村集体土地确权登记发证。

【执法监察】 2011年，开展土地矿产卫片执法检查和违法违规用地拆除整改，2010年度全市新增建设用地面积475.83公顷（其中耕地181.34公顷），新增建设用地中违法用地面积33.93公顷，违法占用耕地面积20.37公顷，所占比例分别为7.13%和11.24%；通过卫片执法共立案查处违法违规用地113宗，拆除违法违规建筑物1.21万平方米，罚款153.36万元，追究刑事责任5人，党纪政纪处分2人；违法用地立案率、查处率100%，整改率97.4%，结案率97.3%。省政府督查组认为汕头市2010年度卫片执法查处整改和检查督查工作卓有成效，通过验收，汕头市获得省政府2010年度土地执法监察考核二等奖。落实动态执法巡查，通过动态巡查共发现各类违法用地185宗，面积16.11公顷，其中耕地3.03公顷，逐宗发出责令停工通知书进行制止。

【基础测绘】 汕头市基础测绘“十二五”规划获市政府批准，“数字汕头”、“金土工程”项目加快推进。加强测绘单位规范化管理，组织测绘项目质量抽查涉及面积100平方千米。加强地图产品和地理信息服务网站监管，依法查处儿童玩具“问题地图”和违规互联网地图服务网站。优化房地产测绘、档案、土地使用税协征等管理服务，加强已征未用土地管理，落实城市管理的部门职责。开展领导干部“四访”、土地接访日等活动，着力化解信访积案。办理人大议案、政协提案，做好行政诉讼应诉和行政复议工作。

【队伍建设和党廉建设】 在全市国土资源系统强化赶超进位、创先争优的进取意识，加强干部队伍的教育培训和监督考核，公开择优选配中层干部；优化政风行风，建立重大事项倒逼工作机制，开展第四轮行政审批事项清理，深化服务窗口规范化建设，民主评议在全市10个具有行政执法职能的部门中排名第3；注重基层党组织建设，着重强化党风廉政建设，落实“五项牵头负责，两项共同负责”工作责任，开展全系统廉洁从政集中整训，扎实推进“两整治一改革”、工程建设领域、“治贪、治庸、治懒、治散”、商业贿赂、公车治理、“小金库”治理等专项行动，开展廉政风险点排查和自查自纠，全系统排查出廉政风险点192个，制订防范措施402条，完善内部管理制度68项，编制《廉政风险手册》作为日常工作廉政指南。组织实施扶贫开发“规划到户责任到人”10个年度项目，筹集帮扶资金195万元，帮助雷岭镇霞厝村修缮基础设施、改造危房、开展就业培训、扶持特色种植业发展。

（陈　峰）

佛山市

【概况】 2011年，佛山市国土资源和城乡规划局主动服务经济发展，深化体制改革，转变工作作风，切实改善民生，各项工作取得一定成效：被国家测绘局授予“数字城市建设示范市”、“测绘科技进步二等奖”、“全国测绘系统依法行政先进单位”称号，被省政府授予土地管理综合二等奖；政府信息公开和网站建设荣获市直绩效评估第二名；地质灾害防治实现“零伤亡”。

【土地规划】 落实基本农田保护责任人，基本完成区镇两级新一轮土地利用总体规划修编工作，除顺德区外，共22个镇级规划获批实施。

【耕地保护】

切实落实耕地保护责任制 2011年，佛山市共有31个补充耕地项目866.67公顷，新增耕地720公顷，通过省抽查。督促落实基本农田保护补贴制度，全市（除顺德）共补贴面积3.84万公顷，发放补贴资金1.79亿元。作为落实基本农田保护政策的创新做法，中央电视台对佛山市的基本农田补贴制度进行专题报道。

增减挂钩工作取得实质性成果 颁布实施《佛山市城乡建设用地增减挂钩试点工作指导意见》，顺利启动南海区大沥镇佛山市首个“增减挂钩”试点工作，该项目计划复垦农用地18.16公顷，其中耕地3.6公顷，已得到省国土资源厅批准实施。

【地籍管理】

扎实做好土地登记发证等地籍管理基础性工作 一是共完成土地使用权登记发证114098本（不含顺德区），进一步扩大土地登记发证覆盖面积；二是稳步推进农村集体土地所有权登记发证工作，加强土地登记规范化检查工作；三是及时协调处理佛山市三水区与四会市的土地权属争议。

推广应用二调成果 基本完成第二次土地调查收尾工作及2010年度土地变更调查工作，佛山市2010年度土地变更调查数据已于2011年5月进国家数据库。

【土地利用】

全力保障经济发展用地需求 一是用足政策，加快项目用地报批，确保重点项目建设。2011年，国务院和省政府批准佛山市用地总面积为1673.4公顷，其中涉及新增建设用地1418.2公顷，农用地1334公顷，耕地407.2公顷。这些指标主要保障国家、省、市的重点项目建设。二是统筹安排用地指标。2011年，省政府下达佛山市农转用指标共566.47公顷，其中一般农转用指标266.6公顷，农村建设单列指标17.13公顷，保障性住房指标22.53公顷，重大项目专项指标193.53公顷。除重大项目、保障性住房指标专项专用外，2011年还主要保障以下几类项目用地：涉及卫片的省督办交通项目，重点、高新产业项目，涉及民生、维稳项目。三是继续推进土地储备工作。2011年，佛山市市级土地储备存量约133.33公顷，市区联动储备土地364.07公顷。

推进“三旧”改造 2011年，全市五区投入“三旧”改造资金53.15亿元，新增改造项目343个，涉及土地面积1753.33公顷。其中工业提升示范项目42个，改造面积约343.66公顷。“三旧”改造工作重点有所转变。一是向工业提升发展方向转变。指导和协助各区“三旧”改造项目重点向提升工业发展方向转变。二是向推进项目连片开发方向转变。克服过去零打碎敲、单体独建的改造模式，努力推进连片成片项目改造，并取得初步成效。全市启动和正在改造的面积达20公顷以上的改造项目 34 个，总面积超过 4000 公顷。

【土地市场】

切实加强土地市场调控监管 一是严格执行禁止供地和限制供地项目政策，合理确定土地数量、结构、分布，并监督供应情况。2011 年佛山市计划供应土地 3000.47 公顷，除顺德区外，全市出让一级市场土地共 208 宗，合 751.48 公顷。二是加大住宅特别是保障性住房用地供应。2011 年佛山市保障性安居工程用地落实供应量为 50.53 公顷，超额完成年度供应目标。三是加强国土资源市场建设。出台《佛山市土地市场诚信体系建设实施方案》，建立房地产企业土地开发诚信档案，加强土地批后监管。

开展两个市场整治检查和规范化建设 开展全市土地使用权招拍挂出让制度执行情况清理检查、土地登记和权属争议调处、土地储备整治机构专项整治等专项工作，实施《佛山市国土资源和城乡规划局全面推进依法行政实施意见》。

做好城市地价动态监测评估工作 有关成果通过专家验收，于 2011 年 3 月 14 日在佛山市国土规划局门户网站上公布。目前市属各区已陆续完成或基本完成基准地价的更新工作。

【矿产管理】 开展矿产资源专项整治行动。对全市所有矿产资源分布区域，包括持证勘查开采区、已停产关闭的矿山、采石场整治复绿项目和无证勘查开采区域等进行全面检查。深入开展矿产资源开发秩序专项检查，加紧督促各区局和矿山企业严抓安全生产工作。

【地灾防治】 抓好抓实地质灾害防治工作。2011 年全市（除顺德，下同）共接报地质灾害灾情 2 起，发现隐患 2 处，较去年同期减少 55.5％，没有造成人员伤亡。一是制定《佛山市 2011 年度地质灾害防治方案》报市政府并公布实施。二是各区地质灾害隐患点搬迁治理投入约 2000 多万元，消减地质灾害点 42 处，按时完成高明区荷城街道玉兰巷南侧山体滑坡的治理工程。三是组织地质灾害监测预警系统运行，继续推进西樵山地质公园地质遗迹保护工作，开展禅城牛尾岗、王借岗地质遗迹点保护。

【测绘管理】

基础信息建设和管理工作顺利开展 一是《佛山市基础测绘“十二五”规划》已通过市政府审批。二是数字佛山地理空间框架建设项目于 2011 年 1 月 4 日通过国家测绘局验收，项目成果及时为城管、房产、公安等部门提供地理信息支撑。三是加快推进基础地理信息数据获取与更新。推进三水、高明区 1:500 地形图修、补测项目，组织实施五区主要建成区（面积约 350 平方千米）三维模型数据采集与建模，完成全市 1:5000 数字地形图数据采集和更新。四是佛山市连续运行卫星定位系统与佛山市似大地水准面精化项目成果通过验收并正在各区推广应用。

逐步规范地下管线资源管理 《佛山市地下管线探测及信息化技术规程（试行稿）》和《佛山市地下管线计算机成果数据标准（试行稿）》通过专家验收。

【执法监察】 集中开展全市违法违规用地清查整治专项行动经过利用卫片对全市的违法违规用地进行清查整治，全市确认有违法用地 122 宗，其中立案 110 宗，查处 122 宗，结案 122 宗，立案率、查处率 100%，结案率 100%。

【机构整合】 2011 年 5 月 9 日，原市国土资源局和市城乡规划局合并组建成佛山市国土资源和城乡规划局，顺利完成机构改革工作。一是科学制定机构整合后的“三定”方案，做好机关公务员的选调工作。二是统筹实现“两规合一”，改变过去城镇总体规划、土地利用总体规划分别由国土规划部门各自编制实施的局面。三是设置执法监察科，统一由执法监察科（支队）对违反国土资源和规划管理行为进行查究。四是设置纪检监察室，配强纪检监察队伍力量。五是加强法规与信访协调处置的力度，充分发挥政策法规引导与化解信访矛盾的作用。

（许 伟）

韶关市

【概况】　韶关市土地面积18463平方千米。其中耕地20.3万公顷，园地2.99万公顷，林地143万公顷，牧草地0.03万公顷。已探明的矿产资源储量中，煤13115万吨，铁矿石3417万吨，锰矿石74万吨，铜矿石8635万吨，铅矿石10117万吨，锌矿石14087万吨，钨矿石18816万吨，钼矿石11505万吨，锑矿石248万吨，铋矿石12823万吨。中国有色金属工业协会授予韶关市“中国锌都”称号。

韶关市国土资源局内设办公室（人事科）、法规科、规划科、财务科、耕地保护科、土地利用管理科、地藉管理科（市人民政府调处土地纠纷办公室）、矿产资源管理科、地质勘查与环境科、测绘管理科、监察室、执法监察支队等12个内设机构。

派出机构有韶关市国土资源局武江分局和浈江分局；下属事业单位有韶关市国土资源信息中心、韶关市国土资源交易中心、韶关市土地开发整理中心、韶关市矿产资源和地质环境监测中心。市辖乐昌市、南雄市、仁化县、翁源县、始兴县、乳源瑶族自治县、新丰县、曲江区等8个国土资源局。

2011年，韶关市国土资源局贯彻落实“双保”行动，积极开展“两整治一改革”和“优化服务年”活动，努力“保发展、保红线、惠民生”，扎实做好国土资源服务和管理各项工作。先后被国土资源部评为“双保”工作成绩显著单位，全国国土资源信访工作先进集体，被省国土资源厅评为全省国土资源系统推进依法行政先进单位，被省委授予扶贫双到工作“插红旗”单位。

【土地规划】　严格按照上级的要求和既定的工作方案，积极开展新一轮土地利用总体规划修编工作。全市的市、县、镇三级规划成果全部获得上级批复，并完成规划备案，全面完成新一轮规划修编工作。组织实施土地利用总体规划，为保障韶关市经济社会发展的用地需求，满足重点项目的用地需要，对各地上报的建设项目用地预审材料，按照土地利用总体规划进行审查，按时办结；做好各级建设项目的服务工作，发挥土地利用总体规划的引导和调控作用，对招商引资、城市建设等众多的建设项目选址提前介入，并提供规划审查意见，引导企业依法依规用地。

【耕地保护】

耕地保护责任制的落实情况　落实耕地保护责任制。根据《广东省地级以上市人民政府耕地保护责任目标考核办法》（粤府办〔2006〕17号）及《韶关市县（市、区）人民政府耕地保护责任目标考核办法》（韶府办〔2006〕98号）的要求，2011年7月由市长与各县（市、区）主要负责人签订《韶关市2011年度耕地保护目标责任书》。明确各县（市、区）人民政府主要负责人对本行政区域内耕地保有量和基本农田面积、土地利用总体规划和年度计划执行情况负总责。

耕地保有量情况　根据《广东省土地利用总体规划（2006–2020年）》，省下达韶关市到2020年的耕地保有量为211482公顷。根据2011年度土地利用变更调查的成果，全市的耕地保有量为228415.33公顷（其中带k地类面积为8905.55公顷），全市增加耕地面积3546.49公顷，减少耕地面积979.95公顷（其中带k地类面积为454.67公顷），净增耕地面积2566.54公顷。通过对比，全市的耕地保有量达到并超出省下达的考核指标。

基本农田情况　根据《广东省土地利用总体规划（2006–2020年）》，省下达的基本农田保护面积为186093公顷。根据2011年度土地利用变更调查的成果，全市的基本农田保护面积为195583公顷，通过对比，全市的基本农田保护面积达到并超出省下达的考核指标。

补充耕地情况 为落实耕地占补平衡政策，充实韶关市的耕地储备指标库。韶关市严格按照省的有关要求，切实加强项目管理，要求建设单位严格按照相关技术标准进行施工，严把项目验收关，确保新增耕地质量达到标准，全市共有158个耕地开垦项目通过验收确认，新增耕地3232公顷，为全市非农建设占用耕地实现先补后占，提供充足的耕地储备指标。

【地籍管理】 做好日常的土地登记发证工作，办结国有土地使用权发证1055宗、集体土地254宗。为单位及个人办理抵押土地使用权50宗、抵押注销77宗。积极协助法院查封30宗、解封15宗。完成土地登记规范化和土地争议调处工作检查工作。农村集体土地确权登记发证工作全面铺开，领导小组目前已将工作经费纳入财政预算。按时保质完成2010年土地利用现状变更调查工作成果。做好韶关市建制镇、村庄土地利用现状与潜力调查试点工作，完成相关评价报告的编写，并提交成果资料。加强地籍基础数据的管理，建立并及时更新整合韶关市耕地后备资源库、城镇地籍数据库；结合实际、开拓创新，做好利用混合地类补充开发耕地项目工作；做好第二次土地调查工作后期工作；协助做好"一张图"工程以及核心数据库的建设工作。

【土地利用】

加强重点项目用地保障 提请市政府下发《关于加强全市重点项目建设用地保障服务和管理工作的意见》，以拓宽用地来源的五个办法和关键工程可以申请并办理先行用地等措施，增强重点项目用地保障力度。争取省两次向韶关市追加新增建设用地指标201.33公顷，全年省下达用地指标达606.07公顷；盘活存量用地，调整批而未供可置换报批的建设用地171.2公顷；争取省城乡建设用地增减挂钩农转用周转指标453.33公顷；争取中央和省立项，使用上级建设用地指标72.4公顷，以上措施共为韶关市提供建设用地指标1303公顷，有效保障重点建设项目用地。

做好用地报批和征地服务 提前介入重点项目选址，加快办理用地预审，提高报批效率。全市上报建设用地54宗，总面积684.33公顷，涉及新增建设用地673.6公顷；取回用地批文34宗，面积3933公顷，涉及新增建设用地面积3620.87公顷。韶赣铁路、广乐高速、乐昌峡水利枢纽工程、市区防洪堤二期浈江段、汉鸿木业、西联新城、大宝山等项目用地得到有力保障。加强征地拆迁工作的指导，浈江区田螺冲棚户区改造项目、武江区芙蓉碧桂园项目征地进展顺利。乐昌局在乐昌峡、广乐高速等项目的征地工作得到省政府和省国土资源厅领导的高度肯定，其做法和经验在全省推广。

"三旧"改造和增减挂钩工作 完善市区"三旧"改造若干政策，更新市区"三旧"改造中涉及协议出让补缴土地出让金标准，政策规定进一步完善。加快项目编制，市区共受理单元规划申请57宗，完成单元规划编制的共14宗，配件厂项目和农业局大院项目创造收益近2亿元。参加香港"三旧"改造专题招商会，签收项目3亿美元。集中力量推进重点改造项目，全市正在改造的项目69个，面积242.71公顷，总投资8.46亿元，已完成项目15个，面积81公顷。市区福苑大酒店、韶关木材厂等项目已动工建设，宏大齿轮厂、冶金机械厂项目进度加快；始兴县旧城镇改造、乐昌市旧厂房改造、南雄市旧村庄等县（市）的改造项目进度较快，成效明显。

充分利用省的有利政策 加强韶关市城乡建设用地增减挂钩工作，各项目区所在的县（市、区）采取有效措施，抓好拆旧区的土地复垦工作，确保按时归还挂钩周转指标，同时用好周转指标办理用地报批手续。曲江区增减挂钩试点拆旧区复垦项目已竣工，复垦复绿农用地共109.43公顷，已上报省国土资源厅申请验收。

【矿产管理】 改革采矿权会审制度，采矿权会审由原来市局内部会审改为11个市政府部门集体会审。抓好矿产资源日常管理，全市矿山年检率达97%，加快资源整合步伐，剩余待整合的2个省重点矿区完成矿区范围划定等工作。全面高质量完成矿业权核查工作。完成市级《矿产资源总体规划环评报告》和4个县级《矿产资源规划》（送审稿）的编制。重新核定凡口铅锌矿的资源补偿费缴纳标准，资源补偿费落实补缴 0.5 亿元，缴纳标准也由原来的每年 520 万元提高到 1520 万元。三是帮助大宝山矿成功申报为首批“国家矿产资源综合利用示范基地”，并获中央财政计划 5 ~ 10 年投资 54.8 亿元；帮助其他 6 个大、中型矿山，争取到中央财政矿产资源节约与综合利用项目资金共 6007 万元。争取上级投放优势矿种的采矿权，韶关市稀土 10 个探矿权和 4 个采矿权的设置方案纳入省稀土重点规划区专项规划并已上报国土资源部。

【执法监察】 2011 年，动态巡查发现土地违法行为 428 宗、非法采矿 26 宗，均及时制止或立案查处，挽回经济损失 2369 万元。查处仁化县“丹霞一号”违法批地案件，依法报批和成功挂牌出让其土地，挽回重大经济损失和社会影响；查办新丰县越堡水泥厂违法用地案件；调查处理乳源县民族体育训练基地违法用地问题，三案给予 10 人党纪政纪处分。在全市范围内开展打击非法开采矿产资源行为“百日行动”，出动执法人员 8000 多人次，清查非法采矿点 120 个，关停、捣毁 110 个，传唤非法矿主 17 人，拘留 11 人，快速有效地打击整治非法开采矿产资源行为。同时，查处涉嫌超界开采的矿山，有效规范开采秩序。

集中力量做好土地和矿山卫片执法检查 市政府召开违法违规用地行为警示约谈会，对各县（市、区）主要领导进行集体约谈。经内外业核查，全市违法用地占用耕地面积占新增建设用地占用耕地面积比例约为 4.91%，违法用地立案率 100%，查处率 100%。开展查处整改工作，落实行政处罚款 1840.74 万元，党纪政纪处分 3 人；查处整治 51 个非法开采点，移送司法机关立案侦查 2 人。经过全市上下的共同努力，顺利通过省政府和部检查验收组对韶关市 2010 年度土地矿产卫片执法检查工作的检查验收。

解决一批历史遗留问题 处理粤北工业开发区历史遗留问题 16 宗、补办历史用地 68.87 公顷，浈江产业转移区 25 宗、补办历史用地 85.33 公顷。受理和答复本地及上级转办的来信、来访、转办信访件，12336 举报件处理率达 100%。做好“民生热线”和“网络问政”的答复工作，省国土资源厅“民生热线”涉及韶关市 13 件均按要求及时答复处理。顺利通过市综治委的检查验收并获 2009 ~ 2010 年综治维稳考核先进单位。2011 年 7 月，被国土资源部评为全国 2010 年度国土资源信访工作先进集体。

【地灾防治】 举办“纪念第 42 个世界地球日”大型宣传活动，市局联合乐昌市政府举办地质灾害应急避险演练。全面落实汛期地质灾害防治各项制度，今年以来全市发生 36 起地质灾害，经济损失 362.5 万，无人员伤亡情况；成功预报 1 次，避免 13 户 63 人伤亡，避免经济损失 200 万；全市有各类地质灾害点 737 处，较去年减少 174 处，达到在原有地质灾害隐患点总数的基础上减少 10% 的要求。全市 6 处重大地质灾害隐患点搬迁与治理工程已全部完成，使 2743 名受灾群众摆脱地质灾害的威胁。地质灾害预报预警语音平台正式投入运行，发出 7000 多条短信预警信息，发布气象预报预警 172 次，取得良好效果。

【测绘管理】 完成国土资源网上交易系统升级改造工作，加快县级网上交易系统建设，7 月 1 日起全市国土资源实现网上交易。全市利用新系统成功交易土地使用权 58 宗，面积 264.3 公顷，成交金额 22.1 亿元，挂牌出让采矿权 6 宗，矿业权网上交易实现突破。网上交易系统建设成为国土资源信息化管理和“科技防腐”的亮点工程，得到省国土资源厅、国土资源部、中央纪委惩防体系检查组的充分肯定。

圆满完成数字韶关地理空间框架建设，建成韶关市唯一、权威的地理信息平台，为韶关市政府各部门提供统一的基础地理信息公共平台。完成国土资源电子政务系统、“一张图”及核心数据库和国土资源综合监管平台项目的建设，搭建土地“批、供、用、补、查”综合监管平台，韶关市实现“以图管地、管矿、防灾”目标，有效提高国土资源管理行政效能。完成金土工程视频会商系统部、省、市、县四级的联调测试，并正式投入运行。

（莫新生）

河源市

【概况】 河源市国土资源局内设12个科室（支队），包括办公室、人事科、土地规划与耕地保护科、土地利用管理科、地籍管理科、矿产资源管理科、地质勘查与环境科、测绘管理科、政策法规科、财务科、执法监察支队、信访科；下属9个事业单位包括广东河源恐龙化石省级自然保护区管理处、市国土测绘队、市土地交易中心、市地价评估中心、市土地整理开发中心、市国土资源信息中心、市国土资源征地服务中心、市矿产交易中心、市地质环境监测站，定编人员112人，其中行政编制41人，事业编制71人。

2011年，河源市各级国土资源部门全力推进国土资源管理各项工作，保障发展，在破解用地难问题上有新作为；坚守耕地红线，在实现耕地占补平衡上有新成效；科学开发利用，在资源优势转化为经济优势上有新进展；开展专项行动，在打击违法违规行为上有新举措；夯实基础工作，在维护社会和谐稳定上有新亮点；加强队伍建设，在服务发展的水平和能力上有新提升。全面完成年初提出的各项目标任务，为促进全市经济社会发展作出贡献。

【耕地保护】 2011年，河源市国土资源局贯彻落实国家、省、市有关耕地及基本农田保护的方针、政策，切实加强对耕地尤其是基本农田的保护。突出抓好耕地保护目标责任考核和补充耕地开发工作，制定实施《河源市县区人民政府耕地保护目标履行情况考核方案》和《河源市利用园地山坡地开发补充耕地工作方案》，全面完成耕地保护目标责任考核任务，确保全市基本农田总量不减少、用途不改变、质量不下降。2011年，全市耕地总面积（保有量）13.93万公顷，其中划定基本农田保护区面积11.61万公顷，占全市耕地总面积的83.3%。在完成耕地保护责任目标的同时，还转让920公顷耕地储备指标给兄弟市，为全省耕地总量动态占补平衡作出一定的贡献。通过省级抽查验收补充耕地项目10个，面积700公顷。正在实施补充耕地项目23个，面积1513.33公顷。纳入与省国土资源厅签订《责任书》的12个土地整理项目已有10个项目通过省国土资源厅组织的实地验收。河源市获得2010年度全省耕地保护责任目标履行情况考核二等奖，已连续11年实现耕地占补平衡。

【用地保障】 2011年，河源市国土资源局按照“六个一点”，即新增建设用地指标照顾一点、争取国家省重点项目立项一点、盘活一点、城乡增减挂钩一点、争取奖励一点、节约集约一点的要求，努力破解用地指标不足问题，全力保障全市重点项目建设用地。2011年争取省新增建设用地指标692.8公顷，上报建设用地30宗，面积486.07公顷，全市经省国土资源厅批准的建设用地26宗，面积546.67公顷。巴登城、客家文化公园、中兴通讯项目征地工作有序推进。修订出台《河源市区征地补偿标准》。保障性住房土地供应有效保证，2011年市区供应土地1.49万平方米，全部建设项目均已落实地块。

【土地市场】 2011年，河源市国土资源局严格执行公开交易程序，促进土地有形市场健康、规范发展。全年完成市区国有建设用地使用权挂牌出、转让27宗，成交面积124.08万平方米，成交金额9.58亿元，增收额3195.3万元，增收幅度3.45%。抓好土地评估工作，完成课税评估业务2120宗，同比有大幅增长。加强闲置土地清理，收回土地30万平方米，市区收取土地闲置费279.6万元，处置面积26.5万平方米。投入“三旧”改造资金约5500万元，正在改造项目10个，面积约

23.33公顷。制订《关于河源市“三旧”改造项目审批手续有关问题的通知》，进一步规范和完善河源市“三旧”改造项目审批手续。参加省外经贸厅、省国土资源厅在香港举办的广东省地块招商推介会，成功签约连平县忠信镇老房改造项目，总占地面积6106平方米。市区龙王阁旧城改造项目有序推进。通过标图建库动态调整机制，年底又新增“三旧”改造地块面积52.38公顷，至今市区纳入“三旧”改造面积372.31公顷。

【矿产管理】 2011年，河源市国土资源局矿政管理水平不断加强。加大资源开发力度，新设置采矿权6个，登记发证19个，全年矿产总产值35亿元，实现税收5.2亿元。年检矿山72家。组织实施4宗新设立采矿权的挂牌出让及1宗采矿权延续前期工作，完成9宗采矿权的挂牌出让工作。完成探矿权延续8宗，转让1宗，变更2宗，年检探矿权97宗，评审《矿山地质环境保护与恢复治理方案》17宗，备案10宗。2011年3月2日，河源市与中国五矿集团签订《合作开展河源市矿产资源勘查开发战略合作协议》，五矿集团有关领导也率队到河源市进行考察和洽谈，表示将与河源市从矿产资源的整装勘查到开采开发进行全方位的合作。5月26日，国土资源部党组书记、部长、国家土地总督察徐绍史到河源市调研指导矿产资源管理工作，明确表示支持河源市和五矿集团的合作。河源市已与中国五矿集团组建联合公司，五矿集团组织技术团队对河源市整装勘查区和有关探矿权范围的前期踏勘工作推进顺利，合作进程进一步加快。

【地灾防治】 2011年，河源市国土资源局抓好地质灾害隐患点的排查、检查和应急调查工作，完成搬迁治理目标57处。抓好地质灾害群测群防“十有县”建设和地质灾害防治宣传活动，着力推进紫金、龙川两县完成“十有县”创建工作。抓好地质灾害监测预警，初步建立和完善以县政府牵头，乡（镇）基层政府组织、村民自治组织和村民参与的群测群防体系。争取国家、省级地质灾害防治专项资金2610万元，矿山地质环境治理资金500万元。紫金中学等5处特大型地质灾害治理工程于2011年12月底完工；另有1处重大地质灾害隐患点搬迁工程已完成80%，完成地质灾害危险性评估方案备案5宗。2011年8月10日，全省地质灾害群测群防现场会在连平县召开，国土资源部地环司、省国土资源厅对河源市地质灾害群测群防工作给予高度评价和充分肯定。

【地籍测绘基础建设】 2011年，市、县、镇三级土地利用总体规划修编工作在年初全面完成，并经省人民政府批准实施。完成并通过河源市农用地产能核算成果省级验收。土地登记发证3500宗，国有土地使用权抵押登记150宗。完成全市农村集体土地确权登记发证动员部署、成立领导小组、颁发实施方案和经费预算等各项前期工作。调处土地权属纠纷，维护群众权益。进一步推进数字河源地理空间框架建设，与有关部门联系沟通，完成涉及国家秘密的认定、国家航空摄影数据的申请、项目建设经费的申请和招标方案的确定等一系列工作。开展基础测绘“十二五”规划编制，加强涉密测绘成果检查和测绘质量监督，规范地理信息市场秩序。建立自然保护区巡查制度，有效保护地质遗迹资源。推进河源市国土资源网上交易系统建设，“金土工程”建设步伐加快。网上招拍挂交易系统初步建立并试运行。做好依法行政工作，2011年，收到行政复议申请12宗，办结12宗。落实市政府交办的人大代表建议、政协委员提案9宗，全部办理完毕。信访工作形势呈现信访总量下降、集体上访量下降、到省进京上访量下降、信访秩序好转“三个下降一个好转”的良好态势。办理来信107件，同比下降2%。受理省交办信访案件38件，到期办结率95%；受理市信访局交办信访案件14件，办结率95%。成功调处解决征地遗留问题12宗。

【执法监察】 根据部的统一安排部署，召开全市土地矿产卫片执法检查工作动员会议，开展2010年度土地矿产卫片执法检查工作，查处整改到位，顺利通过省政府的检查验收，河源市连续5年通过省政府土地卫片执法检查验收。贯彻落实市、县、镇、村四级巡查制度，开展动态巡查零报告工作。2011年，全市发现土地违法案件63宗，涉及土地面积3.81公顷（耕地面积2.63公顷）。立案查处32宗，涉及土地面积1.79公顷（耕地面积1.45公顷）。各县区发出停工通知书和整改通知书63份，制止土地违法行为63宗，制止率为100%，挽回经济损失485.1万元。2011年7月22日，市委、市政府召开全市打击非法开采矿产资源会议，部署开展打击非法开采矿产资源专项整治行动，据统计，自开展专项整治行动以来，全市出动车辆500多台次，执法人员3130多人次，关闭非法开采矿点224多个，抓获涉嫌非法采矿者62人，刑事拘留12人，填平捣毁沉淀池、浸液池313个，收缴设备、稀土矿产品及生产原料一批。

（贺超雄 温志军）

梅州市

【概况】 梅州市国土资源局是主管全市土地资源、矿产资源和测绘行业的市人民政府工作部门。内设办公室、人事纪检监察审计室、土地规划与耕地保护科、土地利用管理科、地籍管理科、测绘管理科、矿产资源开发管理科、地质勘查与环境科、执法监察局等9个科（室、局）。配行政编制26名，行政执法专项编制15名。

2011年，梅州市国土资源局坚持以科学发展观为指导，按照“保障发展、保护资源、保持稳定”的要求，以“打好三场硬仗、突破三项重点”为主抓手，围绕中心，服务大局，保障发展能力有新提升；积极履职，规范管理，重点业务工作有新成效；注重教育，强化效能，班子队伍建设有新气象。耕地保护责任目标履行情况、土地执法监察考核、“三旧”（旧城镇、旧厂房、旧村庄）改造考核等获省政府表彰。

【耕地保护】 一、强化耕地保护责任考核。全市15.91万公顷耕地保有量和13.92万公顷基本农田总量不减少、质量有提高、布局基本稳定。二、积极做好土地开发整理工作。在确保新耕地质量的前提下，稳妥推进新耕地开发。全市完成开发补充耕地项目23个，其中13个项目通过市级验收和省级抽查，新增耕地面积535.62公顷；正在申报组织验收10个项目，新增耕地面积210.72公顷。对2008 ~ 2011年以来开发补充耕地后期管护种植情况进行检查，并加强新耕地开发项目的后期管护。三、大力推进项目建设。4个省级投资土地整理项目，蕉岭县一、二期1574.46公顷基本农田土地整理项目和兴宁市罗岗镇1016.57公顷土地整理项目完成工程量的95%，丰顺县汤西镇893.67公顷土地整理项目完成工程量的80%、丰良镇337.79公顷土地整理项目完成工程量的60%。四、做好耕地储备指标转让工作。转让广州市耕地指标866.67公顷，全市库存耕地储备指标5593.33公顷。五、全市向省申请获得灾毁农田复垦补助资金1940万元、补充耕地省级补助资金1606万元。

【地籍管理】 一、做好梅州城区国有土地登记发证工作，基本实现国有土地使用权的跟踪管理。发放国有土地使用证2680宗，其中：初始登记416宗，变更登记2193宗，抵押登记71宗。二、规范土地登记，开展全市土地登记规范化检查和土地权属争议调处自查自纠，健全土地登记公开查询制度，完成梅州城区

38平方千米地籍管理信息系统建设，城镇地籍数据库全面启动，土地登记管理信息系统正式运行。三、做好第二次土地调查成果运用，开展年度土地变更调查。积极推进农村集体土地确权登记发证工作。

【用地报批与供地】 一、加强政策研判，全力争取用地指标。2011年初，省国土资源厅下达梅州市新增建设用地指标343.6公顷、农转用指标268.47公顷，年终追加新增建设用地指标208.8公顷、农转用指标187.73公顷，全年累计下达梅州市新增建设用地指标552.4公顷、农转用指标462.87公顷。二、积极组织开展城乡建设用地增减挂钩试点工作。争取省国土资源厅下达挂钩周转指标153.13公顷，用于解决城市建设用地报批所需计划指标。三、强化主动服务意识，优化服务质量，提前介入，加强与规划等相关部门及用地单位的协作配合，主动做好用地报批工作。全市办理重点项目用地预审44宗，上报农用地转用及土地征收审批29宗，总用地面积674.79公顷，比2010年增加108.65公顷，比增19.2%。使用市级指标报批26宗，总用地面积458.06公顷，新增建设用地445.85公顷，占用农用地401.82公顷。取得用地批文10宗，批准面积379.9公顷。

【服务园区建设】 一、按照报一批、征一批、储备一批、供应一批、梯次推进的思路全力保障园区用地。全面理清园区土地存量状况。推动征地拆迁，一期用地405.2公顷已全部完成征地补偿，二期用地454.53公顷报批363.73公顷，完成征地324.53公顷。二、开展园区闲置土地清理。清理出13宗20.9公顷闲置土地，其中畲江园区6宗15.82公顷，东升园区7宗5.08公顷。发文收回畲江园区闲置土地2.89公顷。三、与园区建立一整套服务机制。加快园区用地报批和土地供应，报批园区用地6宗164.65公顷，拍卖出让园区土地20宗132.85公顷，其中畲江园区报批4宗120.73公顷，拍卖出让土地12宗101.76公顷，保障碧桂园、珠江啤酒、五羊摩托、科伦药业、蓝宝石等一批重点入园企业的用地需求。四、积极争取重点园区新增建设用地专项指标66.67公顷，其中南方稀土科技城专项指标20公顷。五、配合园区争取设立梅州市国土资源局广东梅州高新技术产业园区分局，完善园区土地管理体制。

【服务宜居城乡建设】 一、围绕打造特色宜居城市和创建广东梅州文化旅游特色区，开展城乡建设用地调查，进一步摸清全市建设用地总量及用途、规模潜力等情况，掌握全市存量建设用地和梅州城区政府储备土地情况。二、开展江南新区、客家文化旅游特色区、客家文化产业基地、客天下旅游产业园、林风眠艺术园、丰顺县温泉城等重点发展区域用地调查，以及梅州城区闲置土地清查，为推进项目开发建设、解决历史遗留问题和为市委、市政府领导决策提供依据。三、积极做好土地储备工作。全力保障梅州城区重点招商引资项目用地需求，报批芹洋片用地85.27公顷、江北碧桂园二期用地49.87公顷，出让海航集团总部经济用地及商务配套项目用地6.44公顷。

【服务交通建设】 一、主动加强与交通建设指挥部及相关单位的沟通衔接，提前介入，分类推进，全力做好项目用地预审、规划调整和用地报批工作。派出专人上省进京积极跟进梅大高速东延线184.71公顷用地报批，取得国土资源部批文，推进项目早日动工建设。二、完成广梅汕铁路电气化改造、汕湛高速五华段等项目用地预审。国道205线梅县城东至扶大段改建工程用地报批全力推进。大埔县电厂用地预审经省国土资源厅审查同意并上报国土资源部审批。

【挖掘用地潜力】 一、通过挖掘盘活存量和闲置土地、开展城乡建设用地增减挂钩试点、进行“三旧”（旧城镇、旧厂房、旧村庄）改造等措施，努力破解用地难问题，为园区建设和宜居城乡建设拓展用地空间。全市实施“三旧”（旧城镇、旧厂房、旧村庄）改造项目20个，面积23.87公顷，投入资金13.82亿元，通过改造节约土地11.33公顷。二、受理梅州城区“三旧”（旧城镇、旧厂房、旧村庄）项目改造方案13宗，拟改造面积22.73公顷，拟投入资金33.15亿元，其中南方工业城改造项目经市政府批准实施，并办理用地审批手续。三、通过积极组织和努力争取，梅江区、梅县、平远县、五华县增减挂钩项目通过省实地踏勘，下达挂钩周转指标153.13公顷。积极开展园区土地节约集约利用评价成果更新工作。

【土地市场】 规范土地市场，充分发挥市场配置资源作用。全市供应建设用地 1941 宗 502.8 公顷，其中以出让方式供地 1909 宗 332.61 公顷，收取土地出让金总额 27.85 亿元（招标拍卖挂牌出让 83 宗 266.19 公顷，收取出让金 25.28 亿元）；以划拨方式供地 32 宗 170.21 公顷。梅州城区供应建设用地 507 宗 185.52 公顷，其中招标拍卖挂牌出让土地 24 宗 164.15 公顷，成交价款 19.91 亿元。

【矿产管理】 一、加强矿业开发。全面完成市、县两级矿产资源规划和全市稀土重点规划区专项规划编制任务，做好稀土、石灰石、瓷土、石英资源调查与规划工作。加快推进重点矿业开发项目。兴宁市霞岚钒钛磁铁矿申办采矿许可证有序推进。五华县白石嶂钼矿完成开拓系统和采区，正在进行试生产和尾矿综合利用试验以及在香港上市的准备工作。平远县广晟钕铁硼项目动工建设，稀土科技城项目以及平远县差干多金属矿、丰顺县尖笔岽铅锌矿、大埔县石燕坑铅锌矿等勘查开发重点项目有序推进。完成塔牌集团新上旋窑项目配套石灰石资源配置。完成全市 249 家持证矿山年检工作。投入资金 818 万元完成矿山复绿 41.96 万平方米，完成全年工作任务的 190%。二、加强矿业管理。制订《梅州市矿产资源管理实施细则》，切实加强矿产资源勘查开采监督管理。完善矿业权有形市场建设，健全交易管理规则、网上交易等相关制度。制定采矿权价款评估制度，全面实行公开选择评估机构评估采矿权价款。做好采矿权设置和出让工作，全市出让采矿权 13 宗，成交价款 825.85 万元，其中挂牌出让 3 宗，成交价款 209.88 万元。按照国土资源部的要求开展稀土矿业权清理审核。积极开展查处打击非法盗采稀土专项行动，有效遏制非法开采稀土现象。做好矿产资源开发整合收尾工作，蕉岭县长隆石灰石矿山成为全省唯一荣获全国矿产资源开发整合先进矿山称号的矿山。蕉岭县被国土资源部评为首届国土资源节约集约模范县。

【地灾防治】 一、编制并实施年度地质灾害防治方案和重大地质灾害隐患点应急预案，梅州市国土资源局与各县（市）国土资源局、各分局签订责任书。二、加大汛期地质灾害的巡查监测力度，对重大地质灾害危险点、隐患点以及大型建筑工程场所的地质灾害情况进行全面排查，及时制定紧急避让措施。三、做好地质灾害预警预报工作，发布地质灾害气象预警预报信息 79 期，其中三级以上 34 期，发出预警短信 68465 条，成功预测地质灾害 6 宗。制订出台《梅州市地质灾害预警响应暂行规定》。四、大力推进全国地质灾害群测群防“十有县”建设，丰顺县、平远县、蕉岭县、五华县等 4 个县通过国土资源部验收。五、积极争取国家、省地质灾害防治专项资金 2685 万元，加快重大地质灾害隐患点搬迁与治理，完成 9 个地质灾害隐患点治理任务。通过搬迁治理，减少地质灾害隐患点 622 处、威胁 100 人以上重大地质灾害隐患点 11 处。全市在册地质灾害隐患点由 6041 处减少至 5438 处。

【测绘管理】 一、加快推进数字梅州地理空间框架建设，城市基础地理信息公共服务平台完成系统组建及数据处理，项目成果向政府部门提供应用。二、完成梅州城区 60 平方千米现有 1:500 城镇数字化测量成果修补测，以及编制新版《梅州旅游交通图》、《梅州城区地图》。三、加强测绘资质队伍行业管理，组织全市 21 个测绘资质单位参加省国土资源厅举办的测绘资质网上申报业务和测绘质量监督管理培训学习。四、加强测绘监督检查，完成全市各等级测量标志普查工作。开展全市测绘成果质量监督检查以及涉密测绘成果和图件的自查整改。

【执法监察】 一、2011 年，扎实开展 2010 年度违法违规用地清查整治和 2010 年度土地矿产卫星遥感监测图片执法检查，加大对违法用地案件和非法采矿行为的立案查处力度。卫星遥感监测图片执法检查发现土地违法案件 52 宗，全部立案查处，罚款 282.88 万元，没收违法建筑面积 5.09 万平方米，复耕到位面积 0.25 公顷；发现矿产违法案件 39 宗，立案查处 12 宗，罚款 5.15 万元。立案率、查处率、结案率和依法履职率达 100%。全市违法占用耕地面积占新增建设用地占用耕地总面积的比例为 3.18%，未超过《违反土地管理规定行为处分办法》(十五号令)规定的“15%”问责红线，通过国土资源部检查验收。二、切实加强动态巡查监管，发现违法用地292宗，涉及土地面积11.01公顷，耕地5.63公顷，与2010年对比，土地违法违规宗数、涉及面积和耕地面积分别下降36.2%、66.2%和71.2%。三、加强对非法盗采稀土和关闭矿山取缔矿点的巡查监控和查处整治，立案19宗，一批责任人受到刑事和政纪处理，土地执法监管形势继续保持总体稳定、持续向好的态势。四、做好民生信访工作。对领导批办、媒体披露、信访反映以及12336举报电话收集的事项，迅速组织调查、处理。做好“行风热线”上线工作，解决群众反映的热点难点问题。受理群众来信来访229宗，承办上级转办信访件94宗，《梅州民生》网上受理群众来信415件，12336举报电话受理群众举报投诉96件，均及时办理和回复。依法调处和办结土地权属纠纷案件12件。受理行政复议2宗、行政诉讼4宗。

（李盛春）

惠州市

【概况】　惠州市国土资源局内设办公室、土地规划与耕地保护科、建设用地科、地籍管理科、矿产资源管理科、地质灾害防治科、执法监察支队、测绘管理科、财务科、人事教育科、纪检监察室等11个科室。下设市土地与矿业交易中心、国土资源信息中心、土地储备中心、征地服务中心、土地开发整理中心、国土资源勘察测绘院、砂石土管理站、土地与矿业评估所、土地与矿业协会等9个事业单位，惠城区、惠阳区、大亚湾经济技术开发区、仲恺高新技术产业开发区4个分局；下辖惠东县、博罗县、龙门县3个局。全市设有91个国土资源所。

2011年，惠州市国土资源局按照保护资源、保障发展、保持稳定、保证民生的工作思路，以加快转变经济发展方式为主线，统筹保发展与守红线、稳增长与调结构、优服务与严监管、惠民生与保稳定的关系，转变国土资源利用方式，为推进惠州经济社会又好又快发展和“加快转型升级、建设幸福惠州”提供国土资源保障。

2011年，惠州局被国家测绘局授予中国地理信息科技进步奖，被国土资源部评为全国国土资源管理系统推进依法行政先进单位，获得省政府考评的耕地保护责任目标履行情况综合奖。

【耕地保护】　2011年，惠州市有耕地面积15.16万公顷，新一轮土地利用总体规划划定基本农田面积13.12万公顷，高于广东省下达的耕地保有量和基本农田保有量任务。省政府授予惠州市全省耕地保护责任目标履行综合三等奖。惠州市承担的9个国家、省级投资土地开发整理项目和省易地开发补充耕地项目(其中1个项目经广东省国土资源厅批准同意取消)，分别为博罗县九潭镇国家投资土地整理项目、观音阁镇国家投资土地整理项目，惠东县多祝镇国家投资土地整理项目，惠东县铁涌镇省级投资土地整理项目，龙门县王坪镇省级投资土地整理项目、永汉镇省级投资土地整理项目，惠城区横沥镇省级投资土地整理项目，博罗县杨桥镇省级投资易地开发补充耕地项目等8个项目全部完成。完成利用园地山坡地补充耕地项目28个，建设规模519.34公顷，新增耕地面积429.42公顷，另购买耕地储备指标1276.67公顷，惠州市共新增耕地1706.09公顷。

【用地保障】 2011年，广东省下达惠州市新增建设用地指标483.7公顷，其中农用地转用指标397.5公顷，未利用地转用指标86.2公顷。全市上报省国土资源厅城镇分批次建设用地53批次，合计新增建设用地面积483公顷，其中使用农地转用指标397.5公顷。

2011年，全市盘整收回土地1065.4公顷，用于重点建设和招商引资项目用地需求，其中市本级盘整收回土地9宗，面积63.06公顷。惠城区处置闲置（含盘整收回）土地250宗，面积达400公顷；惠阳区盘整收回土地75宗，面积154.24公顷；惠东县采取作价收购、置换土地等方式，盘整土地173.3公顷；博罗县收回和收购土地73宗，面积79.8公顷；龙门县盘活收回国有土地8宗，面积20.76公顷；大亚湾开发区有偿收回用地23宗，面积146.44公顷；仲恺高新区盘整收回土地7宗，面积27.8公顷。惠州市加大对闲置土地管理力度，推进土地征收盘整工作，出台《惠城区闲置土地清理处置工作方案》和《惠城区国有统征建设用地清场补偿标准及程序》。惠州局完成城乡建设用地增减挂钩试点项目区拆旧及农用地复垦52公顷。

2011年，惠州局落实保障性住房建设供地计划，全市供应保障性住房用地30.5公顷，其余中小套型土地供应面积达到住宅供应土地面积70%以上。

【“三旧”改造】 2011年，惠州局开展“三旧”（旧城镇、旧厂房、旧村庄）改造工作，完成标图建库工作，截至年底上报省国土资源厅批准入库备案项目361项，面积1056.53公顷。制订《惠城区“三旧”改造用地缴交土地出让金管理办法》。完成上“三旧”改造会审会讨论项目69宗，其中获批准实施且出具《规划设计条件告知书》项目14宗。8月惠州市赴香港参加2011年“三旧”改造项目招商推介会，有10个“三旧”改造项目参与推介。

【土地市场】 2011年，惠州局完成惠州市城区城镇土地定级暨基准地价更新工作。开展“两整治一改革”专项行动，构建“制度+科技”国土资源反腐倡廉模式，作为广东省国土资源厅指定的建设土地与矿业网上挂牌交易系统试点单位，惠州局于6月17日启用土地与矿业网上挂牌交易系统，10月各县（区）启用土地与矿业网上挂牌交易系统，全市土地与矿业权出让纳入该系统交易。

2011年，惠州局以招标、拍卖、挂牌方式出让商业、住宅用地20宗，面积54.47公顷，交易起始价75548.5万元，成交价89139.5万元，超出起始价13591万元；以招标、拍卖、挂牌方式出让工业用地7宗，面积24公顷，成交价8352万元；以招标、拍卖、挂牌方式转让国有土地使用权4宗，面积6公顷，成交价3860.44万元；以挂牌方式出让采矿权1宗，矿区面积28公顷，成交价330万元。惠城分局收取地价款1.3亿元，惠阳分局收取地价款20.7亿元，惠东局收取地价款14.44亿元，博罗局收取地价款23.5亿元，龙门局收取地价款3.04亿元，大亚湾分局收取地价款18.86亿元，仲恺分局收取地价款9.5亿元。

【土地征收】 2011年，惠州局坚持征地程序公平、公正、公开，保证被征地农民知情权、参与权和监督权，落实被征地农民生活保障各项政策措施，实现新征地“零上访”。惠州局征地清场任务34项，征地面积1454.3公顷，其中完成土地征收、清场任务并交付使用项目6项，征地面积124公顷；完成过半征地项目11项，征地面积953.33公顷，征地完成约60%；正在组织实施征收、清场项目17项，征地面积376.98公顷。

【矿政管理】 2011年，惠州局巩固扩大整顿和规范矿产资源开发秩序工作成果，查处和打击无证勘查开采、超层越界开采、非法转让矿业权以及污染破坏矿山环境等违法违规行为。加大采石场整治和复绿工作力度，全市累计筹集8978万元对178个，面积290.1万平方米的关闭和废弃采石场进行复绿，完成整治复绿采石场149个，占总数的83.7%，完成复绿面积257.63万平方米，占总面积的88.8%。

【地灾防治】 2011年，惠州市完成汛期地质灾害防治任务，没有发生因地质灾害造成的伤亡事故。开展地质灾害群防群测“十有县”建设，全市5个县（区）达到地质灾害群防群测“十有县”标准，其中惠城区、惠阳区、大亚湾经济技术开发区被评为地质灾害群防群测“十有县”，惠东县、龙门县被广东省国土资源厅验收。组织治理地质灾害隐患点，超额完成全年地质灾害治理任务10%，惠州市地质灾害隐患点由年初74处减少至52处，搬迁、治理22处，减少29%，其中威胁100人以上的地质灾害隐患点由年初16个减少至11个，搬迁、治理5处，减少31%；完成广东省“十大民生工程”84处地质灾害隐患点中3处治理任务。

【国土执法】 2011年，惠州市开展土地矿产卫片执法检查工作，查处整治土地矿产卫片执法检查发现的违法用地270宗，面积233.33公顷；组织12宗国家、省重点工程用地报批材料上报广东省国土资源厅和国土资源部，6宗已领取用地批准文件；拆除违法建筑2.064公顷，完成复耕复绿面积7.43公顷，落实罚款273.5万元。实现2010年度土地矿产卫片执法检查违法用地面积比2009年度下降57.6%，违法占用耕地面积占新增建设用地占用耕地总面积比例为3.9%，低于《违反土地管理规定行为处分办法》（监察部、人力资源和社会保障部、国土资源部令第15号）一年度内本行政区域违法占用耕地面积占新增建设用地占用耕地总面积的比例不超过15%的规定，通过国家检查验收。

【国土信访】 2011年，惠州局开展“基层接访”、“带案下访”、“上门探访”、“基层巡访”活动，全市国土资源系统领导92人次、带领机关干部210人次下基层，接访群众63批131人次，探访群众37批112人次，现场解决涉及土地、矿产问题13宗。举办“惠州市土地问题信访主题日”活动，现场办公解决群众热点难点问题，落实领导包案及稳控责任人。惠州局全年累计处理群众来信114件，与2010年持平；接待群众来访21批83人次，与2010年同比分别下降51%和61%；群众上市访102批次，上省个体访29批次、集体访0批次，上京访0批次，对比2011年考核指标，分别下降31%、24%、100%和100%，没有发生信访群体性事件；广东省国土资源厅受理惠州来信51件，与2010年同比下降23%，群众上访58批218人次，与2010年持平。

【地籍管理】 2011年，惠州局完成城镇土地调查，调查成果通过广东省国土资源厅验收评审，惠州市第二次土地调查完成。城镇土地调查首次开展无缝隙权属调查，完成11000公顷城镇建成区城镇地籍调查及建库工作，查清建成区内每宗土地权属、面积、范围、用途等基础信息；扩大、完善基础地形测绘成果；建立11万宗历史地籍档案数据库；基本建立惠城区城乡一体化地籍数据库，完善现有基础地理空间信息系统，是惠州市土地权属调查一次里程碑式创举。

2011年，惠州局推进城镇住房用地分割登记，扩大土地登记覆盖面，全年完成土地登记发证8738宗。惠州市加强农村土地产权管理，加快推进农村集体土地登记发证工作，截至年底核发村民住宅土地使用证32.6万宗，发证率达78.4%，核发农村集体建设用地土地使用证1097宗，发证率达70.55%。

【测绘管理】 2011年，惠州市各县（区）完成基础测绘“十二五”规划编制工作。加强现代基准体系建设，新增连续运行GPS接收基准站2座，提高惠州连续运行空间定位服务系统精度指标。推进1:500数字化地形图测量工作，完成1:500数字化地形图测量面积11500公顷。加强基础测绘成果推广应用，向全市各县（区）、各部门提供近千幅1:500、1:2000、1:5000多种类地形图、影像图数据，保障经济社会发展需要。整合城市规划、第二次土地调查数据和各类测绘地理信息数据，加强地理国情监测，对全市经济社会发展重点项目、民生工程、地质灾害重点区域的重要地理要素进行动态监测和统计分析，及时发布监测结果，为科学决策提供依据。

【信息化建设】 2011年，惠州市出台《惠州市国土资源信息化“十二五”规划》；加强数字城市地理空间框架建设与推广应用，惠州局完成互联网电子地图网站（即公众版地理信息公共平台）建设，惠阳区启动全省首个县（区）级数字城市地理空间框架建设项目，大亚湾开发区、博罗县完成项目申报工作；惠州局深化电子政务与“金土工程”应用系统建设与应用，初步实现国土资源全业务网上运行与综合监管；开展国土资源基础业务数据库清理、完善工作，初步实现国土资源“一张图”管理模式。

【队伍建设】 2011年，惠州局抓好党员干部职工政治理论学习，组织开展“加快转型升级、升华惠民之州”学习教育活动、纪律教育学习月、学习胡锦涛总书记七一讲话庆祝中国共产党成立90周年等活动。开展党务公开示范点活动，建立“一网”（党务公开网）、“两屏”（党务公开触摸屏、党务政务信息电子显示屏）、“三栏”（党务公开专栏、党务政务信息公开栏、党务公开宣传栏），全方位公开惠州局决策部署、行政许可、土地使用权出让、执法监察、征地补偿、干部选拔任免、资金使用、发展党员、评先评优等重大事项。落实基层国土资源所规范化建设工作，努力做到管理体制规范、规章制度完善、硬件设施齐全、办事环境优良、工作职责明确、人员编制到位、工作经费落实、队伍素质提高、服务优质高效。

【党风建设】 2011年，惠州局深入开展“两整治一改革”专项行动，以风险点防范为切入点，逐步建立起制度健全、监督到位、防范有力的风险防范机制。探索国土资源管理制度和管理方式的改革与创新，全力构建“制度＋科技”的国土资源反腐倡廉新模式。作为省国土资源厅指定的建设土地与矿业网上挂牌交易系统试点单位，惠州局于2011年6月17日正式启用土地与矿业网上挂牌交易系统，土地与矿业权出让全部纳入系统交易。10月底，惠州市各县（区）全面建设完成土地与矿业网上挂牌交易系统建设。扎实开展民主评议政风行风工作，通过加强队伍建设、完善长效工作机制、提高管理服务水平，切实解决群众反映的热点难点问题。

（杨 扬）

汕尾市

【概况】 根据市编委《关于印发汕尾市国土资源局主要职责内设机构和人员编制规定的通知》（汕机编〔2010〕29号）文件，设立汕尾市国土资源局，内设10个科室，即办公室、人事教育科、土地规划与耕地保护科、土地利用管理科、地籍管理科（市人民政府调处土地纠纷办公室）、测绘管理科、矿产资源地质勘查与环境科、计财科、纪检监察室、政策法规与信访科。设立市国土资源局执法监察支队为市国土资源局直属行政单位，正科级（支队长为市局党组成员，副处级）。设立市国土资源局市区分局为市国土资源局派出机构，正科级。

汕尾市国土资源局下属7个事业单位，即汕尾市国土资源局测绘队、汕尾市土地与矿业权交易中心、汕尾市征地服务中心、汕尾市土地开发储备中心、汕尾市土地评估所、汕尾市国土资源地质灾害环境监测信息中心（2011年11月设立）。

2011年,汕尾市国土资源全系统干部职工共675人。

【土地利用】 加快新增建设用地组件报批。2011年省下达汕尾市新增建设用地指标266.8公顷（其中农用地208.47公顷，包括耕地142.53公顷）。全市组件上报省国土资源厅新增建设用地25个批次，面积324.08公顷（其中农用地269.89公顷，包括耕地114.42公顷），分别占年度用地计划指标的121.47%、129.46%和80.28%，取得用地报件数量与质量“双突破”。同时，获得省追加年度用地指标166.67公顷，保障能源、交通、市政、教育、民生工程等重点项目建设的用地需求。

【闲置土地清理】 至2011年底止，全市已清理闲置土地167宗，面积212.9公顷，其中：已处置53宗，面积52.3公顷，正在处理的19宗，面积23.73公顷，尚未处置的95宗，面积136.87公顷。坚持“落实调控”和“保障供应”两手抓，加大对房地产闲置土地清理处置力度，落实市委、市政府加强保障性住房建设要求，提前介入服务与具体指导，全年完成保障性住房用地供应4公顷。

【“三旧”改造】 汕尾市制订出台“三旧”地方规范性配套文件。根据省的有关文件精神，经过调查研究，制订出台《汕尾市推进“三旧”改造促进节约集约用地实施办法》和《汕尾市“三旧”改造项目审批操作办法》、《汕尾市“三旧”改造项目国有建设用地协议出让操作办法》、《汕尾市“三旧”改造项目土地使用权收购及定价实施办法》、《汕尾市“三旧”改造国有企业用地和集体建设用地土地出让纯收益管理办法》等4个相应的配套文件，并下发施行。同时，编制完成全市“三旧”改造专项规划，经省住建厅组织的专家组评审，并上报审批。落实改造项目“标图建库”工作。据统计，全市上报已通过省国土资源厅核查验收并“标图建库”的“三旧”改造地块335块，面积1301.15公顷。其中：旧城镇125块，面积516.45公顷；旧厂房119块，面积443.97公顷；旧村庄91块，面积340.73公顷。合计合法用地面积1018.54公顷，需完善历史用地手续面积282.61公顷。启动一批“三旧”改造示范项目。2011年7月，在香港举办的广东省“三旧”改造地块招商推介会上，汕尾市选定海丰县城东“旧厂房”改造项目（名园商住区）作为签约项目，市城区“旧城镇”改造项目（奎山社区商住项目）、海丰县附城“旧村庄”改造项目（联河彭厝围改造项目）、陆丰市“旧城镇”改造项目（民间艺术馆）、陆丰市“旧厂房”改造项目（现代产业综合园区）和陆河县“旧城镇”改造项目（客家文化美食街）作为推介项目，面积共计34.95公顷。9月，在省政府举办的世界500强和境外大型企业合作交流会“三旧”改造地块项目推介专场上，汕尾市又将陆丰市“旧厂房”改造项目（现代产业综合园区）作为“三旧”改造推介项目在会上推介。

【土地规划】 全面完成土地利用总体规划修编。《汕尾市土地利用总体规划（2006—2020年）》经省人民政府同意批准实施。全市5个县级土地利用总体规划也已编制完成，经省政府同意，由省国土资源厅批准实施。全市65个镇级土地利用总体规划也全部通过市政府批准实施。同时，按照规定程序全面完成市、县、镇3级规划公告和备案工作。

【耕地保护】 严把补充耕地的质量关，将开发补充耕地的工作重点从重数量向质量数量并重转变，对补充耕地的质量达不到省要求的标准的，一律退回按要求进行整改。2011年全市经市国土资源局、市农业局和市林业局联合进行验收，认定合格，并同意上报、通过省级抽查确认的土地开发补充耕地项目为34个，建设规模962.25公顷，新增耕地面积877.93公顷，超额完成省下达汕尾市开发补充耕地356.07公顷的任务。同时，做好补充耕地项目报备与核查工作，确保耕地储备指标准确性和有效性。

全市各级政府履行耕地保护目标责任，通过省政府检查考核。根据土地利用变更调查数据，2010年末全市耕地面积10.69万公顷，基本农田面积9.19万公顷，均高于《汕尾市土地利用总体规划（2006—2020年）》确定的2010年耕地保有量10.1万公顷和基本农田保护任务面积8.78万公顷。2010年省下达汕尾市新增建设占用耕地指标123公顷，全市实际使用102.61公顷，未突破年度新增建设用地占用耕地计划；省下达补充耕地任务400公顷，全市实际补充耕地586.35公顷，连续11年实现耕地占补平衡。

根据新一轮土地利用总体规划编制工作的有关要求，开展基本农田调整划定工作。汕尾市城区、海丰县、陆河县、红海湾开发区和陆丰市（含华侨管理区、星都开发区）基本农田划定工作已经完成，经市级抽查和初验合格，2011年6月底报请省级验收确认。

【土地开发整理】 协助和配合省审计厅对省财政安排汕尾市2007～2010年9个土地开发整理项目进行就地审计，落实土地开发整理项目责任制，各县（市、区）限时完成承担的土地开发整理任务。2011年共有6个土地开发整理项目报请上级验收确认。

【地籍管理】 根据2011年土地变更调查结果，全市2011年末各地类总面积为486179.21公顷，其中耕地95482.33公顷、园地39989.39公顷、林地246545.58公顷、草地13938.1公顷、城镇村及工矿用地29650.03公顷、交通运输用地5775.43公顷、水域及水利设施用地48900.2万公顷、其他用地5898.15公顷。

【农村集体土地确权登记发证】 汕尾市成立由分管副市长任组长，市政府副秘书长、市国土局局长任副组长，国土、财政、农业等部门为成员单位的农村集体土地确权登记发证领导小组。市国土资源局、财政局、农业局联合印发《关于加快推进农村集体土地确权登记发证工作的贯彻意见》，明确工作目标。2011年8月3日市政府召开全市加快推进农村集体土地确权登记发证工作会议，对此项工作进行动员部署，统一思想认识，保障工作顺利推进。同时，编制汕尾市市级及城区的农村集体土地确权登记发证工作经费预算573.76万元，已上报市政府。

【执法监察】 2011年，汕尾市国土资源局在加大国土资源法律法规宣传的同时，切实加大案件查处力度，会同公安、检察等部门启动联合查处机制，及时查处市区4宗比较典型的村干部私卖土地违法案件，涉及非法转让集体土地近10万平方米以及破坏农用地6.6万平方米，目前4宗案件已移送检察院进入起诉程序。

【卫片执法检查】 全市2010年度卫片执法检查的违法用地宗数、面积同比2009年度大幅下降。其中：卫片违法用地22宗，较2009年年度下降77.55%；违法用地面积20.35公顷，较2009年度下降90.57%；占用耕地1.39公顷，较2009年度下降96.64%；违法用地占用耕地面积占新增建设用地占耕地面积的比例为3.46%，顺利通过部、省的验收，名位前茅。

【信访维稳】 2011年，全市发生112宗涉土信访件，结案88件，化解率达79%，收缴违纪金额183万元，挽回经济损失890.52万元，化解一批涉土信访积案。

【矿产管理和地质灾害防治】 编制完成《汕尾市矿产资源规划（2008-2015）》初审稿并经市政府同意报送省国土资源厅评审，编制下发《2011年度汕尾市地质灾害防治方案》和《汕尾市开展地质灾害群测群防“十有县”建设工作方案》。

开展矿山年检工作，督促持证矿山编制矿山地质环境保护与治理恢复方案。落实属地政府主导、国土部门牵头启动联合执法机制，依法对陆河、陆丰两地6宗非法开采稀土矿进行彻底查处和取缔并进行平整、复绿，其中：2名犯罪嫌疑人已被刑拘，4名涉嫌渎职失职的公职人员已被立案查处。2011年8月30日召开全市地质灾害防治工作会议，组织开展陆河县的地质灾害应急避险演练，提高应急反应和紧急避险能力。

【数字汕尾地理空间框架建设】 2011年3月8日，市政府在市国土资源局召开数字汕尾地理空间框架建设工程设计书评审及签署共建共享协议会议。会上，经专家组评审，原则通过数字汕尾地理空间框架建设工程设计书，并由魏友庄副市长与省国土资源厅李俊祥副厅长签署共建共享协议，数字汕尾地理空间框架建设工程进入实质性的建设阶段。

【队伍建设】 以开展“两整治一改革”专项行动为契机，推进廉政风险防控机制建设，围绕土地和采矿权出让审批、评估、土地整治、征地补偿等重点环节，排查出38个廉政风险点，并制定防范措施，完善工作流程，规范行政管理。坚持严格落实议事规则、工作规则、民主决策制度、目标考评制度、业务管理制度和机关各项管理制度，以制度管人管事，促进干部职工自我教育、自我管理、自我约束。

【政风行风建设】 汕尾市国土资源局坚持把信息化建设与政风行风建设相结合，完成市局门户网站改版升级和市局电子政务系统提升工作，依托政务平台实现所有行政许可网上流转，阳光行政。坚持把文明行业创建与政风行风建设相结合，服务全市“保增长、保民生、保稳定”要求，取得显著成绩。坚持把依法行政与政风行风建设相结合，完善规章制度，加强国土资源法制建设，强化效能监察，限时办结群众反映的问题，完成人大建议、市政协提案，进一步提高依法行政水平。2011年民主评议政风行风汕尾市国土资源局得分99分，位居市直10个具有行政执法职能部门的第4名。

（谢向东）

东莞市

【概况】 东莞市行政区域总面积24.65万公顷，辖28个镇、4个街道和3个市属园区，总人口822万。到2011年底，全市建设用地10.80万公顷，农用地10.78万公顷，未利用地3.07万公顷。东莞市矿产资源较少，主要为矿泉水、工业盐矿和建筑用花岗岩三个矿种。

东莞市国土资源局内设办公室、计财科、纪检监察室、人事科、土地利用科、地籍科、资源规划科、执法监察科、政策法规科、测绘管理科、矿产资源管理科、批后监管科等12个科室，下设土地交易中心、国土资源信息中心、测绘队等事业单位，全市32个镇街国土资源分局为东莞市国土资源局派出机构。

2011年，东莞市国土资源管理围绕全市经济社会发展，以执行力提升为抓手，以保障和促进“加快转型升级、建设幸福东莞”为核心，扎实开展“双保”工程2011年行动和“两整治一改革”专项行动，各项工作取得明显进步。2011年荣获全国国土资源系统“双保”工程行动成效显著单位、“两整治一改革”先进单位、依法行政先进单位、东莞市“市直机关先进单位”、产业结构调整和转型升级先进单位、“五五”普法先进单位、企业上市培育先进单位。

【土地规划】 2011年1月，东莞市34个镇级（含松山湖、虎门港两个园区）土地利用总体规划数据库全部通过广东省验收。经广东省国土资源厅批复同意，东莞市从2011年1月1日起，全面实施新一轮土地利用总体规划。2011年4月，根据国土资源部关于基本农田检查验收的最新要求，东莞市统一设立和更新基本农田保护标志牌和制作基本农田图件，建立完整的基本农田质量数据库，并于2011年6月将更新的基本农田资料上报广东省国土资源厅备案。

【耕地保护】 广东省下达东莞市2011年耕地保有量任务不得少于3.17万公顷，基本农田任务数为2.79万公顷。东莞市政府将各项指标分解到32个镇街，并与各镇街签订《东莞市2011年度土地管理目标责任书》，落实耕地保护责任。继续由市财政按照500元／亩的标准对全市基本农田进行补贴，补贴约2.3亿元。到2011年底，东莞市耕地保有量为3.82万公顷，基本农田面积2.83万公顷，超额完成省下达指标任务。

根据国家占用耕地补偿制度要求，按照“占多少垦多少、先补后占”的原则，2011年对上报建设项目占用的365.2公顷耕地和批准建设项目占用的177.3公顷耕地，全部采取有偿受让补充耕地形式进行补充，落实责任单位，通过广东省验收确认，实现年度耕地占补平衡。2011年7月7日，东莞市获得广东省耕地保护责任目标履行情况考核综合三等奖。

【地籍管理】 2011年，东莞市国土资源系统全面启用新版《土地登记表格》及《简政强镇土地登记业务审批表》，进一步完善土地登记、土地权属争议调处各项制度。2011年完成土地使用权登记82406宗，办理抵押登记320宗，抵押金额165亿元。

进一步加强地籍档案管理，更换电子门禁系统、视频监控系统和防盗门等硬件设施，严格执行专人查找及档案出入库房登记制度。2011年受理土地登记资料公开查询2342批次，书面回复结果23357宗；协助司法机关查封土地使用权680宗，解封219宗；整理地籍档案资料13万份，协助数字化地籍调查换证查找地籍档案6.4万份。

【土地利用】 2011年，广东省下达东莞市新增建设用地指标984.9公顷（农地转用808.7公顷），其中正式下达538.3公顷（农地转用433.5公顷），专项下达446.6公顷（农地转用375.2公顷）。东莞市进一步深化土地利用计划差别化管理，除继续坚持新增指标由市统筹管理外，首次实行分类别按比例配置：重点工程项目70%、工业项目增资扩产5%、民生工程5%、园区返还用地5%、经营性用地10%、“三旧”改造用地5%。2011年实际上报省市批次占用新增建设用地919公顷，农地转用808.7公顷，年度计划指标全部使用完毕，没有突破省下达指标规模。

2011年，东莞市办理用地预审477宗，面积1353公顷。国务院批准东莞市单独选址项目4宗，面积534公顷；省政府批复东莞市报批23批次，总面积338公顷。

建立存量土地台账，将年度盘活存量土地和处置闲置土地任务分配给各镇街，制定全市盘活存量土地内部指引，明确位置转换、调剂使用、限期供地等分类盘活措施。2011年盘活存量土地1133.3公顷，其中处置历史闲置土地130宗、333.3公顷。

全力完善“三旧”改造历史用地手续，完成347宗、1600公顷权属地类调查，编报改造方案165宗；改革审批制度，对“三旧”改造方案实行集中审查，对改造项目建设前期手续研究试行并联审批，审查改造方案177宗；加快推动项目进入改造实施阶段，启动“三旧”改造项目108宗、面积966.7公顷；报省完善集体土地征收或转为国有手续项目9宗，获批5宗，批复宗数和面积均居全省首位。按照国土资源部和广东省国土资源厅的布置要求，2011年12月，按时完成《“三旧”改造构建利益共享机制政策储备研究成果报告》，为国家和省提供政策储备。

2011年7月7日，东莞市获得广东省节约集约用地考核三等奖。

【土地市场】 2011年，东莞市一级土地市场出让地块145宗，面积38.1公顷，成交总价124.19亿元；二级市场通过挂牌交易和鉴证交易方式办理转让地块190宗，面积326.08公顷，总成交为16.59亿元。

2011年2月，广东省国土资源厅将东莞市确定为土地、矿产网上交易试点单位。8月26日，东莞市正式开通国土资源网上交易系统。2011年通过网上交易系统出让地块18宗。

【矿产管理】 到2011年底，全市有矿山企业11家，其中矿泉水厂9家，盐矿厂1家，采石场1家。2011年按期完成全市矿山企业的年检工作和采矿证国家统一配号的换证工作，没有发生无证开采和勘查、越界开采、非法转让矿业权、违法审批发证等案件，非煤矿山无“五无”事故发生。

2011年9月26日，东莞市完成第一批56家关闭采石场复绿施工的招投标工作，复绿总面积243万平方米，由市、镇两级财政总投资 2.7 亿元。

【地灾防治】 2011 年，东莞市排查出灾害点 320 处，重要灾害点 115 处，主要类型为滑坡、崩塌，威胁人口达 7000 人，潜在经济损失达 5.3 亿元。地质灾害点主要分布于西南部的清溪、凤岗、樟木头以及东南部的长安、虎门等 16 个镇。全市威胁百人以上的地质灾害隐患点、危险点有 3 处。

对排查出的地质灾害隐患点、危险点发放整治通知 56 份，向相关部门发出协助函 132 份，督促开展治理工作。各镇街对隐患点竖立或修补警示牌，发放防灾和避险明白卡，落实责任人和应急措施。全市累计投入 6000 多万元，治理或消除地质灾害隐患点 40 处，治理率约 11.9%，其中治理列入省威胁百人以上的重要地质灾害点 2 处，治理率约 67%，顺利完成广东省国土资源厅下达的在册灾害点治理率 10%、重要灾害点治理率 15% 的目标。

【测绘管理】 2011 年 3 月，东莞市财政下拨 901.68 万专项资金，推动“数字东莞”城市空间框架建设，运用测绘成果开发全市基础地理空间信息共享平台，启动规划、环保、卫生系统的试点应用。

2011 年 4 月 6 日，经东莞市人民政府批准和广东省国土资源厅备案，《东莞市基础测绘“十二五”规划》正式印发实施，明确未来五年东莞市测绘事业的发展方向。

创新 1:500 地形图修补测量工作模式，重新编写《东莞市 1:500 地形修补测量技术设计书》和《东莞市 1:500 地形图修补测量检查验收纲要》两个技术文档，指导全市修补测量工作。从 2011 年起，全市 1:500 地形图修补测量工作由市局统筹安排，通过公开招标方式聘请测量队伍承担，参照 2011 年度埔田片区修补测量的经验，实现全市范围内每年开展一次修补测量工作的目标。2011 年完成 32 个镇街修补测量验收工作，验收面积约 130 平方千米。

2011 年，对全市 33 家丙、丁级测绘资格证书持证单位进行测绘质量监督检查。完成 1 宗乙级测绘单位变更初审，3 宗乙级测绘单位系统数据补充和复审换证初审，2 宗丁级测绘单位变更核准，3 宗丙级及 26 宗丁级测绘单位系统数据补充和复审换证的初审，8 宗丁级测绘资质申请核准，35 宗国家秘密基础测绘成果利用审批（约 2025 平方千米），21 宗市外测量队来莞承接任务登记备案。

【执法监察】 2011 年，东莞市进一步完善市、镇、村、组四级土地执法监察网络，严密监控用地行为，向违法用地单位、施工单位和共同责任部门发出执法告知书 410 份，查封违法用地现场 115 个。充分发挥土地信访和 12336 举报电话的提供案源作用，2011 年处理举报电话 191 件次、办结群众信访 417 件次。

2011 年，查处新增违法用地案件 193 件，移送司法机关案件 10 宗，追究党纪政纪责任 17 人。

根据 2010 年度卫片执法检查统计，东莞市违法用地占用耕地占新增建设用地占用耕地总面积的比例为 1.27%，通过主动抓好预防和整治，顺利通过国家和省的检查考核。2011 年 12 月 22 日，东莞市获得广东省 2010 年度土地执法监察一等奖。

【普法宣传】 2011 年，东莞市着力加强国土资源普法宣传。6 月 14 ~ 16 日，市政府组织举办全市新任村（居）干部国土资源法律知识培训班，对各镇街分管国土领导、村（居）委会书记和主任、村民小组长 4000 多人进行普法教育。6 月 18 日，市国土资源局、团市委联合开展“农村土地整治万里行”宣传教育活动，向 200 多名基层志愿者宣传土地管理政策形势。6 月 25 日，市国土资源局、团市委联合开展“幸福东莞·珍爱国土·青年担当”——东莞市纪念第 21 个全国“土地日”宣传活动，500 多名青年团员、志愿者代表参加。

（叶海峰）

中山市

【概况】 中山市2010年土地利用变更调查，辖区总面积为17.84万公顷。农用地面积9.52万公顷，其中，耕地面积1.27万公顷，园地面积1.95万公顷，林地面积3.02万公顷，草地面积94.95公顷，其他农用地面积3.27万公顷；建设用地面积6.28万公顷，其中，城镇村及工矿用地5.83万公顷，交通运输用地面积2917.47公顷，水利及水利设施用地（包括水库水面、水工建筑）面积1556.2公顷；未利用地面积2.03万公顷，其中，水域及水利设施用地（包含河流水面、湖泊水面、沿海滩涂、内陆滩涂）面积1.64万公顷，其他草地面积2497.58公顷，其他土地面积1436.92公顷。

2011年是实施“十二五”规划的开局之年，中山市国土资源局以加快转变经济发展方式为主线，以率先加快转型升级，建设幸福和美中山为核心，不断加强国土资源、矿产资源管理与测绘行业市场管理，积极推进“三旧”改造与征地拆迁、耕地保护、房地产交易、农村集体土地确权登记发证等各项工作的开展，深入开展“两整治一改革”专项行动。7月7日，省政府在广州召开全省国土资源管理工作会议。会上，中山市荣获全省节约集约用地考核一等奖和“三旧”改造三等奖，受省政府表彰。

【土地资源管理】 2011年，中山市国土资源局贯彻执行《中华人民共和国土地管理法》，推进国土资源管理各项基础工作。在土地利用规划方面，全市新一轮土地利用总体规划数据库于2011年1月获省国土资源厅审查通过，镇级规划成果已应用到日常土地管理中；市级土地利用总体规划成果已报国土资源部审查，进入反馈意见并修改完善阶段。在耕地保护方面，根据省政府将耕地保护责任列入考核地方政府政绩的要求，中山市政府将耕地保护目标完成情况纳入对镇区政府班子的实绩考核中，市、镇两级政府签订《耕地保护目标责任书》，做好全市基本农田保护区和耕地保护工作，完成省下达中山市基本农田保护区面积不少于4.39万公顷和耕地保有量面积不少于4.97万公顷的任务。严格执行国家占用耕地补偿制度，年内，中山市经依法批准占用耕地21.73公顷，从云浮和湛江等市有偿受让耕地指标进行补充。在新增建设用地报批及供地方面，严格按照省有关规定，做好中山市新增建设用地的报批工作，2011年，省下达中山市年度建设用地指标344.47公顷，经过争取省国土资源厅支持，获追加新增建设用地指标366.67公顷。2011年，中山市上报省国土资源厅建设用地58次，面积750.53公顷，获批准（含往年上报批次）39次，面积1001.99公顷。加大力度做好批后供地工作，全年供应土地293宗，面积801.54公顷。其中，招拍挂出让供地230宗，面积707.95公顷；协议出让供地54宗，面积70.3公顷；划拨供地9宗，面积23.29公顷。在土地确权登记方面，建立较为完善的土地确权登记、土地变更登记制度，土地登记覆盖面不断扩大，至12月底，全年完成土地使用权登记5238宗，面积142.5公顷；农村集体土地所有权登记发证44宗，面积3024.22公顷，全市农村集体土地所有权登记面积覆盖率（登记到村一级）已达到94.8%。在确保保障性住房用地供应方面，2011年省下达中山市保障性安居工程任务8456套，测算需要用地面积13.35公顷。2011年落实项目47个，落实保障性住房8609套，已完成省下达的任务。2011年省下达中山市单列新增建设用地指标17.93公顷，已按保障性住房任务的分解情况及先急后缓的原则分配并上报省国土资源厅审批。在办理地政函业务方面，全年办理改变土地用途、延长土地使用期限、调整用地界线等地政函业务3451宗，面积2738.49公顷。其中，城区620

宗，面积458.14公顷；镇区2831宗，面积2280.36公顷。

【基准地价】 根据《中华人民共和国土地管理法》、《中华人民共和国土地管理法实施条例》、《广东省地价管理规定》、《中山市地价管理办法》的相关规定，新的国有出让用地基准地价经市政府批准，并通过省国土资源厅验收，从2011年4月1日起执行，原基准地价（中山市2008年度基准地价）同时废止。2011年中山市国有出让用地基准地价是指政府分别对各级均质地价区域内用地手续完备、税费齐全的商业、商住、住宅、工业用地，按照各用途土地的法定最高出让年期（商业40年、商住70年、住宅70年、工业50年），在设定的土地利用状况（标准容积率为1.5）及土地开发程度下（六通一平）评估的土地使用权平均价格。“六通一平”是指通路、通上水、通下水、通电、通讯、通燃气，红线内场地平整。

中山市2011年国有出让用地基准地价级别表

单位：元/平方米

地类	一级	二级	三级	四级	五级
商业路线	5966	3512	2793	1823	1089
商业区片	2755	1973	1620	1328	807
商住	2397	1724	1409	1156	702
住宅	2113	1518	1247	954	582
工业	685	566	504	452	388

【“三旧”改造】 坚持“盘活存量，集约高效”的原则，全面推进旧城镇、旧厂房、旧村庄“三旧”改造，促进产业转型升级，促进节约集约用地。2011年，全市审批认定“三旧”改造项目1564个，面积1973.33公顷，其中：旧城镇205宗，面积333.93公顷；旧厂房733宗，面积1312.13公顷；旧村庄626宗，面积327.27公顷。各镇区上报完善用地手续土地272宗，面积225.93公顷，其中，省、市已批准150.4公顷，上报省国土资源厅审批56.27公顷。建成盛景尚峰、大信新都汇商业圈等一大批项目，兴中广场、华南家电创新区、天悦广场、LED中国九州城、小榄车站广场、腾步国际航海培训项目、古镇为民广场、华艺国际灯饰商城、小榄金融大厦、工业设计产业园等一批项目动工建设。在建改造项目中，属于产业结构调整的项目56个，淘汰转移项目26个，属于现代先进制造业和现代服务业项目32个。

【土地储备】 2011年，土地储备中心通过征收、接收、收回等方式，为经济发展及城市公益设施提供土地保障，全年入库储备土地25.67公顷，公开挂牌出让土地6宗，面积40.27公顷，共收入33710万元。有偿划拨政府机关企事业单位3宗用地面积13.87公顷，其中包括华侨中学高中部扩建5.07公顷，西区办事处用地6.67公顷，公安消防支队用地2.13公顷。提供保障性住房建设用地5.2公顷，提供医疗卫生、新岐江桥等公益建设用地10.73公顷。

【土地交易市场】 2011年，启用土地使用权上网竞价系统，加强工业用地规划控制指标设定，实施农村集体建设用地使用权二次流转公开招拍挂，创新保障性住房供地新模式，开展中山市电子纪检监察综合平台建设，不断完善土地与矿业权公开交易制度，进一步优化土地资源配置。全年土地公开交易成交416宗，面积886.26公顷，成交金额94.8亿元，超出底价15.56亿元，平均单价71.31万元/亩。其中出让成交235宗，面积715.53公顷，出让底价款63.54亿元，超出底价8.61亿元，平均单价为59.21万元/亩；转让成交181宗，面积170.73公顷，成交金额31.25亿元，超出底价6.95亿元，平均单价为122.04万元/亩。开创中山市保障性住房项目用地供地新模式，2011年6月1日～7月5日公开挂牌出让位于阜沙镇上南村一宗限定配建保障性住房的商业住宅用地，面积2.7公顷，最终以挂牌起拍价2108.67万元成交，根据规定，竞得人必须建设100套符合阜沙镇政府要求的商品房，纳入保障性住房。土地公开上网竞价是与招标、拍卖、挂牌并列为四大公开交易方式之一，2011 年 8 月 10 日，市国土资源局在线网站建立链接入口或直接输入网址的方式正式上网启用，10 月 13 日，以工业用地为试点通过该系统完成中山市首宗土地网上竞价出让交易业务，开拓上网公开竞价出让供地的先河。2011 年，流拍地块 23 宗，面积 72.94 公顷。其中，出让地块流拍 4 宗，面积 22.05 公顷；转让地块流拍 19 宗，面积 50.9 公顷。

【土地执法】 土地执法监察工作以保护国土资源为工作目标，坚持“预防为主，预防和查处相结合”的工作方针，加大土地执法监察力度，建立健全“防范在前，发现及时，制止有效，查处到位”的新机制。一是加强日常动态巡查力度和密度，完善土地执法监察共同责任制，每个社区、村、居委会设立国土员，发现问题及时报告，构建市、镇、社区、居（村）委会四级土地执法监察网络，至 2011 年底，动态巡查发现违法用地案件 96 宗，涉及土地面积 19.04 公顷，其中耕地 2.6 公顷，已全部立案查处。二是抓好 2010 年土地矿产卫片执法检查工作。2010 年度土地矿产卫片执法检查中，国土资源部下发中山市被监测到的土地矿产卫片图斑 602 宗，面积 809.81 公顷，经核实，违法用地图斑 106 宗，面积 114.62 公顷，涉及耕地 8.43 公顷。其中，国家、省重点工程 14 宗，面积 34.94 公顷，涉及耕地 3.39 公顷；市政建设的交通及公益公建 10 宗，面积 32.85 公顷，涉及耕地 3.83 公顷；镇村公益公建 11 宗，面积 20.85 公顷，涉及耕地 0.08 公顷；住宅违法用地 7 宗，面积 0.47 公顷；工业及其他用地 64 宗，面积 25.5 公顷，涉及耕地 1.13 公顷。全市共立案查处违法用地 102 宗，面积 111.91 公顷，涉及耕地 8.17 公顷，全部下达处罚决定书；非立案处理拆除复耕 4 宗，面积 2.71 公顷，涉及耕地 0.25 公顷。经过查处整改，2011 年，中山市顺利通过省卫片执法检查小组的检查验收。

【测绘管理】 2011 年，中山市贯彻《中华人民共和国测绘法》和新《广东省测绘条例》，加强测绘行业管理。一是加强测绘市场业监管。通过开展测绘质量监督检查、涉密测绘成果保密检查、互联网地图检查、规范签字测量工程师管理、地理信息市场整顿，进一步规范测绘市场运行秩序。二是抓好测绘保障服务工作。中山市 1/2000 数字化测绘工程是中山市基础地理信息系统建设的重要组成部分，是构建数字中山基础地理空间框架的基础。该项目从 2010 年 10 月开始实施，至 2011 年 5 月底完成内、外业测绘任务，成果内容包括 1/2000 比例尺的数字正射影像图 DOM、数字高程模型数据 DEM、数字线划图 DLG（简称“3D”数据），测绘面积 1783 平方千米。完成中心城区 1/500 数字化地形图的修测、补测和数据整理，测绘面积 136 平方千米。11 月，火炬开发区健康基地、火炬开发区新城和南朗镇、西区等，共计 117.3 平方千米的 1/500 数字化地形图修测补测经招标、开标后，由中标单位开展测量工作。为满足社会各界人士来中山旅游、观光需求，提高测绘公共服务能力和水平，方便社会公众出行和生活，市国土资源局组织开展新版中山市交通旅游图的编辑出版工作。根据国家测绘法律法规的规定，从事互联网地图服务活动的单位，应当依法取得互联网地图服务测绘资质，并在测绘资质许可的范围内提供互联网地图服务，2011 年 3 月起，中山市互联网地图服务单位依法纳入测绘资质管理，按国家测绘局印发的《关于加快开展互联网地图测绘资质审查发证工作的通知》和省国土资源厅《关于印发 < 广东省地理信息市场整顿和规范工作“回头看”行动工作方案 > 的通知》要求，经过检查，有中山旅游网等 4 个互联网地图服务单位均未取得《测绘资质证书》，相继关闭有关地图服务网络。2011 年，完成全市 42 个测绘单位的测绘资质管理信息系统数据的录入、审核、上报，启动测绘资质行政许可在线办理工作。组织开展全市 42 个单位 67 名签字测量工程师的申报、重新审核工作，进一步规范签字测量工程师的管理。8 月 29 日，广东省国土资源厅与中山市国土资源局联合主办《测绘法》宣传日活动，围绕“监测地理国情，服务科学发展”宣传主题，在中山大信新都汇广场举行《测绘法》宣传日大型咨询活动和测绘知识问答有奖活动。

【矿政管理】 2011 年，中山市贯彻执行《中华人民共和国矿产资源法》、《广东省采石取土管理规定》、《土地灾害防治条例》，推进矿业权市场建设。6 月，将中山市土地招标拍卖办公室更名为中山市土地与矿业权公开交易管理办公室，增加矿业权公开交易职能。全市粘土砖厂、采石场全部关闭。完成10家（其中2家采石场、7家矿泉水和1家地热水）开采企业采矿许可证年检和办理建设用地压覆矿产资源备案等工作，做好矿山生态环境恢复治理工作，年内采石场复绿验收4.51万平方米，历年累计复绿面积63.46万平方米。全年办理建设用地地质灾害性评估备案3宗，办理建设用地压覆矿产资源备案6宗，设立地质灾害危险区警示标志牌86块，对89处地质灾害（隐患）点进行工程治理。查明地质灾害（隐患）点139处，据分析，人为因素是导致地质灾害发生的主要诱发因素。根据掌握情况，及时与地质灾害（隐患）点的当地政府（区办事处）协商解决问题，并提供地质灾害防治指导性意见。在全市100个地质灾害隐患点进行实时视频网络监测系统建设。8月5日，中山市首次举行2011年度防御地质灾害应急演练。

【地理信息】 2011年，市国土资源局加强基础地理信息管理，推进数字中山地理空间框架建设，为促进经济社会发展和国土资源管理提供有效保障。全市完成房地产数据入库288279宗，制作1/10000用地示意图151534宗，补出1/10000图2654宗，查询补盖章6641宗，测量红线删除8700宗，结案归档117995宗，证明文件录入4837份。调整、打印土地利用总体规划图845张；地类核算3254宗，详查图4252张；签订保密数据协议，并提供相关数据5宗；打印各类卫星影像图、地形图、政区图等1523幅，“三旧”改造图斑叠加2006年卫星影像图476张；新增基准房地价数据130宗；修改基准房价数据77宗；整理基础地理建设有关项目招标文件的用户需求和技术要求文件等；2010年度土地变更分幅共82幅。完成指纹身份认证平台系统建设，镇区国土分局业务收件系统建设和推广使用，2010年版基准地价成果数据检查、整理、更新入库，相关应用软件系统的改造、维护、安装，市国土资源局网站信息公开目录与市政府信息公开目录接入改造，增加发展商代办住房证明、商品房网上办证栏目、“双保工程”专题、行政复议网上受理等；局门户网站发布新闻信息525条，群众之声留言1980条，上传文件227份；国土资源业务网主干线路升级，编写国土资源办证大厅叫号系统应急预案、基础地理信息系统硬件设备安装调试；完成市局网络交换机、防火墙、防病毒系统、入侵检测系统和数据备份系统的日常检查、维护故障诊断与排除。

【数字中山地理空间框架建设】 自2010年6月起，国家测绘地理信息局将中山市列入国家测绘局2010年数字城市地理空间框架建设推广计划；2010年11月18日，数字中山地理空间框架建设项目设计书通过专家评审，广东省国土资源厅和中山市人民政府签订数字中山地理空间框架共建合作协议，该项目建设正式启动。经过一年多时间的建设，至年底，数字中山地理空间框架建设完成，搭建中山市地理信息公共服务平台，建设“三旧”改造监管信息系统、基准地价地理信息系统、土地储备地理信息系统、不可移动文物与文化市场地理信息系统、公共电子地图系统和中顺大围工程调度系统等典型示范应用系统。2011年12月28日，数字中山地理空间框架建设项目顺利获得专家组一致通过评审验收，省国土资源厅和市人民政府在市博览会议中心举行数字中山地理信息框架建设项目成果正式发布推广。数字中山地理空间框架建设是一项长期而艰巨的任务。数字中山地理空间框架建设主管部门及其职能部门按照“数字中国”、“数字广东”、“数字中山”的统一部署和总体要求，开拓进取，逐步建立健全数字中山地理空间框架标准规范体系和运营管理机制，加强该平台在规划、建设、公安、水利、农业、环保、旅游、抗震救灾等政府部门中推广，拓展企业和应用领域，提高为社会公众服务水平。

【征地拆迁】 2011年，征地拆迁部门紧紧围绕国家、省、市重点建设工程项目，加强组织领导，落实属地负责制，强化征地拆迁业务培训，提高征地拆迁业务水平，推进征地拆迁工作，抓好广珠城际快速轨道、广珠西线三期、博爱路悦来南路交叉处下穿隧道、五桂山职教园区、中山纪念中学、辛亥革命纪念广场等9项重点建设工程项目征地拆迁业务扫尾工作。涉及征地面积47.2公顷，完成征地42.33公顷，完成率90%；征收房屋、厂房305间，完成拆迁房屋、厂房269间，完成率 88.2%；做好白衣古寺配套建设，莲兴路口扩建等 3 个旧城改造拆迁项目扫尾工作，涉及拆迁户 4 户。广珠城轨已完成全部交地工作并于 2011 年 1 月 7 日顺利通车；广珠西线三期征地完成率 99.9%；博爱路悦来南路交叉处下穿隧道房屋征收工作完成率 97%。中山市旧城区 139 文化街区（博物馆群）是一项重点民生工程，属于公益性建设项目，是纪念辛亥革命 100 周年一项重要工程，该项目一期规划用地面积 1.48 公顷，涉及征地拆迁 116 户房屋，拟征收用地面积 1.02 公顷，建筑面积 1.18 万平方米。11 月，《补偿方案》征求意见进入公示阶段。2011 年 1 月 21 日，《 国有土地上房屋征收与补偿条例》颁布实施后，市征地拆迁办结合实际，制订《中山市国有土地房屋征收与补偿暂行办法 》和修订《中山市交通基础设施及公益性建设项目征地补偿指导意见》两份征求意见稿，上报市政府批准后实施。11 月 16 ~ 18 日，举办全市征地拆迁工作人员参加的房地产征收业务培训班，有 120 人参加培训。

【信访维稳】 2011 年，市国土资源局作为市政府集中处理信访突出问题及群体性事件联席会议成员单位，按照省国土资源厅和市政府的统一部署及要求，清明节前后在全市范围内开展领导干部“基层大接访”活动。在“6·25”全国土地日宣传活动期间，举行大型咨询活动期间，解答市民群众关注的焦点、热点、难点问题，妥善解决土地信访突出问题，解决好群众的合理诉求，维护群众合法权益，营造良好的和谐稳定社会环境。全年立案受理群众来信来访 246 宗，比上年减少 15%。其中，群众来信 159 宗，减少 28%；来访 87 批次 189 人次，集体访 9 批次 54 人次，群众来访批次人数与上年持平。市国土资源局网站“群众之声”受理网民咨询 336 宗，减少 10%。全年办理行政诉讼及复议案件 144 宗，协助检察院、人民法院、公安机关等部门执行查封案件 3398 宗，解封案件 2697 宗，续封案件 520 宗。

【商品房交易】 2011 年，市国土资源局房地产登记交易管理部门严格贯彻执行国家房地产调控政策和税收政策，完善中山市房地产管理信息系统、建立商品房预售抵押登记网上申报和开发企业委托书管理、发票在线应用等系统，推行一站式收费服务，进一步提高服务管理水平；完善房地产交易统计和信息披露制度，公布每（半）年全市住房平均交易价格，对中山市基准房价进行更新和维护，确保有效施行，全年办理房地产评估价格备案 314 宗，协助制定商品房限价措施，促进房地产市场健康有序发展；开通抵押注销登记网上申报业务，调整已抵押房地产办理变更登记程序和土地合并分割业务操作、简化涉及地上建筑物的房地产权抵押登记手续等措施，进一步规范和简化房地产登记发证流程。据统计，全年完成商品房合同登记备案 66705 宗、面积 686.6 万平方米、产价 412.9 亿元，比上年分别增长 1.5%、2.2%、15.8%；商品房抵押登记备案 29442 宗，面积 328.5 万平方米、抵押金额 121.8 亿元，比上年分别下降 25%、25.7%、21.2%；完成商品房登记发证 58484 宗、面积 580.6 万平方米、金额 275.7 亿元，比上年分别增长 4.8%、4.9%、21.3%。全年有 316 家房地产开发企业楼盘进入市房地产管理信息系统销售，全市通过网上登记备案系统审批的可售房屋 321690 套，可售面积 3126.5 万平方米。经该系统共出售商品房 61384 套，销售面积 632.2 万平方米，交易金额 384 亿元。在建立健全中山市房地产管理信息系统的基础上，建立中山市商品房抵押登记备案网上申报系统，并于 1 月 4 日起正式启用，至 12 月底，已通过网上申请办理抵押登记备案 30636 宗，注销抵押登记备案 3695 宗。完成问题楼盘办证业务 357 宗，建筑面积 5.09 万平方米，金额 2.02 亿元。

【二手土地房产交易】 2011 年，全市办理二手土地使用权交易 4623 宗，比上年增长 5.2%；成交面积 837.6 万平方米、金额 96.5 亿元，比上年分别下降 27.5%、16.3%；二手房屋交易 26056 宗、成交面积 509.7 万平方米、成交金额 113 亿元，比上年分别增长 17.3%、23.5%、31.4%。2011 年 3 月，市国土资源局房地产登记交易管理部门与市地税部门建立发票在线应用系统；配合历史楼盘网上签约的顺利实施及商品房买卖合同预告登记工作的开展，全年完成历史数据整理 15 万条，通过该系统签约的房地产开发企业 158 家；根据国土资源部和省国土资源厅有关土地市场动态监测系统数据录入的要求，据统计，全年录入土地转让业务95701宗。

【房地产权属登记发证】 2011年，市国土资源局权属登记发证部门贯彻落实国家《房屋登记办法》，改善和规范房地产权属业务操作，调整业务窗口办理模式，简化办事流程，实现注销抵押网上申报，调整已抵押房地产办理变更登记程序，全面实施镇区国土分局收件系统，推进房地产登记簿系统设计与开发，依法维护房地产权属登记发证严肃性，依法维护产权人和使用人的双方合法权益，有效地防范房地产权属登记发证风险。据统计，全年办理房地产权登记28446宗，房地产抵押登记20953宗，房地产注销抵押登记27848宗，商品房确权2000宗，核发房地产权证45904宗。

查出假证86本，其中：国有土地证35本、集体土地证5本、房地产权证37本、房地产权共有证2本、房地产他项权证7本。

【中介市场管理】 2011年，市国土资源局加强房地产经纪市场管理，规范中介市场管理行为，代拟《关于加强中山市房地产经纪机构管理的若干意见》上报市政府。全年办理审核新成立房地产经纪机构备案登记8家（宗）；年检审核合格房地产经纪机构162家（宗）；变更房地产经纪机构备案证书（含换证）48家（宗）；注销备案证书6家（宗）。办理执业登记20宗，变更执业登记35宗，注销登记4宗。全年累计办理执业登记房地产经纪执业人数1013人。

【国土房产档案】 2011年，市国土房产档案馆加快档案信息资源收集和档案利用两个体系建设，做好档案资料的收集、整理、鉴定、检索、编研、审核、扫描、利用、馆藏等工作，推进中山市国土房产档案基础建设和档案管理信息建设，创新与改造档案信息系统40多项，其中完善20多项影像扫描系统、21项系统改造，涵盖收件、整理、利用、收费等各个环节，改进出具住房证明模式，方便办事群众。据统计，全年新接收入馆各类档案345885宗（卷），比上年增长12%。其中，新入馆房地产档案119541宗，增长19.8%；抵押档案61207宗，增长27.9%；抵押注销档案27307宗，增长5.4%；查封档案3664宗，下降1.5%；解封档案2826宗，增长16.3%；预售合同档案80908宗，增长23.5%；合同终止档案4451宗，下降12.5%；预售抵押档案29787宗，下降23.4%；预售抵押注销档案4565宗，下降0.67%吗；文书档案9265份，增长25.1%；权属档案2049宗，下降18.5%。接收、整理、扫描土地招标拍卖档案220宗，照片档案77宗，基建档案18宗。全年整理房地产档案158043宗，增长19%；检核档案134680宗，增加26%；扫描档案147821宗，减少7%。2011年，新开展扫描预售合同档案9347宗，扫描招标拍卖档案7481宗。档案业务窗口办理查阅和用档案156500宗，增长28%。其中，对外查询档案110830宗，增长48.6%。至12月底，馆藏档案总量达250.8万卷（宗），累计接待档案利用人数80.02万人次。

【行风建设与队伍建设】 2011年，深入开展和推进国土资源系统党风、政风、行风、廉政建设，制订《中山市国土资源系统党风廉政建设责任制实施细则》、《2011年中山市国土资源局党风廉政建设工作要点》，签订党风廉政责任书；开展纪律教育学习月活动，组织参观警示教育基地，举办纪律教育专题辅导报告会和廉洁从政教育视频培训，筑牢拒腐防变思想防线；深入开展“两整治一改革”（指土地和矿业权交易市场两个专项整治，推进国土资源管理体制改革）；组织学习中共中央政治局委员、广东省委书记汪洋的《在建设幸福广东中再立新功》党课课程；做好11个党支部结对帮扶阜沙镇农村11户贫困家庭；做好陆丰市西南镇青塘村扶贫开发“双到”（规划到户，责任到人）工作；开展“创先争优”活动；6月，市国土资源局公开交易办党支部获全市首批“党员示范岗”，发证办、交易所荣获省“巾帼文明号”；3月24日～4月16日，组织举办中山市国土资源局公务员信息能力提升计算机操作技能业务培训班，有197名干部参加学习培训与考试；安排镇区国土分局25名业务人员到市局相关部门跟班业务学习；配合上级做好5名处级领导干部选拔工作和21名中层干部选拔任用及5名初任公务员培训与转正，8名公务员和2名高级雇员考察录用工作；组织青年团员参加植树造林、绿道健身、全民修身、低碳出行（骑自行车上下班）、帮扶助学、捐血、慈善万人行捐款等活动；举办“6·25”第21个全国土地日大型咨询活动；与省国土资源厅联合举办“8·29”《测绘日》宣传日活动；组织党员参加“广东省建党90周年党的基本知识竞赛活动”、参加市直属机关“廉政电影周”观看《建党伟业》、《任长霞》等一系列电教片；组织学习《全国国土资源厅局长座谈会》和《全省国土资源厅局长座谈会》精神；组织学习和领会中央领导同志重要讲话精神，进一步加强和推进国土资源管理工作。

（陈万鑫）

江门市

【概况】 2011年，江门市国土资源局围绕“加快转型发展、建设幸福侨乡”，以服务发展和保护资源为出发点和落脚点，推进各项工作的落实，取得较好成效，呈现不少亮点：一是开展利用山坡地开发补充耕地、土地储备、“三旧”改造等工作，不断提高服务和保障发展的水平，尤其是抓好重大项目用地报批工作，积极主动服务，保障LED项目、台山核电、南车项目、台山风电场等一批重点项目用地，确保美的、海信等重点项目的用地需求。二是实施盘活存量土地奖惩措施，2011年盘活存量土地1007.87公顷，超额完成盘活666.67公顷存量土地的年度任务；实施《江门市工业项目用地准入管理暂行办法》，提高用地准入门槛，推进节约集约用地。三是强化管理，规范执法，推动江门市国土资源管理科学发展有新局面。2011年6月，江门市以总分第一名获得广东省2010年度耕地保护责任目标履行情况考核综合考评一等奖，受到省政府的通报表彰。江门市国土资源局获广东省2010年度土地执法监察考核三等奖，被评为江门市党委系统督查工作先进单位、2011年度民主评议政风行风满意单位。江门市国土资源局驻行政服务中心窗口获“创建零投诉”满意服务窗口，获市直机关作风建设年活动“公务服务创新奖”。

【节约集约用地】

保障项目落地 2011年，全市工业用地出让总面积595公顷，比上年减少37%；全市经营性房地产用地出让总面积225.2公顷，减少13%。向省和国家报批用地614.27公顷。向省争取用地指标，追加农用地转用指标189.6公顷，加上省正常下达江门市的农用地转用指标全年合计534.8公顷。江门市国土资源局主动服务，抓好重大项目用地报批工作，安排专人专责跟踪报批，在用地单位准备材料阶段就提前介入进行指导，确保报批资料规范准确。LED项目、台山核电、南车项目、台山风电场、新南路、恩平产业转移园、开平产业转移园、棠下先进制造业示范园区、高新区等基础设施及民生项目用地得到保障。完成重点项目美的项目第一期用地34.13公顷、海信项目第一期用地26.6公顷、LED交易市场第一期用地3.87公顷、江海污水处理厂、棠下污水处理厂、广场环路连接线、江门电力试验研究生产综合楼、无线电监测中心第一批项目的供地手续。做好江顺大桥、江番高速、江珠高速北延线等一大批线性工程的征地预公告、政策解释等工作，推动重点工程上马建设。

盘活存量土地 江门市国土资源局采取有效措施，出台《关于推进盘活存量建设用地工作的意见》，将盘活存量建设用地与下达用地指标挂钩，各市、区每年要盘活上一年底在册存量建设用地总面积的13%以上，对未完成任务的市、区，在下一年度正常下达的农地转用指标中扣减一定比例用于奖励处置率最高的市、区。全年盘活存量土地 1007.87 公顷。完成市区（不含新会区）土地储备 55.33 公顷，超额完成市政府下达的 53.33 公顷的任务。

稳步推进“三旧”改造 2011 年 7 月和 9 月组织各市、区三旧办参加广东省地块招商推介会以及珠江三角洲地区营商环境暨“三旧”改造地块招商推介会，全年投入“三旧”改造资金 22 亿元，正改造项目用地面积 187 公顷，完成改造项目用地面积 30.8 公顷，已上报完善用地手续的用地面积 7 公顷。

【土地规划修编】 土地规划修编基本完成和开始实施。江门市本级规划成果通过国家有关部委审查，并按有关意见修改完善，待国务院审定。7 个县级（市、区）规划数据库已通过省验收，规划成果已经省政府审批，并完成规划成果公告和备案工作。江门全市 73 个镇级规划修编成果已于 2010 年 12 月底前全部经江门市政府审批，并完成规划成果公告和备案工作。县级和镇级规划已进入全面实施阶段。

【耕地保护】 完成全市基本农田调整补划市级初验工作。严格执行建设用地占用耕地“占一补一”、“先补后占”政策，加大土地开发整理力度，全市通过省级抽查验收耕地面积 588.4 公顷，连续 12 年实现耕地占补平衡。

【地籍管理】 推进网上审批系统的推广与应用，提高土地登记发证质量和效率。2011 年，全市共核发《国有土地使用证》48747 本；核发《集体土地所有权证》31 本，《集体土地使用权证》8822 本。协助法院办理查封、土地使用权过户等案件共 604 宗。做好第二次土地调查资料的汇总、移交、入库等有关工作。完成江门市土地登记规范化与土地权属争议调处工作情况的自查、互查和整改工作。依法依规开展土地权属争议调处工作，处理“水草洲”、农业基地等权属争议有关工作。

【矿产资源管理】 开展采矿权出让工作，市本级共批准出让采矿权 3 宗，总出让价款为 49 万元。加强矿山企业年检工作。2011 年年检期间全市持证矿山企业为 104 家，应检矿山企业为 93 家，实检 93 家，其中省发证 15 家，应检 8 家，实检 8 家，年检率 100%，分别为矿泉水 4 家，地热水 4 家。市发证 42 家，应检 40 家，实检 40 家，年检率 100%，分别为建筑用石类 30 家，饰面用花岗岩 2 家，水泥用灰岩 2 家，砖用粘土矿 6 家；县级市发证 47 家，应检 45 家，实检 45 家，年检率 100%，分别为水泥用配料粘土 10 家，砖瓦用粘土 26 家，玻璃用砂岩矿 2 家，陶瓷土 7 家。

【地质灾害防治】 2011 年汛期期间，全市对 61 个地灾隐患点进行排查，并落实威胁 100 人以上地质灾害治理项目 2 处。推进江门市地质灾害群测群防“十有县”的建设工作，新会区与恩平市经初步验收，达到地质灾害群测群防“十有县”建设目标，已上报省国土资源厅评审验收。

【测绘管理】 2011 年，江门市国土资源局加强行业管理和质量监督，对全市 20 家测绘资质单位进行质量监督检查。完成地理信息市场整顿和规范工作“回头看”工作。完成全市地图服务网站和从业单位摸底清理工作。完成全市共 2139 个测量标志的普查工作。

【信息化建设】 2011 年，江门市加强国土资源业务网建设，完成省国土资源厅与市、县（市、区）、镇的四级互联互通和网络覆盖，并实现与国土资源部的对接，加快信息传递速度。运行土地矿业权网上挂牌交易系统，土地、矿业权交易可以通过网络完成。通过对门户网站进行改造升级，增加在线咨询、网上投诉等多种功能，及时公开国土资源政策法规及相关信息，方便群众查阅。

【土地执法监察】 2011 年，江门市国土资源局按照国家和省的统一部署，开展卫片执法检查工作，通过国土资源部的验收。全市卫片执法检查发现违法用地58宗，立案58宗，查处58宗，结案58宗，立案率、查处率和结案率均达100%；拆除违法用地建筑6.45万平方米，占地面积10.3公顷，复耕0.76公顷，复绿20.91公顷，行政罚款1195万元。

加强土地动态巡查 通过定人、定点、定期进行巡查，对发现的违法用地，责令违法当事人停止违法行为。各市、区对制止不的违法案件，及时向江门市国土资源局汇报，以督促制止。全年全市巡查发现并上报违法行为106宗，面积51.53公顷，其中耕地9.33公顷；已立案87宗，面积32.27公顷，其中耕地4.73公顷。其余案件按程序进行处理。

加强信访维稳工作 开展“领导干部基层大接访”等活动，由领导亲自接访，听取群众诉求，有针对性的推动一批信访案件的解决。开通网上受理国土资源信访，方便群众，受到信访人好评。全年全市受理群众来信220宗，办结218宗，办结率99%；受理群众来访87批307人次，办结87宗，办结率100%。12336国土资源热线电话，直接受理举报50宗，办结50宗；处理信访复查3宗，复核5宗。

【干部人事】 2011年，选拔任用县级局局长3名，副局长2名、执法监察大队大队长3名，市局副科长2名、主任科员1名和副主任科员2名。

【党风廉政建设】

抓好廉政教育 江门市先后安排各市国土资源局、分局“一把手”参加国土资源部、广东省国土资源厅举办的廉洁从政集中整训。组织干部职工共583人次参加国土资源系统廉洁从政教育视频培训。组织干部职工观看江门市检察院、市纪委举办的“全国检察机关惩治和预防渎职侵权犯罪展览江门巡展”。举办“预防渎职侵权犯罪专题讲座”；组织党员干部分批次到挂钩扶贫点韶关乐昌市白石镇涧水村开展党性教育活动。组织干部职工观看先进事迹报告会和反腐败专题教育片。

推进“两整治一改革”专项工作 开展廉政风险点排查及“回头查”工作，印发《江门市国土资源系统廉政风险防控体系建设指导意见》，着重对土地和矿业权审批、出让等6个廉政风险防控重点提出具体指导意见，制定切实可行措施33条。抓紧推进廉政风险防控体系建设，努力预防腐败行为的发生。

民主评议政风行风工作 针对民主评议工作任务制定出具体措施31条，对存在的问题及时抓好整改落实。江门市国土资源局获得96.76分，在江门市10个具有行政执法职能的评议单位中排名第四，被评为2011年度民主评议政风行风满意单位。

扎实推进源头防腐工作 出台《江门市征收农村集体土地留用地管理实施细则》、《江门市工业项目用地准入管理暂行办法》、《江门市区“三旧”改造项目土地出让价暂行标准》、《江门市国土资源局党风廉政建设责任制若干规定》和《江门市国土资源局干部职工廉政行为规范》等文件，确保各项工作在严格约束下有序进行。

（殷华清　黄海文）

阳江市

【概况】 2011年，阳江市根据2009年第二次土地调查成果，全市土地总面积795526.8公顷（含沿海滩涂面积12660.56公顷）。阳江市国土资源局是主管土地资源、矿产资源和测绘事业的市人民政府工作部门，内设11个职能科室，下设8个下属事业单位，以及直属江城分局、海陵岛分局、高新区分局等3个直属分局。

【土地规划】 2011年，阳江市县（市、区）级规划数据库已经省全部审核通过，42个镇规划编制全部经市政府审批通过，市、县（市、区）两级土地利用总体规划通过省审批。1月1日起使用新的土地利用总体规划，各级国土资源管理部门形成以土地利用年度计划指标控制和用地预审为主的规划实施管理制度。严格按计划指标用地，按照“适度从紧、有保有压”的土地供应原则。通过用地预审，把握好用地的第一道关口。对建设项目的选址，各级国土资源部门充分利用土地详查资料对地类和面积进行核定，避免盲目占用耕地，严禁占用基本农田；对确实需占用耕地的项目，必须落实补充耕地措施，严格实行“占一补一”规定。在核定用地规模方面，严格执行节约集约用地的标准，加强用地定额管理，节约耕地。全年全市完成14个项目预审，涉及新增建设用地118.58公顷，占用耕地7.56公顷。

【耕地保护】 2011年，阳江市强化耕地保护责任制，做好耕地保护责任制考核工作。市长与各县（市、区）长签订责任书，明确各级政府为本辖区耕地保护目标责任考核的责任主体，落实各级人民政府和有关部门在土地管理中的职责和分工，并严格抓好责任考核。经市政府同意，市国土资源局制定《关于印发阳江市县级人民政府耕地保护责任目标履行情况考核评分细则的通知》、《关于开展2010年度县级人民政府耕地保护考核自查工作的通知》，落实国家和省耕地保护的各项制度规定，耕地与基本农田保护工作取得明显进展和成效。阳江市2011年有耕地面积20.47万公顷，超额完成省下达的18.96万公顷的耕地保有量任务；划定基本农田面积17.45万多公顷，高于省下达的16.57万公顷考核指标，完成省下达的耕地和基本农田数量保护任务。全市各级共签订基本农田保护责任书9114份，新建基本农田保护标志353个。6月，省政府对市政府的耕地保护目标责任制考核阳江市获三等奖，省政府奖励100万元。

推进开发补充耕地工作，增加有效耕地面积。以节约集约用地试点示范省建设为契机，推进利用园地山坡地补充耕地工作，建立土地开发整理补充耕地工作联席会议制度，鼓励园地山坡地承包经营者与补充耕地结合起来，自筹资金开发补充耕地。国土资源部门联合农业、林业、发改、财政、审计、监察等有关部门，做好新开发耕地的抽查工作，保证耕地质量，利用园地山坡地开发补充耕地工作3年任务2年完成，全年全市开发补充耕地7200多公顷，超额完成省下达的任务，1999年以来连续12年实现耕地占补平衡。

【地籍管理】 2011年，阳江市办理国有土地登记发证10687宗，办理土地抵押融资770宗，土地抵押11314539.00平方米，抵押贷款679564.16万元。农村土地登记发证方面，以土地利用成果、正射影像图资料为基础，全面推进农村集体土地、国有农用地土地使用权登记发证工作。

【土地利用】 2011年，阳江市获省政府批准的建设用地项目25宗（包括批次和单独选址项目），总用地面积 430.18 公顷，新增建设用地 424.58 公顷，农用地 401.81 公顷（耕地 128.51 公顷）。其中单独选址项目 2 宗，总面积 20.39 公顷，新增建设用地 20.16 公顷，农用地 19.95 公顷（耕地 3.11 公顷）；批次用地项目 23 宗，总面积 409.79 公顷，新增建设用地 404.42 公顷，农用地 381.86 公顷（耕地 125.4 公顷）。从已获批准项目用途区分，工矿仓储用地 97.54 公顷，住宅用地 58.35 公顷，商服用地 82.04 公顷，交通运输用地 114.51 公顷，公共管理与公共服务等用地 77.73 公顷。全年实施征地 23 宗，面积 371.31 公顷，已供地 12 宗，面积 169.9 公顷。

深入推进处置盘活闲置存量土地。2011 年，全市清理处置闲置土地 55 宗，土地面积 267.33 公顷。闲置土地成因复杂，历史遗留问题较多，涉及利益面广。对闲置时间长，一时无法开发的闲置土地，采取强硬措施依法收回；符合整改盘活条件的，收取闲置费责令限期开发或采取置换土地方法盘活闲置土地。对不依规接受处置的闲置地块，不予办理相关用地手续。

【“三旧”改造】 2011 年，在全省“三旧”改造工作考核中阳江市荣获二等奖，全市受理项目 608 个，涉及改造面积 390.28 公顷；经市（县、市）审批项目 306 个，涉及改造面积 197.25 公顷；在改造项目 41 个，涉及面积 106.52 公顷；完成改造项目 33 个，涉及改造面积 39.55 公顷，节约土地面积 27.16 公顷，节地率达 68.68%；投入改造资金 26.53 亿，约占全市固定资产投资比例 7.20%。6 月份，《国土资源报》、《南方日报》、广东卫视等国家和省级媒体对阳江市“三旧”改造进行专题报道，省政府在全省 21 个地级市和顺德区中精选 5 个“三旧”改造示范项目，制作全省“三旧”改造地块赴港招商专题片，阳江市名扬国际广场改造项目作为5个示范项目之一,在全省和港澳台地区推广。

【土地市场】 2011 年，阳江市推进土地储备工作。编制好土地储备和供应计划，加大政府调控土地市场的力度，对土地的调控经营实行“三个一”，即一个渠道进水（政府统一征用、收购和回收土地），一个池子蓄水（政府统一储备土地），一个龙头放水（政府统一供应土地）。完善城市土地储备管理体制和运行机制，重点开展对市区闲置土地的收购、收回、征用入库工作，加快关、停、破产企业划拨土地的入库工作进度。全年全市收储土地 69.5 公顷，扣除已出让或划拨土地库存 20.97 公顷。各地通过回收拍卖改制企业土地方式，解决一批新投资项目建设用地。

加强土地市场建设。做好基准地价更新与地价动态监测工作，组织开展开发区土地集约利用评价工作和农用地产能核算工作。6 月，农用地产能核算成果工作通过省国土资源厅的验收。由市国土资源局牵头联合市纪委开展土地与矿业权交易系统建设调研考察，结合阳江实际，制定《阳江市土地与矿业权网上交易系统建设方案》，10 月底全面建成并上线运行土地使用权网上公开交易系统。

【矿产管理】 2011 年，阳江市加强矿政管理，提高矿产资源综合利用水平。进一步规范采矿权审批程序，对新设采矿权，严格把关，加强现场踏勘和资料审核，做好阳江市第二轮矿产资源规划。全面实行采矿权有偿出让制度，对新设置的采矿权一律通过市场配置，采用招标、拍卖或挂牌方式出让。全年全市出让采矿权 9 宗，总价款 13873 万元；协议出让采矿权 5 宗，价款 139 万元，所收采矿权价款全部上缴国库。坚决打击制止各种无证开采、越界开采、乱采滥挖、拖欠“两费一款”、无开发利用方案、浪费资源、破坏环境和不符合安全生产规定等违法采矿行为，强化对采矿权的管理。并配合安监部门，抓好非煤矿山安全生产。

【地质灾害防治】 2011 年，阳江市国土资源局编制《2011 年度地质灾害防治工作方案》和《突发性地质灾害应急预案》，建立地质灾害预警机制，落实对重点地质灾害隐患点的巡查、灾情险情速报和灾害预报预警等防灾制度，推进县（市）地质灾害调查与区划工作。加强对地质灾害防治工作的领导，实行地质灾害防治工作责任制度，落实汛期 24 小时值班制度、险情巡查制度和灾情速报制度，建立群测群防体系，对受威胁的居民发放防灾明白卡，设立地质灾害警示标志牌，印发地质灾害防治知识宣传资料。并与市气象局联合制订开展地质灾害气象预报预警工作制度，在台风、暴雨、连续强降雨天气，向全市有关领导、单位和地质灾害防治责任人发布地质灾害预报预警信息。推进重大地质灾害隐患点搬迁治理工程，阳春市和阳东县地质灾害群测群防“十有县”建设工作通过省的评估验收。

地质遗迹保护工作取得显著成绩。2011 年 6 月，国土资源部中国温泉之乡评估组对中国温泉之乡进行评估，在广东省获得中国温泉之乡的 3 个市中，阳江市获评分第一。

【测绘数据管理】 2011 年，建立阳江市区统一的测绘基准，大比例尺基础测绘数据覆盖面积约 90 平方千米。“阳江市数字城市地理空间框架建设”项目完成硬件设备数据库、公共平台及应用系统建设项目的招投标，硬件设备已安装调试完毕，数据库完成大比例尺数据、专题数据的整理建库，公共平台已经安装调试完成，省级 3D 数据在整理建库，地名地址数据在采集整理，以测绘产品质量监督为抓手，开展测绘产品质量监督检查和保密检查。

【执法监察】 2011 年，国土资源部下发 2010 年度土地卫片图斑总面积 1932.9 公顷（耕地 506.7 公顷），矿产卫片疑似图斑 8 宗，面积 144.2 公顷。经核查，全市 2010 年度新增建设用地 213 宗，面积 1904.4 公顷（耕地 509.3 公顷）。其中：合法用地 138 宗，面积 1644 公顷（耕地 454.8 公顷）；违法用地 75 宗，面积 260.4 公顷（耕地 54.5 公顷）；实地伪变化 28 宗，面积 172.7 公顷，其中：土地实地伪变化 20 宗，面积 28.5 公顷，矿产实地伪变化 8 宗，面积 144.2 公顷。已立案查处 74 宗，面积 258.8 公顷（耕地 54.5 公顷），非立案处理复耕复绿 1 宗，面积 1.6 公顷；落实罚款金额 1005.726 万元；党纪政纪处分 10 人，履行职责到位率 100%。

从 2011 年 5 月开始，阳江市在全市范围内开展国土资源违法活动百日专项打击行动，市政府成立以分管副市长为组长的执法工作领导小组，各县（市、区）按照市政府的工作要求，把打击和查处国土资源违法工作摆上政府的重要议事日程。据统计，“百日行动”开展以来，全市制作国土电视专题片 4 期，播放时间长达一个多月，阳江日报专题报道 10 多篇，张贴标语 550 多条。全市开展国土资源违法专项打击行动共 27 次，出动执法人员 2300 多人次，依法登记保存参与违法活动的钩机 43 台、运输车辆 57 台，作案用小车 2 台，立案查处违法案件 26 宗，依法移送公安、检察机关作进一步侦查的国土资源典型违法案件 7 宗，其中，属于破坏矿产资源案件 2 宗，属于破坏基本农田案件 4 宗，属于买卖土地使用权案件 1 宗。对参与非法采矿的 1 人实施刑事监控。2 名犯罪人员被判刑，2 人被检察机关提起公诉。检察机关还对打击非法采矿不力和涉嫌乱收费的个别镇政府立案查处。

（冯德斌）

湛江市

【概况】 2011年，湛江市国土资源局推进土地开发整理复垦、保障重大项目建设、土地例行督察、编制新一轮矿产资源规划、加强执法监管、加强基础业务建设、民主评议政风行风，进一步提升国土资源管理水平。2010年度全市履行耕地保护责任目标情况荣获省政府综合考评三等奖；2010年度土地与矿产卫片执法检查工作通过省政府和国土资源部的验收；“三旧”改造实施工作获全省考核三等奖。该局被评为全省国土资源系统“五五”普法、依法行政先进单位，被市委、市政府评为湛江市钢铁石化项目前期工作积极贡献单位、扶贫开发工作优秀单位。

【耕地保护】 2011年，全市利用园地山坡地开发补充耕地项目101个，可新增耕地8473.33公顷，连续12年实现耕地占补平衡。在建国家和省级投资土地整理和易地开发项目17个，大部分项目基本完成，组织竣工验收。组织实施国家级和省级基本农田保护示范区土地整理项目12个，面积9733.33公顷，总投资3.33亿元。基本农田保护区调整划定面积43.03万公顷，超过省下达的41.38万公顷基本农田保护面积，预留率3.98%，逐级签订基本农田责任书，签订率为100%。基本农田保护区标志牌设立到村委会工作得到落实。完成市辖区140个标志牌更新和设立工作，并通过验收确认。

【地籍管理】 2011年，湛江市国土资源局完成2010年度土地变更调查工作。加强土地登记规范化建设，在全省检查评比中该市名列第一。全面开展农村集体土地确权登记发证工作。各级政府建立农村集体土地确权登记发证工作联席会议制度或成立领导小组。印发全市发证工作方案，制定发证技术操作方案。坡头区、霞山区和遂溪县开始试点工作。全市完成所有权发证，行政村一级2194宗，村民小组一级3250宗。

【土地利用】 2011年，湛江市完成审核上报湛江海大路口至蔚律港公路、第十四届省运会主场馆等建设用地预审项目20个，涉及新增建设用地405.99公顷，农用地面积390.26公顷，耕地178.41公顷。完成用地报批75宗（含城市批次用地65宗和单独选址项目10宗），总面积3168.42公顷。用地报批宗数和面积数比2010年分别增加78.6%和256.8%。完成钢铁基地、中科炼化、茂湛铁路、海湾二期、湛江木浆纸业配套等省、市重点项目的征地拆迁工作。该市获国务院和省政府批准用地39宗，面积1127.33公顷。完成全市“三旧”改造地块标图建库面积1.37万公顷。制定并实施《“三旧”改造项目会审制度》。全市已批准“三旧”项目改造方案148个，在建“三旧”改造项目108个，改造面积485.79公顷，投入资金87.9亿元，实现“一年见成效”的工作目标。

【土地市场】 2011年，湛江市针对土地例行督察中的存在问题，认真清理检查全市2007～2010年经营性用地和工业用地，清理2007～2010年批而未用土地，清理整改土地储备机构，修订市局牵头制定的规范性文件2份，施行《湛江市国土资源局公开选取机构评估地价管理办法》，加强用地监管，土地例行督察工作通过验收。编制公布年度供地计划，加大供地力度，在省国土资源厅规定时限内将供地率从28%提高到76%。施行《湛江市国土资源局国有建设用地使用权预申请实施办法》，进一步完善土地供应制度。全市供应国有建设用地483.05公顷，其中市区供应320.73公顷。加强城市地价动态监测，2010年湛江市城市地价动态监测工作获全国第七名。全市土地使用权与矿业权网上竞价系统启用，为全市土地与矿产有形市场全面走向信息化、现代化建立快速通道。全市全年挂牌拍卖土地162.11公顷，其中市区挂牌拍卖土地16.55公顷。全市通过挂牌拍卖土地和办理补办出让等收取土地出让金22.8亿元，其中市区收取土地出让金12.3亿元。全年全市收储土地797.58公顷，其中市区约393.33公顷。市区储备土地全年供应土地71.6公顷，解决省运会主场馆、市中心人民医院迁建、东盟城、市高级技工学校扩建等项目以及保障性住房建设用地。

【矿产管理】 2011年，湛江市完成新一轮矿产资源总体规划编制工作，推进矿产资源勘查、开发利用、矿山地质环境保护与恢复治理等工作。实行采矿权出让年度计划报批制度，完善采矿权审批会审制度，开展矿业权审批出让制度执行中存在突出问题专项清理与治理工作和矿业权专项清理。强化矿产资源开发利用年度检查和矿山储量动态监督管理。全市有48个矿山企业编制矿山地质环境保护与治理方案，已通过评审备案的有38个；有28个矿山企业编制土地复垦方案。全市各类持证矿山企业115个，年检率100%。征收矿产资源补偿费285万元和自然生态环境保证金364.86万元。全市矿山埋设采矿权标识牌和矿界界桩，加强采矿活动的社会监督。办理海大路口至蔚律港公路等25个重点项目压矿查询。

【地灾防治】 2011年，湛江市国土资源局开展地质灾害隐患点治理工作，建立和完善值班报警和灾情险情速报制度，加强地质灾害防治工作。完成湖光岩世界地质公园望海楼特大型滑坡一期工程、雷州市英利镇尖山村地裂缝、遂溪县草潭镇泥石流等3个威胁100人以上地质灾害隐患点治理工作。与雷州市政府联合在雷州市开展湛江市历史上规模最大的地质灾害应急演练。

【测绘管理】 2011年，湛江市国土资源局建立全面覆盖湛江市辖区1460平方千米的基础控制网。完成湛江市中心城区220平方千米1:500数字化地形测量。完成市辖区似大地水准面精化项目。启动湛江市基础地理信息数据库的建设和湛江市中心城区220平方千米1:2000地形图缩编项目及GPS基准站建设项目工作。完成全市1823个测量标志点的普查工作。为湛江市“三旧”改造、城市规划、房产管理、信息数据库建设等提供地形图累计达700平方千米。

【执法监察】 2011年，湛江市国土资源局开展2010年度违法违规用地清查整治行动。全市拆除违法建筑物6.83公顷，没收违法建筑物面积3.25公顷，复耕土地面积5.95公顷，复绿土地面积22.77公顷，罚没款金额共323.92万元，移送司法机关侦查2人。开展2010年度土地矿产卫片执法检查工作。经核实全市有违法用地409宗，面积377.55公顷。2010年度的违法用地和违法占用耕地面积分别比2009年度下降74%和284.5%，通过省政府和国土资源部的验收。全市通过动态巡查、12336举报电话等途径发现土地违法案件656宗，面积29.14公顷，及时采取制止和立案措施，挽回经济损失7236.62万元。各地积极开展打击非法开采矿产资源专项行动，与坡头区政府联合行动，打击南三镇非法采矿取得显著成效。全年全市暂扣钩机42台，运输车辆21辆和大量其它设备，捣毁采矿机组116组，矿产品40多吨，拆除违法建（构）筑物0.72公顷，挖毁违法冲洗矿产品场地2.76公顷，发出停止违法行为通知书388份，制止违法行为665起，重点已立案查处80宗矿产资源案件，向司法机关移送11宗非法采矿案。

【法制宣传】 2011年，湛江市国土资源局组织实施第二个依法行政五年规划和“六五”普法规划。办理行政应诉案件31宗，办理复议案件9宗，应诉胜诉率为100%。开展世界地球日、全国土地日法制宣传和防灾减灾日宣传活动。“6·25”全国土地日期间，发放宣传材料3120份，张贴标语90多条。配合省国土资源厅在徐闻县举办“珍爱国土，青年担当——广东农村土地整治万里行”启动仪式。《公仆说法——土地管理法》电视栏目在湛江综合新闻频道播出。协助省测绘学会举办2011年广东省测绘高新技术培训班。组织74人次参加2011年度全省国土资源行业继续教育专业科目培训班、全省县（市、区）国土资源行政主管部门主要负责同志廉洁从政教育集中整训班、市法制局举办的《行政执法证》培训班。举办全市国土资源行政复议、行政诉讼培训班，培训各级国土资源管理部门业务骨干70多人。

【信息化建设】 2011年，湛江市国土资源局编制国土资源信息化“十二五”规划。完善国土资源业务网和视频会商系统。网上公开信息701条，答复网上咨询56宗。5个县（市）国土资源局均建设独立网站，区分局在市局网站上开通专栏进行政府信息公开。完成“金土工程”项目初步设计方案编制，并通过评审验收，“金土工程”项目（一期）工程在建设。

【精神文明】 2011年，各级国土资源管理部门领导带队上门服务，走访130多个单位、企业，指导协调处理用地报批、土地纠纷、测绘和矿产资源等问题100多个。各级国土资源管理部门民主评议政风行风工作均取得好的成绩。全系统层层签订责任书，落实党风廉政建设责任制。湛江市国土资源局开展纪律教育学习月活动，围绕“以人为本，执政为民”的主题，开展理想信念、党的性质宗旨教育和党纪政纪法纪教育。在开展“两整治一改革”专项活动中，建立健全和修改完善各项规章制度93项，促进权力规范运行。开展工程建设领域突出问题排查专项工作，通过省和市的检查。

【扶贫开发】 2011年，湛江市国土资源局抓住巩固扶贫长效机制和村委会班子建设的关键，推进危房改造工程、劳动力转移、项目跟踪管理等重点工作，提前实现贫困户全部脱贫，村集体经济稳定增收。吴川市里屋村委会贫困人员年人均纯收入4374元，村集体经济年收入10.75万元。

（周志怡）

茂名市

【概况】 茂名市位于广东省西南部，地处北回归线以南，陆域东连阳江市，南濒南海，西邻湛江，北连云浮和广西壮族自治区。全市陆地面积11458平方千米。2009年末，全市户籍人口735.31万人，其中市辖区130.68万人，常住人口620.17万人。茂名市矿产资源丰富，已探明矿藏近100种。高岭土的储量和质量居全国之首，油母页岩的储量居全国第二位，玉石矿为全国三大玉矿之一，盛产全国唯一的“南方碧玉”，银岩锡矿居全国第三，东坑金矿为广东省第二，稀土、斑岩型锡矿、钛矿等储量均居全省首位。

茂名市国土资源局把建设节约集约用地试点示范省工作作为首要任务，落实保增长保红线行动，全面推进国土资源管理各项工作。土地利用总体规划修编完成并全面实施；耕地保护工作卓有成效；救灾复产重建及重大项目用地得到保障；土地矿产资源市场进一步规范；地质灾害防治、执法监察工作到位；闲置土地处置工作取得好成绩；信息化建设取得新突破；基层所规范化建设跨进全省先进行列。

【土地规划】 2011年，茂名市三级土地利用总体规划修编工作全部完成，并通过省、市批准实施。严格执行土地利用总体规划和年度用地计划，严把用地预审关，所有项目用地都符合土地利用总体规划和年度用地计划。

【耕地保护】 2011年，茂名市通过规划调控引导建设用地少占或不占耕地。通过制定相应的农业政策，引导农业结构调整向不减少耕地以至增加耕地的方向发展。强化耕地保护责任。级级签订责任书，确保基本农田保护责任到户，全市签订责任书近2万份，落实责任人和情报员约1万人，形成市、县、镇、村、村民小组五级管理保护网络。基本完成2010年“9·21”水毁沙压农田垦复工作。“9·21”水灾造成全市灾毁农田总面积5387.93公顷（可垦复的农田4712公顷），其中信宜、高州两市灾毁农田共4116.33公顷（可垦复的农田共有3999.8公顷）。争取上级下拨灾区垦复水毁农田专项资金1.238亿元。全市可垦复的农田已垦复4493.33多公顷，完成垦复任务的95%，信宜、高州两市可垦复的农田已全部垦复。通过推进土地垦复开发，切实落实耕地保有量和基本农田保护目标。全年全市利用园地山坡地开发补充耕地项目7项，建设规模为758.73公顷，新增加耕地面积672.68公顷。高州、化州第一批次土地开发补充耕地项目获省国土资源厅批复，茂南区第一批次、化州第三批次、高州第二批次上报省国土资源厅。截至2011年，茂名市连续11年实现耕地占补平衡。

【地籍管理】 2011年，茂名市国土资源局信息化建设取得显著成效。数字茂名地理空间框架建设工作6月底完成，完成的应用示范系统增加到7个，并通过省国土资源厅验收，成为全省第一个完成数字城市地理空间框架建设的推广城市。完成土地和矿业权网上交易系统建设。茂名市土地和矿业权网上交易系统建成后，土地及矿业权拍卖将逐步纳入该系统进行网上统一公开拍卖，并可通过显示屏即时公开拍卖过程、拍卖结果等，土地使用权和矿业权交易更加公平、公正、公开。土地利用变更调查成果顺利通过省国土资源厅的验收。完成《茂名市基础测绘十二五规划》编制工作并经市政府批复施行。滨海新区约1688平方千米1:2000大比例尺地形图测绘项目进展顺利，第一批航空影像数据已通过验收，正在绘制地形图。开展农村集体土地所有权登记发证工作。选定高州市大井镇作为试点，并组织召开全市农村集体土地所有权登记发证工作会议。完成日常土地登记发证工作。市本级，颁发国有建设用地使用证3482本，其中办理出让国有建设用地使用权登记57宗、划拨国有建设用地使用权补办出让登记52宗、划拨国有建设用地使用权初始登记116宗、国有建设用地使用权变更登记3257宗；集体土地所有证15本；集体建设用地使用证92本；办理国有建设用地使用权抵押登记145宗。

【土地利用】 2011年，省下达茂名市新增建设用地年度计划指标333.4公顷，其中农用地260.53公顷；下达追加新增建设用地指标66.67公顷，其中农用地65.13公顷；下达奖励电白产业转移工业园新增建设用地指标40公顷，其中农用地31.27公顷。上报省审批使用省指标报件12宗、面积147.16公顷，上报省审批使用市指标报件24宗、面积289.72公顷，上报市审批使用市指标农用地转用报件9宗、面积18.36公顷。灾后重建新增建设用地指标1092.33公顷，上报省审批指标39宗、面积593.65公顷，上报市审批指标7宗、面积26.56公顷，在办理的报件30宗、面积354.74公顷，已上报和在办理上报的指标占灾后重建新增建设用地指标的88%。获国务院、省批准建设项目用地40宗、面积982.27公顷（含救灾复产指标5宗、面积62.74公顷，洛湛铁路茂名段项目用地面积480.94公顷），获市批准农用地转为建设用地15宗、面积44.92公顷（含救灾复产指标7宗、面积26.56公顷）。闲置土地处置和土地储备工作取得很好成绩。市本级对285宗土地进行闲置调查处理，其中因历史原因造成闲置的土地共188宗、面积123.2公顷，征收土地闲置费97宗、面积13公顷、收取闲置费共318.7万元；市本级通过征收、回收、调整等方式储备土地790.59公顷，其中征收418.36公顷、回收49.23公顷、调整323公顷。

【土地市场】 2011年，茂名市供应土地598宗、面积494.83公顷、出让金191963.05万元。市本级供应土地145宗、面积373.37公顷、出让金146876.32万元，其中公开招拍挂出让土地使用权42宗、面积330.67公顷、成交价款为133777万元；划拨用地补办出让76宗、面积20.59公顷、出让金8918.2万元，划拨土地2宗、面积4.47公顷，增加容积率补交地价差25宗、土地面积17.64公顷、补交地价4181.12万元。市本级办理土地使用权转让业务249宗、面积16.34公顷、成交金额1.96亿元。省下达茂名市保障性安居工程任务6683套（含配租），项目57个，需用地9.47公顷，已全部按时落实并办理完备用地手续。

【矿产管理】 2011年，茂名市公开挂牌出让矿业权4宗，成交价款304.44万元。市本级公开挂牌出让矿业权3宗、成交价款为271.56万元，其中挂牌出让采矿权2宗、成交价款235.56万元，挂牌出让探矿权1宗、成交价款36万元。公开选择矿业权评估机构承担矿业权价款评估项目2宗、评估费17万元。完成矿山年检工作。全市应年检矿山256家，抽检率100%。全市矿业权统一配号、换发证工作。推进矿产资源整合工作。茂港区羊角油页岩矿整合阶段性工作通过省国土资源厅检查验收组的验收。开展整合矿山环评工作。加快矿产资源规划编制工作。《茂名市矿产资源总体规划（2008-2015年）》已上报省待批。

【地灾防治】 2011年，茂名市坚持执行汛前排查、汛中巡查、汛后复查，汛期值班、灾情速报、灾害快速处置等制度。在册地质灾害隐患点822个，有多个发生地质灾害，无造成人员伤亡事故。2010年“9·21”洪灾后，经省批复的80个（省资金项目批复口径）搬迁与治理项目中，已有64个项目开工，其中40个竣工，信宜、高州两市合计应搬迁户数288户，竣工242户，占84%。属省十大民生工程重大地质灾害隐患点搬迁与治理项目8个，按期全部竣工。

【测绘管理】 2011年，茂名市国土资源局对各测绘单位行政许可事项实行网上在线办理。全市测绘单位增至16家，其中乙级资质2家、丙级6家、丁级8家。采用国家测绘局统一组织开发的软件和平台对测绘资质行政许可事项实行在线办理，录入全市测绘单位原有相关数据，包括单位基本情况、人员状况、仪器设备、规章制度等。对互联网、地理信息服务网站登载的有问题地图进行清查。对2009年以来含有测绘内容的中外合资合作科学研究、工程建设等项目进行摸底和排查。完成地籍测绘961宗，分割登记测绘1628户，矿山核查测绘23宗。

【执法监察】 2011年，茂名市国土资源局通过违法违规用地清查整治及土地卫片执法检查中核查出来的2010年度违法用地141宗、面积99.41公顷（耕地面积18.27公顷），其中国家和省重点工程5宗、面积41.72公顷（耕地15.61公顷），已全部立案查处，立案率100%，查处率100%，结案136宗，结案率96%。严厉打击各种违法采矿行为。牵头出台《茂名市辖区打击非法采矿工作方案》和《茂名市预防和打击非法采矿工作方案》。茂名局执法监察支队开展大的执法行动47次，出动人员1348人次，依法将47宗无证开采、越界开采机械设备135台暂扣作证据保存，为2010年（13台）的10倍多，立案43宗（4宗正调查），结案29宗（含移送法院执行3宗）、移送公安机关追究刑事责任2宗，已落实行政处罚127万元。自2011年7月25日起，对茂名盆地非法采矿实施24小时不间断监控。重点打击茂名石化矿业有限公司非法采矿行为，化州市平定钛矿偷采屡禁不止行为，信宜市非法开采稀土矿行为。违法采矿行为已得到有效控制。加强横向联系，增强执法力度。在建立与市城市管理局联合执法制度，与城市监察部门联合执法、建立与市公安局、市检察院联席会议制度的基础上，又与林业局建立联合执法联席会议制度。与公安、城监、检察部门联合采取多次行动，如与城监大队联合对茂南大道的违法用地建筑物进行拆除等。与林业局联合制定《茂名市打击非法毁林勘查采矿联合执法行动方案》，开展为期5个月的联合执法专项行动，有效打击非法毁林采矿违法行为。

【基层所建设】 2011年，茂名市国土资源局建设办公设施现代化，搭起工作新平台。全市105个基层所，有97个已建成独立的办公场所，1个在建。解决巡查车辆及其他办公设备。全市购置办公设备、巡查车辆199台，计算机168台，打印机122台、复印机55台，传真机 51 台、照相机 75 台、CPS25 台。实现内务管理标准化，做到统一管理，实行“五个统一”，即统一硬件设施要求，统一软件配套内容，统一各项管理制度，统一政务公开程度，统一考评标准。坚持公共服务法制化，不断提升行政效能。突出表现在法制宣传、执法能力建设和土地纠纷调处方面等。推动主要业务领域信息化，创新管理和服务。推进国土资源调查评估、政务管理和社会服务等主要领域的信息化建设。

【法制宣传】 2011 年，茂名市国土资源局编印《茂名市地质灾害防治知识系列宣传画》5000 套，每套 5 张，共计 2.5 万份，发放到全市所有的村委会、中小学、镇政府、基层所，并在以及公共场所进行张贴宣传。与共青团茂名市委联合开展“农村土地整治万里行”宣传教育活动。与共青团茂名市委联合举办“幸福茂名·珍爱国土·青年担当”——纪念“6·25”第 21 个全国土地日活动。在《茂名日报》刊登《依法确定征地补偿标准切实保障被征地农民合法权益》专版，并增订 3000 份派发至有征地任务的镇、村委会、自然村。在茂名电视台、《茂名日报》宣传报道保护耕地、依法用地的正反典型。

【队伍建设】 2011 年，茂名市国土资源局落实进驻市行政服务中心窗口各项工作，实行授权审批或现场审批和网上审批，并全部纳入市行政审批电子监察系统接受监督，促进办事效率和行政效能的提高；抓作风建设，改进服务态度。深入开展创先争优活动。开展民主评议政风行风工作。9 月下旬在开展民主评议工作中获得评分 96.50 分，受到群众的好评。党风廉政建设。落实党风廉政责任制工作；开展“两整治一改革”专项行动工作；部署开展机关作风建设明查暗访活动；组织开展征集廉政文化作品活动；组织开展纪律教育月活动；配合做好违法违纪案件的查处工作；组织开展廉洁从政教育集中培训；不断完善行政审批、人事任免、工程建设项目招投标、经营性土地使用权出让、矿业权出让等制度建设。推行竞争性选拔机关、事业单位中层领导干部。采取竞争性方式选拔出监察室主任和发证办 2 名副主任。

（周志文）

肇庆市

【概况】 肇庆市位于广东省的中部偏西地区。肇庆市国土资源局设有 10 个职能科室：办公室、人事科、财务科、土地规划与耕地保护科、土地利用管理科、地籍管理科（挂人民政府调处土地纠纷办公室牌子）、矿产资源管理科、地质勘查与环境科、测绘管理科和执法监察科（加挂肇庆市国土资源执法监察支队牌子）；

下属事业单位七个：肇庆市土地和矿业权交易中心；肇庆市土地开发整理中心；肇庆市地质环境监测站（副科级）；肇庆市测量队；肇庆市辖区地质矿产管理站；肇庆市国土资源信息中心（加挂档案馆牌子）；肇庆市鼎湖区土地开发与交易中心（正股级）；

四个正科级派出机构：鼎湖国土资源分局；大旺国土资源分局；黄岗国土资源所；睦岗国土资源所。

【土地规划】

2011年，肇庆市组织编制《肇庆市国土资源发展“十二五”规划》，完成专家评审和征求部门意见，已报呈市政府审批。全面完成市、县、镇三级土地利用总体规划修编。市级规划获得省政府批准，已上报省国土资源厅和国家土地督察局广州局备案，并正式实施；8个县级土地规划修编成果经省政府同意，省国土资源厅批准；105个镇级规划文本全部通过市政府的批准，县、镇两级土地规划成果资料上报省国土资源厅备案。全年省国土资源厅累计安排肇庆市新增建设用地904.4公顷（其中：2011年正式下达484.4公顷（含归还周转指标38.15公顷），专项指标140公顷，年中追加指标100公顷，年底奖励调剂180公顷），其中农用地转用743.47公顷（耕地490.47公顷）。

经省国土资源厅批复的城乡建设用地增减挂钩试点项目区6个（含调整项目），建新区面积296.25公顷，拆旧区面积302.84公顷，下达周转指标296.25公顷，以上周转指标在3年实施期限内归还。肇庆市经省国土资源厅批复的增减挂钩项目资料已全部完成网上备案，完成纸质材料的备案。全市各地项目区有9个建新区（面积419.6公顷）上报省国土资源厅办理征收手续，经省国土资源厅批复7个，面积321.42公顷，占下达周转指标总量的43.82%，建新区占用耕地面积36.54公顷。全市经省国土资源厅验收确认的拆旧区2批，已拆旧复垦面积127.94公顷，占复垦总量的16.95%，其中复垦为耕地面积29.47公顷。

【耕地保护】

耕地保护责任 市长郭锋于2011年8月与各县（市、区）人民政府、肇庆高新区管委会主要领导签订《肇庆市2011年度耕地保护目标责任书》，将耕地保有量、基本农田任务指标进行下达，明确耕地占补平衡、基本农田占用补划责任在地方政府，将省级土地整理项目进度和城乡建设用地增减挂钩拆旧区复垦等内容纳入考核范围，并要求各县（市、区）与基层政府也签订责任书，层层落实责任。按照市政府出台的《关于建立土地管理共同责任制度的通知》，将土地管理的工作责任和职能分配到市直相关部门，形成协调联动机制，明确责任分工，定期监督检查耕地保护考核各项工作。按照2006年出台的《肇庆市县级人民政府耕地保护责任目标考核办法》，对各级人民政府耕地保护情况进行考核后以市政府名义向全市进行通报，落实奖惩制度。根据2010年考核结果，市财政划拨50万元用于奖励耕地保护考核的先进单位和个人。

耕地占补平衡 2011年，肇庆市经依法批准的单独选址建设用地有5宗，占用耕地300.34公顷，城市（城镇）批次建设用地有55个批次，占用耕地109.65公顷。经检查，以上建设用地占用耕地，全部通过“先补后占”的方式落实占补，

农村土地整治 2011年，肇庆市通过市级补充耕地验收194宗，面积1352.72公顷，完成报备的项目116个，面积864.49公顷，申报市级补充耕地示范项目4个，四会市下茆镇项目被省国土资源厅确定为省级示范项目；抓好省级土地整理项目施工和验收工作，全市有项目8个，面积3600.29公顷，其中4个项目已竣工。2009年以来，共申报建设市县级基本农田保护示范区项目8个，其中市级基本农田保护示范区项目2个，建设面积1466.67公顷，总投资4840万元，已完成工程建设1个；县级项目6个，农田整治面积达1880公顷，总投资6204万元，其中已完成工程建设项目3个。2009～2010年度项目全部按期完成，2011～2012年项目按期推进。

基本农田管理 2011年，省下达肇庆市基本农田保护面积指标任务到2020年为15.08万公顷。2010年按新一轮规划对全市范围的基本农田进行调整划定，并通过省国土资源厅、农业厅组织的验收，成为全省较早完成调整划定的地级市，各地按要求新建、完善基本农田标志牌182块，镇与村、村与村民签订基本农田责任书14479份，实际划定基本农田15.84万公顷，超过省下达指标的4.99%，实现确保基本农田保护数量不减少的目标。2011年，肇庆市单独选址建设项目和城镇村非农建设批次用地报批，全部符合土地利用总体规划，没有占用基本农田。

【地籍管理】 2010年，肇庆市土地总面积148.91万

公顷，其中耕地14.86万公顷，园地7.63万公顷，林地104.62万公顷，草地1.78万公顷，城镇村及矿工用地7.03万公顷，交通运输用地1.42万公顷，水域及水利设施用地9.89万公顷，其他用地1.69万公顷。

【土地利用】 2011年，肇庆市上报城镇建设用地74个批次，使用新增建设用地指标809.33公顷（其中农用地指标684.4公顷）。供地项目数35个、供地项目供应面积384.15公顷。农转征项目数55个、农转征面积653.18公顷，征地实施面积473.91公顷、供地项目数38个、供地项目供应面积392.12公顷。

【土地市场】 2011年，肇庆市供应土地976宗，总面积1322.32公顷，土地总价款324533.6195万元。其中工业用地75宗、面积523.14公顷、土地价款90707.3511万元，其中协议出让14宗、面积61.56公顷、土地价款10425.3891万元，拍卖11宗、面积57.58公顷、土地价款15043.8905万元，挂牌49宗、面积404公顷、土地价款65238.0715万元，划拨1宗、面积0.91公顷。其中住宅用地839宗、面积179.32公顷、土地价款182807.7128万元，其中协议出让763宗、面积52.36公顷、土地价款26418.7884万元，拍卖29宗、面积80.38公顷、土地价款118700.7609万元，挂牌40宗、面积39.11公顷、土地价款37528.2399万元。划拨6宗、面积7.32公顷，招标1宗、面积0.16公顷、土地价款159.9236万元。其中商服用地32宗、面积59.41公顷、土地价款44455.1018万元，其中协议出让20宗、面积13.29公顷、土地价款8700.4885万元，拍卖7宗、面积11.49公顷、土地价款28261.5623万元，挂牌4宗、面积7.49公顷、土地价款7453.0698，划拨1宗、面积27.1公顷。其他用地30宗、面积559.53公顷、土地价款6563.4538万元，其中协议出让5宗、面积13.31公顷、土地价款4397.2450万元，拍卖2宗、面积0.14公顷、土地价款181.2392万元，挂牌3宗、面积14.96公顷、土地价款1984.9696，划拨20宗、面积531.11公顷。

【矿产管理】 2011年，肇庆市国土资源局组织开展采矿权年度检查。2010年全市持证矿山277个（部1个，省国土资源厅20个，市154个，县102个），应检矿山257个，实检矿山248个，年检率96.5%，实际抽检矿山241个，抽检率93.8%。全市有固体矿山272个，已编制矿山储量年报的有152个，扣除砖瓦用风化砂页岩、砖瓦用粘土矿87个，年报编制率达到82%，金属矿山年报编制率达到100%。继续深化采矿权有偿制度改革，进一步完善采矿权招标拍卖挂牌和协议出让行为，全年全市有偿出让采矿权19宗，成交价款12088.183万元。其中，新立3宗，全部在市土地与矿业权交易中心挂牌出让，成交价款10152万元，延续、变更采矿权16宗，经矿权评估后以协议方式出让，成交价款1936.183万元。开展市、县（市）《矿产资源规划》的编制工作。高要、封开完成规划初稿。配合安监部门做好非煤矿山安全生产监管工作。全市开展矿山安全检查37次，参加检查人数187人次，检查矿山175个，发出整改通知书98份，责令限期整改矿山35个，停产整改矿山2个。

【地灾防治】 2011年，市、县（市）国土资源系统，贯彻落实汛期地质灾害防治工作责任制，加强巡查监测工作，全市共发生地质灾害15宗，损坏房屋38间，直接经济损失221万元，安全撤离576人，无人员伤亡。市、县制作613个地质灾害隐患（危险）点警示说明牌，明确相关责任人和撤离线路，加强预报预警工作，为监测员配备必要监测工具。加快实施地质灾害隐患点搬迁与治理工程。向省财政争取专项资金500万元，完成肇庆市被列为省政府十件民生实事的7个重大地质灾害隐患点搬迁治理工程。并为怀集县坳仔中学、德庆县九市中学、广宁县古琴岗、四会市野狸岗二期等隐患点争取专项治理资金2427万元。制定探矿权管理权力运行制度，进一步规范探矿权管理行为；完成德庆县金山金矿“空白区”探矿权有偿出让工作。

【测绘管理】 2011年，肇庆市国土资源局全面开展数字肇庆地理空间框架建设。完成数字肇庆地理空间框架所需软硬件招标采购、设备安装调试等工作。向地理信息公共平台提供肇庆市中心城区约240平方千米的1:500地形图数据以及1:2000影像图数据约853平方千米，建立国土资源、森林资源、三旧改造、规划公示、公众服务等5个应用示范系统。完成全市测绘资质单位的补充数据、复审换证工作。开展基础测绘成果的保密检查，会同市国家保密局制定《肇庆市涉密测绘成果保密检查工作方案》，成立保密检查领导小组并一起到有关单位进行抽检，及时指出、纠正存在的保密隐患，防止泄密案件发生。对全市持证测绘单位的测绘成果监督检查。新编《肇庆市地图》、《肇庆城区图》。做好测量标志的调研工作。

【执法监察与信访】 肇庆市2010年度卫片监测时间为2009年10月～2010年12月，监测图斑1934个，监测总面积2433.31公顷。其中，全市新增建设用地411宗，面积2179.17公顷（其中耕地290.48公顷）。其中，合法用地327宗，面积1808.73公顷（其中耕地204.92公顷）；往年批而未用当年实地已建设用地2宗，面积1.19公顷；违法用地82宗，面积369.25公顷（其中耕地85.56公顷）。此外，属实地伪变化150宗，面积218.24公顷（其中耕地32.98公顷）。在实地伪变化中，有32宗属于重点工程中的辅助工程临时用地，其面积90.52公顷（其中耕地32.98公顷）；城乡建设用地增减挂钩试点用地4宗，面积35.9公顷（其中耕地5.45公顷）。在扣除已上报国家审批的国家和省重点工程用地及整改到位的用地后，全市违法占用耕地面积占新增建设用地占用耕地总面积为2.65%，其中：鼎湖区0%、高要市3.36%、四会市1.76%、广宁县0%、怀集县2.23%、封开0%、德庆0%。经国家2010年度卫片执法检查出来的违法违规用地的立案率都达到100%。2010年度国家首次将土地和矿产资源卫片执法检查工作两项合并进行，首次对违法勘查开采矿产资源严重地区的负责人员进行警示约谈。全市有16宗矿产疑似违法图斑，涉及四会、高要、怀集两市一县，从初查情况看，16宗疑似图斑都不同程度的存在着违法采矿行为。怀集县地处山区，由于地势复杂，对本辖区内11宗无主开采行为进行集中整治，由当地镇政府落实整改；四会市对其辖区内的4宗无证采矿行为已责令当事人进行复绿；高要市的1宗无证采矿行为已由林业主管部门进行行政处罚。肇庆市对矿产疑似违法图斑的立案率、查处率和结案率均为100%。

2011年，肇庆市国土资源局共接待来信来访案件共200宗，受理行政复议9宗。处置闲置68宗，面积186.27公顷，收取土地闲置费4031万元；参与行政复议2宗，行政诉讼1宗。

【信息化建设】 2011年，肇庆市国土资源局完成国土资源电子政务二期验收。至年底，通过电子政务处理的业务量为1600多件。完成开发土地与矿业权网上交易系统，于10月底通过验收，并投入使用。完成中介机构随机抽取系统建设，于12月通过验收，并投入使用。

（钟剑明）

清远市

【概况】 清远市位于广东省中北部，土地面积190.36万公顷，占全省土地总面积的10.6%，是广东省陆地面积最大的地级市。2011年末全市农用地总面积166.51万公顷，其中耕地26.9万公顷，林地128.45万公顷，园地4.93万公顷，牧草地93.39公顷，其它农用地6.22万公顷。已开发建设用地9.88万公顷，未利用地13.97万公顷。清远市具有丰富的矿产资源，至2011年底，已发现矿产63种，其中通过地质勘查探明储量的共有35种，有矿产地751处，主要矿产有铁、铅、锌、耐火粘土、水泥及熔剂用灰岩、饰面用大理石等，其中水泥用灰岩资源极为丰富。已探明各类固体矿产资源总量约23亿吨，矿产资源总体呈现种类多、分布广、非金属矿产规模大的特点。全市各县（市区）均分布有丰富的地热资源，2006年被中国矿业联合会命名为“中国温泉之乡”，2011年被国土资源部命名为“中国温泉之城”。2011年“广东第一峰”被国土资源部命名为阳山国家地质公园。

【土地利用】 2011年，清远市国土资源局严格实施新一轮土地利用总体规划。省下达清远市土地利用计划指标（含追加）为新增建设用地882.2公顷，农用地732.27公顷，耕地471.73公顷。全市共使用指标65个批次，涉及新增建设用地866.07公顷，农用地732.27公顷，耕地280.79公顷。代拟制定了《清远市土地利用年度计划管理办法》和《清远市土地利用年度计划管理办法实施细则》。对清远伦洲大桥等12个项目进行预审，严格核定用地规模。其中报省审批4宗，本市已批复8宗。全年上报用地44宗，总面积617.0233公顷；经国务院和省政府批准28宗，总面积2350.9838公顷（其中去年1136.13公顷），是上年的1.35倍。根据省国土资源厅的4次通报，清远市报批合格率均为100%，全年供应土地569宗，总面积1460.93公顷。

【土地市场】 2011年，清远市抓好2011年度土地变更调查工作，部署开展土地登记违规行为专项整治行动以及土地登记规范化、土地权属争议调处检查工作，组织开展全市土地登记持证上岗培训考试。加快推进农村集体土地确权登记发证工作。成立领导小组，制定实施方案，明确职责分工，推进工作经费的落实。继续加强土地登记工作。全年完成国有土地使用权登记发证13290本，集体土地所有权登记发证1453本，集体建设用地使用权登记发证61本，宅基地使用权登记发证2208本。推进土地交易市场建设。全年市区共挂牌出让土地使用权46宗，面积368.9公顷，成交金额47.23亿元。办理土地使用权转让共803宗，面积为352.86公顷，成交金额38.74亿元。研究制订《清远市土地和矿业权网上交易管理规定》等规范性文件。不断完善土地市场动态监测监管系统。安排专人、专线、专机，及时准确全面跟踪土地市场动态，确保监测监管系统的安全运行。

【“三旧”改造】 2011年，清远市进一步推进“三旧”改造工作。顺利完成各项前期工作，全面进入具体实施阶段。出台《清远市区“三旧”改造实施办法和配套政策的补充意见（试行）》，全市9333.33万公顷“三旧”用地顺利纳入全省数据库。全年批复启动改造项目94个，总面积833.33公顷。

【耕地保护】 2011年，清远市耕地保有量比省下达的任务指标超出1.72万公顷。2010年，清远市耕地保护责任目标履行工作被省政府评为综合一等奖。超额完成基本农田保护任务。全市划定基本农田比省下达任务超出6666.67公顷，并已完成省市验收工作。继续开展补充耕地工作。全市补充耕地4906.67公顷，获得省级补助资金1.4亿元，补充耕地数量继续走在全省前列。推进土地整理工作。全市承担的土地整理项目有8个，省已验收3个，在施工3个。

【测绘管理】 2011年，清远市开展数字清远地理空间框架建设。数字城市项目顺利通过专家组的验收，初步建成地理信息公共平台，成为全省第6个数字城市项目通过验收的地级市。开展测绘成果保密检查以及测绘质量监督检查工作，完成资质管理信息系统数据录入工作，实现测绘资质在线管理。先后完成大燕河水利整治工程等市政重点的征地测量及权属调查工作、市区各乡镇报批出图以及“三旧”改造、市区违法用地外业核查等130多宗的测量任务。

【矿产管理】 2011年，制定了清远市国土资源局公开摇号选择采矿权价款评估项目承担机构管理办法等规范性文件，成立采矿权价款评估结果协调决策领导小组。抓好矿业权实地核查工作。矿业权实地核查工作被国土资源部评为全国实地核查先进集体。推进矿产资源总体规划的修编工作。第二轮矿产资源总体规划修编通过省审查，环境影响评价报告书报省审批。连南、阳山、连州、英德的修编工作启动。全市持证矿山通过矿产资源开发利用情况年检。进一步规范矿业权出让转让交易行为。建立国土资源交易中心，组织25批次49个采矿权公开摇号定价评估项目承担机构现场会。全年办理矿业权出让交易业务6宗，办理新立登记6宗，收采价款577.44万元；办理延续登记52宗，收采价款2578.44万元。

【地灾防治】 2011年，清远市国土资源局在入汛前完成地质灾害防治方案编制工作，并报同级政府印发实施。市、县、镇三级层层落实地质灾害防治工作责任制。全市发放地质灾害明白卡6344份，落实监测经费的监测点22处。落实省政府十件民生实事，组织开展6处重大地质灾害隐患点搬迁治理工作。组织编制气象预警预报系统建设实施方案，方案已报市政府审批。如期完成连州、英德、阳山“十有县”建设，并通过省、市验收。全年全市发生地质灾害26起，造成直接经济损失1055.7万元，未造成人员伤亡。地质灾害防治工作被省国土资源厅列为年度国土资源管理工作亮点。

【执法监察】 2011年，清远市先后制定《国土资源违法案件处罚会审办法》、《清远市打击违法勘查、开采矿产资源问责的暂行规定》等规范性文件，加大对非法采矿行为的打击整治。全年共立案192件，依法采取证据保存查扣用于非法采矿的挖掘机340台，捣毁非法采矿点354个，罚没收入648.7万元，追究相关责任人员5名，移送公安机关追究刑事责任27人，全市的矿产资源秩序明显好转。

做好违法违规用地的清查整治工作。2010年度全市实际新增建设用地533宗，面积2043.63公顷，其中合法用地377宗（面积1642.29公顷，其中耕地510.51公顷），违法用地150宗（面积400.71公顷，其中耕地21.51公顷）。与上年相比，违法用地宗数增加98%，面积减少34%，占用耕地减少80%，占用耕地的比例为3.97%。各地对卫片发现的150宗违法用地，除非立案处理1宗，其余149宗已全部立案，立案率、查处率均达到100%。48宗违法采矿行为立案查处，并对违法采矿点进行复绿。

【队伍建设】 2011年，清远市国土资源局开展各类培训，全面推进队伍的思想、组织、作风建设。推进事业单位人事制度改革。对直属5个事业单位的部分职能、分类进行调整。做好干部调配工作。完成1名处级、10名科级干部任职试用期满转正考察，任用科级干部7名。理顺执法机构和乡镇国土所人员的身份，全市共有51人被录用为公务员。开展各种文体活动。推进“创先争优”活动。开展“比效能比作风，比服务比帮带、比创新比贡献”的实践活动，激励大家努力在岗位奉献上、在服务群众时和在受理办事中争先创优。不断完善基层组织建设。批准设立机关党委，完成7个支部的换届选举，全年组织11名入党积极分子参加培训，发展党员3名，预备党员转正2名。做好扶贫

“双到”工作。支持连山县永和镇卢屋寨村发展集体经济，投入资金67.5万元，发动贫困户种植药材6.67多公顷，养鹅2000多只。做好结对帮扶工作，为村民解决16.67公顷基本农田水利灌溉、715人医疗保险及干净水饮用问题。开展扶贫济困，筹得捐款16.2万元，其中特殊党费7288元。

（陈 倩）

潮州市

【概况】 潮州市国土资源局为市人民政府主管土地资源、矿产资源和测绘事业的工作部门。下设办公室、土地规划与耕地保护科、土地利用管理科、地籍管理科（挂潮州市调处土地纠纷办公室牌子）、信息与测绘管理科、地质矿产管理科、政策法规与信访科、人事教育科（与纪检监察室合署）、计财科、执法监察支队10个内设机构，湘桥分局、枫溪分局2个派出机构和市土地储备中心、市土地咨询服务中心、市国土资源交易中心等6个事业单位，其中市国土资源交易中心和市国土资源信息中心2个单位为新成立事业单位。市局共有机关行政编制37名，综合行政执法专项编制8名，乡镇国土资源管理所行政执法专项编制14名。同时，负责潮安、饶平两县国土资源局领导班子双重管理主管方工作。

2011年，潮州市国土资源系统坚持以科学发展观统揽国土资源工作全局，贯彻落实中央、省、市关于国土资源工作的一系列重大决策部署，积极推进“双打击”、“双规范”、“双整治”以及“保红线、保发展”等重点工作，提高国土资源管理利用水平，保障潮州经济社会又好又快发展。整合和完善土地使用权交易机构、矿业权交易机构，成立潮州市国土资源交易中心和潮州市国土资源信息中心。10月24日，市局举行国土资源交易中心、国土资源信息中心挂牌暨网上交易系统启动仪式，开通并试运行网上交易平台。

【土地利用规划】 2011年，潮州市国土资源局全面完成市、县、镇三级土地利用总体规划修编。从2011年1月1日起，正式启用新一轮土地利用总体规划，建设用地报批和用地预审等业务办理均按新规划要求进行。

【耕地保护】 2011年，潮州市国土资源局落实最严厉的耕地保护政策。执行建设占用耕地“占一补一”规定，继续实行各级政府耕地保护目标责任制，逐级签订责任书，分解下达基本农田保护任务。完善新一轮土地利用总体规划基本农田的调整划定工作，全市共调整划定基本农田保护面积3.89万公顷，比省下达基本农田保护面积指标多划4.1%。推进利用园地山坡地补充耕地工作，开发整理新增耕地面积1753.33公顷。加强和改进土地利用计划管理，建立建设项目用地预审备案系统和土地利用计划备案系统，完善土地利用计划台帐管理制度，强化对计划执行情况的动态管理。全年共办理建设用地预审项目16个，涉及用地总面积554公顷。占用耕地非农建设用地全部使用报国土资源部备案的耕地储备指标落实耕地占补平衡。5月份潮州市耕地保护工作通过省政府考核验收，并被省授予2010年度节约集约用地单项三等奖。

【建设用地管理】 2011年，潮州市建立由市长担任召集人、各相关单位主要负责人为成员的土地资源管理联席会议制度，加强对土地资源管理工作的领导，协调解决土地资源管理利用中碰到的重大问题。主动做好用地服务保障工作，制订实施2011年度国有建设用地供应计划。加快建设用地的审查报批，上报使用2011年建设用地指标新增建设用地271.6公顷，其中农用地252.87公顷。做好土地收购储备工作，落实收储资金开展潮州临港产业转移工业园一期183公顷土地的收购储备。

【“三旧”改造】 2011年，潮州市国土资源局加快推进“三旧”改造工作，全面完成有关专项规划和控制性规划的编制，制订完善《潮州市“三旧”改造补缴出让金暂行办法》等规范性文件；全年全市新批准改造方案44宗；获各级批准完善用地手续46宗58.32公顷，累计已批准的改造项目49个面积95.79公顷；已启动项目49个，累计投入“三旧”改造资金3亿元。

【国土资源执法】 2011年，潮州市国土资源局开展违法违规用地清查整治行动，全面查处2010年度各种土地违法违规行为。做好2010年土地矿产卫片执法检查工作。对卫片涉及403个图斑逐一进行核查，发现查处违法用地58宗，面积30.95公顷（其中耕地2.45公顷），违法用地立案率、查处率、结案率均达到100%。卫片执法行动中，拆除违法建（构）筑物18.98万平方米，复耕复绿面积4.2公顷。违法占用耕地面积占新增建设用地占用耕地面积比例为5.39%。其中，潮安县的比例为6.72%，饶平县为5.1%，湘桥区为4.4%，3个行政单元均未超过15%的问责比例。8月底，潮州市2010年度的土地矿产卫片执法工作，顺利通过省政府的验收，卫片执法检查工作实现“零问责”、“零约谈”。根据市委市政府的工作部署，深入开展“双打击”专项行动，打击非法采矿和破坏性采矿行为。发出《关于开展矿山大检查的通知》，对辖区内的采石场开展全面检查，排查超层越界、超规模、破坏性开采等违法行为。全年组织较大规模的打击行动12次，召开现场会4次，清查取缔非法采矿取土点71个，查扣、拆除、捣毁非法采矿设备一大批，矿产资源管理秩序明显好转。落实土地动态巡查责任制，继续开展土地动态巡查。做好12336国土资源举报电话接听受理工作，共受理群众来电81宗，其中涉及土地违法线索62宗，矿产资源违法线索19宗。做好群众来信来访工作，接待群众来访16批次；受理上级转办和群众来信81件，其中受理群众来信35件，省国土资源厅转办信件30件。

【矿产资源管理】 2011年，潮州市国土资源局完成《潮安县古巷镇水美大崇寨、湘桥区意溪镇四益村双门坑山采石场采矿权挂牌出让工作方案》编制，并上报市政府批准。按照矿业权审批出让管理制度的规定，做好矿业权审批出让工作。办理采矿权延续登记6家，探矿权延续登记3家。组织地质队伍对各矿山上报的2010年度储量报告进行核查。对全市25家持证矿山企业采矿许可证进行年度检查，重点检查各矿山企业对矿产资源开发利用的情况，及时处理年检中发现的违法违规问题。开展全市矿山地质环境保护与治理恢复方案的编制及评审工作。进一步加强矿山生态环境保护治理，坚持“谁开发、谁保护，谁破坏、谁恢复，谁投资、谁受益”的原则，组织各矿山企业开展复绿工作。开展矿山安全检查工作，检查矿山企业70家次，现场责令整改隐患68处，实现全年矿山安全生产无事故。完善新一轮矿产资源规划环境评价工作。委托具有编制资质的地勘队伍按省国土资源厅和省环保厅的要求编写矿产资源规划环境评价报告，并送专家组评审。完成全市16家采石取土场的矿山地质环境保护与治理恢复方案的编制及评审工作。

【地质灾害防治】 2011年，潮州市国土资源局对全市269处隐患点进行逐点核查，将核查成果进行标图建库，建立健全地质灾害防治网络和数据库，实现全市地质灾害隐患点一张图，各县区地质灾害隐患点一张图。完成潮安、饶平两县《县级地质灾害防治规划》编制。开展地质灾害防治“十有县”建设，推进全市地质灾害“群测群防”体系建设的规范化、标准化。两县群测群防“十有县”建设工作已经在6月底前完成。做好地质灾害隐患点巡查排查工作。汛前组织技术力量对威胁100人以上地质灾害隐患点进行全面排查，共出动32场次，排查重点地质灾害危险点57个，填写发放地灾隐患点防灾工作明白卡300多份，发放防灾避险明白卡2400多份。开展汛期地质灾害巡查工作，共开展巡查21场次，巡查重点地质灾害危险点57个，编制重要地质灾害点防灾预案57份。在饶平县新塘镇潮安县归湖镇开展突发性地质灾害应急演练。开展地质灾害防治知识和应急管理知识培训，共培训局机关干部职工、镇（街道）分管领导和国土所干部约130人次。获得省级地质灾害防治专项资金项目6个，投入资金650万元，完成21处地质灾害隐患点的治理和搬迁避让，其中搬迁避让6处，治理15处。

【测绘管理】 2011年，潮州市国土资源局加快“数字潮州”地理信息空间框架建设。制订实施2011年数字潮州地理空间框架建设进度计划，拟订《潮州市地理空间框架建设与使用管理办法》。完成全市政务版1:1万DLG、DOM、DEM数据的获取，连同市区63.5平方千米1:500数字化地形图交给省国土资源测绘院，数据处理工作基本完成；完成全市1:1万和1:25万公众版电子地图的获取；完成潮州市基础地理信息管理系统的安装和部分基础地理信息数据的入库调试。开展数字潮州地理信息空间框架应用系统调研，初步搭建旅游地理信息门户网站，旅游应用三维模型及实景三维采集基本完成；取得国家测绘地理信息局提供的290平方千米1:2000航拍影像，抓紧进行像控点测量和DOM影像制作。完成《潮州市基础测绘“十二五”规划》编制工作。完成2个丙级测绘资质单位和3个丁级测绘资质单位测绘资质复审换证工作。

【地籍管理】 2011年，潮州市国土资源局开展市区63.5平方千米城镇地籍权属调查工作。做好土地转让、抵押登记确权工作。全年市区办理土地登记发证359宗，其中：出让国有土地使用权证140本，划拨国有使用权证65本，集体建设用地使用权证44本，抵押土地使用权证110本。8月上旬，市政府召开全市加快农村集体土地确权登记发证工作会议。制订实施《潮州市农村集体土地所有权登记发证工作实施方案》。市、县（区）政府均成立以政府（管委会）分管国土工作的领导任组长的农村集体土地确权登记发证工作领导小组和工作机构。

【国土资源宣传】 2011年，潮州市国土资源局在广播电视台、潮州日报、各级国土资源门户网站以及印发宣传资料等媒介中广泛开展国土资源政策法规宣传，通过开展灯谜竞猜、送法进村、现场咨询等多种形式的宣传，推动国土资源宣传工作进农村、进社区。4月22日省国土资源厅与市政府在潮州市人民广场联合举办的第42个“地球日”宣传活动，6月25日，市国土资源局与潮安县政府联合在铁铺镇举办第21个“土地日”宣传活动。全年潮州市国土资源系统共印发各类宣传资料2万多份，基层群众参与各类现场宣传咨询活动到达8000多人次。

【扶贫开发】 2011年，潮州市国土资源局根据省、市关于“规划到户责任到人”帮扶活动的安排，继续扎实推进对口帮扶工作。多次组织局领导及相关帮扶人员进村入户，帮助贫困户解决生产生活实际困难。全年市局领导5次带队进村入户，开展茶叶加工技术培训、送温暖等帮扶活动，累计投入帮扶资金17万元。

【政风行风】 2011年6月15～22日潮州市国土资源局领导先后2次带队到潮州广播电视台，参加市纠风办主办的《潮州政风行风热线》节目上线直播。上线期间，共接受听众咨询、举报（含短信平台反映问题）23人次，接受咨询、举报22宗（有2人次反映同一问题），所有问题均100%落实办理。通过公开举报电话、向社会各界发放调查问卷、举办座谈会等多种形式，广泛征求市直单位、县区政府、下属单位和社会群众对全系统政风行风建设的意见和建议，制订实施整改工作方案，扎实抓好整改措施的落实。8月11日举行新一届机关效能建设监督员聘任仪式暨座谈会，新聘任10名机关效能建设特邀监督员，邀请新聘任监督员为机关效能建设和民主评议工作建言献策。9月8日，市局政风行风民主评议工作顺利通过市评议团的评议，评议结果为 92.1 分。

【干部人事】 2011 年，潮州市国土资源局组织业务培训 6 场，约 600 人次参加培训。办理新提拔干部转正共 9 人。按规定做好县局领导班子和下属事业单位负责人的管理和选拔任用，提任县局领导班子 2 人，安置军转干部 1 人，转正 1 人；选拔任用属下事业单位主要负责人 2 人。

【党风廉政建设】 2011 年，潮州市国土资源局开展以"以人为本执政为民"为主题的纪律教育学习月活动，学习贯彻《廉政准则》等规章制度。组织局机关全体干部职工到韩文公祠和市委党校两个廉政教育基地参观学习。11 月 10 日，广东省国土资源厅举办的"大地清风"廉政文化优秀作品展闭幕式在潮州人民广场举行。开展创先争优活动， 6 月 29 日组织开展以"学党史、增党性、当先锋"为主题的知识竞赛，局机关、土地储备中心各党支部组成 6 支代表队参加比赛。1 月份召开党员大会，选举出新一届的机关党委会和纪委会，7 月份各党支部召开党员大会，选举出新一届各支部委员会。在全系统内深入开展以土地和矿业权交易市场整治、整纪纠风专项整治和深化国土资源管理制度改革为内容的"两整治一改革"专项行动，抓好权力事项专项清理和廉政风险点排查工作，加强和规范国土资源管理。

（沈宗文 林传彰）

揭阳市

【概况】 揭阳市位于广东省东部，北与梅州市的丰顺、五华两县接壤，南临南海，西及西南与汕尾市的陆河县、陆丰市相连，东北与潮州市的潮安县、枫溪区毗邻，东及东南分别与汕头市交界。辖榕城区和揭东、惠来、揭西 3 县，代管普宁市（县级），并设立东山区、揭阳经济开发试验区、普宁华侨管理区和大南山华侨管理区。揭阳市是一个人口大市，全市土地资源总面积 52.65 万公顷，按国家标准一级分类划分为：耕地 8.32 万公顷（不包括可调整地类），园地 9.1 万公顷，林地 21.31 万公顷，草地 2.02 万公顷，城镇村及工矿用地 5.64 万公顷，交通运输用地 9797.42 公顷，水域及水利设施用地 4.7 万公顷，其他土地 5815.94 公顷。全市的山地海拔并不高，最高峰为揭西县的李忘嶂，海拔 1222 米。

【土地规划和利用】 2011 年，揭阳市全面完成新一轮市、县、镇三级土地利用总体规划修编工作，至 2020 年共落实新增建设用地规模 1.53 多万公顷，重点向基础设施、民生工程等重大项目以及重要园区倾斜，优化土地利用总体规划布局。2011 年省下达揭阳市用地指标 616 公顷，其中年度计划指标 393.87 公顷，奖励和追加专项用地指标 222.13 公顷，是揭阳市获用地指标最多的一年，保障潮汕机场、中委石化等大型项目配套建设、现代产业项目及城乡建设用地需求。全市办理建设项目用地预审 42 宗 488.96 公顷，其中市级审查或转报省国土资源厅、国土资源部预审项目 18 宗 333.99 公顷。惠来西水东调工程、普宁白坑湖水库综合整治工程、揭阳港惠来沿海港区靖海、前詹作业区通用码头等 4 个重大项目的用地预审获省国土资源厅批准，粤东 LNG、惠来电厂一期 3、4 号机组项目通过国土资源部预审。全市报批建设用地 28 个批次 380.62 公顷，城镇建设用地 23 批次 369.67 公顷，省重点项目惠来县关山风电及映月、沟美、乌美、前詹 5 个输变电工程用地报批全部到位。厦深铁路（揭阳段）用地报批材料获得国务院批复。抓好农用地分等定级与估价工作，全市农用地产能核算成果于 11 月通过省的验收。完成惠来县靖海、神泉、隆江、葵潭等镇区基准地价评估验收，完善海港经济区城镇地价管理体系。

【耕地保护与开发】 2011 年，揭阳市按照新一轮土地利用总体规划重新调整划定的基本农田 10.46 万公顷（其中新划入面积近 3.33 万公顷），设立基本农田保护标志牌 465 块，至 2011 年末，全市实际耕地保有量 12.39 万公顷，全市耕地保有量和基本农田保护区面积均超过省下达的任务指标，耕地保护责任目标履行情况良好。6 月，揭阳市耕地保护目标责任履行情况通过省的考核验收，获省政府节约集约用地单项二等奖。组织开展 2010 年度耕地占补平衡考核工作，2010 年度全市经批准的单独选址建设用地、城镇村批次建设用地项目应落实补充耕地 27 宗，共落实补充耕地 284.66 公顷；经批准的建设用地项目涉及占用基本农田保护区 6 宗 4.96 公顷，应补划的基本农田全部落实到位。加快推进利用低效园地山坡地开发补充耕地，2011 年，通过省级抽查并经验收确认，新增耕地面积 1880 公顷，充实耕地指标储备。其中，普宁市新增耕地面积 239.76 公顷；揭西县新增耕地面积 516.63 公顷；揭东县新增耕地面积 314.1 公顷，惠来县新增耕地面积 750.07 公顷。

【执法监察与信访】 2011 年，揭阳市共发现土地违法苗头 278 宗，涉及土地总面积 50.53 公顷（其中耕地面积 4.93 公顷），其中属动态巡查发现 249 宗 30.15 公顷（涉及耕地 2.18 公顷），制止率 100%，挽回经济损失 575.86 万元。全市立案查处土地违法案件 94 宗 31.52 公顷（其中耕地面积 2.75 公顷），拆除建（构）筑物 2.48 万平方米，收取罚没款 566 万元，落实党政纪处分 13 人，落实刑事处罚 1 人。查处矿产违法案件 1 宗，收取罚没款 1 万元。坚持先易后难、边查边纠的原则，集中开展违法违规用地清查整治专项行动，推进 2010 年度土地矿产卫片执法检查工作。据统计，全市核实并查处违法用地 148 宗，面积 82.12 公顷（其中耕地 20.15 公顷），立案率、查处率、结案率均达 100%；共拆除违法建（构）筑物面积 12.2 万平方米，复耕 8.83 公顷；涉案人员中，落实行政处分 14 人，落实刑事处罚 2 人。8 月下旬，2010 年度土地矿产卫片执法检查工作顺利通过省政府的检查验收。畅通投诉举报渠道，完善国土资源违法线索举报平台，全年接听 12336 违法线索举报电话 77 宗，均按照属地管理原则，落实各地相关单位对举报的线索进行核查处理，对重大、典型违法线索，联合有关部门进行核查处理，及时落实整改措施。开展“基层大接访”、“土地问题接访日”、“进家门、问民生、解难题”等一系列信访活动，办理群众来信 706 件，接待来访 164 批 494 人，办结率达 100%，有效化解矛盾纠纷，促进社会和谐稳定。

【土地与矿业市场】 2011 年，揭阳市建设项目供地 135 宗 292.7 公顷，其中，划拨用地 17 宗 83.33 公顷；招拍挂公开出让土地 62 宗 169.44 公顷，成交价款 22.97 亿元（其中工业用地 17 宗，面积 63.79 公顷），与上一年度相比宗数、面积分别增加 22.58%、27.77%，基本满足房地产市场用地需求。市区招拍挂公开出让 7 宗 24.9 公顷，成交价款 5.89 亿元；普宁市公开出让 16 宗 49.51 公顷；揭西县公开出让 17 宗 43.9 公顷；揭东县公开出让 15 宗 18.47 公顷；惠来县公开出让 6 宗 32.47 公顷。落实保障性安居工程项目用地，省下达的保障性安居工程建设任务数为 4185 套，其中需落实用地的 4002 套，面积 7.36 公顷。至 12 月底，办理保障性住房供地 9.7 公顷。推行矿业权公开出让，按照有关规定对新立采矿权进行挂牌出让，并依法按程序进行登记。全市依法办理采矿权登记 6 宗，其中新立 3 宗、延续 2 宗、变更 1 宗，收取新立采矿权价款 210 万元，有效规范采矿权市场行为。推进国土资源市场交易机构改革，市地产交易中心更名为市土地与矿业交易中心，完善国土资源市场体系。加快土地与矿业权网上交易系统开发建设，完成机房及软硬件设施建设并进入调试阶段，构建起公平、公正、公开的网络交易平台。

【土地登记与调查】 2011 年，揭阳市办理土地使用权登记5221宗，面积4.81万公顷，其中抵押登记946宗4.74万公顷，涉及金额107.77亿元。市政府成立专门领导小组及工作机构，制订工作方案，抓好农村集体土地登记发证工作。至年底，全市共完成集体土地所有权登记发证5563宗，发证率80.7%，其中行政村发证4455宗，村民小组发证1108宗；集体建设用地使用权登记30323宗，发证率91%；宅基地使用权登记1093648宗，发证率86.57%。做好地类校核工作，其中建设用地报批校核地类159宗800公顷，土地查处校核地类69宗333.33公顷。开展2010年度土地变更调查，全面完成地方复核及外业核查工作。3月份，受国土资源部委托，内蒙古土地勘测规划院核查组对揭东县疑问图斑进行现场核查并拍照存档，实地抽查工作顺利通过。据调查统计，2010年度新增建设用地合计546.37公顷，新增建设用地占耕地222.51公顷，全年批准建设面积93.35公顷。9月，开展2011年度土地变更调查工作，至12月完成全市土地变更调查与遥感监测数据首次汇总并上报省审查。

【“三旧”改造】 2011年，揭阳市筛选改造项目赴港参加广东省地块招商推介洽谈签约活动，为“三旧”改造项目提供招商引资平台。严格按照省国土资源厅的部署要求，对照新一轮土地利用总体规划，核对并增补“三旧”改造项目，全市“三旧”改造地块标图建库成果4890宗1.12万公顷。组织开展“三旧”改造调研工作，赴中山、江门等市学习“三旧”改造工作先进经验，探索完善配套措施。依法组织项目审查确认，全市累计确认可开展前期工作的“三旧”改造项目265宗660.42公顷，其中揭阳市区43宗232.34公顷。按照省的统计口径和各地上报数据汇总，2011年全市共投入资金11.8亿元，正在实施改造项目114宗157.58公顷，已完成改造项目37宗83.91公顷，已完成改造区域内建筑面积从145.37万平方米增加到290.28万平方米，增幅达99.6%，节约土地3.29公顷。促进建设用地二次开发、推进节约集约用地。

【测绘与矿产管理】 2011年，揭阳市国土资源局编制揭阳市基础测绘“十二五”规划，加快推进数字揭阳地理空间框架建设，完成机房装修、设备采购、资料收集等前期工作。加强涉密测绘成果和测绘质量监督检查，完成6个测绘单位测绘资质换证工作，规范测绘市场准入机制，推动测绘行业质量体系建设。加快推进大比例尺地形图测绘工作，组织开展揭阳市区85平方千米1:500数字化地形图测量，完成631平方千米1:500地形图测量、5242平方千米1:10000全要素地形图更新工作。组织召开全市测绘工作会议暨测绘技术培训班。加强矿政管理，编制完成《揭阳市矿产资源规划（2008—2015）》和《揭阳市矿产资源总体规划环境影响评价报告》，并于2011年11月上报省审查审批；完成全市17个矿山储量动态控制工作，推进矿产资源节约与综合利用。组织对全市21个矿山企业和6个探矿权进行年度检查，年检率和合格率均为100%，其中，制定开采回采率指标19个，占年检矿山90.5%；考核开采回采率及综合利用的金属企业1个，占年检矿山4.8%。

【地质灾害防治】 2011年，揭阳市国土资源局建立健全地质灾害防治工作责任制，逐级签订地质灾害防治工作责任书。落实“三同时”制度，编制2011年度地质灾害防治方案，严格执行建设项目地质灾害危险性评估制度（完成备案6份），建立揭阳市地质灾害防治和矿山地质环境保护与治理项目评审专家库（现有专家18人），落实地质灾害危险性评估3宗，及早部署汛期地质灾害防治工作，做好汛期值班安排，与市气象局联合发布地质灾害气象预报预警。加强地质灾害隐患点核查，把原来92个威胁100人以上的重要地质灾害点核减为42个，并通过省地质环境监测总站专家的验收确认。在汛前和汛期组织对重要地质灾害隐患点进行排查，落实威胁100人以上重要隐患点治理方案和应急预案。抓好重大地质灾害隐患点勘查治理和搬迁避让，完成揭东县玉湖镇坪上村（山体滑坡）、揭西县南山镇分水村分水学校（崩塌）、普宁市南溪镇典郭村无头猪（崩塌）、惠来县隆江镇鹅豆村与小学（崩塌）、揭西县良田乡良田中学（滑坡）5个治理工程项目建设。推进地质灾害群测群防“十有县”建设，揭西、普宁、惠来3个县（市）通过市级达标初验。建立地质灾害隐患点和危险点台账，在重要地质灾害危险区（点）设置警示牌165面，发放防灾避险“明白卡”2565份，维护了人民群众生命财产安全。

推进地下水动态监测工作，组织在丰水期和枯水期2次抽取6个水样，根据水质分析的结果，编写《揭阳市地下水动态监测年鉴》、《揭阳市地质环境监测半年报》、《揭阳市地质环境监测年报》。

【法制宣传教育】 2011年，揭阳市加强国土资源规范性文件的立、改、废工作，做好规范性文件的定期清理工作，按法定程序申报废止《揭阳市非农业建设补充耕地管理规定》（揭府〔2003〕56号）等规范性文件。开展行政审批制度改革，进一步优化工作流程。开展“地球日”、“土地日”、“法制宣传日”、“测绘法宣传日”和农村土地整治万里行等主题宣传活动，运用电视、报纸、网络等媒体，采取横幅、标语、宣传车等多种形式，开展宣传活动。“6·25”全国土地日，在市区青年广场举办国土资源法律法规现场咨询宣传活动，并组织20多名团员青年组成自行车队环绕市区进行宣传，取得较好的宣传效果。据统计，第21个全国土地日宣传活动期间，全市国土资源系统与同级党政部门联合发文2件，发表领导署名文章1篇，发放宣传资料1.2万册、宣传品1.3万份，设立现场咨询活动点7个，悬挂宣传横幅600多条，出版宣传专栏26期，发送宣传短信2万多条，分发宣传挂图6000幅，出动宣传车63台（次），投入宣传经费近40万元。

【干部队伍建设】 2011年，揭阳市落实党风廉政建设和反腐败任务分工，逐级签订党风廉政建设责任书并组织考核，编印廉政风险防控手册，举办廉政文化作品展，加强廉政教育，筑牢拒腐防变的思想道德防线。进一步完善政务公开制度，规范信息发布渠道，公布国土资源政务信息322条。继续推进“两整治一改革”专项行动，全面清理不适应新政策新形势要求的规范性文件及办事规程。加强项目信息公开和诚信体系建设，制订《揭阳市国土资源局2011年全面深入推进工程建设领域项目信息公开和诚信体系建设工作实施方案》，开展工程建设领域突出问题专项治理，先后发布工程建设领域信息216条，有效预防违规操作和腐败现象的发生。坚持民主、公开、择优的选人用人机制，加强县级国土资源部门领导班子和基层国土资源所队伍建设。组织开展“小金库”专项治理、政府采购法执行情况专项检查以及土地出让收支专题调研活动，加强和规范财务管理工作。

（方伟标 林淑琳）

云浮市

【概况】 云浮市位于广东省中西部，2011年末土地总面积778510.72公顷。其中耕地面积101574.58公顷，水田面积69285.88公顷。云浮市地势西南高，东北低，市内主要河流罗定南江、新兴江均大致呈西南－东北流向。西部、西南部、东南部与邻区、邻市俱以山岭为界，北部以西江为界。丘陵是云浮市的主要地貌，多沿山地边缘发育，高丘陵海拔250～450米之间，低丘陵海拔100～250米之间。低丘陵坡度平缓，多为15度～20

度。

云浮市地域在地质上处于云开隆起带的中部，构造复杂，区内成矿地质条件好，是全国重要的多金属矿化集中区之一，已发现的矿种有57种，探明有储量的矿种有48种。金属矿种有：金、银、铜、铁、锡、铅、锌、锰等；非金属矿种有：硅线石、白云岩、大理岩、花岗岩、硫、砷、石棉、重晶石、滑石、高岭土、石灰石、粘土、砂页岩、钾长石、矿泉水、地热等。其中硫铁矿的储量及品位名列世界前列，享有“硫都”的美誉；石灰石、大理石、花岗岩等石材原料是云浮优势资源。云浮素有“石乡”之称。

【土地规划】 2011年。《云浮市土地利用总体规划（2006-2020）》和各县（市、区）的县级规划全部通过省政府的批复，并按照要求报省国土资源厅备案。全部完成规划修编涉及的基本农田调整划定工作。

【耕地占补平衡】 2011年，云浮市耕地保有量为12.59万公顷（含可调整地类），比省下达的耕地保有量目标11.8万公顷增加7826.67公顷，基本农田面积为10.77万公顷，比省下达基本农田面积10.31万公顷增划4633.33公顷，全市上报建设用地报批件54件，占用耕地247.3公顷，抵顶补充耕地指标247.3公顷。利用低效园地山坡地开发补充耕地82.99公顷，连续12年实现耕地占补平衡。

【土地整理】 从2004～2009年，云浮市先后承接国家、省土地整理、灾毁复垦、易地开发、基本农田保护示范区土地整理项目共22个，建设规模14309.34公顷，新增耕地面积746.12公顷。2011年，罗定市围底镇基本农田示范区、素龙镇基本农田示范区、罗平镇、生江镇和云安县富林镇、白石镇等6个土地整理项目相继顺利竣工并通过市级初验，全面完成上级下达云浮市的土地整理项目工程任务。该6个项目共投资15656万元，完成土地整理面积4887.8公顷，新增耕地面积188.2公顷。

【土地利用】 2011年，省共下达云浮市新增建设用地指标492.13公顷、农转用407.87公顷。获得省支持“9·21”灾后重建新增建设用地指标288.67公顷。共向省国土资源厅上报新增建设用地审批53批次、单独选址项目2个，新增建设用地面积823.94公顷。上报省级用地预审项目4个，面积742.8公顷，市级用地预审项目1个，面积20.07公顷。共获省批复城镇批次建设用地34批次、单独选址项目5个，面积1322.12公顷。

【城乡建设用地增减挂钩】 2011年，云安县成为云浮市城乡建设用地增减挂钩试点单位，并通过全面发动，深入调查摸底，科学运用政策，合理编制项目规划等， 开展增减挂钩试点工作，规划六都镇和镇安镇两个项目区为城乡建设用地增减挂钩试点。2011年10月，省国土资源厅下发《关于广东省第十一批城乡建设用地增减挂钩试点工作的批复》，同意云安县城乡建设用地增减挂钩试点镇安镇、六都镇两个项目区的实施规划，并下达挂钩周转指标89.84公顷，专项用于城乡建设用地增减挂试点工作。

【“三旧”改造】 2011年，云浮市申报的“三旧”改造项目有75个，计划改造的旧城镇、旧村庄、旧厂房面积422.3公顷。其中，在动工建设的“三旧”改造项目有27个，改造面积67.03公顷，全年投入改造资金8.7亿元。在2011年粤港经济技术贸易合作交流会上，云浮市选出一批“三旧”改造重点项目进行推介，并与深商投商用置业有限公司、香港广领集团分别签订合作框架协议，项目计划投资总额1.27亿美元。

【矿产管理】 2011年，云浮市做好第二轮矿产资源规划修编工作。已上报省国土资源厅预审，环境保护规划在编制中。加强矿山执法管理工作，对矿山企业实行“三查三抓”：即查“四证一照”，抓年检质量关；查安全生产，抓台阶开采；查采矿权有偿出让和矿产资源规费的征收，抓矿业权市场建设。对全市83个持证矿山进行检查，年检率100%，合格率95%。全市共征收矿产资源补偿费2338万元。开展稀土等矿产开发秩序专项整治行动，打击违法采矿行为，全市共取缔65个非法采矿点，拆除临时工棚19个，面积988平方米，罚款64万元，登记保存各类车辆、机械57台。投入390万元，建立土地矿业权网上交易系统，10月试运行。

全市采矿权出让 18 宗，应收出让价款 2814.8 万元。加强地质勘查管理，全市共颁发勘查许可证项目 27 个，勘查总面积 600 平方千米。获得国土资源部拨付 2010 年矿产资源节约与综合利用示范工程资金 2000 万元，专项用于云硫集团 V 系列磨浮系统技术改造工程；获得省国土资源厅下达云浮硫铁矿矿山地质环境治理项目补助资金 400 万元。

【地质灾害防治】 2011 年，全市五个县（市、区）“十有县”建设已全部通过省、部验收。投入资金 1147 万元，完成搬迁、治理地质灾害隐患点 15 个，其中影响 100 人以上的地质灾害隐患点 3 个。列入省政府 2011 年十件民生工程的郁南县千官镇金版小学地质灾害搬迁治理工程于 9 月全面完成。获得中央特大型地质灾害治理专项补助资金 900 万元，用于新兴县和罗定市两个灾害点的整治。汛期中，全市由强降雨诱发地质灾害 4 宗，无发生人员伤亡事故。

【执法监察】 经核实，2010 年度，云浮市违法用地 20 宗，面积 142.26 公顷，其中耕地面积 16 公顷。违法用地占用耕地面积占新增建设用地占用耕地总面积的比例为 1.25%。立案查处 20 宗，下达处罚决定书 20 宗，申请强制执行 6 宗，罚款 155 万元，没收违法建筑物面积 2.34 万平方米，拆除违法建筑物面积 900 平方米，立案率、查处率、整改率、履行职责到位率均达 100%。顺利通过省的检查验收。云浮市国土规划局联合云城区政府、市监察局对云城区范围内非法买卖土地情况进行摸查、清理。开展违法用地、违法采矿、违章建筑专项清查整治行动，全市共市查处违法用地、违法采矿、违章建筑 200 多宗，罚没款近千万元。6 月，云浮市国土规划局联合云城区政府、市监察局、市公安局、市住建等部门，对云城街道、高峰街道、河口街道 10 宗违法用地、违法建筑进行查处，拆除违法建筑 7 宗，面积约 3300 平方米。

【信访维稳】 2011 年，云浮市国土规划局接待来访 83 批、338 人次，来电 243 人次，来信 165 件，立案 127 宗，立案率达 77%，127 宗信访案件已办理完毕。完成省国土资源厅和市信访局交办信访案件 76 宗，其中代拟市政府复核案件 17 宗，复查、复核案件 23 宗。被市委、市政府评为 2010 年度云浮市信访工作先进单位。

【建设工程管理】 2011 年，云浮市国土规划局共办理建设工程业务 1011 宗，其中外立面效果图审批 96 宗，核发《建设工程规划许可证》370 宗，建筑面积 92.52 万平方米，建设工程规划放线 275 宗，复线 174 宗，外立面装饰材料审定 96 宗。为市政府代征城市基础设施配套费约 1440 万元。审批云浮恒大城建设项目、云浮碧桂园建设项目、云浮臻汇园建设项目等市区重点建设工程 10 多宗。

【地籍管理】 2011 年，云浮市国土规划局共办理土地登记 5206 宗，其中：国有土地使用权证 4347 宗，集体土地使用证 395 宗，他项权证 464 宗。共受理土地公开交易 47 宗，其中挂牌出让 16 宗，面积 1478394 平方米，成交价 57145 万元；挂牌转让 31 宗，面积 120003 平方米，成交价 22014 万元。开展中心城区国有建设用地基准地价更新工作（网格点地价），更新范围：东至云城区河口初城工业园 324 线与北一路交界处，南至世纪大道及府前路以南 500 米，西至 324 国道（迳口路段）以西 500 米，北至环市东路、高峰彩营段（与云安县交界处），土地面积约为 62.57 平方千米（扣除水域面积）。该次基准地价采用网格点基准地价和商业路线价予以表示，并以土地级别图、网格点基准地价图、土地级别范围和商业路线价表予以公布。基准地价土地用途划分为商业、住宅、工业三类。

【测绘管理】 2011 年，云浮市国土规划局组织编制《云浮市基础测绘“十二五”规划》。7 ~ 10 月，组织开展全市测绘成果保密检查专项行动，对测绘保密机构、人员、制度、设施等进行全面自查。会同市保密局、市经信局等部门开展测绘成果管理保密检查，抽查测绘成果 18 幅，人口普查工作底图等 2 项，对检查中发现的计算机密码不符合要求等问题，责令受检单位立即整改。

【数字云浮建设】 2011 年，成立以分管副市长任组长的数字云浮地理空间框架建设领导小组，加强对数字云浮建设的领导。云浮市国土规划局编制项目工程设计书，并通过部省市联合专家组评审，市政府与省国土资源厅共同签订《数字区域地理空间框架建设示范合作协议书》，正式启动数字云浮框架建设。争取市政府的支持，投入专项经费390万元，建立云浮市国土规划电子政务系统。

【土地收储供应】 2011年，市土地储备中心共供地10宗，面积62.47公顷；出租土地2宗，面积3.86公顷；佛山（云浮）产业转移园区委托市土地储备中心供地14宗，面积99.52公顷；云城区政府委托市土地储备中心供地1宗，面积20.18公顷；等积置换土地1宗，面积0.27公顷；现有存量土地6宗，面积共10.75公顷。

【扶贫开发】 2011年，云浮市国土规划局重点帮扶村集体项目5个：修缮知备小学操场工程、建设巡检文化楼一栋、扩宽整治巡检道路、治理高朗滑坡塌方修复工程以及完善村委基础办公设施。完成50户贫困户脱贫增收项目58个，其中加强发展种植砂糖桔项目50个，外出劳动力转移项目8个。帮扶2户住房困难户进行危房改造项目，并按照住房建设计划在年底顺利完成。到知备村开展春节慰问、“七一”党员慰问、低保五保户慰问等多次探访送温暖活动；帮助贫困户购买新型农村合作医疗保险和新型养老保险；开展农业技能培训班两期。到2011年底，云浮市国土规划局通过各种途径投入帮扶资金330.67万元，推动帮扶村发展经济社会事业。知备村村集体经济收入达到82350元，贫困户人均纯收入达到6591.08元，50户贫困户全部实现脱贫，贫困户脱贫率达到100%。

【党风廉政建设】 2011年，云浮市国土规划局学习《廉政准则》，组织参加廉洁从政集中整训，开展正反典型教育。举办以“弘扬大地清风，创建幸福云浮”为主题的纪念第21个全国土地日暨建党90周年的文艺晚会，扩大国土规划廉政建设的宣传和教育面。开展“两整治一改革”专项行动。在全系统开展查找廉政风险点、规范权力运行和制度廉洁性评估工作，共查出廉政风险点83个，制定防范制度或防控措施85条。编印《廉政风险防范手册》，并派发到干部职工中，加强重点岗位人员廉政风险防控工作。开展政风行风评议工作，均被评为满意单位。开展纪检监察创新项目建设，云浮市国土规划局电子政务系统建设荣获市纪委纪检监察创新奖。开展工程建设领域突出问题专项治理工作，对工程建设领域新增项目逐月进行排查，并实行月“零报告”制度。推进工程建设领域土地和矿业权出让审批的信息公开及诚信体系建设，制定《云浮市国土规划局工程建设领域项目信息公开制度》，在云浮市国土规划局门户网站设立“工程建设领域项目信息公开和信用信息公开”专栏，重点公开土地使用权审批权和出让信息、矿业权审批和出让信息。2011年共发布项目信息109条。

（罗锡炎 张冬芸）

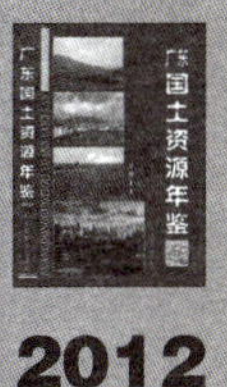

2012

部门国土资源工作

173/178

责任编辑：卢小娅

广州铁路（集团）公司

【概况】 2011年，完成广东省境内《国有土地使用证》变更登记1747本，面积530.04万平方米；完成确权土地15宗，面积22.37万平方米。提前介入赣韶、南广、贵广、厦深、洛湛线马电段等新线建设项目用地管理工作，在土地预审、土地征用、竣工资料收集整理方面加强对征地拆迁的科学指导和协调，确保新建铁路项目征地手续合法、权属明晰、面积准确、资料齐全；对武广客专、广深港客专、广珠城际等委托管理项目，从运输安全、用地资产安全等方面进行管理，为运营安全保驾护航。根据铁路用地管理实际需要，以完善土地产权办理土地变更登记为契机，委托有测绘资质的测绘单位对集团管内铁路用地进行重新测绘，2011年完成广东省境内铁路用地图绘制面积103.24万平方米。

【铁路线路安全保护区建设】 铁路线路安全保护区建设和管理工作是铁路用地管理工作的重点。根据铁道部的规定，新建铁路建设项目的安保区设定和平面图绘制工作由各建设单位负责，广铁集团公司对已投入运营的武广客专、广珠城际、广深港客专等项目的安保区设置、到地方人民政府签认工作进行协助与指导，并对其绘制的安保区平面图绘制提出审核意见。

【土地监察】 铁路用地监察工作是保障铁路运输安全的基础工作。2011年，广州铁路（集团）公司按照铁道部提出的建立三级监察网络的要求，制定下发《广铁（集团）公司铁路用地监察管理实施办法》，明确各单位的职责，细化了工作分工，做到人人有责任，经费有保障，巡查有计划，工作有落实。通过建立健全制度，为规范铁路用地监察管理工作提供制度保障。2011年度，广州铁路（集团）公司加强安保区的管理力度，按照“坚决制止新生，逐步清理遗留”的工作方针，以主要干线为重点，对管内铁路线路安全保护区铁路用地内的违法建（构）筑物、堆放物、种植物进行全面清理，清除违法建筑物28栋，共计4350平方米；清除违法构筑物20件，共计5450平方米；清除违法堆放物26件，共计1400平方米；清除违法种植物84处，共计8800平方米。

【土地利用】 广铁集团公司按照“多元化经营、一体化管理、全口径核实”的总体思路，明确多元化经营职能划分，统筹运用铁路用地资源，实施一体化经营管理模式，加大对非运输企业开发利用铁路用地的政策扶持力度，充分调动各方面的积极性。一是对于暂处于空置状态或利用率不高的铁路用地资产，在依法依规的前提下，提供给非运输企业进行开发利用，充分发挥铁路铁路用地资产效益，显现铁路用地资产价值，为多元化经营提供新的经济增长点。二是对集团公司铁路用地资产进行统一清查，及时掌握铁路用地资产的开发利用状况，根据清查结果对铁路用地进行统一规划，制定完善的规划利用方案。三是出台各种激励政策，鼓励集团各单位挖掘铁路用地资源用于职工住房建设，提高铁路用地利用效率。四是以国家推进棚户区改造的有利时机为契机，主动与各级地方政府协调，将配套设施不完善、居住环境较差，住房面积不达标的铁路住宅小区尽可能纳入到地方政府棚户区改造的统一规划中，用足用好各项优惠政策，既改善职工生活居住条件，又体现铁路用地的价值。

【宣传工作】 广铁集团公司按照铁道部关于做好铁路用地管理宣传工作的有关要求，以第21个全国土地日活动为载体，采取电子显示屏、宣传板报、海报、横幅、宣传单、宣传标语等多种形式的宣传方式，深入铁路沿线各站广场、候车室、居民聚集区，向广大旅客及居民宣传普及铁路用地管理相关知识。

（杨 莎 石美坤 雷 剑）

广东省农垦总局

【概况】 2011 年，广东省农垦总局垦区土地总面积 227053 公顷，其中耕地 37534 公顷，园地 81278 公顷，林地 22737 公顷，居民点用地 12151 公顷，交通用地 11497 公顷。垦区总人口 38.2 万人，在岗职工 5.75 万人。2011 年农垦社会总产值 231.8 亿元，农垦生产总值 97.6 亿元。

2011 年，垦区继续贯彻落实《国土资源部、农业部关于加强国有农场土地使用管理的意见》（国土资发〔2008〕202 号）等文件精神，在农场土地管理、保护和开发利用等方面取得成效。

【土地登记发证】 垦区层层落实机构和人员，多方筹集经费，逐宗逐块调查摸清，加强协调，疏通障碍，研究对策，全力以赴加快土地登记工作。在各级地方政府和国土行政主管部门的支持下，垦区上下齐心、积极努力、攻难克坚，啃掉部分“硬骨头”。2011 年全垦区国有土地共确权 1816.27 公顷，领取国有土地使用权证 1930 公顷，累计完成发证总面积 20.65 万公顷（不含重复面积的林权证）。

【土地调处】 垦区农场土地维权及监管力度进一步加大，维权形势逐渐好转。2011 年，垦区共收回历史被占土地 672 公顷，当年被占土地 202.67 公顷全部收回，有效维持农场土地权属稳定。在开展土地维权工作中，垦区做好土地管理的宣传教育工作，通过出墙报、板报、宣传车、专题广播、印发宣传册子等方式，深入农场、生产队、街道，广泛宣传《中华人民共和国土地管理法》和保护国有土地的有关政策，增强广大职工群众依法用地的意识，不断提高职工群众遵纪守法的自觉性；召开多场群关系座谈会，沟通情况，加强联系，构建和谐的场村关系。通过广泛的宣传教育，使广大干部职工、群众提高对集约节约用地重要性的认识，增强遵守法规使用土地的自觉性。各级紧紧依靠当地政府和公安机关，对组织抢占农场土地的违法人员给予有力的打击。

【土地管理信息化】 2011 年，垦区继续推动农场土地管理信息化工作并取得阶段性成果。为提高垦区农场土地管理和现代农业综合管理水平，国家农业部组织研发国有农场土地资源管理系统，运用现代地理信息技术，实施土地信息化管理。垦区按部农垦局的部署作好试点和示范，各农场推广建立农场土地资源管理系统，经过几年的开发建设，土地资源管理系统建设已经在垦区取得阶段性成果。湛江垦区 17 个农业单位（19 个农场），均已全部建立地籍档案，为使地籍档案数据库保持其时效性和准确性，购置新版彩色遥感航片图，并将进行专业数据处理，使新航片可以在原来地籍档案的数据中进行更新使用。2011 年，垦区协同中国农垦经济发展中心做好国有农场土地资源管理系统软件的研发升级和推广应用工作。

【耕地保护】 垦区推行土地管理目标责任制，耕地保护工作得到切实加强。一是垦区现有耕地全部推行管理目标责任制，由农垦局与农场层层签订责任书，明确责任，奖罚分明，充分调动各级干部的积极性；二是组织实施土地整理、园地坡地补充耕地等项目，全垦区土地整理累计完成7333.33公顷。结合垦区生产需要，做足田间抗旱工作，对原有项目和正在实施的项目进行重点检查，对发现的存在问题都提出整改要求，使垦区土地整理项目均能按照规划设计要求规范施工，确保项目落户农垦后能真正做到水利配套、道路畅通，有效提高土地耕种条件。

【土地开发利用】 一年来，垦区紧紧抓住广东省“双转移”和“三旧”改造的政策机遇，加快垦地合作步伐、融入地方经济共同发展。2011年，阳江农垦局与阳江高新区签订土地开发合作框架协议，把平岗农场正式纳入阳江市高新经济技术开发区建设规划；省农垦总局与茂名市政府签订关于加强地方与农垦经济合作框架协议，将农场场部小城镇规划纳入当地城镇统筹规划，共同编制或修编相互衔接土地利用总体规划及控制性规划，实现社会资源共享共建。适当调整农垦部分国有土地使用权，加强国有土地权益维护工作，实现互促共进、合作双赢。

【“三旧”改造】 2011年，垦区各级贯彻省委、省政府“双转移”、“三旧”改造政策，抓住机遇，提高思想认识，增强责任感和紧迫感，根据农垦总局党组“引进合作，共同开发，兼顾利益，规范操作，回避风险”的原则，着力推进垦区“三旧”改造工作，盘活低效土地资源，改善发展环境，增创企业效益。2011年垦区有粤垦路仓库、萝岗轻机电、科技中心、燕塘工业园、深圳六联、深圳大众山、湛江一机厂、湛江廉糖等8个改造项目经政府批准。其中粤垦路仓库项目完成土地过户和补缴地价等工作，项目进入搬迁拆除的操作阶段。

【业务培训】 为进一步提高垦区各级土地管理人员的政策法规和专业技术水平，全面掌握国家和省的最新土地管理政策法规和实施管理信息化的专业技术，垦区分批对有关领导和各级土地管理人员进行业务培训。通过请进来、走出去的方式，聘请农业部、省国土资源厅等有关业务部门的领导和专家进行授课；有针对性的派出管理人员参加国家、省权威部门举办的国土管理培训班。通过培训和学习，不断提高垦区土地管理干部的政策水平和业务能力。

（陈长辉）

厅属事业单位

责任编辑：邝文强

广东省地图院

【概况】 广东省地图院是广东省国土资源厅直属事业单位，正处级，公益二类，核定事业编制60名。下设办公室、财务科、综合计划科、技术质量科、地图数据部、地图制图部、地图研发部等部门和广东省地图出版社有限公司。主要职责任务：一、全省基本比例尺系列地形图、影像地图的编制、更新；二、公众版地形图、公益性地图编制与服务；三、地图保密处理、密级地图编制，政府工作用图、特种专用地图编制和保障；四、地图数据整理，公共地图数据库建设、更新、维护和提供使用；五、公益性互联网地图网站建设、维护及服务；六、地图现势资料标绘；七、承办广东省国土资源厅交办的其他工作任务。

至2011年底，广东省地图院有在岗人员106人，退休（退养）职工80人。其中教授级高级工程师1人，高级工程师17人，工程师14人，助理工程师30人。

【基础测绘】 2011年，广东省地图院地图生产服务体系由数字化向信息化转变，在地图公共服务领域方面取得重大进展。

一、省级基础测绘

（一）完成广东省1:1万公众版电子地图建设项目。为配合数字城市建设，构建服务于全省公共服务平台的数据资源，地图院打破传统的分部门作业模式，由全院统一协调生产，召开动员协调和技术培训会议，在技术和进度上严格把关，数据处理和地理信息实体化处理1:1万DLG（数字线划地图）数据6500幅。

（二）推进珠江三角洲电子地图生产。在2010年更新范围的基础上，更新350多幅1:1万DLG，数据覆盖广州全区域、顺德、南海、禅城、东莞及中山大部分地区。项目的完成将提高上述地区电子地图内容的现势性水平，提高区域地图公共服务能力，为相关区域的常规地图生产打下基础。

（三）开展广东省地名地址数据库建设项目。项目涉及坐标转换、保密技术处理以及数据的整合、处理和建库。在确定分类标准的基础上，完成对多来源数据确定要素进行取舍、核对全省行政名称、实体处理、空值检查、数据分类、代码转换等工作。

（四）承担广东省数字城市建设和“天地图”广东节点中小比例尺电子地图生产任务。完成广东全省21个地级市三级比例尺电子地图及全省区域4种比例尺电子地图的生产；编制完成茂名市、清远市、中山市和东莞市公众版电子地图及《东莞市中心区三维电子地图》等近10种公共地图；完成《东莞市地名地址数据库建设》、《“金土工程”地图管理数据库》和《广东省标准界线图形建库》。

（五）其他省级基础测绘任务。2011年，地图院为省领导提供工作用图40多套；完成全省第二次土地调查成果的部分整饰与输出任务；编制完成《澳门特别行政区及周边地区地图》、《广东近现代革命史迹分布图》等。

二、市县基础测绘及各专业部门地图服务

（一）开展社会主义新农村建设乡镇地图保障服务项目。2011年，地图院编制多种乡镇地图，这些地图成为各镇政府的工作参考用图，也是各镇政府向国内外来宾宣传推介的理想名片。

（二）为市县基础测绘提供地图保障服务。地图院策划编制广州、珠海、东莞、惠州、江门、揭阳、佛山、南海、顺德、湛江等地的系列基础地图，品种包括地图集、工作挂图、灯箱地图、三维电子地图等。

（三）为全省各市（县、区）地方志提供地图服务。

地图院为广州、湛江、深圳、惠州、揭阳、江门、潮州等地方志办公室提供规范、符合要求的地图。

（四）为各专业部门提供多方位的地图服务。2011年，地图院为司法、公路、民政、学校、港口等部门制作各种专项工作用图，包括《广东省高速公路地图》、《广东省地质环境公报》、《中山大学校园地图》、《港口码头地图》等。

【图书出版】 2011年，广东省地图出版社有限公司深化文化体制改革，推动地图出版事业科学发展。全年申报选题90个，出版新书31种，改版105项，计出版图书220万册（幅）。2011年6月1日，经国家新闻出版总署正式批复，地图出版社有限公司获得电子出版物出版资格。

（章罗兰）

广东省地质环境监测总站

【概况】 广东省地质环境监测总站是广东省国土资源厅直属事业单位，正处级，公益一类，核定事业编制25名。下设办公室、地质灾害监察与应急科、地质灾害预警预报科、地下水监测科、地质环境监测科。5个职能部门。主要职责：负责组织实施全省地质环境监测工作；承担地质灾害的监测、调查研究和评价工作；承担地质灾害预警预报事务性工作和汛期地质灾害应急技术性调查工作；负责省域地下水动态监测、评价、预报工作。

2011年，经公开招聘，招录专业技术人员4人；退休3人。至2011年底，有在编人员21人，退休人员20人，其中，管理人员7人，专业技术员12人，技术工人2人；正高级工程师1人，高级工程师3人，工程师6人，经济师1人。

【地质灾害预警预报】 2011年汛期，广东省地质环境监测总站累计发布1～5级地质灾害气象预报预警146次，其中3级以上地质灾害预警预报56次（3级49次，4级6次，5级1次）；通过手机短线、固话语音发布3级以上预警信息15361人/次。2011年全省发生崩塌、滑坡、泥石流地质灾害78起，其中发生在3级以上预警时空范围内地质灾害56起，成功预报13起，避免人员伤亡381人，避免直接经济损失2372.30万元。

完成地质灾害预警信息发布系统升级。针对预警短信发布跨网超量受阻问题，实现信息分端口发布，解决超量受限问题。

【地质灾害应急调查与处置】 2011年全省发生地质灾害101起，以崩塌、滑坡和地面塌陷为主要灾害类型，其中滑坡31起，崩塌45起，泥石流2起，塌陷19起，地裂缝2起，地面沉降2起，造成2人死亡、经济损失2744.95万元。与2010年同期相比，突发性地质灾害发生数量下降83.2%、人员死亡下降95.5%、直接经济损失下降87.9%。

2011年度突发性地质灾害发生时间集中在5、7月份，发生地质灾害69起，占全年地质灾害总数68%。汛期发生突发性地质灾害87起，占全年地质灾害总数的86%，直接经济损失为1919.95万元，占全年经济损失的70%；造成2人死亡，占全年人员伤亡总数100%。有10地级市发生突发性地质灾害，占全省地级以上市总数的48%，地质灾害主要发生在清远、梅州、韶关和肇庆市等，占全省地质灾害总数的82.2%。

2011年度地环总站对全省突发性地质灾害开展应急调查30处，编写应急调查报告21份，现场应急处置崩塌、滑坡、泥石流和地面塌陷等突发性地质灾害96起。完成由省国土资源厅组织的全省地质灾害检查、巡查工作，全年巡查30人/次，应急调查与处置52人/次；落实防灾预案的技术指导工作，协助当地政府临时搬迁避让群众372人，避免人员伤亡354人，避免直接经济损失2329.30万元；编制完成《广东省重点县（市）地质灾害详细调查可行性研究报告》。

【地下水环境动态监测】 2011年，广东省地下水监测区包括有广州市广花盆地、肇庆盆地、湛江雷琼盆地，深圳市、茂名市、佛山市、阳江市、梅州市、河源市、潮州市、揭阳市、韶关市、惠州市等13个监测区，监测区域面积23287km^2，占全省陆地总面积的13.08%。

2011年，全省地下水环境监测区水位动态与2010年水位比较，大部分区域属基本平衡区，局部为弱升区或弱降区。湛江市中层承压水的主体降落漏斗区，中心水位标高−23.64m，较2011年回升1.11m；−4m线面积约975km^2，较2010年的约947.62km^{2}增加27km^2；深层承压水的降落漏斗中心区域，中心水位标高−22.84m，较2010年的−24.00m回升1.16m。−6m线面积约为905km^2，与2010年相同。2011年，全省地下水单项组分含量超过Ⅲ类水标准的主要有TFe、Mn、氨氮、硝酸盐氮、亚硝酸盐氮、pH值等。

2011年广东省地质灾害综合汇总表

序号	辖区（市）	数量（起）	地质灾害类型（起）				死亡（人）	失踪（人）	受伤（人）	损失（万元）
			滑坡	崩塌	泥石流	塌陷				
合计		101	31	45	2	23	2			2754.95
1	广州市	3		2		1	2			53
2	清远市	26	12	7	1	6				1101
3	云浮市	2	1	1						12
4	肇庆市	14	2	8		4				265
5	韶关市	19	10	5	1	3				384.5
6	梅州市	24	4	18		2				195.95
7	惠州市	5		3		2				363
8	河源市	4	1	1		2				239.5
9	佛山市	3				3				131
10	茂名市	1	1							10

2011年，全省按监测地点统计有监测点288个，其中地下水监测点277个，地表水监测点11个。

全省按监测工作量统计有监测点448个。其中：地下水水位监测点226个（其中长观点184个，统测点42个），地下水水质监测点113个（包括62个水位与水质共用的地下水监测点）；地下水水温监测点95个；地表水监测点14个（包括11个水质点，1个水位点，2个水温点）。在226个地下水水位监测点中，有第四系松散岩类孔隙水水位监测点161个，基岩裂隙水水位监测点7个，岩溶水水位监测点52个，混合水水位监测点6个。在113个地下水水质监测点中，有第四系松散岩类孔隙水水质监测点95个，基岩裂隙水水质监测点1个，岩溶水水质监测点14个，混合水水质监测点3个。2011年地环总站总监测次数为9731次，其中地下水水位为8629次，地下水水质为219次（地水质化验报告219份）；地表水水位为2次，地表水水质为22次（地水质化验报告22份）；水温监测859次。

2011年，完成国家地下水监测工程·广东省国家级地下水监测工程项目可行性研究。完成广东省地下水监测工程项目立项。编制完成《广东省浅层地热能开发利用专项规划》；《广东省地热资源规划》。

2011年度广东省地下水监测基本情况表

监测机构	监测面积（km²）	总监测点（个）按监地点统计	监测方式		监测点级别			监测区单元
			人工监测	自动监测	国家级	省级	地区级	
省总站（广州）	800	69	69	—	19	50		广州市广花盆地监测区
佛山	720	33	26	7	7	26	—	佛山市监测区
肇庆	60	38	38	—	3	35	—	肇庆市肇庆盆地监测区
深圳	800	7	7	—	2	5	—	深圳市监测区
湛江	1200	76	76	—	5	71	—	湛江市雷琼盆地监测区
茂名	389	25	25	—	—	25	—	茂名市茂名盆地监测区
阳江	220	9	9	—	—	9	—	阳江市监测区
韶关	18218	14	14	—	—	14	—	韶关市监测区
潮州	60	3	3	—		3		韩江（潮州市段）监测区
揭阳	360	3	3	—		3		榕江（揭阳市段）监测区
梅州	250	5	5	—	–	5	—	梅州梅江区、梅县监测区
河源	150	3	3	—	—	3	—	东江（河源市段）监测区
惠州	60	3	3	—		3	—	惠州市监测区
合计	23287	288	282	7	36	253		

【矿山地质环境保护】 2011年，因矿产资源开采诱发的地质灾害主要是地面塌陷、地裂缝、地面沉降、山体崩塌、滑坡和泥石流，以及矿山废渣堆积诱发的泥石流和破坏土地资源，矿山选矿排水对环境的污染问题。

根据《矿山地质环境保护规定》（国土资源部第44号令），2011年3月，省国土资源厅委托地环总站承担由省国土资源厅发证矿山的矿山地质环境保护与治理恢复方案（以下简称“方案”）评审和审查的具体工作，至2011年12月31日，地环总站组织完成187份矿山地质环境保护与治理恢复方案的评审工作，完成142份方案的备案工作。

（梁华贤）

广东省矿产资源储量评审中心

【概况】 广东省矿产资源储量评审中心是广东省国土资源厅直属事业单位，正处级，公益一类，核定事业编制14人。下设办公室、矿产储量评审科、矿产资源监测科3个职能部门。持有国土资源部颁发的矿产资源储量评审机构资格证书，主要职责任务：负责本省各类矿产资源储量报告评审和矿产资源储量登记、统计工作；承担矿产资源储量动态监测分析工作；承担全省非法采矿、破坏性采矿检测报告的初审工作；开展与矿产资源储量相关的技术咨询和服务；负责矿产储量评估师的申报和注册业务；承办广东省国土资源厅交办的其他工作任务。

至2011年底，广东省矿产资源储量评审中心有在岗人员16人，退休1人。在岗人员中管理岗位6人，专业技术岗位10人：教授级高级工程师2人，高级工程师4人，工程师2人，会计师1人，未定级1人。

【矿产资源储量评审】 矿产资源储量评审是维护矿产资源国家所有权权益的重要保障；是规划、管理、保护与合理利用矿产资源，促进矿业发展的重要举措；是确保矿产资源储量合理、可靠，提高政府管理决策水平的重要依据。2011年，评审中心受理各类矿产资源储量报告359份，其中大型储量报告10份，中型诸量报告37份。根据国土资源部等五部委颁布的《矿产资源储量评审认定办法》（国土资发〔1999〕205号）和《广东省矿产资源储量评审工作规程》等规定，评审中心通过聘请专家、实地勘查、函审和会审的方式，评审通过矿产资源储量报告361份（含2010年底受理的部分报告），其中金属矿报告50份，砂、石、土矿报告270份，建设项目压覆矿产资源储量评估报告20份，矿泉水、地热水报告21份。办理占用矿产资源储量登记审核176份。提供与矿产资源储量评审相关的技术咨询和服务1600人次。矿产资源储量评审工作有序、高效、保证质量，切实为矿政管理做好技术支撑。

【矿产资源储量动态监测】 根据广东省国土资源厅《矿山储量动态监督管理办法》有关要求，评审中心年度派出21批次专家前往矿区及地质勘查单位进行实地勘查和工作指导，召开相关会议15次，完成省国土资源厅下达的9个矿山储量动态检测年报核查任务，并按时提交矿山储量年度报告；在打击非法采矿专项治理工作中，配合国土资源厅执法监察局向公安、检察院、法院及国土资源主管部门提交29份鉴定非法采矿、破坏性采矿检测报告的初审意见；在开展矿产资源储量利用调查工作中，组织专业技术人员及专家协助完成635个矿区储量核查，保证矿产资源储量利用现状调查工作的顺利完成。

【信息化建设】

一、规范建库。为坚定"科学管理、严格评审、优质服务、创新发展"的理念，根据矿产资源储量评审的工作需要，评审中心建立并完善"广东省地下水资源储量数据库管理系统"和"广东省固体矿产资源储量数据库管理系统"数据库。数据库各项功能运行正常，信息稳定可靠，能满足管理和服务需要。

二、提供服务。数据库结构合理、高效，图形管理灵活、实用、方便，配有专人管理和提供服务保障，能为国家经济建设决策和矿山合理化开发提供详实、准确的基础数据支撑。

【完善规章制度】 2011年5月，广东省矿产资源储量评审中心修订、完善《广东省国土资源厅（矿产资源储量评审中心）工作运行规程》，形成包括会议制度、行政管理制度、人事管理制度、财务管理制度、储量评审规程、党风廉政建设制度在内的六大板块合计28项规章制度。

【评审业务培训】 2011年12月，广东省矿产资源储量评审中心在广东省恩平市组织开办广东省矿产资源储量评估师培训班，特邀请省、部级专家莅临授课，参训评估师26名。通过专题学习、经验交流和学术讨论等课程，再次强化评估师们的责任意识，提升相关工作人员的政策和专业理论水平。

（刘 畅）

广东省国土资源测绘院

【概况】 2011年，根据《关于印发省国土资源厅所属事业单位机构编制方案的通知》（粤机编办〔2009〕432号）要求，广东省国土资源厅测绘院更名广东省国土资源测绘院，是广东省国土资源厅直属事业单位，正处级，公益二类，核定事业编制310人。下设办公室、总工程师办公室（资料档案科）、技术研究室、业务科、质量管理科、财务科和人事科（挂党委办公室、工会牌子）7个职能部门和8个正科级下属机构：地形测量队、工程测量队、大地测量队、海洋测绘队、地籍测量队、航测遥感站、信息工程站、卫星定位技术应用中心。其他部门有：测绘行业特有工种职业技能鉴定广东站。广东省国土资源测绘院主要职责任务：根据国家和省的测绘规划、计划，实施省级基础测绘工作；负责实施全省统一大地控制框架、水准框架、GPS定位框架的建设和日常维护；承担行政区域界线测绘、地籍测绘和其他测绘业务；承担测绘行业职业技能鉴定工作；承办广东省国土资源厅交办的其他工作任务。

至2011年底，广东省国土资源测绘院有在岗人员546人，退休职工142人，其中教授级高级工程师1人，高级工程师40人，工程师62人，助理工程师169人。

【基础测绘】 2011年，广东省国土资源测绘院全年主要完成以下基础测绘项目：完成粤东北三等水准测量和湛江硇洲岛浅海滩涂等测量工作；编写《广东省基础测绘技术指导工作方案》；参加市、县（区）编制“十二五”基础测绘和国土资源信息化规划，派出相关人员到各市、县（区）进行基础测绘技术指导工作；成立“地理省情监测课题组”，整理出《地理省情监测调研工作报告》；组织实施了GDCORS实时坐标服务系统研发项目；参与编写由国家基础地理信息中心牵头负责的测绘行业标准《全球导航卫星系统连续运行基准站网运行维护技术规范》编制工作；开展基于机载三维激光雷达点云数据融合高分辨率卫星影像进行1:1万地形图快速成图技术研究；首次获得航空摄影测量资质，并在东莞、清远、广州等地组织航飞。

【培训学习】 2011年，广东省国土资源测绘院举办春季测绘业务培训班4批次，参训人员162人次；举办注册测绘师考前培训班2批次207人次；派出参加培训机构学习的有7批次195人次；参加安全保密培训260人次；参加广东学习网网上继续教育培训301

人次，完成继续教育任务301人；通过播放视频或者重点培训等方式进行全员专业知识培训；鉴定站开展鉴定8期，鉴定人数649人。参加全国首届注册测绘师考试，全院有33名干部职工取得注册测绘师资格。1人获得教授级高级工程师资格，5人获得高级工程师资格，11人获得工程师资格，院中高级以上专业技术人员约占在编职工人数的52.3%；公开招聘12名专业技术人员。

【应急保障】 2012年，广东省国土资源测绘院加挂省应急办和科技厅"广东省突发事件应急卫星定位与低空遥感技术研究中心"牌子，购置无人机航摄装备，举办无人机航摄系统培训，开展省应急测绘保障演练和基于无人机航测遥感系统进行省测绘应急应用调研，编制《广东省无人机航测应急系统选型调研报告》。

【国土资源信息化】 2011年，全省约50%的地级市"数字城市"空间框架建设项目由测绘院进行技术支持和组织实施，其中5个"数字城市"建设基本完成，"数字韶关"地理空间框架建设通过验收。

继续完善省级第二次全国土地调查、"三旧"改造等工作；协助起草广东省第二次土地调查城镇土地调查成果核查验收、广东省农村集体土地村民小组登记发证试点、广东省城乡一体化地籍管理镇级实施工作方案等；完成珠三角城际轨道、广乐、大广、惠盐等高速公路，港珠澳大桥珠海连接线等国家和省重点建设工程的征地测量工作。

【取得荣誉】 2011年，广东省国土资源测绘院大地测量队被中华全国总工会授予"工人先锋号"称号；院团委被共青团广东省直机关工作委员会授予省直机关"五四红旗团委"；院派选手参加第二届全国测绘与地理信息行业职业技能竞赛工程测量和摄影测量比赛，王华、瞿申润、何珍珍三位选手被授予"全国测绘地理信息行业优秀技能人才"称号。

广东省高程改造粤东地区三等水准测量和广州市特殊用地土地调查项目分别荣获中国测绘学会2011年优秀工程奖银奖和铜奖，韶关市数字三维国土资源辅助决策系统荣获中国地理信息产业协会2011年中国地理信息优秀工程奖银奖。

（邹伟健）

广东省测绘产品质量监督检验中心

【概况】 广东省测绘产品质量监督检验中心是广东省国土资源厅直属事业单位，正处级，公益一类。核定事业编制25名，其中主任1名，副主任2名。下设办公室、测绘质量检验一科、测绘质量检验二科、测绘装备监督检查科、地图技术审查科5个职能部门。广东省测绘产品质量监督检验中心的主要职责任务是：承担全省测绘质量监督检验和测绘装备的检定工作；承担各类地图技术审查，并向行政主管部门提交地图审查意见书；承担涉密测绘成果、重要地理信息数据的技术审查，负责地图备案等相关工作；承办广东省国土资源厅交办的其他工作。

至2011年底，有在岗人员22名，其中高级工程师7名，工程师8名，助理工程师4名，工勤技能人员3名。

【基础测绘成果检验】 按照《基础测绘项目管理办法（暂行）》要求，开展基础测绘项目成果强制检验工作。2011年度完成基础测绘项目检验19项，分别是：茂名、肇庆、乳源测区1:1万地形图框架要素更新（茂名测区），汕头、揭阳、潮州测区1:1万地形图测绘（第二部分），肇茂测区、惠州测区1:1万地形图植被信息数据提取，茂名、肇庆、乳源测区1:1万黑白正射影像制作（乳源测区），粤东测区1:1万地形图植被信息数据提取，揭阳测区1:1万DEM更新入库，广东省三角点、军控点1980西安坐标系向2000国家坐标系转换计算项目，茂名测区1:1万DEM更新入库，粤东测区1:1万数字高程模型更新与入库（第二批），汕头、潮州、揭阳测区1:1万地形图测绘（军地合作部分数据转换），珠三角测区1:1万黑白DOM制作，湛江测区1:1万地形图框架要素更新，广东省数字高程模型（DEM）数据保密处理，肇茂测区、惠州测区1:1万地形图植被信息数据提取（第二、三批），硇洲岛海域1:1万浅海滩涂测量，广州、肇茂1:1万数字高程模型更新与入库（肇茂地区），粤东片区三等水准测量（广州、河源、惠州、韶关），粤东区域1:1万框架要素保密处理（DOM、DLG）。通过对基础测绘项目成果实行强制检验，确保基础测绘成果质量，为国家地理信息产业发展和重大工程项目建设服务。

【测绘质量监督检查】 根据《中华人民共和国测绘法》及相关法规的规定，按照省政府《关于切实加强广东省测绘工作的意见》精神以及省国土资源厅《关于加强测绘质量监督管理工作的通知》的工作要求，组织开展测绘资质单位年度测绘质量监督检查工作。

2011年8～12月，组织完成全省186家甲乙丙丁级测绘资质单位的省级监督检查。其中甲级测绘资质单位32家、乙级测绘资质单位118家，抽查丙级测绘资质单位20家、丁级测绘资质单位16家。

2011年11月，广东省测绘产品质量监督检验中心陈继祥作为质检专家，由国家测绘地理信息局抽调，参加对上海、浙江、安徽3省市5家甲级测绘资质单位的国家级测绘质量监督检查工作并担任一个组组长。

2011年7月11～13日，承办“全省测绘质量监督检查培训班”，培训各地级市局测绘质量管理人员、丙丁级测绘资质单位质检专职或兼职人员、部分甲乙级测绘资质单位专职人员600多人。

开展市场委托测绘项目检验工作，全年完成市场委托测绘检验项目35个，涉及成果类型有：工程测量、地理信息系统、地籍测量、海洋测绘、房产测绘、摄影测量与遥感等，为广东重大工程建设、城市规划、经济社会发展等领域建设提供强有力的测绘监督保障服务。

【地图技术审查】 地图技术审查工作是行政审批事项。加强对编制、印刷、出版、展示、登载地图管理，保证地图质量，是维护国家主权、安全和利益的需要。2011年度，广东省测绘产品质量监督检验中心受理审核地图125件，审核通过109件，审核未通过16件。涉及单张地图100幅，地图集4册，书刊插图、登载展示地图9幅，产品上附有的地图图形1幅，地球仪1个，电子地图10件。

2011年4～7月，开展对地图市场及互联网网站登载地图的监管力度，严格查处和封堵互联网用户上传、标注涉密地理信息。查处300家网站静态地图、40家网站动态地图存在错绘、漏绘及涉密地理信息现象，并要求整改或是删除，维护国家主权、安全和利益。

【测绘装备检定】 按照《测绘计量管理暂行办法》（国家测绘局1996年5月22日发布）要求，广东省测绘产品质量监督检验中心根据单位工作职责需要，取得广东省质量技术监督局授权的《专项计量授权证书》，是法定的计量检定机构。2011年，测绘质检中心检定各类测绘计量器具625台套，涉及经纬仪、水准仪、光电测距仪、全站型电子速测仪、手持式激光电测距仪、GPS接收机等授权检定范围的测绘计量器具，为测绘生产单位提供法定的测绘器具检定服务。

2011 年 12 月，广东省测绘产品质量监督检验中心在广州增城建立“广东省测绘标准长度基准检定场”，为广东省测绘计量管理，保证测绘产品质量，提供测绘量值准确溯源和可靠传递。

（周克军）

广东省土地调查规划院

【概况】 广东省土地调查规划院是广东省国土资源厅直属事业单位，正处级，公益一类，核定事业编制 30 名。下设办公室、土地资源规划室、土地资源调查室、土地政策研究室 4 个职能部门。广东省土地调查规划院主要承担省级土地利用总体规划编制事务性工作和全省各市、县级土地利用总体规划成果的技术审查及规划实施评估工作；承担全省土地资源调查等技术性、事务性工作；承担全省土地资源统计、土地利用评价和土地利用规划等技术性、事务性工作；从事土地经济理论、土地政策研究和土地资源宏观形势分析工作；承办广东省国土资源厅交办的其他工作任务。

至 2011 年底，广东省土地调查规划院有在岗人员 36 人，退休职工 9 人。其中教授级高级工程师 4 人；高级工程师 12 人；工程师 6 人；助理工程师 3 人。

【土地规划】 完成或正在进行的项目任务或研究有 8 项：

一、全面完成县级规划——包括数据库和规划文本的技术审查工作。不断推进地级以上市规划数据库的成果检查。并协助国土资源部开展数据库检查软件的测试工作。截至 10 月，完成 9 个地级以上市的规划数据库检查。该项工作为实现“十二五”土地规划实施管理的科学化、精细化和信息化奠定坚实的基础。

二、开展规划实施相关配套政策研究。截至 10 月，协助厅规划处初步形成《广东省土地利用总体规划实施管理规定》和《广东省土地利用总体规划修改管理办法》、《广东省城乡建设用地增减挂钩试点项目区实施规划编制技术指南》等初稿，有待进一步调研、征求意见后，再行修改完善、实施。

三、协助广东省国土资源厅相关处室开展专项规划编制工作。相继完成《广东省国土资源“十二五”规划》、《广东省国土资源“十二五”科学技术发展规划》的编制，并参与完成《广东省国土资源信息化“十二五”规划》的编制工作。其中，后两项规划已颁布实施。

四、开展广东省国土资源厅对口扶贫点——《丰顺县丰良镇仙龙村村庄规划》编制工作，目前编制完成规划初稿。

五、协助广东省国土资源厅规划处完成 2011 年度广东省土地利用计划方案的编制。目前，该方案下发各地实施。

六、全面完成《广州市萝岗区土地利用总体规划数据库及规划管理信息系统建设》项目。

七、参与《广东省土地整治规划（2011–2020 年）》项目竞投，其中由规划院承担的《土地整治规划数据库应用研究与信息系统建设》完成技术方案设计。

八、根据粤国土资耕保发〔2010〕121号精神和厅耕保处部署，完成多个县级单位基本农田调整划定验收的内业和外业工作。

【土地政策研究】

一、“广东省开发区土地利用模式与相关政策研究”。目前完成研究报告二稿修改。报告结合广东省开发区土地利用存在的问题，提出开发区可持续发展的政策制度对策，并在管理与技术层面为广东省解决发展用地的瓶颈约束问题提供建议，具有较强的现实指导意义。

二、进一步完善“快速转型期土地供需矛盾的对策研究”。今年的工作主要是根据部有关领导和省国土资源厅领导意见修改完善《关于经济快速转型期土地供需矛盾的对策研究》简版。进一步探索通过土地管理政策创新促进经济发展方式转变的基本思路，以及如何提高土地政策的针对性、灵活性和有效性，构建与创新驱动、内生增长经济发展思路相适应的土地政策体系。在此基础上完成《广东经济转型期土地供需研究》的修改。“广东经济转型期土地供需研究”通过广东省国土资源厅组织的专家验收和成果鉴定，研究成果被认为达到国内业内研究领域领先水平。

三、完成2010年综合统计年报和2011年1～3季度的国土资源统计季报的数据统计和分析报告撰写，及2011年第1～3季度“华南地区土地管理宏观形势分析”工作。“华南地区土地管理宏观形势分析”是广州土地督察局委托规划院开展的项目研究。主要是在综合分析各监测点数据的基础上，研判华南地区土地利用和管理的现状和演变趋势，明晰土地利用和管理存在的主要问题和难题，并提出相应的对策与建议。第4季度的形势分析研究工作即将启动。

四、开展“百城百企百村”调研。本项工作是国土资源部部署、广东省国土资源厅委托规划院开展的研究性项目。目前，该项工作完成资料收集汇总、分析和专题报告及综合调研报告初稿的撰写，正处于广东省国土资源厅领导审议报告阶段。

2011年以来，相继完成《广东省工业和公共管理公共服务用地指南》及《编制说明》的最终修改定稿、“广东省基础设施用地指南”初稿、《广东省开发区扩区升级审核标准》（讨论稿），以及《广东省建设用地节约集约用地考核办法（试行）》和“关于进一步提高广东产业转移园土地利用水平的工作方案”的编制工作。《广东省建设用地节约集约用地考核办法》有关条款列入《广东省地级以上市人民政府耕地保护责任目标履行情况考核评分细则》正式实施。

【土地调查】　相继完成和开展6个项目、任务或研究工作：

一、进一步完善第二次土地调查成果，并着手开展二调成果应用的研究。初步完成二次调查各项目总结报告的编写，“改革开放以来广东省土地利用变化及其驱动机制研究”专题研究亦已启动。

二、重点推进年度土地变更调查，完成全省2010年度土地变更调查的技术指导、数据库质量检查、流量审核、数据汇总分析、上报，及根据国家审核意见开展针对性的复核、实地核查等一系列工作，并全面参与广东省国土资源厅组织的变更调查现场检查和督导工作。与往年所不同的是，今年的土地变更调查还特别针对“本年度批准、未建设”、“本年度批准本年度建设”数据逐图斑逐批文进行批文合法性、坐落等内容的核实。2011年8月，省变更调查成果顺利通过国家级数据对接和数据汇总，为落实土地年度计划考核及耕地保护责任目标提供重要依据。2011年度的变更调查工作于10月启动。

三、承担完成2010年全国土地利用变更调查监测与核查项目遥感监测任务。涉及6个省212个县，面积约36万平方千米。并受国家土地调查规划院委托，承担2011年新疆维吾尔自治区5个县，总面积6.8万平方千米的遥感监测任务。为全省2010年度土地变更调查和卫片执法核查前期准备提供帮助，并提升了规划院综合技术能力和支撑服务能力。

四、全面完成广东省开发区土地集约利用评价成果更新工作，并根据验收成果进行全省数据的分类汇总、分析、撰写全省评价报告、综合测评全省省级开发区土地集约利用水平，以及协助广东省国土资源厅完成省级开发区评价成果的公示。为促进广东省开发区土地节约集约利用，提高开发区土地管理水平，实施开发区土地集约利用状况监控奠定扎实的基础，并为开发区扩区升级审核、建立相关评价考核制度提供科学依据。

五、完成 2010 年度城镇土地利用现状与潜力调查试点研究。该项目是国土资源大调查工作的重要内容之一。广东省有 3 个县、3 个镇选作试点单位。该项研究对于摸清城镇、农村土地利用现状，分析土地开发利用潜力，提出土地开发与保护方向，为管理部门提供决策政策依据都具有十分重要的意义。

六、推进广东省农用地产能核算研究，完成全省二级区农用地产能核算模型构建和全省县级农用地产能核算成果的省级审查和 17 个地级市县级成果的省级验收。

与此同期，还全面完成全省县级农用地定级估价归档工作，农村集体土地确权登记发证的前期调研工作也已启动。

【成果与奖项】 《广东省县级土地利用规划标准》、《东莞市土地规划管理信息系统》相继获得 2011 年度地理信息科技进步奖三等奖、2011 年中国 GIS 优秀工程奖银奖。2011 年获得“国土资源部‘十一五’科技先进集体”称号。

（文　燕）

广东省土地开发储备局

【概况】 2009 年，根据《关于印发省国土资源厅所属事业单位机构编制方案的通知》（粤机编办〔2009〕432 号），整合广东省土地整理中心、广东省地价评估中心、广东省征地服务中心，组建广东省土地开发储备局，暂不定级别，公益一类。核定事业编制 60 名。下设办公室、财务部、耕地开发储备部、土地整理复垦部、建设用地开发储备部、土地市场与地价监测部共 6 个部（室）职能部门。主要任务：协助广东省国土资源厅编制全省土地整理复垦开发项目计划，指导地方组织实施；对地方编制项目计划进行技术指导；在全省范围内选择和运作土地整理复垦开发示范项目；承办省级土地整理复垦开发项目的可行性研究、规划设计、预算编制等前期工作和项目管理实施工作；承担耕地指标储备事务工作；协助广东省国土资源厅指导耕地占补平衡、市县政府建设用地储备和城乡建设用地增减挂钩工作；承担建设用地信息发布、土地市场和地价动态监测等事务性、技术性工作；承担重点工程建设用地报批服务、基准地价体系建设以及基础性、公益性土地评估工作。

至 2011 年底，广东省土地开发储备局有在岗人员 48 人，退休职工 8 人。其中，具有高级职称资格 9 人，中级职称资格 13 人，初级职称资格 5 人。

【开发补充耕地】 继续稳妥地推进以利用低效园地山坡地开发补充耕地这一重大土地整治工程，不断创新工作机制，主动谋划，攻坚克难，上下协同，密切配合，科学监管，数质并重，全年开发补充耕地项目 2018 个，新开发补充耕地 3.44 万公顷。

【土地开发整理】 以建设现代标准农田为目标，实施土地开发整理。全局精心组织，扎实推进，采取分类指导、责任到人、逐个项目落实等强力措施，加大对“三类”在建项目（即易地开发、国家级、省级投资土地开发整理项目）的监督检查与工作指导力度，加快项目实施进度。全省安排实施土地开发整理项目193个，除拟申请撤销的6个项目外，实施土地开发整理面积达11.33万公顷，计划新增耕地面积9353.33公顷。截至2011年底，完成验收项目82个，竣工（进度100%）项目59个，工程进度超过90%的有15个，进度大于50%～90%的有22个，实施进度明显加快。

【土地整治规划编制】 根据国土资源部关于开展土地整治规划编制工作的要求，以打好广东省“十二五”土地整治工作规划基础、推进土地整治科学发展为着力点，精心组织技术力量，开展《广东省土地整治规划（2011–2020）》的编制工作。规划设10个研究专题，经过规划编制专家组多次的讨论、咨询和修改，取得初步成果。截至2011年底，省级规划编制完成初稿，市、县二级规划编制的技术准备工作也基本完成。

【耕地质量建设】 开展耕地质量等级监测和耕地质量等级年度变更试点工作，负责承担广东省化州市耕地质量等级监测试点和广东省耕地质量等级年度变更试点任务，完成《广东省化州市耕地质量等级监测研究报告》、《广东省耕地质量等级年度变更试点工作技术方案》和《广东省耕地质量等级成果补充完善工作技术方案》等。

【土地市场与地价动态监测监管】 开发建成广东省土地市场动态监测与监管系统。该系统于2011年10月17日正式全省运行，为加强对全省建设用地批后全程动态监测与监管，及时掌握土地市场动态，做到底数清、情况明提供有效的技术保障手段；完成广东省8个纳入国家地价动态监测范围城市的地价动态监测工作，以及开展技术指导和实地复查考核工作；承担全省土地协议出让国有土地最低价标准的更新工作；组织力量定期编制广东省土地市场动态监测分析报告，为土地参与市场宏观调控提供决策服务。

【建设用地报批服务】 全力推进承接的重点项目建设用地报批服务。先后完成广州燃气集团有限公司田心调压站等燃气设施建设、广东清远水利枢纽工程建设、武汉至广州高速铁路建设、太原至澳门高速公路广东顺德（碧江）至中山（沙溪）段建设、广东西部沿海高速公路珠海金鼎至新会古井（含月环至南屏段支线）段建设等项目用地报批工作。

【城乡建设用地增减挂钩】 配合广东省国土资源厅做好城乡建设用地增减挂钩试点工作。参与全省增减挂钩试点项目的初审、踏勘、论证和在线报备工作；配合广东省国土资源厅土地利用管理处对梅州市的梅江区、梅县、平远县，肇庆市的德庆县、广宁县、封开县，湛江市的徐闻县等增减挂钩试点项目进行实施情况检查。

【土地政策研究】 受广东省国土资源厅耕地保护处、土地利用管理处委托，开展有关土地整治、闲置土地处置、土地储备、耕地储备指标采购管理、地价动态监测等土地政策的研究工作。

为适应土地整治工作发展新形势，迎接“十二五”开展大规模建设高标准基本农田整治重大任务的挑战，通过总结和省内外调研，组织开展《广东省农村土地整治运作机制创新研究》工作。为加强耕地储备指标采购管理，规范耕地储备指标采购程序，营造公开、公平、公正的市场环境，参与研究起草《广东省耕地储备指标采购管理办法》。

开展闲置地处置和土地储备等专项研究，形成《广东省闲置土地处置办法研究报告》、《广东省闲置土地处置办法说明及草案》等报告，并正在研究拟定《广东省土地储备管理办法》等。

开展省级地价动态监测工作调研，完成《广东省城市地价动态监测实施方案》上报广东省国土资源厅土地利用管理处。

配合广东省国土资源厅完成国家对广东省的耕地保护责任目标考核和占补平衡考核，以及城乡建设用地增减挂钩及农村土地整治项目专项清理检查工作。

【成果与奖项】 2011年11月，在中国土地勘测规划院组织的评比中，承担的“湛江市城市地价动态监测数据采集与地价监测点维护”项目在2010年105个国家级地价动态监测城市年度工作综合评比中排名第七。

（黄永松）

广东省国土资源技术中心

【概况】 广东省国土资源技术中心（挂广东省基础地理信息中心牌子）是广东省国土资源厅直属事业单位，正处级，公益一类，核定事业编制144人。下设办公室、人事科、财务科、计划科、质量管理科、技术研究室、数据管理室、信息化室、资源监测室、航摄遥感室、数据采集室、数据编辑室12个职能部门。主要职责任务：承担全省基础测绘、地理空间数据的获取、处理、管理、更新与开发应用；承担土地资源利用情况、变化趋势的动态监测；承担省级基础地理空间数据库和土地、矿产资源数据库的建立和维护；承担全省国土资源信息化建设的技术工作；承担省级基础地理信息公共服务平台建设、维护及应用；承担基础地理信息资源整合利用和共建共享；承办广东省国土资源厅交办的其他工作任务。

至2011年底，有在岗人员165人，退休职工96人；其中高级工程师（教授）4人，高级工程师19人，工程师33人，助理工程师67人。

【基础测绘】

一、加快基础地理信息资源建设

（一）完成广东省1:1万DLG（全要素测图、框架、核心要素更新）5161幅、1:1万DOM6599幅、1:1万DEM6599幅数据成果的保密处理；

（二）完成湛江测区、乳源测区1:1万DLG框架要素更新、植被提取生产合计1428幅；

（三）完成肇庆、珠三角测区1:1万DOM制作963幅；

（四）完成粤东、湛江、乳源测区1:1万DEM更新1063幅；

（五）正在实施省级地理空间框架基础数据库（DLG）编码转换工作。

二、珠江三角洲基础地理信息公共平台建设

2011年技术中心开展珠江三角洲基础地理信息公共平台新版本平台技术的有关实验和研究工作。向省财厅多次提交项目预算说明，按照要求完成预算调整，为落实项目经费完成各项配合工作。

三、“天地图”广东建设

国家测绘局《关于印发＜“天地图”省市级节点建设方案＞的通知》（国测信发〔2011〕1号）文件要求各省测绘行政主管部门开展“天地图”省市节点建设。技术中心按照国家要求编制“天地图”广东建设方案，并完成“天地图”广东省级节点的设备采购和安装，以及门户网站系统开发和前期的数据集成测试工作。“天地图”广东省级节点于11月上线运行。

四、数字广东地理空间框架方案编写

为做好广东省地理空间框架的科学规划和建设，整合全省测绘地理信息资源，适应当前社会的大形势、符合大趋势、满足大需求，形成建设有效、发展有效、服务有效的大框架，按照省国土资源厅的要求，技术中心开展数字广东地理空间框架方案的编写工作，提出广东省空间框架的建设目标和建设内容，该方案递交给专家研讨会进行讨论，进行反复的修改完善，形成第三稿方案。

【国土资源信息化】

一、广东省国土资源厅门户网站信息采集、编辑和发布工作

协助广东省国土资源厅相关部门，进一步落实广东省国土资源工程建设领域信息公开工作，完善网站栏目建设和信息发布，协调落实信息共享和数据交换，及时公开上级要求的土地市场信息、土地审批信息、从业人员相关信息以及矿业权的审批和出让等各类信

息。按省政府的要求，开发政务公开目录接口，及时实现与省政府网站的政务信息数据交换。增设专题专栏，集中宣传报道民主评议活动、全国土地日纪念活动、扶贫济困活动等，并按照省政府要求进行信息公开网上民主评议，协助广东省国土资源厅举行政风行风建设网上调查。以丰富多样的形式为社会提供政务信息服务。截至9月30日，2011年度广东省国土资源厅网站累计发布政务新闻类信息330多条，业务通知、公告类信息3300余条，网站页面总数77815个，网站访问次数与上年同比增加17.93%，受关注度进一步提升。

二、广东省国土资源厅电子政务系统建设

2011年，延续上一年度政务系统改版后的修改完善工作，结合广东省国土资源厅各处室提出的新的应用需求，新增开发建设用地指标年度结转功能、备忘录功能、发文模糊查询功能、政务信息软件共享功能、综合材料局部共享功能等，新搭建信息公开业务流程、发文流程等。

三、土地矿业权市场网上交易数据标准编制

2011年9月，为配合广东省国土资源厅“两整治一改革”专项行动，实现全省土地矿业权交易系统数据库建设的规范统一，便于全省土地矿业权交易市场数据的交换和汇总，利于省级主管部门以及监察部门的监管，技术中心在广泛征求意见的基础上完成土地矿业权市场网上交易系统数据标准的编制。

四、配合广东省国土资源厅科教处为“金土工程”项目实施提供技术支持

2011年，完成的主要工作有：配合完成广东省国土资源业务网及视频会商系统、数据中心、机房、数据资源和应用系统（电子政务基础平台、数据交换系统、公众版地理空间信息服务系统、数据综合处理系统、门户网站）的用户需求的设计。配合完成省视频会商系统的建设，6月开始试运行，整体情况良好。配合完成对外服务机房的主体工程建设。承担17个数据库的建设，目前完成17个库《需求分析规格说明书》和《详细设计说明书》的编写，并完成其中13个库的建设。

【数字城市建设】 2011年是广东省“数字城市”地理空间框架建设全面实施的一年。技术中心作为广东省“数字城市”地理空间框架建设技术支持牵头单位，以做好21个地市“数字城市”建设技术支撑保障为主线，着力解决建设中碰到的技术问题，围绕“数字城市”基础地理信息数据体系建设、地理信息公共平台建立、典型应用系统开发和支撑保障体系建设等方面开展技术攻关，全面开展茂名、清远、珠海、中山、东莞和阳江等地方“数字城市”的建设，跟踪掌握地市“数字城市”建设进展，加强对地市技术人员的技术培训力度，为广东“数字城市”建设的顺利推进提供有力保障。截至2011年7月，惠州、深圳和佛山三个试点城市完成全部建设任务，并顺利通过验收；推广城市“数字茂名”建设项目也于2011年9月26日通过专家组的验收，其他17个市的项目设计书全部通过专家评审，现已进入实质性建设阶段。

【“三旧”改造地块标图建库】 2011年，广东省国土资源技术中心完成全省123个县（市、区）的“三旧”地块标图建库工作，掌握了全省“三旧”改造地块的位置、权属和改造动态等信息，2011年，为了确保“三旧”改造地块符合新一轮土地利用总体规划，技术中心组织人员对全省7万多个改造地块的土地规划用途进行核查，核减不符合规划的地块7000多个、面积1.33多万公顷。并协助厅试点办，制定“三旧”改造标图建库动态调整机制，为今后“三旧”地块数据库更新提供制度保障和技术规程。

【国土资源综合管理平台】 广东省国土资源技术中心针对矿业权监管、测绘监管两方面进行了详细的需求调研后，对2010年编制的《国土资源综合监管平台建设总体方案》进行修改完善和需求细化。协助广东省国土资源厅科教处出台《广东省国土资源综合监管平台工作方案》，系统计划于2012年开发完成。

（李　江）

广东省国土资源档案馆

【概况】 广东省国土资源档案馆是广东省国土资源厅直属事业单位，正处级，公益一类，核定编制 30 名。下设办公室、国土档案室、测绘档案室、地质档案室、数字档案室、实物地质资料室 6 个职能部门，主要职责任务：一、拟定并实施广东省国土资源档案事业的发展规划、档案管理制度、办法；二、指导广东省国土资源系统档案管理工作，组织开展档案编研、信息化和开发利用工作；三、承担广东省国土资源厅有关档案资料的接收、归档、管理和查询利用；四、承担全省成果地质资料、实物地质资料、测绘成果的汇交、保管和利用工作；五、承担建设项目压覆矿产资源查询工作；六、承担地质资料信息服务集群化、产业化工作；七、承担以往地质勘查工作程度核查工作；八、承担矿产资源勘查实施方案审查工作；九、承办广东省国土资源厅交办的其他工作任务。

至 2011 年底，在编人员 25 人，其中研究生学历（含在读）9 人，大专以上文化程度 23 人，高级职称 10 人，中级职称 7 人，初级职称 4 人。

【档案收集管理】 广东省国土资源档案馆坚持档案管理工作向前沿伸的工作方式，从档案形成源头开展档案的收集、整理和预立卷工作。先后安排工作人员到广东省国土资源厅办公室、规划处、财务处、土地利用处、矿管处、地勘处、执法监察局和驻厅监察室等部门协助档案收集整理工作，开展档案管理工作上门服务，向前沿伸至源头服务。2011 年，接收测绘资料档案的各类基础地理信息数据 6514 幅，数据量 140.7 GB；专题数据（航片）37435 片，数据量 8788 GB；纸质航片 37435 片；2000 国家大地坐标转换图廓坐标改正数 8332 幅；各类测绘档案（纸质）10523 件。完成测绘档案整理 385 卷，55777 件。接收国土资源档案 13800 多卷（件），完成整理 14208 卷（件）。接收汇交地质资料 150 宗。筛选、收集实物地质资料 1040.94 米岩芯，并完成整理、入库、上架。2011 年，广东省国土资源档案馆在向国土资源部转汇交地质资料质量评比中全国排名第一，被全国地质资料馆评为“全国地质资料汇交工作优秀单位”。

【档案监管】 广东省国土资源档案馆一是通过广东省国土资源厅电子政务系统，在窗口收文和办公室发文两个管理环节加以控制，开展文档一体化管理，收文管理实现实时归档；二是通过省级地质资料汇交监管平台的建设，以探矿权、采矿权审批和政府出资项目立项为监管信息源，实现地质资料的汇交监管；三是通过测绘成果监管平台建设，从政府出资测绘项目立项管理入手，贯穿汇交管理、分发服务、保密管理、用户管理、销毁备案等环节。

【档案安全保密】 2011 年，广东省国土资源档案馆一是注重建立健全保密工作各项制度，把“明确责任、落实制度、加强管理”作为保密工作的总思路。重新修订测绘成果管理的各个环节的规定；对档案的接收、整理、保管、利用等环节进行认真排查，涉密成果管理更加规范。二是馆库建设已全部实现自动消防、视频监控、电子门禁建设。三是完善网络建设，进一步加强保密安全管理。四是规范计算机网络和移动存储介质使用的管理。严格区分涉密网、内部网、互联网的使用，对计算机信息系统采取安全保密防护措施，杜绝无安全保障的设备处理、传输、存储涉密档案。参与并较好地完成全省测绘成果安全保密检查工作。2011 年，国家测绘局、国家保密局涉密测绘成果保密检查组对档案馆的制度建设，涉密测绘成果的接收、保管、提供利用管理计算机网络、涉密计算机等进行全面检查，检查组给予很高的评价。

【档案信息化建设】 2011年，广东省国土资源档案馆一是完成广东省国土资源档案馆、广东省地质资料管理与服务2个门户网站的升级改造。二是全面开展档案资源数字化建设。测绘、国土、地质、文书各专业分别建设案卷级和卷内文件级目录数据库、图文数据库。2011年，完成馆藏全部文书档案数字化建库、基本完成馆藏测绘成果及档案的数字化建库，馆藏档案信息数据量近18个T。三是开展档案管理服务信息系统的开发建设。按综合文书与土地管理、地质资料、测绘成果等专业进行划分。综合文书与土地管理档案，开发了面向国土资源行业的“档案管理服务信息系统”，实现文档一体化管理和档案利用服务平台建设。地质资料，开发“地质资料管理与服务信息系统”，实现地质资料管理办公自动化、管理与服务一体化。测绘成果档案，升级改版“测绘成果管理与服务信息系统”。四是初步实现“数字档案馆”建设目标。近年来，投入近800万元用于馆的机房建设、网络及设备建设、软件平台购置。在档案信息资源建设和管理服务信息系统建设的基础上，通过馆涉密网、政务网、互联网，分别建设了服务大厅、电子阅览室和2个网站2个发布查询平台，建立面向机关和社会的档案信息服务平台和网络化服务体系。五是国土资源档案信息集群化产业化工作。以国土资源档案信息集群化产业化为发展方向，以整合国土资源档案信息，形成地上的土地管理档案信息、地表的测绘地理信息档案信息、地下的地质资料档案信息，形成“一张图”集群服务平台为建设目标，促进国土资源档案信息服务理念、服务方式和服务能力的重大变革。开展面向矿政管理和土地利用的集群服务平台建设。

【档案利用服务】 2011年，广东省国土资源档案馆采取了一是主动作为。档案管理由被动管理转向广东省国土资源厅档案形成的源头实施管理。利用科技手段加强档案汇交和归档监管。二是拓展延伸。围绕国土资源管理中心工作，充分发挥档案信息资源的资证作用，拓展延伸为行政审批、监管、执法提供紧密服务。三是树立档案信息大服务的理念。充分发挥档案信息资源优势、人才优势，为国土资源管理提供信息支撑和技术支撑。2011年，提供档案利用服务7358人次，36194（卷/件），6823.63 GB。

【技术服务与支撑】 实物地质资料管理。2011年，档案馆鉴于目前保管条件所限，在广东省国土资源厅矿管处的指导帮助下，采取省级馆藏机构指导下的分片委托保管机制，建立广州、韶关、梅州、湛江四个分库，制定全省实物地质资料管理的一系列制度、办法以及工作流程和管理要求。

矿产资源勘查实施方案和国外矿产资源风险勘查专项资金项目的评审。2011年，档案馆开展396个勘查项目实施方案和24个国外风险勘查专项的评审工作，涉及206个矿业权人和申请单位。

（梁 叙）

广东省测绘技术公司

【概况】　广东省测绘技术公司是广东省国土资源厅直属的专业综合测绘公司，成立于1981年，是国家测绘局第一批授予甲级资质的测绘单位，主要业务范围（甲级）有：地籍测绘；房产测绘；工程：测量控制、地形、城乡规划定线、城乡用地、市政工程、建筑工程、线路工程、桥梁、隧道、变形（沉降）观测、形变、竣工测量。

至2011年底，广东省测绘技术公司有职工75人，其中高级工程师6人，工程师15人，助理工程师25人。

【主要业绩】

一、高速公路测量业绩

2011年4月6日，广东省测绘技术公司完成潮惠高速公路A1标（YK0-K70）全线70千米的初测、定测工作；

2011年5月31日，广东省测绘技术公司完成广东省云浮至阳江高速公路罗定至阳春段全线82千米的勘测定界测量；

2011年7月25日，广东省测绘技术公司完成潮惠高速公路A2标（K70-K139）全线69千米的初测、定测工作；

2011年9月30日，广东省测绘技术公司完成大广高速公路（新丰县境内）全线39千米的勘测定界测量；

2011年12月31日，广东省测绘技术公司完成江门至罗定高速公路全线65千米的勘测定界测量；

二、广州第二次全国土地调查项目业绩

2011年7月31日，广东省测绘技术公司完成6个广州市第二次全国土地调查项目。项目分布在天河区（10.2km2）、荔湾区（14.4km2）、黄埔区（15.4km2）、番禺区（45.1km2）、萝岗区（19.7km2）、南沙区（15km2），这6个项目在2011年都通过广州市国土资源和房屋管理局的最终检查验收。其中，“萝岗区第二次土地调查城镇村庄地籍调查项目合同标段二（东区调查区）”项目荣获广州市第二次全国土地调查优质工程奖称号。

三、市场招投标项目业绩

2011年3月22日通过市场的招投标，广东省测绘技术公司中标了广州科学城北区第二期（知识城2011年)3.33平方千米的征地测量服务项目；

2011年5月10日，广东省测绘技术公司中标广州开发区房地产管理所房产测量服务项目；

2011年8月16日，广东省测绘技术公司中标萝岗区“三旧”改造项目完善历史用地手续勘测定界项目；

2011年9月13日，广东省测绘技术公司中标从化“三旧”改造用地勘测定界项目。

（彭　兵）

学会社团

199/208

2012

责任编辑：邝文强

广东省土地学会

【概况】 广东省土地学会是土地科技工作者自愿组成并依法登记的，具有社会公益性质的全省性、学术性、非营利性的法人社会团体，是广东省科学技术协会的组成部分。

广东省土地学会于1985年7月在广州成立，现有会员4198人，团体会员135个。现任理事长沈彭，学会业务主管单位是广东省国土资源厅，接受省科协和民间组织管理局的指导和监督。

广东省土地学会于1985年7月、1991年3月、1996年1月、2002年6月、2009年6月分别在广州召开第一、第二、第三、第四、第五次会员代表大会。王荫轩任第一届理事长，袁征任第二、第三届理事长，沈彭任第四、第五届理事长。

【工作综述】

一、开展土地规划机构评选推荐工作

2011年，根据中国土地学会相关文件的精神和要求，广东省土地学会组织完成广东省2011年度土地规划乙丙级机构评选推荐工作。广东省土地学会受理30家机构的申报，经材料初审、专家评选、学会审核，全省有28家机构通过评审，进入《广东省2011年度土地规划乙丙级机构推荐名录》。在该28家机构中，获乙级资质的24家，获丙级资质4家的；首次获得乙级或丙级资质的9家。为规范土地规划机构资质管理，学会还制定《广东省土地规划机构资质管理办法（试行）》。

二、组织开展农村土地管理制度改革调研

2010年4月，学会发出《关于征文出版〈农村土地管理改革调研报告集〉的通知》（粤土字〔2010〕9号文）。号召学会理事组织会员、科技工作者围绕土地产权制度改革、农村集体建设用地流转、农村宅基地管理制度改革、农村土地市场等热点问题开展学术调研，并撰写相关研究报告。为推动这一工作开展，学会组织两个专业调研组，沈彭理事长亲自带队分别对惠州市、清远市等地的农村土地管理改革情况进行深入调研。目前，《调研报告集》完成并上报省政府审核。

三、部署开展广东省农村宅基地管理立法调研

根据广东省国土资源厅关于开展广东省农村宅基地管理立法调研的委托，广东省土地学会组成专题调研组，自2010年12月～2011年5月，先后赴佛山、韶关、江门、广州、揭阳等市调研，连同之前学会已对清远、惠州进行了调研。这次调研工作共赴7个地级市、14个县（市、区）及若干镇（街）村。调研组所到之处，均与当地市、县国土资源部门领导及相关负责人座谈，向镇（街）、村干部了解情况，倾听各方对农村宅基地管理立法的意见和建议，并到部份现场实地考察。学会沈彭理事长全程参加调研活动。

四、完成《环境·资源》编修工作

广东省志《环境·资源》卷是2002年省政府指定由广东省国土资源厅牵头，省直和中央驻粤11个单位共同编修的。广东省土地学会受省国土资源厅委托，承担此项长达八年的工作。《环境·资源》全卷86万字、照片140幅、地图16幅。2011年1月21日，省终审委员会对志书进行终审，一致认为，本卷编修指导思想明确，观点鲜明，资料丰富翔实，时代特色、地方特色、行业特色突出，准予印刷出版。

五、继续按时保质编辑出版《广东土地科学》

2011年，学会继续出版学术刊物《广东土地科学》共6期，刊登各类土地科技文章56篇，约52万字，每期印刷3500本，免费寄发给学会会员，为推动土地科学交流和发展发挥作用。此外，根据会员要求，今年

还增发不定期《土地管理动态》10 期，供本会理事及各会员单位领导参阅，反响较好。

六、承办省国土资源行业继续教育专业科目培训班

为贯彻落实《关于贯彻实施 < 广东省专业技术人员继续教育条例 > 的通知》的精神，广东省国土资源厅于 3 月底下发《关于举办 2011 年度省国土资源行业继续教育专业科目培训班的通知》，学会分别于 5 月份和 8 月份两个月承办了五期省国土资源行业继续教育专业科目培训班，全省有 1650 人次报名参加培训。此培训班将颁发相应的结业证书，并作为申报职称、年度考核、岗位聘任、续聘、晋升时继续教育的有效凭证。

七、承办 2011 年中国土地学会年会

受中国土地学会委托，学会联合广东省土地调查规划院、佛山市国土资源局在佛山南海共同承办了 2011 年中国土地学会年会。作为主要承办单位，学会全程担负此次有 200 多人参加的年会全部会务工作。由于工作出色圆满，学会受到中国土地学会的信函表扬。

（文　燕）

广东省测绘学会

【概况】 广东省测绘学会是一个具有悠久历史、影响较大的学术社团组织，是广东省科协和中国测绘学会的组成部分。学会团结和组织全省测绘领域的科技人员，开展测绘科技学术交流和人才培养，为促进广东省测绘科技进步和测绘事业的发展，促进测绘科学技术的普及和推广，促进测绘科技人才素质的提高，促进测绘科技与经济建设的结合，维护测绘科技工作者的合法权益，为广东省物质文明和精神文明建设服务，为全省测绘单位和测绘工作者服务，为政府决策服务。在政府、测绘行业和测绘工作者之间，充分发挥桥梁纽带作用。

【工作综述】 2011 年，是“十二五”的开局之年，也是实施“构建数字中国、监测地理国情、发展壮大产业、建设测绘强国”总体战略的启动之年。按照“三服务一加强”的工作定位，围绕中心、服务大局，开展工作。在组织建设、业务培训、学术交流、科学普及等方面工作取得了新进展和新成绩。测绘学会 2011 年在完成日常的学会工作前提下，配合省国土资源厅的工作，进行应对全国第一次注册测绘师考试的有关工作，为广东省注册测绘师的通过人数位居全国第一做出贡献；在湛江市举办一期有六位测绘院士主讲的院士论坛；2011 年测绘学会各个专业委员会和工作委员会的活动与历年相比开展最多，成果突出。

一、加强学会组织基础建设

2011 年，测绘学会继续加强组织建设，紧紧依靠广大会员，充分发挥各理事单位积极性，坚持民主办会，坚持民主议事制度，在指导分支机构管理、发展会员等方面，严格遵守民政部门有关规章制度，管理严格、行为规范、氛围和谐，保障和带动学会工作的

全面开展。一是健全民主办会制度。召开1次理事长会议、1次常务理事会议和1次分支机构负责人工作会议。学会很多重要事项通过电话或信息方式联系理事讨论决定。二是完善各项规章制度，加强学会办公室自身建设。本着促进学会工作健康发展的原则，结合学会的实际情况，2011年重新制定省测绘学会办公室人事、财务制度，建立完备学会工作规章制度和工作流程，进一步推进学会组织管理的规范化。依托学会的组织网络优势和信息资源，建立学会互助工作平台，拓宽学会服务会员的渠道和途径，创新会员服务方式，推动学会工作信息化。三是规范分支机构管理，协调分支机构有序开展活动。为加强对学会所属各分支机构的规范化管理，充分发挥学会整体功能，学会办公室于2011年6月份在深圳召开分支机构和各市（区）测绘学会负责人会议。会议讨论审定学会各分支机构2011年下半年的重要会议及活动计划，印发《2011年下半年学会工作计划安排表》和《广东省测绘行业诚信自律倡议书》，协调分支机构组织学术及科普活动，指导各市（区）学会开展增选换届、学术交流、科学普及等工作，及时了解学会各分支机构和各市（区）学会的工作动态。

二、搭建学术交流平台

2011年，学会在学术活动内容和范围、方式及活动质量上下功夫，实现学会自身学术活动有成效，分支机构学术活动有特色，有效促进测绘地理信息科技的繁荣和发展。一是开展学术交流合作。组织参加中国测绘学会年会及一系列由中国测绘学会和中国科协、省科协组织的学术交流活动；组织参加全国测绘科技信息网中南分网第二十五次学术信息交流会，测绘学会提交论文36篇，并由张新民理事长带队23人出席会议。全国测绘信息网中南分网学术交流会每年举办一次，中南六省区轮流主办。广东省国土资源厅测绘管理处处长赵红代表广东省出席会议并顺利完成公章交接仪式。二是测绘期刊办刊水平有所提高。《测绘时空》建立了作者、审稿、编辑和读者四位一体的期刊队伍，建立完善期刊数字平台，实现期刊的数字化、信息化，保持科技期刊数据资料的完整性，增加科技论文共享性。三是分支机构学术活动富有特色。教育与科普专业委员会举办“2011年测绘教育论坛”，测量工程专业委员会召开“2011年度城市测量与测量工程学术经验交流会”，地图学、遥感与地理信息系统专业委员会召开“数字城市地理空间框架建设研讨会”等。学会还邀请香港测量师学会土地测量组负责人来广州交流两地注册测绘师工作情况并讨论今后的合作与交流事宜，与港澳测绘界保持良好的友好关系。

三、深化科技普及和咨询

学会充分发挥科学技术优势、人才资源优势和组织网络优势，组织和动员科技工作者，深入调查研究，跟踪动向、把握趋势，促进科学决策，引领社会思潮，不断推进测绘地理信息科技思想库建设，更好地为测绘地理信息事业服务。一是主动服务测绘发展战略研究。学会常务理事会、专业委员会的有关领导、专家为学会的测绘地理信息发展战略研究工作把脉问诊，提出针对性强、可操作的意见和建议，为研究工作进一步把握研究方向，明确研究内容。二是参与测绘地理信息科普宣传。组织省内测绘科技工作者参加全国学生定向越野锦标赛暨“中国四维杯”第七届全国测绘职工定向越野大奖赛。此活动成为各有关部门认识测绘作用、了解测绘功能的平台，成为学生了解测绘知识、学习测绘技术、传承测绘精神的阵地。三是开展人才库建设。按照科协《中国科协高层次人才库建设实施方案》要求，配合广东省国土资源厅优秀测绘工程奖评奖活动的开展，测绘学会做好测绘地理信息高层次人才入库专家信息采集、录入的组织工作。

四、开展继续教育培训

2011年，测绘学会配合广东省国土资源厅有关处室和单位举办两期业务培训班。此外，主要做好两项工作：一是进行注册测绘师资格考试考前培训。2011年全国首次举行注册测绘师资格考试，根据广东省国土资源厅《关于做好注册测绘师资格考试相关工作的通知》（粤国土资测管发〔2010〕712号）精神，测绘学会于2011年2月11～16日联合中国测绘学会在广州举办一期“广东省注册测绘师资格考试考前培训班”。为了与国家组织的培训计划接轨，测绘学会邀请在全国各地辅导的老师和测绘学会专家进行授课，再次集中重点辅导，还进行“模拟考试”。这是一次考前冲刺性质的培训，对应试人员有较大的帮助和启示。测绘学会编辑《注册测绘师资格考试自测练习题集》

一书。本次培训班培训人数为439人。另外，学会在国家考试7～10天前，还分别在广州和中山举办注册测绘师临试指导班（参加这个班的学员考试通过率达30%），今年注册测绘师考试成绩已公布，广东省通过283人，全国通过3147人，为全国的1/11，高居第一。在全国注册测绘师考试前，配合中国测绘学会的工作，测绘学会派出人员到13个省市进行23场辅导讲座。二是承办全省测绘高新技术研修班（院士论坛）。2011年11月14～17日，由省国土资源厅主办的“2011年广东省测绘高新技术研修班”在广东省湛江市开班，全省各级测绘行政管理人员、注册测绘师和甲、乙级测绘资质单位有关负责人，以及在职高级测绘专业技术人员342人参加学习。本次研修班特地邀请中国6位著名测绘科学家前来授课。他们是中国科学院陈俊勇院士，中国科学院、中国工程院李德仁院士，中国工程院刘经南、宁津生、张祖勋、王家耀院士。他们分别在研修班上作了题为《地理国情监测》，《高分辨率遥感对地观测》，《卫星导航与位置服务》，《测绘与地理空间信息学发展》、《激光扫描与摄影测量》和《地图学与地理信息工程思维创新及关注热点》的学术讲座。广东省国土资源厅副厅长李俊祥，总工程师杨林安，湛江市委、市政府领导，广东省测绘学会理事长张新民等出席开班和结业仪式并作了讲话，向学员颁发由省国土资源厅签发的继续教育结业证书。本次研修班由学会承办，湛江市国土资源局协办。

五、探索服务产业形式

测绘企业作为测绘事业发展重要支撑，学会创新服务方式，围绕提升企业自主创新能力，服务测绘企业以及广大会员和科技工作者，不断增加学会凝聚力。一是完善会员沟通服务方式。完善会员联系、沟通和交流机制，主动听取会员意见和建议，通过各种方式联系和帮助会员，加强与政府相关部门、企业和其他社会机构的沟通，及时准确反映会员意见和建议。二是召开全省测绘仪器厂商座谈会。为加强与测绘地理信息企业的联系，为省内测绘地理信息仪器厂商提供交流平台，使大家及时了解国内外最新的测绘仪器产品和技术，学会组织省内有关仪器公司负责人进行座谈，达到了解市场、沟通信息、展示产品、共谋发展的目的，为行业服务和促进广东省测绘仪器发展起到积极作用。三是开展测绘自主创新工作。鼓励企业自主创新，营造激励自主创新环境，提升自主创新能力，加快推进企业自主品牌的创建，支持企业品牌发展。

（魏　瑄）

广东省土地估价师与土地登记代理人协会

【两行业合并】 2011年7月，报经广东省国土资源厅批准、广东省民政厅审核登记，广东省土地估价师协会正式更名为“广东省土地估价师与土地登记代理人协会”。

截至12月15日止，已经完成两批、共13家机构、近40位土地登记代理人的执业登记。

【“十二五”时期发展规划】 “十二五”时期，土地估价行业主要任务包括：加强制度建设以提高管理水平、提升执业能力与执业质量、强化职业操守与诚信建设、推动企业内部控制规范体系的完善和有效贯彻实施、建设良好执业环境、培育行业文化并提升社会影响力等八个方面。

【加强土地估价行业规范管理】 协会于9月出台《关于加强土地价格评估工作有关问题的通知》，从10个方面进一步加强并完善对土地估价行业的管理，内容涉及土地估价市场准入规则、修正土地估价中介机构遴选办法、入选中介机构的退出机制、土地行政部门按规定提供评估标的有关资料查询等，为土地估价机构创造一个靠质量、信誉生存的规范执业环境。土地估价业绩申报制度是行业管理十分重要的制度之一，但不少执业机构重视不够。藉茂名市国土资源局向省国土资源厅请示有关业绩确认问题之机，协会与厅利用处协调，省国土资源厅复函茂名局《关于基准地价业绩确认问题的复函》，且抄送全省各市局。

【大型专题活动】

一、首创“土地估价报告质量大赛”

结合2011年第一期继续教育活动中举办的“首届《土地估价报告》质量大赛”活动，为兼顾学习的有效性和观赏性，除了每个机构都派出一名评委参与评审之外，还专门设计自由辩论、相互提问、观众提问、专家随机提问、专家点评等环节。大会由谢戈力常务副会长主持，评委都是行业内德高望重的资深专家，包括有：中国土地估价师协会副会长、技术审裁委员会主任委员洪亚敏教授，国土资源部土地勘测规划院地价所所长赵松、北京大学教授林坚等。比赛程序公开、流程严谨，从根本上保证竞赛的权威性和参与的踊跃性。全省210家会员机构参与，占机构会员总数的95%，机构的法定代表人及技术负责人参会人数580人，占注册估价师的40%以上。

二、创办“土地评估现场勘察精准图片竞赛”

为改善估价报告所附的现场勘察照片不能到达评估技术的状况，协会组织精准图片竞赛，比赛设“参赛作品”和“机构投票”两类评比项目，“参赛作品”的竞赛成绩占机构年检业绩考核评分的20%，“机构投票”成绩占机构年检业绩考核评分的10%。

最终有220家机构参与竞赛，提交包括十种用地类型的图片作品404份；222家机构参与机构投票评选优秀作品。经过三轮评选，220家参加比赛的机构中有45家机构获得一、二、三等奖、106家机构获得竞赛加分，222家参与投票的机构均获得投票成绩加分。

【深化行业规范管理】 2011年3月，协会结合广东省估价行业发展中存在的问题，制订《诚信经营责任书》并举行全省土地估价中介机构《诚信经营责任书》签字仪式，胡红兵会长与全省226家机构在《责任书》

上签字，为2011年的诚信建设工作拉开序幕。

4月，协会根据国土资源部、中估协、省国土资源厅及省协会有关规定，结合广东省土地估价行业的发展形势，对《广东省土地估价机构和土地估价师执业注册办法》（下称《执业注册办法》）进行修订。

2011年的广东省土地估价机构“全国B级资信”评级工作，120家机构申请评级经过企业自查申报、协会初审、公示、专家评选、常务理事会票决等程序。有95家机构获得2011年度B级资信。

协会根据当前社会经济和行业发展水平，经过近一年的深入调研和组织多轮谈判，于2011年初向全行业发出《关于推进广东省土地估价行业职业风险商业保险的指导意见》（粤估协发〔2011〕第3号），将经过5轮以上谈判、与保险公司达成的保险合同条款挂网，提醒会员注意重要条款，帮助会员完善职业责任保障机制、提高抵御风险能力。

【继续教育活动】

一、行业发展论坛

2011年7月，协会与深圳市不动产学会联合举办“土地估价行业发展论坛”，包括两大主题：一是估价机构多元化发展空间，二是估价师个人投资方向。协会邀请多位在国际、国内经营有方、效益明显、发展成熟的估价机构负责人做专题讲座，安排他们与学员面对面互动回答、专题讨论。这些专家主要来自英国皇家特许测量师学会、美国评估学会、香港测量师学会、北京、湖北等多个省市、地区。

二、学习《评审规则》和评审标准

11月底协会举办《土地估价报告》评审工作研讨班，邀请首都经贸大学王文教授、北京华信房地产评估公司王庆泽总经理等专家分别做了题为《土地估价报告评审规则修订与案例研讨》、《地价定义的内容与作用》等讲座。有350多名土地估价师参加学习。

三、土地登记代理方面的理论和实务培训

全省土地登记代理人的第一期继续教育在更名大会后正式开班。这次培训邀请国土资源部的专家型领导冷司、部地籍司土地登记处的陈处长、部规划院地价所的姜栋所长、扈传荣副所长和资深法律专家刘志华博士来讲课，还邀请来自湖北、广东的三个机构的多位负责人和技术总监来传授承接和执行类似业务的经验。500余名来自各地的学员参加了培训班。

【搭建行业与政府联系的桥梁】

一、参与《土地估价管理办法（草案）》（规章）立法调研工作

2011年，协会以多种方式全程参与国土资源部《土地估价管理办法（草案）》的立法调研，胡红兵会长给部法规司司长撰写亲笔信，谢戈力常务副会长为立法小组成员，均在全国的土地估价行业负责人联席会上提出明确修改建议，秘书长和会员代表机构多次参与调研、组织会议讨论、提供多篇文稿和其他材料，对目前最终的征求意见稿定调为“机构自主发展、行业自律管理、行政部门依法监管”模式做了大量工作。

二、参与“政府购买服务”专题调研

2011年3月底，协会在省民政厅接待的全国人大“政府购买服务”专题调研中，就执业土地估价机构和执业土地估价师为“政府购买”提供服务的领域进行探讨，并结合行业发展情况，就“政府购买服务”存在的一些问题提出若干意见和建议；还充分表达要求政府进一步发挥协会与市场各参与方沟通便利的优势，通过“政府购买服务”，为政府客观了解行业情况和决策参考提供专业意见的愿望。

三、汇编国土资源管理法规文件

2011年编校的《国土资源管理法规文件汇编（2010）》总页数达1206页，是历年内容最多的一期。

四、2011年度全国土地估价师资格考试（广东考区）考务工作

2011年全国土地估价师资格考试（广东考区）考务工作于年初启动。全省有2228名考生完成网报，经初审符合报名条件者1917人，报考科目7656科，报考人数再创新高，列全国首位。有202名通过资格考试，成绩在全国各考区名列前茅。此外，2011年是对港澳地区开放报考第一年，广东省接待了一名港籍考生。

五、完善公示系统

根据省治理工程建设领域突出问题工作领导小组和省国土资源厅信息公开工作安排，土地估价信用信息纳入省双信息公开内容，即土地估价机构、估价师、业绩信息、信用档案、资信评级等信息全部将以省治工办统一的技术规范进行信息采集、汇编，最终除在协会和厅网站公示外，还在12月前实现在省治工办的

双信息公开平台上公示。

【专业研究】

一、为修订（《规程》）提交意见

2011 年 3 月底，协会组织全省 17 家技术实力较强的机构对国土资源部提供的《城镇土地分等定级规程》（修订版，征求意见稿）和《城镇土地估价规程》（修订版，征求意见稿）提出修改意见和建议。4 月 1 日，协会汇总 17 家机构意见，提交 1 万多字的稿件，意见和建议近 150 条。

二、推出广东省城市地价年度报告

在总结 2010 年广东城市地价总体发展水平的基础上，科学预测 2011 年广东省城市地价走势，继续编写《广东省城市地价报告》。

三、完善《土地估价实务千问千答》

2011 年 5 ~ 11 月，省协会、协会学术委员会、秘书处专业研究部、《千问千答》主要编委组成的审核队伍，对《千问千答》全书篇章结构和 300 多个问答逐一进行深入探讨。在 11 月发放到部分特聘专家和会员机构手中，广泛征求意见。

四、受省国土资源厅委托，组织专家对企业改制报告提出审裁意见

根据评审程序及规则，协会学术委员会 2011 年 8 月完成云浮广业硫铁矿集团有限公司 38 宗拟授权经营的划拨土地使用权估价报告进行审议，判定该报告符合改制项目土地评估的有关要求。

五、编制《广州市公开出让土地市场价格评估指导意见》

2011 年下半年，广州市土地利用发展中心委托协会研究编制《广州市公开出让土地市场价格评估指导意见》，协会召集会员机构座谈土地出让价格评估工作中的有关问题及解决方案。目前《指导意见》完成初稿，计划 12 月底结题。

六、参加中估协课题研究

在 2010 年 18 项土地估价技术专题研究的基础上，推选拆迁中分割土地价值评估、整体拆迁土地价值评估和涉案土地价值评估三个研究课题，并联合会员机构共同向中估协申报立项，其中拆迁中分割土地价值评估研究和涉案土地价值评估研究两课题入选中国土地估价师协会 2011 年度课题计划。另外五个课题包括分摊土地价值评估研究、整体拆迁土地价值评估研究、地下空间使用权价值评估研究、污染土地价值评估研究和特殊用地价值评估研究都已向中估协申报参加评奖。

七、翻译出版《估价审核的艺术》

翻译美国估价学会的专著——《估价审核的艺术》，是一个尝试。该书的翻译工作已经完成，但版权费用的谈判比较困难。版权问题解决后，出版是水到渠成的事。

【加强宣传交流】

一、原会刊拆分为专业期刊和资讯版电子刊物

藉协会更名为“广东省土地估价师与土地登记代理人协会”之机，经省新闻出版局批准同意，会刊更名为《土地估价与登记代理》，正式转型为专业学术性季刊，创办《土地估价与登记代理》的副刊——《行业简讯》12 月 5 日出版首刊，12 月 16 日已经出版第 2 期。

此外，协会还开通新浪微博，为会员提供最新、最及时的资讯，向社会公众发布最及时、准确的行业动态。

二、专刊专题报道

协会举办的土地估价报告质量大赛在《中国国土资源报》、《广东国土资源》、省国土资源厅“两整治一改革”办公室都作了及时报道。

前三季出版的《广东土地估价师》是集专业性文章与行业动态于一体的期刊，其中对报告大赛、图片比赛、估价论坛三大活动的报道都作图文并茂的专题报道，土地评估现场勘查精准图片竞赛的优秀成果还专门印制成精美画册，成为协会对外宣传的重要工具。

三、加强国际交流

2011 年 11 月，英国皇家特许测量师学会（RICS）与广东省土地估价师与土地登记代理人协会（GDALVA）在平等互利的基础上，经过友好协商，签订合作框架协议。协议的签订，代表着 RICS 与 GDALVA 将开展长远合作计划，确立双方共同推广国际化专业技术、专业精神和专业文化。

（陈伟玲）

统计资料

209/214

2012

责任编辑：熊进军

矿产资源勘查许可证发证情况（按登记类别）

2011年

登记类别	当年批准登记发证数（个）																批准登记面积（平方千米）	探矿权采矿权使用费（万元）
	合计	能源矿产					黑色金属矿产		有色金属矿产	贵金属矿产		稀有、稀散稀土矿产	非金属矿产			水气矿产		
		小计	煤	煤层气	石油天然气	地热	小计	铁矿		小计	金矿		小计	水泥灰岩	化工矿产			
	1	2	3	4	5	6	7	8	9	10	11	12	13	14	15	16	17	18
总计	184	9				9	44	44	94	24	22		12	1	2	1	2008.02	41.223
新立	23	2				2			15	6	6						501.96	5.2373
变更	32	1				1	9	9	16	4	3		2		1		244.42	8.2379
延续	115						31	31	62	13	12		8	1	1	1	1142.56	26.3412
其他	14	6				6	4	4	1	1	1		2				119.08	1.4066

矿产资源勘查许可证发证情况（按发证机关）

2011年

发证机关	当年批准登记发证数（个）															批准登记面积（平方千米）	探矿权采矿权使用费（万元）
	合计	能源矿产					黑色金属矿产		有色金属矿产	贵金属矿产		稀有、稀散稀土矿产	非金属矿产			水气矿产		
		小计	煤	煤层气	石油天然气	地热	小计	铁矿		小计	金矿		小计	水泥灰岩	化工矿产			
	1	2	3	4	5	6	7	8	9	10	11	12	13	14	15	16	17	18
广东	184	9				9	44	44	94	24	22		12	1	2	1	2008.02	41.223

矿产资源勘查许可证发证情况（按经济类型）

2011 年

经济类型	当年批准登记发证数（个）																批准登记面积（平方千米）	探矿权采矿权使用费（万元）
	合计	能源矿产					黑色金属矿产		有色金属矿产	贵金属矿产		稀有、稀散稀土矿产	非金属矿产			水气矿产		
		小计	煤	煤层气	石油天然气	地热	小计	铁矿		小计	金矿		小计	水泥灰岩	化工矿产			
	1	2	3	4	5	6	7	8	9	10	11	12	13	14	15	16	17	18
总　计	184	9				9	44	44	94	24	22		12	1	2	1	2008.02	41.2233
1. 国有企业	72	3				3	1	1	49	15	15		4				1194.9	19.1347
2. 集体企业	2	1				1	1	1									5.1	0.06
3. 股份合作企业	2	1				1			1								4.33	0.169
4. 联营企业	1								1								3.89	
5. 有限责任公司	75	2				2	32	32	30	5	4		5		1	1	608.36	16.9461
6. 股份有限公司	4								4								11.7	0.164
7. 私营企业	24	2				2	8	8	8	4	3		2	1	1		161.63	4.3325
8. 其他企业	4						2	2	1				1				18.11	0.417
9. 合资经营企业（港澳台）																		
10. 合作经营企业（港澳台）																		
11. 港澳台独资经营企业																		
12. 港澳台投资股份有限公司																		
13. 中外合资经营企业																		
14. 中外合作经营企业																		
15. 外资企业																		
16. 外商投资股份有限公司																		

探矿权出让、转让及勘查许可证发证情况（按发证机关）

2011 年　　　　计量单位：个、万元、平方米

发证机关	勘查许可证发证							探矿权出让							探矿权转让	
	许可证数			登记面积			探矿权	合计		申请在先	协议出让		招拍挂出让		个数	价款金额
	有效	新立	注销	有效	新立	注销	使用费	个数	价款金额	个数	个数	价款金额	个数	价款金额		
	1	2	3	4	5	6	7	8	9	10	11	12	13	14	15	16
广东	323	23	42	3795.12	501.96	287.59	131.33	23	644	21			2	644	8	216.8

政策法规选登

215/290

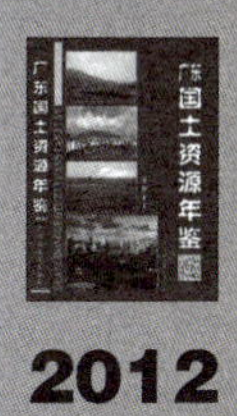

责任编辑：吴兴菊

中华人民共和国行政强制法

（2011年6月30日第十一届全国人民代表大会常务委员会第二十一次会议通过）

第一章 总 则

第一条 为了规范行政强制的设定和实施，保障和监督行政机关依法履行职责，维护公共利益和社会秩序，保护公民、法人和其他组织的合法权益，根据宪法，制定本法。

第二条 本法所称行政强制，包括行政强制措施和行政强制执行。

行政强制措施，是指行政机关在行政管理过程中，为制止违法行为、防止证据损毁、避免危害发生、控制危险扩大等情形，依法对公民的人身自由实施暂时性限制，或者对公民、法人或者其他组织的财物实施暂时性控制的行为。

行政强制执行，是指行政机关或者行政机关申请人民法院，对不履行行政决定的公民、法人或者其他组织，依法强制履行义务的行为。

第三条 行政强制的设定和实施，适用本法。

发生或者即将发生自然灾害、事故灾难、公共卫生事件或者社会安全事件等突发事件，行政机关采取应急措施或者临时措施，依照有关法律、行政法规的规定执行。

行政机关采取金融业审慎监管措施、进出境货物强制性技术监控措施，依照有关法律、行政法规的规定执行。

第四条 行政强制的设定和实施，应当依照法定的权限、范围、条件和程序。

第五条 行政强制的设定和实施，应当适当。采用非强制手段可以达到行政管理目的的，不得设定和实施行政强制。

第六条 实施行政强制，应当坚持教育与强制相结合。

第七条 行政机关及其工作人员不得利用行政强制权为单位或者个人谋取利益。

第八条 公民、法人或者其他组织对行政机关实施行政强制，享有陈述权、申辩权；有权依法申请行政复议或者提起行政诉讼；因行政机关违法实施行政强制受到损害的，有权依法要求赔偿。

公民、法人或者其他组织因人民法院在强制执行中有违法行为或者扩大强制执行范围受到损害的，有权依法要求赔偿。

第二章 行政强制的种类和设定

第九条 行政强制措施的种类：

（一）限制公民人身自由；

（二）查封场所、设施或者财物；

（三）扣押财物；

（四）冻结存款、汇款；

（五）其他行政强制措施。

第十条 行政强制措施由法律设定。

尚未制定法律，且属于国务院行政管理职权事项的，行政法规可以设定除本法第九条第一项、第四项和应当由法律规定的行政强制措施以外的其他行政强制措施。

尚未制定法律、行政法规，且属于地方性事务的，地方性法规可以设定本法第九条第二项、第三项的行政强制措施。

法律、法规以外的其他规范性文件不得设定行政强制措施。

第十一条 法律对行政强制措施的对象、条件、种类作了规定的，行政法规、地方性法规不得作出扩大规定。

法律中未设定行政强制措施的，行政法规、地方性法规不得设定行政强制措施。但是，法律规定特定事项由行政法规规定具体管理措施的，行政法规可以设定除本法第九条第一项、第四项和应当由法律规定的行政强制措施以外的其他行政强制措施。

第十二条 行政强制执行的方式：

（一）加处罚款或者滞纳金；

（二）划拨存款、汇款；

（三）拍卖或者依法处理查封、扣押的场所、设施或者财物；

（四）排除妨碍、恢复原状；

（五）代履行；

（六）其他强制执行方式。

第十三条 行政强制执行由法律设定。

法律没有规定行政机关强制执行的，作出行政决定的行政机关应当申请人民法院强制执行。

第十四条 起草法律草案、法规草案，拟设定行政强制的，起草单位应当采取听证会、论证会等形式听取意见，并向制定机关说明设定该行政强制的必要性、可能产生的影响以及听取和采纳意见的情况。

第十五条 行政强制的设定机关应当定期对其设定的行政强制进行评价，并对不适当的行政强制及时予以修改或者废止。

行政强制的实施机关可以对已设定的行政强制的实施情况及存在的必要性适时进行评价，并将意见报告该行政强制的设定机关。

公民、法人或者其他组织可以向行政强制的设定机关和实施机关就行政强制的设定和实施提出意见和建议。有关机关应当认真研究论证，并以适当方式予以反馈。

第三章 行政强制措施实施程序

第一节 一般规定

第十六条 行政机关履行行政管理职责，依照法律、法规的规定，实施行政强制措施。

违法行为情节显著轻微或者没有明显社会危害的，可以不采取行政强制措施。

第十七条 行政强制措施由法律、法规规定的行政机关在法定职权范围内实施。行政强制措施权不得委托。

依据《中华人民共和国行政处罚法》的规定行使相对集中行政处罚权的行政机关，可以实施法律、法规规定的与行政处罚权有关的行政强制措施。

行政强制措施应当由行政机关具备资格的行政执法人员实施，其他人员不得实施。

第十八条 行政机关实施行政强制措施应当遵守下列规定：

（一）实施前须向行政机关负责人报告并经批准；

（二）由两名以上行政执法人员实施；

（三）出示执法身份证件；

（四）通知当事人到场；

（五）当场告知当事人采取行政强制措施的理由、依据以及当事人依法享有的权利、救济途径；

（六）听取当事人的陈述和申辩；

（七）制作现场笔录；

（八）现场笔录由当事人和行政执法人员签名或者盖章，当事人拒绝的，在笔录中予以注明；

（九）当事人不到场的，邀请见证人到场，由见证人和行政执法人员在现场笔录上签名或者盖章；

（十）法律、法规规定的其他程序。

第十九条 情况紧急，需要当场实施行政强制措施的，行政执法人员应当在二十四小时内向行政机关负责人报告，并补办批准手续。行政机关负责人认为不应当采取行政强制措施的，应当立即解除。

第二十条 依照法律规定实施限制公民人身自由的行政强制措施，除应当履行本法第十八条规定的程序外，还应当遵守下列规定：

（一）当场告知或者实施行政强制措施后立即通知当事人家属实施行政强制措施的行政机关、地点和期限；

（二）在紧急情况下当场实施行政强制措施的，在返回行政机关后，立即向行政机关负责人报告并补办批准手续；

（三）法律规定的其他程序。

实施限制人身自由的行政强制措施不得超过法定期限。实施行政强制措施的目的已经达到或者条件已经消失，应当立即解除。

第二十一条 违法行为涉嫌犯罪应当移送司法机关的，行政机关应当将查封、扣押、冻结的财物一并移送，并书面告知当事人。

第二节 查封、扣押

第二十二条 查封、扣押应当由法律、法规规定的行政机关实施，其他任何行政机关或者组织不得实施。

第二十三条 查封、扣押限于涉案的场所、设施或者财物，不得查封、扣押与违法行为无关的场所、设施或者财物；不得查封、扣押公民个人及其所抚养家属的生活必需品。

当事人的场所、设施或者财物已被其他国家机关依法查封的，不得重复查封。

第二十四条 行政机关决定实施查封、扣押的，应当履行本法第十八条规定的程序，制作并当场交付查封、扣押决定书和清单。

查封、扣押决定书应当载明下列事项：

（一）当事人的姓名或者名称、地址；

（二）查封、扣押的理由、依据和期限；

（三）查封、扣押场所、设施或者财物的名称、数量等；

（四）申请行政复议或者提起行政诉讼的途径和期限；

（五）行政机关的名称、印章和日期。

查封、扣押清单一式二份，由当事人和行政机关分别保存。

第二十五条 查封、扣押的期限不得超过三十日；情况复杂的，经行政机关负责人批准，可以延长，但是延长期限不得超过三十日。法律、行政法规另有规定的除外。

延长查封、扣押的决定应当及时书面告知当事人，并说明理由。

对物品需要进行检测、检验、检疫或者技术鉴定的，查封、扣押的期间不包括检测、检验、检疫或者技术鉴定的期间。检测、检验、检疫或者技术鉴定的期间应当明确，并书面告知当事人。检测、检验、检疫或者技术鉴定的费用由行政机关承担。

第二十六条 对查封、扣押的场所、设施或者财物，行政机关应当妥善保管，不得使用或者损毁；造成损失的，应当承担赔偿责任。

对查封的场所、设施或者财物，行政机关可以委托第三人保管，第三人不得损毁或者擅自转移、处置。因第三人的原因造成的损失，行政机关先行赔付后，有权向第三人追偿。

因查封、扣押发生的保管费用由行政机关承担。

第二十七条 行政机关采取查封、扣押措施后，应当及时查清事实，在本法第二十五条规定的期限内作出处理决定。对违法事实清楚，依法应当没收的非法财物予以没收；法律、行政法规规定应当销毁的，依法销毁；应当解除查封、扣押的，作出解除查封、扣押的决定。

第二十八条 有下列情形之一的，行政机关应当及时作出解除查封、扣押决定：

（一）当事人没有违法行为；

（二）查封、扣押的场所、设施或者财物与违法行为无关；

（三）行政机关对违法行为已经作出处理决定，不再需要查封、扣押；

（四）查封、扣押期限已经届满；

（五）其他不再需要采取查封、扣押措施的情形。

解除查封、扣押应当立即退还财物；已将鲜活物品或者其他不易保管的财物拍卖或者变卖的，退还拍卖或者变卖所得款项。变卖价格明显低于市场价格，给当事人造成损失的，应当给予补偿。

第三节 冻 结

第二十九条 冻结存款、汇款应当由法律规定的行政机关实施，不得委托给其他行政机关或者组织；其他任何行政机关或者组织不得冻结存款、汇款。

冻结存款、汇款的数额应当与违法行为涉及的金额相当；已被其他国家机关依法冻结的，不得重复冻结。

第三十条 行政机关依照法律规定决定实施冻结存款、汇款的，应当履行本法第十八条第一项、第二项、第三项、第七项规定的程序，并向金融机构交付冻结通知书。

金融机构接到行政机关依法作出的冻结通知书后，应当立即予以冻结，不得拖延，不得在冻结前向当事人泄露信息。

法律规定以外的行政机关或者组织要求冻结当事

人存款、汇款的，金融机构应当拒绝。

第三十一条 依照法律规定冻结存款、汇款的，作出决定的行政机关应当在三日内向当事人交付冻结决定书。冻结决定书应当载明下列事项：

（一）当事人的姓名或者名称、地址；

（二）冻结的理由、依据和期限；

（三）冻结的账号和数额；

（四）申请行政复议或者提起行政诉讼的途径和期限；

（五）行政机关的名称、印章和日期。

第三十二条 自冻结存款、汇款之日起三十日内，行政机关应当作出处理决定或者作出解除冻结决定；情况复杂的，经行政机关负责人批准，可以延长，但是延长期限不得超过三十日。法律另有规定的除外。

延长冻结的决定应当及时书面告知当事人，并说明理由。

第三十三条 有下列情形之一的，行政机关应当及时作出解除冻结决定：

（一）当事人没有违法行为；

（二）冻结的存款、汇款与违法行为无关；

（三）行政机关对违法行为已经作出处理决定，不再需要冻结；

（四）冻结期限已经届满；

（五）其他不再需要采取冻结措施的情形。

行政机关作出解除冻结决定的，应当及时通知金融机构和当事人。金融机构接到通知后，应当立即解除冻结。

行政机关逾期未作出处理决定或者解除冻结决定的，金融机构应当自冻结期满之日起解除冻结。

第四章 行政机关强制执行程序

第一节 一般规定

第三十四条 行政机关依法作出行政决定后，当事人在行政机关决定的期限内不履行义务的，具有行政强制执行权的行政机关依照本章规定强制执行。

第三十五条 行政机关作出强制执行决定前，应当事先催告当事人履行义务。催告应当以书面形式作出，并载明下列事项：

（一）履行义务的期限；

（二）履行义务的方式；

（三）涉及金钱给付的，应当有明确的金额和给付方式；

（四）当事人依法享有的陈述权和申辩权。

第三十六条 当事人收到催告书后有权进行陈述和申辩。行政机关应当充分听取当事人的意见，对当事人提出的事实、理由和证据，应当进行记录、复核。当事人提出的事实、理由或者证据成立的，行政机关应当采纳。

第三十七条 经催告，当事人逾期仍不履行行政决定，且无正当理由的，行政机关可以作出强制执行决定。

强制执行决定应当以书面形式作出，并载明下列事项：

（一）当事人的姓名或者名称、地址；

（二）强制执行的理由和依据；

（三）强制执行的方式和时间；

（四）申请行政复议或者提起行政诉讼的途径和期限；

（五）行政机关的名称、印章和日期。

在催告期间，对有证据证明有转移或者隐匿财物迹象的，行政机关可以作出立即强制执行决定。

第三十八条 催告书、行政强制执行决定书应当直接送达当事人。当事人拒绝接收或者无法直接送达当事人的，应当依照《中华人民共和国民事诉讼法》的有关规定送达。

第三十九条 有下列情形之一的，中止执行：

（一）当事人履行行政决定确有困难或者暂无履行能力的；

（二）第三人对执行标的主张权利，确有理由的；

（三）执行可能造成难以弥补的损失，且中止执行不损害公共利益的；

（四）行政机关认为需要中止执行的其他情形。

中止执行的情形消失后，行政机关应当恢复执行。对没有明显社会危害，当事人确无能力履行，中止执行满三年未恢复执行的，行政机关不再执行。

第四十条 有下列情形之一的，终结执行：

（一）公民死亡，无遗产可供执行，又无义务承受人的；

（二）法人或者其他组织终止，无财产可供执行又无义务承受人的；

（三）执行标的灭失的；

（四）据以执行的行政决定被撤销的；

（五）行政机关认为需要终结执行的其他情形。

第四十一条 在执行中或者执行完毕后，据以执行的行政决定被撤销、变更，或者执行错误的，应当恢复原状或者退还财物；不能恢复原状或者退还财物的，依法给予赔偿。

第四十二条 实施行政强制执行，行政机关可以在不损害公共利益和他人合法权益的情况下，与当事人达成执行协议。执行协议可以约定分阶段履行；当事人采取补救措施的，可以减免加处的罚款或者滞纳金。

执行协议应当履行。当事人不履行执行协议的，行政机关应当恢复强制执行。

第四十三条 行政机关不得在夜间或者法定节假日实施行政强制执行。但是，情况紧急的除外。

行政机关不得对居民生活采取停止供水、供电、供热、供燃气等方式迫使当事人履行相关行政决定。

第四十四条 对违法的建筑物、构筑物、设施等需要强制拆除的，应当由行政机关予以公告，限期当事人自行拆除。当事人在法定期限内不申请行政复议或者提起行政诉讼，又不拆除的，行政机关可以依法强制拆除。

第二节 金钱给付义务的执行

第四十五条 行政机关依法作出金钱给付义务的行政决定，当事人逾期不履行的，行政机关可以依法加处罚款或者滞纳金。加处罚款或者滞纳金的标准应当告知当事人。

加处罚款或者滞纳金的数额不得超出金钱给付义务的数额。

第四十六条 行政机关依照本法第四十五条规定实施加处罚款或者滞纳金超过三十日，经催告当事人仍不履行的，具有行政强制执行权的行政机关可以强制执行。

行政机关实施强制执行前，需要采取查封、扣押、冻结措施的，依照本法第三章规定办理。

没有行政强制执行权的行政机关应当申请人民法院强制执行。但是，当事人在法定期限内不申请行政复议或者提起行政诉讼，经催告仍不履行的，在实施行政管理过程中已经采取查封、扣押措施的行政机关，可以将查封、扣押的财物依法拍卖抵缴罚款。

第四十七条 划拨存款、汇款应当由法律规定的行政机关决定，并书面通知金融机构。金融机构接到行政机关依法作出划拨存款、汇款的决定后，应当立即划拨。

法律规定以外的行政机关或者组织要求划拨当事人存款、汇款的，金融机构应当拒绝。

第四十八条 依法拍卖财物，由行政机关委托拍卖机构依照《中华人民共和国拍卖法》的规定办理。

第四十九条 划拨的存款、汇款以及拍卖和依法处理所得的款项应当上缴国库或者划入财政专户。任何行政机关或者个人不得以任何形式截留、私分或者变相私分。

第三节 代履行

第五十条 行政机关依法作出要求当事人履行排除妨碍、恢复原状等义务的行政决定，当事人逾期不履行，经催告仍不履行，其后果已经或者将危害交通安全、造成环境污染或者破坏自然资源的，行政机关可以代履行，或者委托没有利害关系的第三人代履行。

第五十一条 代履行应当遵守下列规定：

（一）代履行前送达决定书，代履行决定书应当载明当事人的姓名或者名称、地址，代履行的理由和依据、方式和时间、标的、费用预算以及代履行人；

（二）代履行三日前，催告当事人履行，当事人履行的，停止代履行；

（三）代履行时，作出决定的行政机关应当派员到场监督；

（四）代履行完毕，行政机关到场监督的工作人员、代履行人和当事人或者见证人应当在执行文书上签名或者盖章。

代履行的费用按照成本合理确定，由当事人承担。但是，法律另有规定的除外。

代履行不得采用暴力、胁迫以及其他非法方式。

第五十二条 需要立即清除道路、河道、航道或者公共场所的遗洒物、障碍物或者污染物，当事人不能清除的，行政机关可以决定立即实施代履行；当事人不在场的，行政机关应当在事后立即通知当事人，并依法作出处理。

第五章 申请人民法院强制执行

第五十三条 当事人在法定期限内不申请行政复议或者提起行政诉讼，又不履行行政决定的，没有行政强制执行权的行政机关可以自期限届满之日起三个月内，依照本章规定申请人民法院强制执行。

第五十四条 行政机关申请人民法院强制执行前，应当催告当事人履行义务。催告书送达十日后当事人仍未履行义务的，行政机关可以向所在地有管辖权的人民法院申请强制执行；执行对象是不动产的，向不动产所在地有管辖权的人民法院申请强制执行。

第五十五条 行政机关向人民法院申请强制执行，应当提供下列材料：

（一）强制执行申请书；

（二）行政决定书及作出决定的事实、理由和依据；

（三）当事人的意见及行政机关催告情况；

（四）申请强制执行标的情况；

（五）法律、行政法规规定的其他材料。

强制执行申请书应当由行政机关负责人签名，加盖行政机关的印章，并注明日期。

第五十六条 人民法院接到行政机关强制执行的申请，应当在五日内受理。

行政机关对人民法院不予受理的裁定有异议的，可以在十五日内向上一级人民法院申请复议，上一级人民法院应当自收到复议申请之日起十五日内作出是否受理的裁定。

第五十七条 人民法院对行政机关强制执行的申请进行书面审查，对符合本法第五十五条规定，且行政决定具备法定执行效力的，除本法第五十八条规定的情形外，人民法院应当自受理之日起七日内作出执行裁定。

第五十八条 人民法院发现有下列情形之一的，在作出裁定前可以听取被执行人和行政机关的意见：

（一）明显缺乏事实根据的；

（二）明显缺乏法律、法规依据的；

（三）其他明显违法并损害被执行人合法权益的。

人民法院应当自受理之日起三十日内作出是否执行的裁定。裁定不予执行的，应当说明理由，并在五日内将不予执行的裁定送达行政机关。

行政机关对人民法院不予执行的裁定有异议的，可以自收到裁定之日起十五日内向上一级人民法院申请复议，上一级人民法院应当自收到复议申请之日起三十日内作出是否执行的裁定。

第五十九条 因情况紧急，为保障公共安全，行政机关可以申请人民法院立即执行。经人民法院院长批准，人民法院应当自作出执行裁定之日起五日内执行。

第六十条 行政机关申请人民法院强制执行，不缴纳申请费。强制执行的费用由被执行人承担。

人民法院以划拨、拍卖方式强制执行的，可以在划拨、拍卖后将强制执行的费用扣除。

依法拍卖财物，由人民法院委托拍卖机构依照《中华人民共和国拍卖法》的规定办理。

划拨的存款、汇款以及拍卖和依法处理所得的款项应当上缴国库或者划入财政专户，不得以任何形式截留、私分或者变相私分。

第六章 法律责任

第六十一条 行政机关实施行政强制，有下列情形之一的，由上级行政机关或者有关部门责令改正，对直接负责的主管人员和其他直接责任人员依法给予处分：

（一）没有法律、法规依据的；

（二）改变行政强制对象、条件、方式的；

（三）违反法定程序实施行政强制的；

（四）违反本法规定，在夜间或者法定节假日实施行政强制执行的；

（五）对居民生活采取停止供水、供电、供热、供燃气等方式迫使当事人履行相关行政决定的；

（六）有其他违法实施行政强制情形的。

第六十二条 违反本法规定，行政机关有下列情形之一的，由上级行政机关或者有关部门责令改正，对直接负责的主管人员和其他直接责任人员依法给予处分：

（一）扩大查封、扣押、冻结范围的；

（二）使用或者损毁查封、扣押场所、设施或者财物的；

（三）在查封、扣押法定期间不作出处理决定或者未依法及时解除查封、扣押的；

（四）在冻结存款、汇款法定期间不作出处理决定或者未依法及时解除冻结的。

第六十三条 行政机关将查封、扣押的财物或者划拨的存款、汇款以及拍卖和依法处理所得的款项，截留、私分或者变相私分的，由财政部门或者有关部门予以追缴；对直接负责的主管人员和其他直接责任人员依法给予记大过、降级、撤职或者开除的处分。

行政机关工作人员利用职务上的便利，将查封、扣押的场所、设施或者财物据为己有的，由上级行政机关或者有关部门责令改正，依法给予记大过、降级、撤职或者开除的处分。

第六十四条 行政机关及其工作人员利用行政强制权为单位或者个人谋取利益的，由上级行政机关或者有关部门责令改正，对直接负责的主管人员和其他直接责任人员依法给予处分。

第六十五条 违反本法规定，金融机构有下列行为之一的，由金融业监督管理机构责令改正，对直接负责的主管人员和其他直接责任人员依法给予处分：

（一）在冻结前向当事人泄露信息的；

（二）对应当立即冻结、划拨的存款、汇款不冻结或者不划拨，致使存款、汇款转移的；

（三）将不应当冻结、划拨的存款、汇款予以冻结或者划拨的；

（四）未及时解除冻结存款、汇款的。

第六十六条 违反本法规定，金融机构将款项划入国库或者财政专户以外的其他账户的，由金融业监督管理机构责令改正，并处以违法划拨款项二倍的罚款；对直接负责的主管人员和其他直接责任人员依法给予处分。

违反本法规定，行政机关、人民法院指令金融机构将款项划入国库或者财政专户以外的其他账户的，对直接负责的主管人员和其他直接责任人员依法给予处分。

第六十七条 人民法院及其工作人员在强制执行中有违法行为或者扩大强制执行范围的，对直接负责的主管人员和其他直接责任人员依法给予处分。

第六十八条 违反本法规定，给公民、法人或者其他组织造成损失的，依法给予赔偿。

违反本法规定，构成犯罪的，依法追究刑事责任。

第七章 附则

第六十九条 本法中十日以内期限的规定是指工作日，不含法定节假日。

第七十条 法律、行政法规授权的具有管理公共事务职能的组织在法定授权范围内，以自己的名义实施行政强制，适用本法有关行政机关的规定。

第七十一条 本法自 2012 年 1 月 1 日起施行。

中华人民共和国国务院令

第 580 号

《古生物化石保护条例》已经2010年8月25日国务院第123次常务会议通过，现予公布，自2011年1月1日起施行。

总理 温家宝

二〇一〇年九月五日

古生物化石保护条例

第一章 总 则

第一条 为了加强对古生物化石的保护，促进古生物化石的科学研究和合理利用，制定本条例。

第二条 在中华人民共和国领域和中华人民共和国管辖的其他海域从事古生物化石发掘、收藏等活动以及古生物化石进出境，应当遵守本条例。

本条例所称古生物化石，是指地质历史时期形成并赋存于地层中的动物和植物的实体化石及其遗迹化石。

古猿、古人类化石以及与人类活动有关的第四纪古脊椎动物化石的保护依照国家文物保护的有关规定执行。

第三条 中华人民共和国领域和中华人民共和国管辖的其他海域遗存的古生物化石属于国家所有。

国有的博物馆、科学研究单位、高等院校和其他收藏单位收藏的古生物化石，以及单位和个人捐赠给国家的古生物化石属于国家所有，不因其收藏单位的终止或者变更而改变其所有权。

第四条 国家对古生物化石实行分类管理、重点保护、科研优先、合理利用的原则。

第五条 国务院国土资源主管部门主管全国古生物化石保护工作。县级以上地方人民政府国土资源主管部门主管本行政区域古生物化石保护工作。

县级以上人民政府公安、工商行政管理等部门按照各自的职责负责古生物化石保护的有关工作。

第六条 国务院国土资源主管部门负责组织成立国家古生物化石专家委员会。国家古生物化石专家委员会由国务院有关部门和中国古生物学会推荐的专家组成，承担重点保护古生物化石名录的拟定、国家级古生物化石自然保护区建立的咨询、古生物化石发掘申请的评审、重点保护古生物化石进出境的鉴定等工作，具体办法由国务院国土资源主管部门制定。

第七条 按照在生物进化以及生物分类上的重要程度，将古生物化石划分为重点保护古生物化石和一般保护古生物化石。

具有重要科学研究价值或者数量稀少的下列古生物化石，应当列为重点保护古生物化石：

（一）已经命名的古生物化石种属的模式标本；

（二）保存完整或者较完整的古脊椎动物实体化石；

（三）大型的或者集中分布的高等植物化石、无脊椎动物化石和古脊椎动物的足迹等遗迹化石；

（四）国务院国土资源主管部门确定的其他需要重点保护的古生物化石。

重点保护古生物化石名录由国家古生物化石专家委员会拟定，由国务院国土资源主管部门批准并公布。

第八条 重点保护古生物化石集中的区域，应当建立国家级古生物化石自然保护区；一般保护古生物化石集中的区域，同时该区域已经发现重点保护古生物化石的，应当建立地方级古生物化石自然保护区。建立古生物化石自然保护区的程序，依照《中华人民共和国自然保护区条例》的规定执行。

建立国家级古生物化石自然保护区，应当征求国家古生物化石专家委员会的意见。

第九条 县级以上人民政府应当加强对古生物化石保护工作的领导，将古生物化石保护工作所需经费列入本级财政预算。

县级以上人民政府应当组织有关部门开展古生物化石保护知识的宣传教育，增强公众保护古生物化石的意识，并按照国家有关规定对在古生物化石保护工作中做出突出成绩的单位和个人给予奖励。

第二章 古生物化石发掘

第十条 因科学研究、教学、科学普及或者对古生物化石进行抢救性保护等需要，方可发掘古生物化石。发掘古生物化石的，应当符合本条例第十一条第二款规定的条件，并依照本条例的规定取得批准。

本条例所称发掘，是指有一定工作面，使用机械或者其他动力工具挖掘古生物化石的活动。

第十一条 在国家级古生物化石自然保护区内发掘古生物化石，或者在其他区域发掘重点保护古生物化石的，应当向国务院国土资源主管部门提出申请并取得批准；在国家级古生物化石自然保护区外发掘一般保护古生物化石的，应当向古生物化石所在地省、自治区、直辖市人民政府国土资源主管部门提出申请并取得批准。

申请发掘古生物化石的单位应当符合下列条件，并在提出申请时提交其符合下列条件的证明材料以及发掘项目概况、发掘方案、发掘标本保存方案和发掘区自然生态条件恢复方案：

（一）有3名以上拥有古生物专业或者相关专业技术职称，并有3年以上古生物化石发掘经历的技术人员（其中至少有1名技术人员具有古生物专业高级职称并作为发掘活动的领队）；

（二）有符合古生物化石发掘需要的设施、设备；

（三）有与古生物化石保护相适应的处理技术和工艺；

（四）有符合古生物化石保管需要的设施、设备和场所。

第十二条 国务院国土资源主管部门应当自受理申请之日起3个工作日内将申请材料送国家古生物化石专家委员会。国家古生物化石专家委员会应当自收到申请材料之日起10个工作日内出具书面评审意见。评审意见应当作为是否批准古生物化石发掘的重要依据。

国务院国土资源主管部门应当自受理申请之日起30个工作日内完成审查，对申请单位符合本条例第十一条第二款规定条件，同时古生物化石发掘方案、发掘标本保存方案和发掘区自然生态条件恢复方案切实可行的，予以批准；对不符合条件的，书面通知申请单位并说明理由。

国务院国土资源主管部门批准古生物化石发掘申请前，应当征求古生物化石所在地省、自治区、直辖市人民政府国土资源主管部门的意见；批准发掘申请后，应当将批准发掘古生物化石的情况通报古生物化石所在地省、自治区、直辖市人民政府国土资源主管部门。

第十三条 省、自治区、直辖市人民政府国土资源主管部门受理古生物化石发掘申请的，应当依照本条例第十二条第二款规定的期限和要求进行审查、批准，并听取古生物专家的意见。

第十四条 发掘古生物化石的单位，应当按照批准的发掘方案进行发掘；确需改变发掘方案的，应当报原批准发掘的国土资源主管部门批准。

第十五条 发掘古生物化石的单位，应当自发掘或者科学研究、教学等活动结束之日起30日内，对发掘的古生物化石登记造册，作出相应的描述与标注，并移交给批准发掘的国土资源主管部门指定的符合条件的收藏单位收藏。

第十六条 进行区域地质调查或者科学研究机构、高等院校等因科学研究、教学需要零星采集古生物化石标本的，不需要申请批准，但是，应当在采集活动开始前将采集时间、采集地点、采集数量等情况书面告知古生物化石所在地的省、自治区、直辖市人民政府国土资源主管部门。采集的古生物化石的收藏应当遵守本条例的规定。

本条例所称零星采集，是指使用手持非机械工具在地表挖掘极少量古生物化石，同时不对地表和其他资源造成影响的活动。

第十七条 外国人、外国组织因中外合作进行科学研究需要，方可在中华人民共和国领域和中华人民共和国管辖的其他海域发掘古生物化石。发掘古生物化石的，应当经国务院国土资源主管部门批准，采取与符合本条例第十一条第二款规定条件的中方单位合作的方式进行，并遵守本条例有关古生物化石发掘、收藏、进出境的规定。

第十八条 单位和个人在生产、建设等活动中发现古生物化石的，应当保护好现场，并立即报告所在地县级以上地方人民政府国土资源主管部门。

级以上地方人民政府国土资源主管部门接到报告后，应当在24小时内赶赴现场，并在7日内提出处理意见。确有必要的，可以报请当地人民政府通知公安机关协助保护现场。发现重点保护古生物化石的，应当逐级上报至国务院国土资源主管部门，由国务院国土资源主管部门提出处理意见。

生产、建设等活动中发现的古生物化石需要进行抢救性发掘的，由提出处理意见的国土资源主管部门组织符合本条例第十一条第二款规定条件的单位发掘。

第十九条 县级以上人民政府国土资源主管部门应当加强对古生物化石发掘活动的监督检查，发现未经依法批准擅自发掘古生物化石，或者不按照批准的发掘方案发掘古生物化石的，应当依法予以处理。

第三章 古生物化石收藏

第二十条 古生物化石的收藏单位，应当符合下列条件：

（一）有固定的馆址、专用展室、相应面积的藏品保管场所；

（二）有相应数量的拥有相关研究成果的古生物专业或者相关专业的技术人员；

（三）有防止古生物化石自然损毁的技术、工艺和设备；

（四）有完备的防火、防盗等设施、设备和完善的安全保卫等管理制度；

（五）有维持正常运转所需的经费。

县级以上人民政府国土资源主管部门应当加强对古生物化石收藏单位的管理和监督检查。

第二十一条 国务院国土资源主管部门负责建立全国的重点保护古生物化石档案和数据库。县级以上地方人民政府国土资源主管部门负责建立本行政区域的重点保护古生物化石档案和数据库。

收藏单位应当建立本单位收藏的古生物化石档案，并如实对收藏的古生物化石作出描述与标注。

第二十二条 国家鼓励单位和个人将其收藏的重点保护古生物化石捐赠给符合条件的收藏单位收藏。

任何单位和个人不得擅自买卖重点保护古生物化石。买卖一般保护古生物化石的，应当在县级以上地方人民政府指定的场所进行。具体办法由省、自治区、直辖市人民政府制定。

第二十三条 国有收藏单位不得将其收藏的重点保护古生物化石转让、交换、赠与给非国有收藏单位或者个人。

任何单位和个人不得将其收藏的重点保护古生物化石转让、交换、赠与、质押给外国人或者外国组织。

第二十四条 收藏单位之间转让、交换、赠与其收藏的重点保护古生物化石的，应当经国务院国土资源主管部门批准。

第二十五条 公安、工商行政管理、海关等部门应当对依法没收的古生物化石登记造册、妥善保管，并在结案后30个工作日内移交给同级国土资源主管部门。接受移交的国土资源主管部门应当出具接收凭证，并将接收的古生物化石交符合条件的收藏单位收藏。

国有收藏单位不再收藏的一般保护古生物化石，

应当按照国务院国土资源主管部门的规定处理。

第四章 古生物化石进出境

第二十六条 未命名的古生物化石不得出境。

重点保护古生物化石符合下列条件之一，经国务院国土资源主管部门批准，方可出境：

（一）因科学研究需要与国外有关研究机构进行合作的；

（二）因科学、文化交流需要在境外进行展览的。

一般保护古生物化石经所在地省、自治区、直辖市人民政府国土资源主管部门批准，方可出境。

第二十七条 申请古生物化石出境的，应当向国务院国土资源主管部门或者省、自治区、直辖市人民政府国土资源主管部门提出出境申请，并提交出境古生物化石的清单和照片。出境申请应当包括申请人的基本情况和古生物化石的出境地点、出境目的、出境时间等内容。

申请重点保护古生物化石出境的，申请人还应当提供外方合作单位的基本情况和合作科学研究合同或者展览合同，以及古生物化石的应急保护预案、保护措施、保险证明等材料。

第二十八条 申请重点保护古生物化石出境的，国务院国土资源主管部门应当自受理申请之日起 3 个工作日内将申请材料送国家古生物化石专家委员会。国家古生物化石专家委员会应当自收到申请材料之日起 10 个工作日内对申请出境的重点保护古生物化石进行鉴定，确认古生物化石的种属、数量和完好程度，并出具书面鉴定意见。鉴定意见应当作为是否批准重点保护古生物化石出境的重要依据。

国务院国土资源主管部门应当自受理申请之日起 20 个工作日内完成审查，符合规定条件的，作出批准出境的决定；不符合规定条件的，书面通知申请人并说明理由。

第二十九条 申请一般保护古生物化石出境的，省、自治区、直辖市人民政府国土资源主管部门应当自受理申请之日起 20 个工作日内完成审查，同意出境的，作出批准出境的决定；不同意出境的，书面通知申请人并说明理由。

第三十条 古生物化石出境批准文件的有效期为 90 日；超过有效期出境的，应当重新提出出境申请。

重点古生物化石在境外停留的期限一般不超过 6 个月；因特殊情况确需延长境外停留时间的，应当在境外停留期限届满 60 日前向国务院国土资源主管部门申请延期。延长期限最长不超过 6 个月。

第三十一条 经批准出境的重点保护古生物化石出境后进境的，申请人应当自办结进境海关手续之日起 5 日内向国务院国土资源主管部门申请进境核查。

国务院国土资源主管部门应当自受理申请之日起 3 个工作日内将申请材料送国家古生物化石专家委员会。国家古生物化石专家委员会应当自收到申请材料之日起 5 个工作日内对出境后进境的重点保护古生物化石进行鉴定，并出具书面鉴定意见。鉴定意见应当作为重点保护古生物化石进境核查结论的重要依据。

国务院国土资源主管部门应当自受理申请之日起 15 个工作日内完成核查，作出核查结论；对确认为非原出境重点保护古生物化石的，责令申请人追回原出境重点保护古生物化石。

第三十二条 境外古生物化石临时进境的，应当交由海关加封，由境内有关单位或者个人自办结进境海关手续之日起 5 日内向国务院国土资源主管部门申请核查、登记。国务院国土资源主管部门核查海关封志完好无损的，逐件进行拍照、登记。

临时进境的古生物化石进境后出境的，由境内有关单位或者个人向国务院国土资源主管部门申请核查。国务院国土资源主管部门应当依照本条例第三十一条第二款规定的程序，自受理申请之日起 15 个工作日内完成核查，对确认为原临时进境的古生物化石的，批准出境。

境内单位或者个人从境外取得的古生物化石进境的，应当向海关申报，按照海关管理的有关规定办理进境手续。

第三十三条 运送、邮寄、携带古生物化石出境的，应当如实向海关申报，并向海关提交国务院国土资源主管部门或者省、自治区、直辖市人民政府国土资源主管部门的出境批准文件。

对有理由怀疑属于古生物化石的物品出境的，海关可以要求有关单位或者个人向国务院国土资源主管部门或者出境口岸所在地的省、自治区、直辖市人民政府国土资源主管部门申请办理是否属于古生物化石的证明文件。

第三十四条 国家对违法出境的古生物化石有权进行追索。

国务院国土资源主管部门代表国家具体负责追索工作。国务院外交、公安、海关等部门应当配合国务院国土资源主管部门做好违法出境古生物化石的追索工作。

第五章 法律责任

第三十五条 县级以上人民政府国土资源主管部门及其工作人员有下列行为之一的，对直接负责的主管人员和其他直接责任人员依法给予处分；直接负责的主管人员和其他直接责任人员构成犯罪的，依法追究刑事责任：

（一）未依照本条例规定批准古生物化石发掘的；

（二）未依照本条例规定批准古生物化石出境的；

（三）发现违反本条例规定的行为不予查处，或者接到举报不依法处理的；

（四）其他不依法履行监督管理职责的行为。

第三十六条 单位或者个人有下列行为之一的，由县级以上人民政府国土资源主管部门责令停止发掘，限期改正，没收发掘的古生物化石，并处20万元以上50万元以下的罚款；构成违反治安管理行为的，由公安机关依法给予治安管理处罚；构成犯罪的，依法追究刑事责任：

（一）未经批准发掘古生物化石的；

（二）未按照批准的发掘方案发掘古生物化石的。

有前款第（二）项行为，情节严重的，由批准古生物化石发掘的国土资源主管部门撤销批准发掘的决定。

第三十七条 古生物化石发掘单位未按照规定移交发掘的古生物化石的，由批准古生物化石发掘的国土资源主管部门责令限期改正；逾期不改正，或者造成古生物化石损毁的，处10万元以上50万元以下的罚款；直接负责的主管人员和其他直接责任人员构成犯罪的，依法追究刑事责任。

第三十八条 古生物化石收藏单位不符合收藏条件收藏古生物化石的，由县级以上人民政府国土资源主管部门责令限期改正；逾期不改正的，处5万元以上10万元以下的罚款；已严重影响其收藏的重点保护古生物化石安全的，由国务院国土资源主管部门指定符合条件的收藏单位代为收藏，代为收藏的费用由原收藏单位承担。

第三十九条 古生物化石收藏单位未按照规定建立本单位收藏的古生物化石档案的，由县级以上人民政府国土资源主管部门责令限期改正；逾期不改正的，没收有关古生物化石，并处2万元的罚款。

第四十条 单位或者个人违反规定买卖重点保护古生物化石的，由工商行政管理部门责令限期改正，没收违法所得，并处5万元以上20万元以下的罚款；构成违反治安管理行为的，由公安机关依法给予治安管理处罚；构成犯罪的，依法追究刑事责任。

第四十一条 古生物化石收藏单位之间未经批准转让、交换、赠与其收藏的重点保护古生物化石的，由县级以上人民政府国土资源主管部门责令限期改正；有违法所得的，没收违法所得；逾期不改正的，对有关收藏单位处5万元以上20万元以下的罚款。国有收藏单位将其收藏的重点保护古生物化石违法转让、交换、赠与给非国有收藏单位或者个人的，对国有收藏单位处20万元以上50万元以下的罚款，对直接负责的主管人员和其他直接责任人员依法给予处分；构成犯罪的，依法追究刑事责任。

第四十二条 单位或者个人将其收藏的重点保护古生物化石转让、交换、赠与、质押给外国人或者外国组织的，由县级以上人民政府国土资源主管部门责令限期追回，对个人处2万元以上10万元以下的罚款，对单位处10万元以上50万元以下的罚款；有违法所得的，没收违法所得；构成犯罪的，依法追究刑事责任。

第四十三条 单位或者个人未取得批准运送、邮寄、携带古生物化石出境的，由海关依照有关法律、行政法规的规定予以处理；构成犯罪的，依法追究刑事责任。

第四十四条 县级以上人民政府国土资源主管部门、其他有关部门的工作人员，或者国有的博物馆、科学研究单位、高等院校、其他收藏单位以及发掘单位的工作人员，利用职务上的便利，将国有古生物化石非法占为己有的，依法给予处分，由县级以上人民政府国土资源主管部门追回非法占有的古生物化石；有违法所得的，没收违法所得；构成犯罪的，依法追究刑事责任。

第六章　附　则

第四十五条 本条例自2011年1月1日起施行。

中华人民共和国国务院令

第592号

《土地复垦条例》已经2011年2月22日国务院第145次常务会议通过，现予公布，自公布之日起施行。

总理 温家宝

二〇一一年三月五日

土地复垦条例

第一章 总 则

第一条 为了落实十分珍惜、合理利用土地和切实保护耕地的基本国策，规范土地复垦活动，加强土地复垦管理，提高土地利用的社会效益、经济效益和生态效益，根据《中华人民共和国土地管理法》，制定本条例。

第二条 本条例所称土地复垦，是指对生产建设活动和自然灾害损毁的土地，采取整治措施，使其达到可供利用状态的活动。

第三条 生产建设活动损毁的土地，按照“谁损毁，谁复垦”的原则，由生产建设单位或者个人（以下称土地复垦义务人）负责复垦。但是，由于历史原因无法确定土地复垦义务人的生产建设活动损毁的土地（以下称历史遗留损毁土地），由县级以上人民政府负责组织复垦。

自然灾害损毁的土地，由县级以上人民政府负责组织复垦。

第四条 生产建设活动应当节约集约利用土地，不占或者少占耕地；对依法占用的土地应当采取有效措施，减少土地损毁面积，降低土地损毁程度。

土地复垦应当坚持科学规划、因地制宜、综合治理、经济可行、合理利用的原则。复垦的土地应当优先用于农业。

第五条 国务院国土资源主管部门负责全国土地复垦的监督管理工作。县级以上地方人民政府国土资源主管部门负责本行政区域土地复垦的监督管理工作。

县级以上人民政府其他有关部门依照本条例的规定和各自的职责做好土地复垦有关工作。

第六条 编制土地复垦方案、实施土地复垦工程、进行土地复垦验收等活动，应当遵守土地复垦国家标准；没有国家标准的，应当遵守土地复垦行业标准。

制定土地复垦国家标准和行业标准，应当根据土地损毁的类型、程度、自然地理条件和复垦的可行性等因素，分类确定不同类型损毁土地的复垦方式、目标和要求等。

第七条 县级以上地方人民政府国土资源主管部门应当建立土地复垦监测制度，及时掌握本行政区域土地资源损毁和土地复垦效果等情况。

国务院国土资源主管部门和省、自治区、直辖市人民政府国土资源主管部门应当建立健全土地复垦信息管理系统，收集、汇总和发布土地复垦数据信息。

第八条 县级以上人民政府国土资源主管部门应当依据职责加强对土地复垦情况的监督检查。被检查的单位或者个人应当如实反映情况，提供必要的资料。

任何单位和个人不得扰乱、阻挠土地复垦工作，破坏土地复垦工程、设施和设备。

第九条 国家鼓励和支持土地复垦科学研究和技术创新，推广先进的土地复垦技术。

对在土地复垦工作中作出突出贡献的单位和个人，由县级以上人民政府给予表彰。

第二章 生产建设活动损毁土地的复垦

第十条 下列损毁土地由土地复垦义务人负责复垦：

（一）露天采矿、烧制砖瓦、挖沙取土等地表挖掘所损毁的土地；

（二）地下采矿等造成地表塌陷的土地；

（三）堆放采矿剥离物、废石、矿渣、粉煤灰等固体废弃物压占的土地；

（四）能源、交通、水利等基础设施建设和其他生产建设活动临时占用所损毁的土地。

第十一条 土地复垦义务人应当按照土地复垦标准和国务院国土资源主管部门的规定编制土地复垦方案。

第十二条 土地复垦方案应当包括下列内容：

（一）项目概况和项目区土地利用状况；

（二）损毁土地的分析预测和土地复垦的可行性评价；

（三）土地复垦的目标任务；

（四）土地复垦应当达到的质量要求和采取的措施；

（五）土地复垦工程和投资估（概）算；

（六）土地复垦费用的安排；

（七）土地复垦工作计划与进度安排；

（八）国务院国土资源主管部门规定的其他内容。

第十三条 土地复垦义务人应当在办理建设用地申请或者采矿权申请手续时，随有关报批材料报送土地复垦方案。

土地复垦义务人未编制土地复垦方案或者土地复垦方案不符合要求的，有批准权的人民政府不得批准建设用地，有批准权的国土资源主管部门不得颁发采矿许可证。

本条例施行前已经办理建设用地手续或者领取采矿许可证，本条例施行后继续从事生产建设活动造成土地损毁的，土地复垦义务人应当按照国务院国土资源主管部门的规定补充编制土地复垦方案。

第十四条 土地复垦义务人应当按照土地复垦方案开展土地复垦工作。矿山企业还应当对土地损毁情况进行动态监测和评价。

生产建设周期长、需要分阶段实施复垦的，土地复垦义务人应当对土地复垦工作与生产建设活动统一规划、统筹实施，根据生产建设进度确定各阶段土地复垦的目标任务、工程规划设计、费用安排、工程实施进度和完成期限等。

第十五条 土地复垦义务人应当将土地复垦费用列

入生产成本或者建设项目总投资。

第十六条 土地复垦义务人应当建立土地复垦质量控制制度，遵守土地复垦标准和环境保护标准，保护土壤质量与生态环境，避免污染土壤和地下水。

土地复垦义务人应当首先对拟损毁的耕地、林地、牧草地进行表土剥离，剥离的表土用于被损毁土地的复垦。

禁止将重金属污染物或者其他有毒有害物质用作回填或者充填材料。受重金属污染物或者其他有毒有害物质污染的土地复垦后，达不到国家有关标准的，不得用于种植食用农作物。

第十七条 土地复垦义务人应当于每年 12 月 31 日前向县级以上地方人民政府国土资源主管部门报告当年的土地损毁情况、土地复垦费用使用情况以及土地复垦工程实施情况。

县级以上地方人民政府国土资源主管部门应当加强对土地复垦义务人使用土地复垦费用和实施土地复垦工程的监督。

第十八条 土地复垦义务人不复垦，或者复垦验收中经整改仍不合格的，应当缴纳土地复垦费，由有关国土资源主管部门代为组织复垦。

确定土地复垦费的数额，应当综合考虑损毁前的土地类型、实际损毁面积、损毁程度、复垦标准、复垦用途和完成复垦任务所需的工程量等因素。土地复垦费的具体征收使用管理办法，由国务院财政、价格主管部门商国务院有关部门制定。

土地复垦义务人缴纳的土地复垦费专项用于土地复垦。任何单位和个人不得截留、挤占、挪用。

第十九条 土地复垦义务人对在生产建设活动中损毁的由其他单位或者个人使用的国有土地或者农民集体所有的土地，除负责复垦外，还应当向遭受损失的单位或者个人支付损失补偿费。

损失补偿费由土地复垦义务人与遭受损失的单位或者个人按照造成的实际损失协商确定；协商不成的，可以向土地所在地人民政府国土资源主管部门申请调解或者依法向人民法院提起民事诉讼。

第二十条 土地复垦义务人不依法履行土地复垦义务的，在申请新的建设用地时，有批准权的人民政府不得批准；在申请新的采矿许可证或者申请采矿许可证延续、变更、注销时，有批准权的国土资源主管部门不得批准。

第三章 历史遗留损毁土地和自然灾害损毁土地的复垦

第二十一条 县级以上人民政府国土资源主管部门应当对历史遗留损毁土地和自然灾害损毁土地进行调查评价。

第二十二条 县级以上人民政府国土资源主管部门应当在调查评价的基础上，根据土地利用总体规划编制土地复垦专项规划，确定复垦的重点区域以及复垦的目标任务和要求，报本级人民政府批准后组织实施。

第二十三条 对历史遗留损毁土地和自然灾害损毁土地，县级以上人民政府应当投入资金进行复垦，或者按照“谁投资，谁受益”的原则，吸引社会投资进行复垦。土地权利人明确的，可以采取扶持、优惠措施，鼓励土地权利人自行复垦。

第二十四条 国家对历史遗留损毁土地和自然灾害损毁土地的复垦按项目实施管理。

县级以上人民政府国土资源主管部门应当根据土地复垦专项规划和年度土地复垦资金安排情况确定年度复垦项目。

第二十五条 政府投资进行复垦的，负责组织实施土地复垦项目的国土资源主管部门应当组织编制土地复垦项目设计书，明确复垦项目的位置、面积、目标任务、工程规划设计、实施进度及完成期限等。

土地权利人自行复垦或者社会投资进行复垦的，土地权利人或者投资单位、个人应当组织编制土地复垦项目设计书，并报负责组织实施土地复垦项目的国土资源主管部门审查同意后实施。

第二十六条 政府投资进行复垦的，有关国土资源主管部门应当依照招标投标法律法规的规定，通过公开招标的方式确定土地复垦项目的施工单位。

土地权利人自行复垦或者社会投资进行复垦的，土地复垦项目的施工单位由土地权利人或者投资单位、个人依法自行确定。

第二十七条 土地复垦项目的施工单位应当按照土地复垦项目设计书进行复垦。

负责组织实施土地复垦项目的国土资源主管部门应当健全项目管理制度，加强项目实施中的指导、管理和监督。

第四章 土地复垦验收

第二十八条 土地复垦义务人按照土地复垦方案的要求完成土地复垦任务后，应当按照国务院国土资源主管部门的规定向所在地县级以上地方人民政府国土资源主管部门申请验收，接到申请的国土资源主管部门应当会同同级农业、林业、环境保护等有关部门进行验收。

进行土地复垦验收，应当邀请有关专家进行现场踏勘，查验复垦后的土地是否符合土地复垦标准以及土地复垦方案的要求，核实复垦后的土地类型、面积和质量等情况，并将初步验收结果公告，听取相关权利人的意见。相关权利人对土地复垦完成情况提出异议的，国土资源主管部门应当会同有关部门进一步核查，并将核查情况向相关权利人反馈；情况属实的，应当向土地复垦义务人提出整改意见。

第二十九条 负责组织验收的国土资源主管部门应当会同有关部门在接到土地复垦验收申请之日起 60 个工作日内完成验收，经验收合格的，向土地复垦义务人出具验收合格确认书；经验收不合格的，向土地复垦义务人出具书面整改意见，列明需要整改的事项，由土地复垦义务人整改完成后重新申请验收。

第三十条 政府投资的土地复垦项目竣工后，负责组织实施土地复垦项目的国土资源主管部门应当依照本条例第二十八条第二款的规定进行初步验收。初步验收完成后，负责组织实施土地复垦项目的国土资源主管部门应当按照国务院国土资源主管部门的规定向上级人民政府国土资源主管部门申请最终验收。上级人民政府国土资源主管部门应当会同有关部门及时组织验收。

土地权利人自行复垦或者社会投资进行复垦的土地复垦项目竣工后，由负责组织实施土地复垦项目的国土资源主管部门会同有关部门进行验收。

第三十一条 复垦为农用地的，负责组织验收的国土资源主管部门应当会同有关部门在验收合格后的 5 年内对土地复垦效果进行跟踪评价，并提出改善土地质量的建议和措施。

第五章 土地复垦激励措施

第三十二条 土地复垦义务人在规定的期限内将生产建设活动损毁的耕地、林地、牧草地等农用地复垦恢复原状的，依照国家有关税收法律法规的规定退还已经缴纳的耕地占用税。

第三十三条 社会投资复垦的历史遗留损毁土地或者自然灾害损毁土地，属于无使用权人的国有土地的，经县级以上人民政府依法批准，可以确定给投资单位或者个人长期从事种植业、林业、畜牧业或者渔业生产。

社会投资复垦的历史遗留损毁土地或者自然灾害损毁土地，属于农民集体所有土地或者有使用权人的国有土地的，有关国土资源主管部门应当组织投资单位或者个人与土地权利人签订土地复垦协议，明确复垦的目标任务以及复垦后的土地使用和收益分配。

第三十四条 历史遗留损毁和自然灾害损毁的国有土地的使用权人，以及历史遗留损毁和自然灾害损毁的农民集体所有土地的所有权人、使用权人，自行将损毁土地复垦为耕地的，由县级以上地方人民政府给予补贴。

第三十五条 县级以上地方人民政府将历史遗留损毁和自然灾害损毁的建设用地复垦为耕地的，按照国家有关规定可以作为本省、自治区、直辖市内进行非农建设占用耕地时的补充耕地指标。

第六章 法律责任

第三十六条 负有土地复垦监督管理职责的部门及其工作人员有下列行为之一的，对直接负责的主管人员和其他直接责任人员，依法给予处分；直接负责的主管人员和其他直接责任人员构成犯罪的，依法追究刑事责任：

（一）违反本条例规定批准建设用地或者批准采矿许可证及采矿许可证的延续、变更、注销的；

（二）截留、挤占、挪用土地复垦费的；

（三）在土地复垦验收中弄虚作假的；

（四）不依法履行监督管理职责或者对发现的违反本条例的行为不依法查处的；

（五）在审查土地复垦方案、实施土地复垦项目、组织土地复垦验收以及实施监督检查过程中，索取、收受他人财物或者谋取其他利益的；

（六）其他徇私舞弊、滥用职权、玩忽职守行为。

第三十七条 本条例施行前已经办理建设用地手续或者领取采矿许可证，本条例施行后继续从事生产建设活动造成土地损毁的土地复垦义务人未按照规定补充编制土地复垦方案的，由县级以上地方人民政府国土资源主管部门责令限期改正；逾期不改正的，处10万元以上20万元以下的罚款。

第三十八条 土地复垦义务人未按照规定将土地复垦费用列入生产成本或者建设项目总投资的，由县级以上地方人民政府国土资源主管部门责令限期改正；逾期不改正的，处10万元以上50万元以下的罚款。

第三十九条 土地复垦义务人未按照规定对拟损毁的耕地、林地、牧草地进行表土剥离，由县级以上地方人民政府国土资源主管部门责令限期改正；逾期不改正的，按照应当进行表土剥离的土地面积处每公顷1万元的罚款。

第四十条 土地复垦义务人将重金属污染物或者其他有毒有害物质用作回填或者充填材料的，由县级以上地方人民政府环境保护主管部门责令停止违法行为，限期采取治理措施，消除污染，处10万元以上50万元以下的罚款；逾期不采取治理措施的，环境保护主管部门可以指定有治理能力的单位代为治理，所需费用由违法者承担。

第四十一条 土地复垦义务人未按照规定报告土地损毁情况、土地复垦费用使用情况或者土地复垦工程实施情况的，由县级以上地方人民政府国土资源主管部门责令限期改正；逾期不改正的，处2万元以上5万元以下的罚款。

第四十二条 土地复垦义务人依照本条例规定应当缴纳土地复垦费而不缴纳的，由县级以上地方人民政府国土资源主管部门责令限期缴纳；逾期不缴纳的，处应缴纳土地复垦费1倍以上2倍以下的罚款，土地复垦义务人为矿山企业的，由颁发采矿许可证的机关吊销采矿许可证。

第四十三条 土地复垦义务人拒绝、阻碍国土资源主管部门监督检查，或者在接受监督检查时弄虚作假的，由国土资源主管部门责令改正，处2万元以上5万元以下的罚款；有关责任人员构成违反治安管理行为的，由公安机关依法予以治安管理处罚；有关责任人员构成犯罪的，依法追究刑事责任。

破坏土地复垦工程、设施和设备，构成违反治安管理行为的，由公安机关依法予以治安管理处罚；构成犯罪的，依法追究刑事责任。

第七章 附 则

第四十四条 本条例自公布之日起施行。1988年11月8日国务院发布的《土地复垦规定》同时废止。

广东省第十一届
人民代表大会常务委员会公告

第63号

《广东省测绘条例》已由广东省第十一届人民代表大会常务委员会第二十七次会议于2011年7月29日通过，现予公布，自2011年11月1日起施行。

广东省人民代表大会常务委员会

二〇一一年七月二十九日

广东省测绘条例

第一章 总 则

第一条 根据《中华人民共和国测绘法》和有关法律、法规，结合本省实际，制定本条例。

第二条 本条例适用于本省行政区域内的测绘（不含军事测绘）活动。

法律、行政法规另有规定的，从其规定。

第三条 省人民政府测绘行政主管部门，负责全省测绘工作的统一监督管理。

县级以上人民政府测绘行政主管部门，负责本行政区域测绘工作的统一监督管理，并接受上级测绘行政主管部门的业务指导。

县级以上人民政府其他有关部门，按照本级人民政府规定的职责分工，负责本部门有关的测绘工作。

第四条 县级以上人民政府应当鼓励测绘科学技术的创新和进步，建立和完善基础地理信息的更新机制，推进地理信息资源共享，促进经济社会发展，为社会公众服务。

第五条 测绘活动涉及国家秘密、军事设施的，应当遵守国家秘密、军事设施管理方面的有关规定。

第二章 测绘基准和测绘系统

第六条 测绘活动应当使用国家统一的测绘基准和测绘系统，执行国家统一的测绘技术规范和标准。

第七条 因建设、城市规划和科学研究的需要，大城市和国家重大工程项目确需建立相对独立的平面坐标系统的，报国务院测绘行政主管部门批准；其他确需建立相对独立的平面坐标系统的，由省人民政府测绘行政主管部门批准。

同一城市或者行政区域只能建立一个相对独立的平面坐标系统，并应当与国家坐标系统相联系。

申请建立相对独立的平面坐标系统，应当提交申请书、论证报告、技术方案以及与国家统一平面坐标系统的联系方式。

第八条 本条例实施前已经建立两个以上相对独立的平面坐标系统的，应当由所在地地级以上市人民政府测绘行政主管部门会同有关部门确定选用一个相对独立的平面坐标系统，报省人民政府测绘行政主管部门批准。

相对独立的平面坐标系统由所在地的市、县人民政府统一管理，实行资源共享，任何单位不得垄断。

第九条 国家尚未制定统一的测绘技术规范和标准，或者需要省作出具体规定的，由省人民政府测绘行政主管部门制定统一的测绘技术规范和标准；行业测绘的专业技术规范和标准由相应的行政主管部门会同省人民政府测绘行政主管部门制定。

第十条 建立地理信息系统或者建立需要使用地理信息数据的其他信息系统，必须采用符合国家标准的基础地理信息数据。

第三章 基础测绘

第十一条 县级以上人民政府测绘行政主管部门会同其他有关部门根据上一级基础测绘规划和本行政区域内的实际情况，组织编制本行政区域的基础测绘规划，报本级人民政府批准，并报上一级测绘行政主管部门备案后组织实施。

第十二条 县级以上人民政府应当将基础测绘纳入本级国民经济和社会发展年度计划及财政预算。

县级以上人民政府发展改革主管部门会同测绘行政主管部门，根据本行政区域的基础测绘规划，编制本行政区域的基础测绘年度计划，并分别报上一级主管部门备案。

省对贫困山区和少数民族地区的基础测绘给予适当的财政支持。

第十三条 县级以上人民政府测绘行政主管部门负责管理本行政区域的下列基础测绘事项：

（一）基础航空摄影与航天遥感资料的获取；

（二）基础地理信息系统的建立、更新与维护；

（三）测绘基础设施建设；

（四）基础地理底图的绘制；

（五）上级规定由其负责管理的其他基础测绘项目。

全省统一的三等以上（含三等）平面控制网、高程控制网和空间定位系统的建立、更新与维护以及比例尺小于 1:5000（含 1:5000）的地形图、影像图和相应数字化产品的测制与更新由省人民政府测绘行政主管部门负责。

市、县统一的四等以下（含四等）平面控制网、高程控制网和空间定位系统的建立、更新与维护以及 1:2000 ～ 1:500 比例尺地图、影像图、数字化产品以及相应深化产品的测制与更新由市、县人民政府测绘行政主管部门负责。

第十四条 基础测绘成果实行定期更新制度。

大中城市至少三年更新一次，其他地区至少五年更新一次。

基础地理信息系统以及国民经济和社会发展急需的基础测绘成果应当及时更新。

县级以上人民政府测绘行政主管部门应当及时收集有关交通、居民点、地名等地理信息的变化情况，并予以更新。

第十五条 县级以上人民政府测绘行政主管部门应当根据应对自然灾害等突发事件的需要，制定相应的基础测绘应急保障预案。自然灾害等突发事件发生后，县级以上人民政府应当立即启动预案，采取有效措施，开展基础地理信息数据的应急测制和更新工作。

第四章 界线测绘和其他测绘

第十六条 行政区域界线的测绘以及省、市、县行政区域界线标准画法图，按照国务院有关规定执行。

乡、镇行政区域界线标准画法图，由省人民政府民政部门和省人民政府测绘行政主管部门共同拟订，报省人民政府批准后公布。

第十七条 地籍测绘、房产测绘应当满足土地权属、房屋权属的调查和确定土地、房屋权属的界址点、界址线及权属面积的需要。

土地权属证书和房屋权属证书中的权属界址点、界址线附图，应当由具有相应测绘资质的测绘单位按照国家和省的有关规定测绘。

第十八条 敷设和更新城市地下管线，竣工后应当及时进行测绘。建设单位敷设和更新城市地下管线，应当在覆土以前进行竣工测绘，竣工测绘成果以及废弃的地下管线资料，建设单位应当在工程竣工后三个月内向所在地的建设行政主管部门和测绘行政主管部门报送备案。

测绘行政主管部门和建设行政主管部门收到备案后，应当及时公布城市管线测绘成果及相关的地下管线资料目录，方便公众查询。有关单位可以依照法律法规的规定使用城市管线测绘成果及相关的地下管线资料。

水利、能源、交通、通信、市政、资源开发和其他领域的工程测量活动，应当按照国家有关的工程测量技术规范进行，并接受测绘行政主管部门的监督管理。

第五章 测绘资质与测绘市场

第十九条 从事测绘活动的单位，应当依法取得测绘行政主管部门颁发的相应等级的测绘资质证书，并在资质等级许可的范围内从事测绘活动。

第二十条 测绘资质审查和测绘资质证书发放的具体条件、程序和期限按照国家的有关规定执行。

第二十一条 测绘单位合并、分立、需要变更资质等级或者变更业务范围的，应当重新申请办理资质审查手续。

测绘单位变更名称、地址、法定代表人，应当持有关批准文件和证明资料，申请办理相关变更手续。

第二十二条 从事测绘活动的专业技术人员，应当依法取得相应的执业资格。

第二十三条 测绘人员进行测绘活动时，应当持有测绘作业证件，遵守有关作业规范，尽可能减少对正常生活生产秩序的影响。

有关单位和个人对依法进行的测绘活动应当提供便利，并给予必要的协助。任何单位和个人不得妨碍、阻挠测绘人员依法进行测绘活动。

第二十四条 承担一定规模的测绘项目的单位应当在项目实施前，向省人民政府测绘行政主管部门或者测绘项目所在地县级以上人民政府测绘行政主管部门办理项目备案。

第二十五条 测绘项目应当实行招标的，按照国家和省有关招投标的规定执行。涉及国家安全、国家秘密，或者法律法规规定不适宜招标的测绘项目，可以不进行招标。

第二十六条 测绘项目应当按照国家的有关规定实行项目监理。

第二十七条 用于测绘活动的测绘仪器设备，应当按照国家有关规定进行检定。经检定不合格的仪器设备，不得投入使用。

第二十八条 实行测绘年度统计制度。

测绘单位应当向测绘行政主管部门提供统计资料。

县级以上人民政府测绘行政主管部门应当将测绘年度统计结果报上一级测绘行政主管部门。

第二十九条 测绘执法人员开展监督检查，应当出示执法证件。受监督检查的单位或个人应当予以配合，按照要求提供有关资料，就测绘活动情况作出说明。

第三十条 省人民政府测绘行政主管部门应当会同相关部门建立测绘单位信用信息公开制度，将测绘单位的资质、成果质量和执行法律法规、测绘规范和标准、测绘合同等有关信用信息向社会公布。

第六章 测绘成果

第三十一条 县级以上人民政府测绘行政主管部门应当每年编制测绘成果目录，向社会公布，并将测绘成果副本和目录向省人民政府测绘行政主管部门汇交。

第三十二条 基础测绘成果资源实行共建共享。

规划、行政管理、决策、信息化建设、资源调查等需要使用基础测绘成果的，应当使用已有适宜的基础测绘成果。

无偿使用基础测绘成果和使用财政资金完成的测绘成果的单位，应当向测绘行政主管部门无偿提供本单位掌握的、可用于基础测绘成果更新的图件资料和数据。

鼓励非基础测绘成果实行共建共享。

第三十三条 测绘成果实行有偿使用制度，但国家机关因防灾、减灾和国防建设等公共利益的需要，可以无偿使用。

基础测绘成果和国家投资完成的其他测绘成果，用于国家机关决策和社会公益性事业的，可以无偿使用。

第三十四条 县级以上人民政府测绘行政主管部门应当推进公众版测绘成果的加工和编制工作，鼓励公众版测绘成果的开发利用，促进测绘成果的社会化应用和公共服务。

第三十五条 除依法汇交测绘成果外，承担测绘项目的单位、使用测绘成果的单位和个人未经测绘成果所有权人同意，不得擅自复制、转让、转借或者以其他方式向第三方提供其测绘、使用的测绘成果；测绘行政主管部门及测绘成果保管单位可以利用汇交的测绘成果进行基础测绘图件、数据更新，但未经测绘成果所有权人同意，不得直接将汇交的测绘成果向第三方提供使用。

第三十六条 县级以上人民政府测绘行政主管部门对测绘成果实施质量监督，调处测绘成果质量纠纷。

测绘成果必须经过检查验收，质量合格方可提供使用。测绘单位应当对其完成的测绘成果质量负责。

基础测绘成果的检查验收，由同级人民政府测绘行政主管部门组织实施；非基础测绘成果的检查验收，由测绘项目的投资方组织实施。

第三十七条 重要地理信息数据实行统一审核与公布制度。

本省行政区域内重要自然和人文地理实体的位置、高程、面积、数量、长度等重要地理信息数据，除依法由国务院批准、公布外，由省人民政府测绘行政主管部门审核，并与有关部门、军队测绘主管部门会商后，报省人民政府批准公布。

第三十八条 县级以上人民政府测绘行政主管部门和其他有关部门应当按照职责分工，加强对地图产品的监督管理，保证地图质量。

第三十九条 编制地图和提供互联网地图服务的单位应当取得相应的测绘资质，地图的内容表示应当符合国家的有关规定，使用标准地名和行政区域界线标准画法，保证地图内容的现势性和正确性。

第四十条 公开出版地图，提供互联网地图服务，展示、登载未出版的地图，引进地图或者生产、加工附有地图的各类产品，有关单位应当将试制样图或者样品报测绘行政主管部门审核批准。未经审核批准的地图和附有地图的各类产品，不得出版、展示、印刷、引进或者生产、加工，不得提供互联网地图服务。测绘行政主管部门对地图进行审核、批准，不得收取费用。

本省编印的中、小学教学地图和附有地图的教材、教学资料、教学用品，应当由省人民政府教育行政主管部门会同省人民政府测绘行政主管部门审定。

本条第一款、第二款规定的审批的权限和程序按照国家有关地图管理的规定办理。

引用已经测绘行政主管部门审核批准的地图并标注审图号的，不需要报测绘行政主管部门批准。

第四十一条 经审核批准的地图和附有地图的产品，送审单位应当在发行、登载、展示、销售前将样品或者样图一式两份报审批部门备案。

第七章 测量标志保护

第四十二条 县级以上人民政府应当加强测量标志的保护工作，按照规定检查、维护永久性测量标志。

乡、镇人民政府应当做好本行政区域内的测量标志保护工作。

第四十三条 建设永久性测量标志的单位，应当对测量标志设立明显的标记，并向当地测绘行政主管部门备案。

第四十四条 永久性测量标志实行委托保管制度。设置永久性测量标志的部门应当将永久性测量标志委托测量标志设置地的有关单位或者人员负责保管，签订测量标志委托保管书，明确委托方和被委托方的权利和义务。

第八章 法律责任

第四十五条 违反本条例规定，交付、提供未经检验或者经检验不合格的测绘成果的，责令改正，可以并处三万元以下的罚款；造成损失的，依法承担赔偿责任；有违法所得的，还应当没收违法所得；构成犯罪的，依法追究刑事责任。

第四十六条 承担一定规模的测绘项目的单位在

项目实施前，未按规定办理项目备案的，责令限期备案，并将违法情况列入测绘单位信用信息库，作为年度注册的考核内容之一；逾期不改的，处以三千元以上一万元以下的罚款。

第四十七条 违反本条例规定，有下列行为之一的，责令停止违法行为，并处三千元以上一万元以下的罚款：

（一）未经测绘行政主管部门审核或者审定，擅自编制、印刷、出版、展示、登载和销售地图或者附有地图的各类产品的；

（二）未按照规定将地图样图或者样品报送备案的。

第四十八条 违反本条例规定，县级以上人民政府测绘行政主管部门及其工作人员有下列行为之一的，对负有直接责任的主管人员和其他直接责任人员依法给予处分；构成犯罪的，依法追究刑事责任：

（一）利用职务上的便利索取、收受他人财物或者谋取其他利益的；

（二）办理审批事项或者查处违法行为中，滥用职权、玩忽职守的；

（三）不依法履行监督管理职责，造成严重后果的。

第四十九条 本条例规定的行政处罚由县级以上人民政府测绘行政主管部门决定。法律、行政法规另有规定的，从其规定。

第九章 附则

第五十条 本条例自2011年11月1日起施行。

1997年5月31日广东省第八届人民代表大会常务委员会第二十九次会议通过的《广东省测绘管理条例》同时废止。

中华人民共和国国土资源部令

第 52 号

《国土资源部关于修改〈外国的组织或者个人来华测绘管理暂行办法〉的决定》，已经 2010 年 11 月 29 日国土资源部第 6 次部务会议审议通过，并经国务院批准，现予发布，自发布之日起施行。

部长 徐绍史

二○一一年四月二十七日

国土资源部关于修改《外国的组织或者个人来华测绘管理暂行办法》的决定

为了维护社会主义法制统一，进一步完善国土资源法律体系，决定对《外国的组织或者个人来华测绘管理暂行办法》（国土资源部令第 38 号）作出如下修改：

一、第七条第五项修改为：“地形图、世界政区地图、全国政区地图、省级及以下政区地图、全国性教学地图、地方性教学地图和真三维地图的编制”。

二、第八条第二款第三项修改为：“合资、合作企业须中方控股。外国的组织或者个人在中华人民共和国领域只申请互联网地图服务测绘资质的，必须依法设立合资企业，且外方投资者在合资企业中的出资比例，最终不得超过 50%”。

三、第九条第二项修改为：“中方控股的证明文件（只申请互联网地图服务测绘资质的，需提供外方投资者投资比例不超过 50% 的证明文件）”。

四、本决定自发布之日起施行。

《外国的组织或者个人来华测绘管理暂行办法》根据本决定做相应修改后，重新公布。

外国的组织或者个人来华测绘管理暂行办法

（2007年1月19日中华人民共和国国土资源部令第38号公布
根据2011年4月27日《国土资源部关于修改〈外国的组织或者个人来华测绘管理暂行办法〉的决定》修正）

第一条 为加强对外国的组织或者个人在中华人民共和国领域和管辖的其他海域从事测绘活动的管理，维护国家安全和利益，促进中外经济、科技的交流与合作，根据《中华人民共和国测绘法》和其他有关法律、法规，制定本办法。

第二条 外国的组织或者个人在中华人民共和国领域和管辖的其他海域从事测绘活动（以下简称来华测绘），适用本办法。

第三条 来华测绘应当遵循以下原则：

（一）必须遵守中华人民共和国的法律、法规和国家有关规定；

（二）不得涉及中华人民共和国的国家秘密；

（三）不得危害中华人民共和国的国家安全。

第四条 国务院测绘行政主管部门会同军队测绘主管部门负责来华测绘的审批。

县级以上各级人民政府测绘行政主管部门依照法律、行政法规和规章的规定，对来华测绘履行监督管理职责。

第五条 来华测绘应当符合测绘管理工作国家秘密范围的规定。测绘活动中涉及国防和国家其他部门或者行业的国家秘密事项，从其主管部门的国家秘密范围规定。

第六条 外国的组织或者个人在中华人民共和国领域测绘，必须与中华人民共和国的有关部门或者单位依法采取合资、合作的形式（以下简称合资、合作测绘）。

前款所称合资、合作的形式，是指依照《中华人民共和国中外合资经营企业法》、《中华人民共和国中外合作经营企业法》的规定设立合资、合作企业。

经国务院及其有关部门或者省、自治区、直辖市人民政府批准，外国的组织或者个人来华开展科技、文化、体育等活动时，需要进行一次性测绘活动的（以下简称一次性测绘），可以不设立合资、合作企业，但是必须经国务院测绘行政主管部门会同军队测绘主管部门批准，并与中华人民共和国的有关部门和单位的测绘人员共同进行。

第七条 合资、合作测绘不得从事下列活动：

（一）大地测量；

（二）测绘航空摄影；

（三）行政区域界线测绘；

（四）海洋测绘；

（五）地形图、世界政区地图、全国政区地图、省级及以下政区地图、全国性教学地图、地方性教学地图和真三维地图的编制；

（六）导航电子地图编制；

（七）国务院测绘行政主管部门规定的其他测绘活动。

第八条 合资、合作测绘应当取得国务院测绘行政主管部门颁发的《测绘资质证书》。

合资、合作企业申请测绘资质应当具备下列条件：

（一）符合《中华人民共和国测绘法》以及外商投资的法律法规的有关规定。

（二）符合《测绘资质管理规定》的有关要求。

（三）合资、合作企业须中方控股。外国的组织或者个人在中华人民共和国领域只申请互联网地图服务测绘资质的，必须依法设立合资企业，且外方投资者在合资企业中的出资比例，最终不得超过 50%。

（四）已经依法进行企业登记，并取得中华人民共和国法人资格。

第九条 合资、合作企业申请测绘资质应当提供下列材料：

（一）《测绘资质管理规定》中要求提供的申请材料；

（二）中方控股的证明文件（只申请互联网地图服务测绘资质的，需提供外方投资者投资比例不超过 50% 的证明文件）；

（三）企业法人营业执照；

（四）国务院测绘行政主管部门规定应当提供的其他材料。

第十条 测绘资质许可依照下列程序办理：

（一）提交申请：合资、合作企业应当分别向国务院测绘行政主管部门和其所在地的省、自治区、直辖市人民政府测绘行政主管部门提交申请材料。

（二）初审：国务院测绘行政主管部门在收到申请材料后依法作出是否受理的决定。决定受理的，应当及时通知省、自治区、直辖市人民政府测绘行政主管部门进行初审。省、自治区、直辖市人民政府测绘行政主管部门应当在接到初审通知后 20 个工作日内提出初审意见，并报国务院测绘行政主管部门。

（三）审查：国务院测绘行政主管部门接到初审意见后 5 个工作日内送军队测绘主管部门会同审查，并在接到会同审查意见后 8 个工作日内作出审查决定。

（四）发放证书：审查合格的，由国务院测绘行政主管部门颁发相应等级的《测绘资质证书》；审查不合格的，由国务院测绘行政主管部门作出不予许可的决定。

第十一条 申请一次性测绘的，应当提交下列申请材料一式三份：

（一）申请表；

（二）国务院及其有关部门或者省、自治区、直辖市人民政府的批准文件；

（三）按照法律法规规定应当提交的有关部门的批准文件；

（四）外国的组织或者个人的身份证明和有关资信证明；

（五）测绘活动的范围、路线、测绘精度及测绘成果形式的说明；

（六）测绘活动时使用的测绘仪器、软件和设备的清单和情况说明；

（七）中华人民共和国现有测绘成果不能满足项目需要的说明。

第十二条 一次性测绘应当依照下列程序取得国务院测绘行政主管部门的批准文件：

（一）提交申请：经国务院及其有关部门批准，外国的组织或者个人来华开展科技、文化、体育等活动时，需要进行一次性测绘活动的，应当向国务院测绘行政主管部门提交申请材料。

经省、自治区、直辖市人民政府批准，外国的组织或者个人来华开展科技、文化、体育等活动时，需要进行一次性测绘活动的，应当向国务院测绘行政主管部门和省、自治区、直辖市人民政府测绘行政主管部门分别提交申请材料。

（二）初审：国务院测绘行政主管部门在收到申请材料后依法作出是否受理的决定。经省、自治区、直辖市人民政府批准，外国的组织或者个人来华开展科技、文化、体育等活动时，需要进行一次性测绘活动的，国务院测绘行政主管部门决定受理后，应当及时通知省、自治区、直辖市人民政府测绘行政主管部门进行初审。省、自治区、直辖市人民政府测绘行政主管部门应当在接到初审通知后 20 个工作日内提出初审意见，并报国务院测绘行政主管部门。

（三）审查：国务院测绘行政主管部门受理后或者接到初审意见后 5 个工作日内送军队测绘主管部门会同审查，并在接到会同审查意见后 8 个工作日内作出审查决定。

（四）批准：准予一次性测绘的，由国务院测绘行政主管部门依法向申请人送达批准文件，并抄送测绘活动所在地的省、自治区、直辖市人民政府测绘行政主管部门；不准予一次性测绘的，应当作出书面决定。

第十三条 依法需要听证、检验、检测、鉴定和专家评审的，所需时间不计算在规定的期限内，但是应当将所需时间书面告知申请人。

第十四条 合资、合作企业应当在《测绘资质证书》载明的业务范围内从事测绘活动。一次性测绘应当按照国务院测绘行政主管部门批准的内容进行。

合资、合作测绘或者一次性测绘的，应当保证中方测绘人员全程参与具体测绘活动。

第十五条 来华测绘成果的管理依照有关测绘成果管理法律法规的规定执行。

来华测绘成果归中方部门或者单位所有的，未经依法批准，不得以任何形式将测绘成果携带或者传输出境。

第十六条 县级以上地方人民政府测绘行政主管部门，应当加强对本行政区域内来华测绘的监督管理，定期对下列内容进行检查：

（一）是否涉及国家安全和秘密；

（二）是否在《测绘资质证书》载明的业务范围内进行；

（三）是否按照国务院测绘行政主管部门批准的内容进行；

（四）是否按照《中华人民共和国测绘成果管理条例》的有关规定汇交测绘成果副本或者目录；

（五）是否保证了中方测绘人员全程参与具体测绘活动。

第十七条 违反本办法规定，法律、法规已规定行政处罚的，从其规定。

违反本办法规定，来华测绘涉及中华人民共和国的国家秘密或者危害中华人民共和国的国家安全的行为的，依法追究其法律责任。

第十八条 违反本办法规定，有下列行为之一的，由国务院测绘行政主管部门撤销批准文件，责令停止测绘活动，处3万元以下罚款。有关部门对中方负有直接责任的主管人员和其他直接责任人员，依法给予行政处分；构成犯罪的，依法追究刑事责任。对形成的测绘成果依法予以收缴：

（一）以伪造证明文件、提供虚假材料等手段，骗取一次性测绘批准文件的；

（二）超出一次性测绘批准文件的内容从事测绘活动的。

第十九条 违反本办法规定，未经依法批准将测绘成果携带或者传输出境的，由国务院测绘行政主管部门处3万元以下罚款；构成犯罪的，依法追究刑事责任。

第二十条 来华测绘涉及其他法律法规规定的审批事项的，应当依法经相应主管部门批准。

第二十一条 香港特别行政区、澳门特别行政区、台湾地区的组织或者个人来内地从事测绘活动的，参照本办法进行管理。

第二十二条 本办法自2007年3月1日起施行。

国务院关于加强地质灾害防治工作的决定

国发〔2011〕20号

各省、自治区、直辖市人民政府，国务院各部委、各直属机构：

我国是世界上地质灾害最严重、受威胁人口最多的国家之一，地质条件复杂，构造活动频繁，崩塌、滑坡、泥石流、地面塌陷、地面沉降、地裂缝等灾害隐患多、分布广，且隐蔽性、突发性和破坏性强，防范难度大。特别是近年来受极端天气、地震、工程建设等因素影响，地质灾害多发频发，给人民群众生命财产造成严重损失。为进一步加强地质灾害防治工作，特作如下决定。

一、指导思想、基本原则和工作目标

（一）指导思想。全面贯彻党的十七大和十七届三中、四中、五中全会精神，以邓小平理论和“三个代表”重要思想为指导，全面贯彻落实科学发展观，将“以人为本”的理念贯穿于地质灾害防治工作各个环节，以保护人民群众生命财产安全为根本，以建立健全地质灾害调查评价体系、监测预警体系、防治体系、应急体系为核心，强化全社会地质灾害防范意识和能力，科学规划，突出重点，整体推进，全面提高我国地质灾害防治水平。

（二）基本原则。坚持属地管理、分级负责，明确地方政府的地质灾害防治主体责任，做到政府组织领导、部门分工协作、全社会共同参与；坚持预防为主、防治结合，科学运用监测预警、搬迁避让和工程治理等多种手段，有效规避灾害风险；坚持专群结合、群测群防，充分发挥专业监测机构作用，紧紧依靠广大基层群众全面做好地质灾害防治工作；坚持谁引发、谁治理，对工程建设引发的地质灾害隐患明确防灾责任单位，切实落实防范治理责任；坚持统筹规划、综合治理，在加强地质灾害防治的同时，协调推进山洪等其他灾害防治及生态环境治理工作。

（三）工作目标。“十二五”期间，完成地质灾害重点防治区灾害调查任务，全面查清地质灾害隐患的基本情况；基本完成三峡库区、汶川和玉树地震灾区、地质灾害高易发区重大地质灾害隐患点的工程治理或搬迁避让；对其他隐患点，积极开展专群结合的监测预警，灾情、险情得到及时监控和有效处置。到2020年，全面建成地质灾害调查评价体系、监测预警体系、防治体系和应急体系，基本消除特大型地质灾害隐患点的威胁，使灾害造成的人员伤亡和财产损失明显减少。

二、全面开展隐患调查和动态巡查

（四）加强调查评价。以县为单元在全国范围全面开展山洪、地质灾害调查评价工作，重点提高汶川、玉树地震灾区以及三峡库区、西南山区、西北黄土区、东南沿海等地区的调查工作程度，加大对人口密集区、重要军民设施周边地质灾害危险性的评价力度。调查评价结果要及时提交当地县级以上人民政府，作为灾害防治工作的基础依据。

（五）强化重点勘查。对可能威胁城镇、学校、医院、集市和村庄、部队营区等人口密集区域及饮用水源地，隐蔽性强、地质条件复杂的重大隐患点，要组织力量进行详细勘查，查明灾害成因、危害程度，掌握其发展变化规律，并逐点制定落实监测防治措施。

（六）开展动态巡查。地质灾害易发区县级人民政府要建立健全隐患排查制度，组织对本地区地质灾害隐患点开展经常性巡回检查，对重点防治区域每年开展汛前排查、汛中检查和汛后核查，及时消除灾害隐患，并将排查结果及防灾责任单位及时向社会公布。

省、市两级人民政府和相关部门要加强对县级人民政府隐患排查工作的督促指导，对基层难以确定的隐患，要及时组织专业部门进行现场核查确认。

三、加强监测预报预警

（七）完善监测预报网络。各地区要加快构建国土、气象、水利等部门联合的监测预警信息共享平台，建立预报会商和预警联动机制。对城镇、乡村、学校、医院及其他企事业单位等人口密集区上游易发生滑坡、山洪、泥石流的高山峡谷地带，要加密部署气象、水文、地质灾害等专业监测设备，加强监测预报，确保及时发现险情、及时发出预警。

（八）加强预警信息发布手段建设。进一步完善国家突发公共事件预警信息发布系统，建立国家应急广播体系，充分利用广播、电视、互联网、手机短信、电话、宣传车和电子显示屏等各种媒体和手段，及时发布地质灾害预警信息。重点加强农村山区等偏远地区紧急预警信息发布手段建设，并因地制宜地利用有线广播、高音喇叭、鸣锣吹哨、逐户通知等方式，将灾害预警信息及时传递给受威胁群众。

（九）提高群测群防水平。地质灾害易发区的县、乡两级人民政府要加强群测群防的组织领导，健全以村干部和骨干群众为主体的群测群防队伍。引导、鼓励基层社区、村组成立地质灾害联防联控互助组织。对群测群防员给予适当经费补贴，并配备简便实用的监测预警设备。组织相关部门和专业技术人员加强对群测群防员等的防灾知识技能培训，不断增强其识灾报灾、监测预警和临灾避险应急能力。

四、有效规避灾害风险

（十）严格地质灾害危险性评估。在地质灾害易发区内进行工程建设，要严格按规定开展地质灾害危险性评估，严防人为活动诱发地质灾害。强化资源开发中的生态保护与监管，开展易灾地区生态环境监测评估。各地区、各有关部门编制城市总体规划、村庄和集镇规划、基础设施专项规划时，要加强对规划区地质灾害危险性评估，合理确定项目选址、布局，切实避开危险区域。

（十一）快速有序组织临灾避险。对出现灾害前兆、可能造成人员伤亡和重大财产损失的区域和地段，县级人民政府要及时划定地质灾害危险区，向社会公告并设立明显的警示标志；要组织制定防灾避险方案，明确防灾责任人、预警信号、疏散路线及临时安置场所等。遇台风、强降雨等恶劣天气及地震灾害发生时，要组织力量严密监测隐患发展变化，紧急情况下，当地人民政府、基层群测群防组织要迅速启动防灾避险方案，及时有序组织群众安全转移，并在原址设立警示标志，避免人员进入造成伤亡。在安排临时转移群众返回原址居住前，要对灾害隐患进行安全评估，落实监测预警等防范措施。

（十二）加快实施搬迁避让。地方各级人民政府要把地质灾害防治与扶贫开发、生态移民、新农村建设、小城镇建设、土地整治等有机结合起来，统筹安排资金，有计划、有步骤地加快地质灾害危险区内群众搬迁避让，优先搬迁危害程度高、治理难度大的地质灾害隐患点周边群众。要加强对搬迁安置点的选址评估，确保新址不受地质灾害威胁，并为搬迁群众提供长远生产、生活条件。

五、综合采取防治措施

（十三）科学开展工程治理。对一时难以实施搬迁避让的地质灾害隐患点，各地区要加快开展工程治理，充分发挥专家和专业队伍作用，科学设计，精心施工，保证工程质量，提高资金使用效率。各级国土资源、发展改革、财政等相关部门，要加强对工程治理项目的支持和指导监督。

（十四）加快地震灾区、三峡库区地质灾害防治。针对汶川、玉树等地震对灾区地质环境造成的严重破坏，在全面开展地震影响区地质灾害详细调查评价的基础上，抓紧编制实施地质灾害防治专项规划，对重大隐患点进行严密监测，及时采取搬迁避让、工程治理等防治措施，防止造成重大人员伤亡和财产损失。组织实施好三峡库区地质灾害防治工作，妥善解决二、三期地质灾害防治遗留问题，重点加强对水位涨落引发的滑坡、崩塌监测预警和应急处置。

（十五）加强重要设施周边地质灾害防治。对交通干线、水利枢纽、输供电输油（气）设施等重要设施及军事设施周边重大地质灾害隐患，有关部门和企业要及时采取防治措施，确保安全。经评估论证需采取地质灾害防治措施的工程项目，建设单位必须在主体工程建设的同时，实施地质灾害防护工程。各施工企业要加强对工地周边地质灾害隐患的监测预警，制定防灾预案，切实保证在建工程和施工人员安全。

（十六）积极开展综合治理。各地区要组织国土资源、发展改革、财政、环境保护、水利、农业、安全监管、林业、气象等相关部门，统筹各方资源抓好地质灾害防治、矿山地质环境治理恢复、水土保持、山洪灾害防治、中小河流治理和病险水库除险加固、尾矿库隐患治理、易灾地区生态环境治理等各项工作，切实提高地质灾害综合治理水平。要编制实施相关规划，合理安排非工程措施和工程措施，适当提高山区城镇、乡村的地质灾害设防标准。

（十七）建立健全地面沉降、塌陷及地裂缝防控机制。建立相关部门、地方政府地面沉降防控共同责任制，完善重点地区地面沉降监测网络，实行地面沉降与地下水开采联防联控，重点加强对长江三角洲、华北地区和汾渭地区地下水开采管理，合理实施地下水禁采、限采措施和人工回灌等工程，建立地面沉降防治示范区，遏制地面沉降、地裂缝进一步加剧。在深入调查的基础上，划定地面塌陷易发区、危险区，强化防护措施。制定地下工程活动和地下空间管理办法，严格审批程序，防止矿产开采、地下水抽采和其他地下工程建设以及地下空间使用不当等引发地面沉降、塌陷及地裂缝等灾害。

六、加强应急救援工作

（十八）提高地质灾害应急能力。地方各级人民政府要结合地质灾害防治工作实际，加强应急救援体系建设，加快组建专群结合的应急救援队伍，配备必要的交通、通信和专业设备，形成高效的应急工作机制。进一步修订完善突发地质灾害应急预案，制定严密、科学的应急工作流程。建设完善应急避难场所，加强必要的生活物资和医疗用品储备，定期组织应急预案演练，提高有关各方协调联动和应急处置能力。

（十九）强化基层地质灾害防范。地质灾害易发区要充分发挥基层群众熟悉情况的优势，大力支持和推进乡、村地质灾害监测、巡查、预警、转移避险等应急能力建设。在地质灾害重点防范期内，乡镇人民政府、基层群众自治组织要加强对地质灾害隐患的巡回检查，对威胁学校、医院、村庄、集市、企事业单位等人员密集场所的重大隐患点，要安排专人盯守巡查，并于每年汛期前至少组织一次应急避险演练。

（二十）做好突发地质灾害的抢险救援。地方各级人民政府要切实做好突发地质灾害的抢险救援工作，加强综合协调，快速高效做好人员搜救、灾情调查、险情分析、次生灾害防范等应急处置工作。要妥善安排受灾群众生活、医疗和心理救助，全力维护灾区社会稳定。

七、健全保障机制

（二十一）完善和落实法规标准。全面落实《地质灾害防治条例》，地质灾害易发区要抓紧制定完善地方性配套法规规章，健全地质灾害防治法制体系。抓紧修订地质灾害调查评价、危险性评估与风险区划、监测预警和应急处置的规范标准，完善地质灾害治理工程勘查、设计、施工、监理、危险性评估等技术要求和规程。

（二十二）加强地质灾害防治队伍建设。地质灾害易发区省、市、县级人民政府要建立健全与本地区地质灾害防治需要相适应的专业监测、应急管理和技术保障队伍，加大资源整合和经费保障力度，确保各项工作正常开展。支持高等院校、科研院所加大地质灾害防治专业技术人才培养力度，对长期在基层一线从事地质灾害调查、监测等防治工作的专业技术人员，在职务、职称等方面给予政策倾斜。

（二十三）加大资金投入和管理。国家设立的特大型地质灾害防治专项资金，用于开展全国地质灾害调查评价，实施重大隐患点的监测预警、勘查、搬迁避让、工程治理和应急处置，支持群测群防体系建设、科普宣教和培训工作。地方各级人民政府要将地质灾害防治费用和群测群防员补助资金纳入财政保障范围，根据本地实际，增加安排用于地质灾害防治工作的财政投入。同时，要严格资金管理，确保地质灾害防治资金专款专用。各地区要探索制定优惠政策，鼓励、吸引社会资金投入地质灾害防治工作。

（二十四）积极推进科技创新。国家和地方相关科技计划（基金、专项）等要加大对地质灾害防治领域科学研究和技术创新的支持力度，加强对复杂山体成灾机理、灾害风险分析、灾害监测与治理技术、地震对地质灾害影响评价等方面的研究。积极采用地理信息、全球定位、卫星通信、遥感遥测等先进技术手段，探索运用物联网等前沿技术，提升地质灾害调查评价、监测预警的精度和效率。鼓励地质灾害预警和应急指挥、救援关键技术装备的研制，推广应用生命探测、大型挖掘起重破障、物探钻探及大功率水泵等先进适用装备，提高抢险救援和应急处置能力。加强国际交流与合作，学习借鉴国外先进的地质灾害防治理论和技术方法。

（二十五）深入开展科普宣传和培训教育。各地区、各有关部门要广泛开展地质灾害识灾防灾、灾情报告、避险自救等知识的宣传普及，增强全社会预防地质灾害的意识和自我保护能力。地质灾害易发区要定期组织机关干部、基层组织负责人和骨干群众参加地质灾害防治知识培训，加强对中小学学生地质灾害防治知识的教育和技能演练；市、县、乡级政府负责人要全面掌握本地区地质灾害情况，切实增强灾害防治及抢险救援指挥能力。

八、加强组织领导和协调

（二十六）切实加强组织领导。地方各级人民政府要把地质灾害防治工作列入重要议事日程，纳入政府绩效考核，考核结果作为领导班子和领导干部综合考核评价的重要内容。要加强对地质灾害防治工作的领导，地方政府主要负责人对本地区地质灾害防治工作负总责，建立完善逐级负责制，确保防治责任和措施层层落到实处。地质灾害易发区要把地质灾害防治作为市、县、乡级政府分管领导及主管部门负责人任职等谈话的重要内容，督促检查防灾责任落实情况。对在地质灾害防范和处置中玩忽职守，致使工作不到位，造成重大人员伤亡和财产损失的，要依法依规严肃追究行政领导和相关责任人的责任。

（二十七）加强沟通协调。各有关部门要各负其责、密切配合，加强与人民解放军、武警部队的沟通联络和信息共享，共同做好地质灾害防治工作。国土资源部门要加强对地质灾害防治工作的组织协调和指导监督；发展改革、教育、工业和信息化、民政、住房城乡建设、交通运输、铁道、水利、卫生、安全监管、电力监管、旅游等部门要按照职责分工，做好相关领域地质灾害防治工作的组织实施。

（二十八）构建全社会共同参与的地质灾害防治工作格局。广泛发动社会各方面力量积极参与地质灾害防治工作，紧紧依靠人民解放军、武警部队、民兵预备役、公安消防队伍等抢险救援骨干力量，切实发挥工会、共青团、妇联等人民团体在动员群众、宣传教育等方面的作用，鼓励公民、法人和其他社会组织共同关心、支持地质灾害防治事业。对在地质灾害防治工作中成绩显著的单位和个人，各级人民政府要给予表扬奖励。

国务院

二〇一一年六月十三日

国土资源部关于进一步推进依法行政实现国土资源管理法治化的意见

国土资发〔2011〕186号

各省、自治区、直辖市及副省级城市国土资源主管部门，新疆生产建设兵团国土资源局，解放军土地管理局，国家海洋局、国家测绘地理信息局，中国地质调查局及部其他直属单位，各派驻地方的国家土地督察局，部机关各司局：

为贯彻落实依法治国基本方略，做好新形势下的国土资源管理依法行政工作，实现国土资源管理法治化，根据《国务院关于加强法治政府建设的意见》（国发〔2010〕33号），提出以下意见。

一、进一步强化依法行政意识和能力

（一）进一步推进国土资源管理依法行政的重要性和紧迫性。国土资源部党组始终高度重视依法行政工作，把依法行政作为建部兴业的重要举措，作为关系国土资源改革与发展、具有全局意义的大事来抓。近年来，在全系统的共同努力下，具有国土资源特色的依法行政制度框架体系初步形成，国土资源法律体系基本建立，全系统领导干部依法行政意识能力大幅提升，行政权力运行日益规范，执法监督不断强化，国土资源管理依法行政取得明显成效。

当前，工业化、城镇化和农业现代化的同步快速推进，经济社会发展对资源的需求量不断增长，资源供需矛盾已经成为制约经济发展的重大问题，土地和矿产资源作为重要的生产资料，稀缺性和不可再生性更加凸显。资源配置不仅关系到公平正义原则的实现，也关系到社会主义市场经济体制的建立，还关系到国土资源领域的党风廉政建设。国土资源不但关系国家粮食安全、经济安全，更关系国家社会安全。面对复杂的形势，必须把依法行政纳入国土资源管理工作全局当中来谋划，在保障发展中不断完善国土资源管理制度体系，来提高服务和监管的水平；在保护资源中充分发挥国土资源管理制度的管控作用，来提高资源利用的效率；在维护国土资源管理秩序当中树立国土资源管理法治权威，来遏制违法违规的势头；在保障群众的权益中彰显国土资源执法的良好形象，来提高国土资源管理的公信力。

（二）进一步推进国土资源管理依法行政的指导思想和目标。进一步推进国土资源管理依法行政必须以邓小平理论和“三个代表”重要思想为指导，深入贯彻落实科学发展观，解放思想，改革创新，全面贯彻落实《国务院关于加强法治政府建设的意见》，以实现国土资源管理法治化为目标，健全决策程序，规范行政行为，强化行政监督，继续推进依法科学民主决策，不断深化行政审批制度改革，加快推进财政预算资金分配使用管理改革，推动保障和促进科学发展新机制的形成，促进经济社会全面协调可持续发展。

（三）提升国土资源管理系统工作人员特别是领导干部的依法行政意识和能力。领导干部依法行政意识和能力的提升，直接影响国土资源管理系统推进依法行政的成效。各级国土资源主管部门要高度重视国土资源工作人员特别是领导干部的依法行政意识和能力的培养，树立法治理念、弘扬法治精神、培育法治文化。国土资源工作人员特别是领导干部要深入学习宪法、深入学习社会主义法律体系，充分掌握应知应会的法律知识，增强学法、尊法、守法、用法的观念。深入学习《行政强制法》、《行政许可法》等重要行政法律，使全系统干部熟悉行政程序，提高尊重程序、遵守程序、运用程序的自觉性。完善国土资源领导干部集体学法、法制讲座学法等制度；积极开展法律知识培训工作，把法律法规学习课程纳入全系统各类培训中，建立干部任职前法律培训和考试制度，建立国土资源法律法规知识题库，切实提高运用法治思维和法律手段解决国土资源管理中突出问题和矛盾的能力；定期进行对国土资源工作人员特别是领导干部推进依法行政工作的考核，重视选拔任用依法行政意识强、善于用法律手段解决问题、推动国土资源管理法治化的优秀干部。

（四）健全推进依法行政的领导体制和机制。各级国土资源主管部门要建立由主要负责人牵头、法制机构组织、各业务机构承担的依法行政体制。每年至少听取两次依法行政工作汇报，及时掌握和解决存在的突出问题，研究部署下一阶段工作和任务，必须保障依法行政工作经费。建立依法行政工作考核机制，将考核结果作为领导班子和领导干部综合考核评价的重要内容。

（五）转变国土资源管理职能。各级国土资源主管部门要依法履行经济调节、市场监管、社会管理、公共服务等职能。凡是公民、法人和其他组织能够自行管理或市场竞争机制能够自行调节的、行业组织或者中介机构通过自律能够解决的事项，不要通过行政管理方式解决，从而确保政府职能不缺位、不越位、不错位。要按照建设法治政府的要求，不断创新行政管理方式。科学合理划分审批权限，不断减少行政审批事项，提高行政管理效能。

二、推进依法科学民主决策

（六）健全国土资源决策程序。各级国土资源主管部门要加强行政决策程序建设，健全国土资源重大事项集体决策制度，完善内部会审制度和听证制度，落实重大决策合法性审查和专家咨询论证制度，引入竞争性项目社会评审机制，提高决策效力，推进决策科学化、民主化、法治化。重大事项应当集体讨论决策的，个人不得擅自决策。要把公众参与、专家论证、风险评估、合法性审查和集体讨论决策作为重大决策的必经程序。作出行政决策前，要广泛听取、充分吸收各方意见，意见采纳情况及其理由要以适当形式反馈或者公布。重大决策事项要经部门常务会议或者领导班子集体讨论决定的，必须在会前或者讨论前交由法制工作机构进行合法性审查，未经合法性审查或者审查未通过的，不能提交会议讨论、作出决策。

（七）建立国土资源行政决策风险评估机制。凡涉及人民群众切身利益、影响面广、容易引起社会不稳定问题的国土资源管理重大项目、重大改革措施、重大资金分配使用、重大政策文件出台等决策事项，都要进行合理性、可行性和安全性评估，重点对资源环境承载力、资源节约集约利用和资源利用可持续、社会稳定、廉政风险等方面进行评估，了解政策的预期效果、对公众的影响以及风险成本等，制定相应的化解处置预案。建立专家论证、公众参与、专业机构测评相结合的国土资源行政决策风险评估工作制度，建立调查论证、会商分析、综合研判的国土资源重大决策风险化解机制。风险评估结果应作为国土资源行政决策的重要依据。

（八）全面落实国土资源听证制度。依照法律法规规定应当组织听证的必须按照公正、公平、公开、便民的原则组织听证。规范听证程序，严格按照法定时限和程序组织听证，听证参加人要有广泛的代表性，利益相关人必须占大多数。强化听证效力，对涉及相对人重大利益的，多数听证代表持反对意见的，决策要慎重，要认真组织研究听证意见，不予采纳的要说明理由，并及时向上级汇报听证情况及意见采纳情况，将听证结果作为决策的备查材料。县级以上国土资源主管部门除依法应当组织听证的以外，对涉及相对人直接利益的土地整治规划、城乡建设用地增减挂钩、矿区整合等重大事项，也要逐步推行听证。

（九）完善国土资源法律法规体系。制定国土资源管理规章和规范性文件要严格遵守法定权限和程序，积极完善公众参与的制度和机制。国土资源部门规章和规范性文件，除依法需要保密及应急性的事项外，应当采取听证会、座谈会、互联网等多种方式向社会公众公开征求意见，并以适当方式反馈意见采纳情况。要积极开展国土资源法律法规体系框架的统筹研究，实行项目储备。加强项目计划管理，强化进度管控，实行中期通报和年终总结制度。建立将成熟的规范性文件及时上升为规章的机制。要及时将国土资源管理改革的成功经验上升为制度措施，加强重点领域和关键环节的立法，提高立法质量，完善国土资源法律体系。

（十）建立规章和规范性文件“实时清理、自动更新”机制。法规清理是对国土资源管理水平的直接检验和评估。县级以上国土资源主管部门要根据立法机关的要求，认真开展法规清理工作，建立主动清理、定期清理和专项清理相结合的清理工作机制。清理工作结束后，应当将清理结果以部门规章、规范性文件等适当形式通过报刊、网站等媒介及时向社会公布。起草新的法规、规章草案和规范性文件时，要对已经发布的相关文件进行梳理，研究新文件与以往文件的逻辑关系，提出对以往文件的处理意见，实现“实时清理”。探索建立法规编纂工作制度。将现行有效的规章和继续有效的规范性文件汇编成册，作为国土资源管理工作的法定文本。建立国土资源法律法规数据库，将涉及国土资源管理的法律、行政法规、规范性文件纳入数据库，并进行适时更新。

（十一）加强规范性文件管理。各级国土资源主管部门要严格按照法定权限和程序制定规范性文件，规范性文件不得创设行政许可、行政强制、行政处罚、行政审批等事项，不得违法作出限制公民、法人、其他组织权利和增设义务的决定。科学管理规范性文件发文计划，重要的规范性文件要公开征求意见。建立规范性文件有效期制度，新出台的规范性文件必须规定有效期，一般不得超过5年。建立规范性文件备案制度，县级以上地方国土资源主管部门应当在规范性文件发布后一个月内报上一级国土资源主管部门备案。探索建立规范性文件统一登记、统一编号、统一发布的“三统一”制度。完善规范性文件合法性审查制度，新出台的规范性文件必须由法制工作机构对文件的合法性、合理性、可行性进行审查，需要会议讨论审议的，应在会前由法制工作机构进行合法性审查，对于超越法定权限，设定行政许可和行政审批事项，增设公民、法人和其他组织义务的，不予审查通过。经审查通过的规范性文件，部门负责同志方可签署。规范法律、行政法规和规章应用解释工作，积极配合立法机关解释活动，建立行政管理相对人、专家学者、社会中介机构等多渠道解释事项收集制度，做好对规章的立法解释、对法律法规适用的行政解释和对国土资源管理工作的指导性意见等三类解释工作，并由法制工作机构按照专门类别统一解释、统一编号、定期发布。

（十二）推进规章和规范性文件后评估制度。落实《国土资源部规章和规范性文件后评估办法》，全面建立规章和规范性文件后评估制度，评估结果要作为国土资源立法和制定政策的重要依据。各级国土资源管理部门应当对经济社会发展影响较大、群众反映强烈的规章和规范性文件的制度设计、实施效果、立法质量、存在问题等进行全面评估。对直接关系人民群众切身利益或对经济社会发展有较大影响、群众反映强烈的规章实施满2年的，必须进行评估。评估绩效报告应作为修改或者废止规章、完善配套制度和改进行政执法工作的主要依据，要向社会公开发布。要根据评估结果确定下一年度的发文计划，科学推进规章和规范性文件的立、改、废。

三、深化行政审批制度改革

（十三）深化行政审批制度改革的总体要求。要进一步减少行政审批事项，下放审批权限，规范审批程序，提高审批效率，逐步推广审批集中和批、管分离，推动行政审批工作的精细化、标准化。强化国土资源主管部门的市场监管和公共服务职能，着力解决“重审批轻监管”等问题。进一步发挥市场配置资源的主体作用，切实转变行政管理职能和资源配置方式。加快建立全国规则统一、程序科学、公开透明的土地资源有形交易市场。

（十四）规范建设用地使用权和矿业权交易行为。进一步完善建设用地使用权招标拍卖挂牌制度，逐步扩大范围、规范程序。推进招标拍卖挂牌方式出让建设用地使用权和新设矿业权，深化土地和矿业权审批制度改革，严格实行审批接办分离、网上报批、联网审查、集体会审、限时办结、结果公开，接受社会监督。深入治理土地交易过程中串标、设定限制条件和门槛、商业关联交易等违法违规问题，解决矿业权出让公开竞争制度不健全、交易制度不完善、监管不到位等问题。积极推进建设用地使用权和矿业权网上交易和网上监管，建立矿业权交易制度，依法规范交易活动。进一步加大土地出让后的监管力度，建设用地出让后，必须依法管控，不得擅自调整修改容积率指标等土地出让条件，依法改变土地用途和调整容积率指标的，应依法按照市场价格补缴土地出让价款。强化土地和矿业权市场动态监测监管，完善和深化土地“批、供、用、补、查”信息监管系统。

（十五）大力推进政务公开。加大国土资源政府信息公开力度，坚持以公开为原则、不公开为例外，确定公开事项，制定公开目录，设立公开标准。及时公开规章制度和规范性文件，每年公布现行有效的规章和继续有效的规范性文件目录，未公开的规章和规范性文件不得作为行政执法依据；重点公开国土资源主管部门财政预算、重大建设项目批准和实施、规划计划执行情况、重要业务进展情况、重要统计数据及具有重大社会影响和需广大公众参与的政府信息；全面公开办事依据、条件、要求、过程和结果。充分利用电子政务系统和门户网站提高公共查询服务水平，提供土地登记资料、地质资料和行政审批结果等信息资料的公开查询，建立国土资源便民统一查询平台系统，实现国土资源信息查询的互联互通，促进国土资源信息资料查询的集群化产业化发展。建立健全信息公开的监督和保障机制，针对政府信息公开范围、公开内容、公开方式、公开时间等定期开展评议考核。

（十六）加强资源市场中介机构管理。积极引导资源市场中介机构健康发展，鼓励中介机构为国土资源技术业务提供支撑。加强对行业协会以及土地整理、土地估价、储量评审和矿业权评估等中介机构的管理，严格行业资质、加强行业建设、规范行业行为，应当由行业协会承担的必须交由其承担。尽快制定资源市场中介机构管理的法规规章，规范业务范围、从业人员资格、资金管理等。加快制定土地估价管理办法和矿业权评估行业管理办法，建立中介机构廉洁从业和诚信档案，加大中介机构和从业人员违法违规的责任追究力度。严禁各级国土资源主管部门工作人员在经营性事业单位或中介机构交叉任职，切实做好政企分开、管办分离。

四、推进财政预算资金分配使用管理改革

（十七）规范财政预算资金的分配。各级预算单位要依法科学合理地编制预算，努力提高资金使用效率。严格按照程序编制预算，重大预算项目必须提交集体讨论、民主决策。专项资金的分配必须公正公开、依据充分、用途明确，严格按照规定编制预算细化方案，如需调整预算项目及经费必须报经有关部门核批。

（十八）提高财政预算资金使用效率。严格按照预算法及现行有关财务制度使用各类预算资金，保证项目顺利实施，合理使用资金，努力提高效率。探索建立资金特别是重大专项财政预算资金使用效益评价机制，研究制定重大专项资金使用效率考核指标体系和具体标准，推进项目绩效考核。建立资金分配和使用奖惩制度，将财政预算资金使用考核评估结果与今后预算资金的分配相挂钩。

（十九）加强财政预算资金的分配使用监管。加强对土地整治、中低产田改造、基本农田保护、地质找矿、矿山环境治理、资源节约利用、境外勘查开采、地质灾害防治、科技项目等方面的资金使用监督。对新增建设用地的土地有偿使用费、探矿权和采矿权价款、矿产资源补偿费等专项收入安排的财政专项资金和部门预算执行情况，要进一步加强审计。进一步完善内部财务审计、领导干部人员经济责任审计和离任审计制度，积极推进行政问责制，严肃追究各类财经违法行为，促进国土资源反腐倡廉建设。各级国土资源主管部门要支持配合审计、监察等部门依法独立行使监督权。

五、规范执法行为

（二十）完善执法程序。建立健全立案、回避、调查取证、告知、审查、送达等执法程序，加强程序制度建设。严格依照执法程序办事，按行政强制法、行政处罚法等规定，依法应当回避、告知、听证的，必须履行有关程序。规范执法裁量权行使，建立国土资源行政裁量权基准制度，合理细化自由裁量权情形、科学量化自由裁量权权限，制定自由裁量权适用范围和规则，严格限制裁量权的行使。加强执法程序监督，作出行政处罚或行政强制前，必须由法制部门对其是否存在程序瑕疵进行审核。

（二十一）提高执法能力。各级国土资源主管部门要“敢于碰硬，不怕得罪人”，做到严格执法、规范执法、公正执法、文明执法，切实保障当事人合法权益，坚持程序和实体并重。加强国土资源执法队伍

建设，严格执法人员资格管理，全面提高执法人员素质。改进和创新执法方式，坚持管理和服务并重、处置和疏导结合，实现法律效果与社会效果的统一。运用高科技手段执法，探索违法线索网上举报、执法流程网上管理，提高执法效率和规范化水平。

（二十二）规范查处行为。根据法律法规规章的立、改、废情况及时对执法依据进行调整和梳理，制定国土资源违规违法行为立案查处标准，并及时向社会公开立案标准和执法依据。通过 12336 国土资源违法线索举报热线、来信来访等方式多渠道收集违法线索。国土资源违规违法案件查处必须做到事实清楚、证据确凿、定性准确、处理恰当、手续完备、适用法律法规正确、符合法定程序和法定职责权限，查处过程要公开透明，对重大、特别重大或者群众反映强烈、社会影响力大的案件要及时向社会通报查处过程和结果。

（二十三）健全社会矛盾纠纷调解机制。各级国土资源主管部门要充分发挥行政机关在化解社会矛盾纠纷中的作用，引导群众通过行政复议、司法诉讼、仲裁等渠道化解矛盾纠纷。建立健全征地补偿标准争议裁决机制，对征地补偿标准争议要先行协调，协调不成的，依法进行裁决。注重运用调解、和解等方式解决纠纷，完善国土资源行政调解制度，科学界定调解范围，规范调解程序。要主动排查国土资源管理工作中的矛盾纠纷隐患，对国土资源管理过程中涉及人数较多、影响较大、可能影响社会稳定的矛盾纠纷，要主动进行调解。

（二十四）强化行政复议在解决矛盾纠纷中的作用。充分发挥行政复议在解决矛盾纠纷中的作用和内部管理的层级监督作用，强化内部纠错机制。要及时依法公正作出复议决定，各级国土资源主管部门要严格执行行政复议决定，对拒不履行或者无正当理由拖延履行的，要依法严肃追究有关人员的责任。加强行政复议信息化建设，逐步实现复议决定的全国查询。探索开展相对集中的行政复议审理工作，强化行政复议委员会职责，完善工作机制，健全工作制度。完善行政应诉制度，积极配合人民法院的行政审判活动，建立行政机关负责人出庭应诉制度和行政诉讼旁听制度。

（二十五）严格国土资源行政问责。严格国土资源行政问责，坚持有错必纠、有责必问。对因有令不行、有禁不止、行政不作为、失职渎职、违法行政等行为，导致发生重大责任事故、事件或者严重违法行政案件的，要严肃追究有关领导的责任，督促和约束国土资源主管部门及其工作人员严格依法行使权力、履行职责。进一步完善国土资源行政执法评议考核制度，分解执法职责，细化执法标准。注重群众和舆论监督，认真做好国土资源行政应诉工作，严格行政问责。

六、加强监督和组织保障

（二十六）正确处理依法行政和改革创新的关系。依法行政需要不断改革创新，只有改革创新才能更好地推进依法行政，才能为依法行政提供不竭动力。依法行政为改革创新提供有效的制度保障，改革创新必须坚持依法行政，必须以依法行政为前提，不能突破现行政策法律规定。国土资源管理改革创新必须先行试点，储备政策制度。批准试点要严格按照有关规定，确保局部试点、封闭运行、规范管理、依法推进、结果可控，未经批准不得擅自开展试点或扩大试点范围。要在调查研究基础上不断调整试点方案和政策，校正试点偏差。在试点基础上取得的好的经验和做法要及时上升为政策法律，确保试点工作在依法行政基础上规范运行。

（二十七）加强依法行政督促检查。加强对推进依法行政工作的督促指导、监督检查和舆论宣传，定期对本单位推进依法行政工作进行考核，将依法行政要求纳入绩效管理评估指标体系，并将评估结果作为目标责任制考核的依据。建立依法行政定期检查制度，由省级国土资源主管部门组织对本省内的依法行政工作进行检查；每五年由国土资源部组织对全国的国土资源依法行政工作进行检查并通报检查结果。严格实行国土资源依法行政报告制度，每年应对依法行政工作进行总结，将总结情况向上级主管部门汇报。建立依法行政表彰批评机制，加强宣传依法行政工作典型经验。对推进依法行政工作的先进单位在重大资金项目安排、差别化土地利用政策、重大试点改革、建设用地指标等方面的政策给予支持，对个人可优先选拔任用并在年度考核、创先评优等活动中予以倾斜；要重视提拔使用依法行政意识强、善于用法律手段解决问题、推动国土资源管理法治化的优秀干部；对依法行政工作不力的单位要予以通报批评、减少建设用地指标、取消评优资格。

（二十八） 建立健全国土资源法制机构和队伍建设。进一步加强市、县级国土资源主管部门法制机构和队伍建设，在地市级国土资源主管部门必须单独设立国土资源法制机构并配备必要的专业工作人员。加大国土资源法制干部的培养、使用和交流力度，不断增强干部法律意识、提高法律素养、提升依法行政能力和水平，要重视提拔政治素质高、法律素养好、工作能力强的法制干部。

（二十九）加强基层国土资源主管部门的建设。各级国土资源主管部门要结合五年规划实施情况，制定依法行政的年度工作计划与检查考核标准，每年定期开展依法行政检查和调研，开拓思路、创新方法。加强基层国土资源所的建设，强化职能定位，提高干部意识，抓紧落实和解决人员、编制、经费、设施等问题。

（三十）建立健全“制度＋科技”的工作机制。探索运用科技手段完善反腐倡廉建设协调机制，形成多方联动、上下互动的反腐倡廉工作格局。进一步加强国土资源信息化建设，健全完善全国土地利用“一张图”和土地“批、供、用、补、查”综合电子信息监管平台，将矿产资源勘查开采纳入遥感监测范围，利用“一张图”管地、管矿，健全完善“天上看、地上查、网上管”的国土资源综合监管体系。各级国土资源主管部门办公局域网都要把所有的监管内容定制到运行软件中，并在此基础上坚持系统信息公开。积极建立健全规则统一、程序科学、公开透明的土地和矿业权交易平台，变分散交易为集中交易，统一信息发布、交易规则和运作监管；推进行政审批标准化管理，坚持接办分离，网上报批、网上公布，建设统一的网上审批平台和电子监察系统。

各级国土资源主管部门要认真贯彻落实本意见，根据《国务院关于加强法治政府建设的意见》（国发〔2010〕33号）精神，研究本地区今后一个时期加强国土资源管理依法行政工作的总体规划，明确目标任务、具体措施、完成时限和责任主体，确定重点、扎实推进、锐意进取，积极推进社会主义法治政府建设。

从发文之日起，本意见的有效期为10年。

中华人民共和国国土资源部
二〇一一年十一月十八日

国土资源部关于印发《矿业权交易规则（试行）》的通知

国土资发〔2011〕242号

各省、自治区、直辖市国土资源主管部门：

为规范各地矿业权交易机构和矿业权人交易行为，促进矿业权市场健康发展，现将《矿业权交易规则（试行）》印发给你们，请遵照执行。

中华人民共和国国土资源部

二〇一一年十二月三十一日

矿业权交易规则（试行）

第一章 总 则

第一条 为规范矿业权交易机构和矿业权人交易行为，确保矿业权市场交易公开、公平、公正，维护国家权益和矿业权人合法权益，根据《中华人民共和国矿产资源法》等相关规定及国土资源部对矿业权有形市场建设的有关要求，制定本规则。

第二条 本规则所称矿业权是指探矿权和采矿权，矿业权交易是指县级以上人民政府国土资源主管部门（以下简称国土资源主管部门）出让矿业权和矿业权人转让矿业权的行为。

矿业权出让是指国土资源主管部门根据矿业权审批权限和矿产资源规划及矿业权设置方案，以招标、拍卖、挂牌、申请在先、协议等方式依法向探矿权申请人授予探矿权和以招标、拍卖、挂牌、探矿权转采矿权、协议等方式依法向采矿权申请人授予采矿权的行为。

矿业权转让是指矿业权人将矿业权依法转移给他人的行为。

第三条 矿业权交易适用本规则。

第四条 矿业权交易主体是指依法参加矿业权交易的出让人、转让人、受让人、投标人、竞买人、中标人和竞得人。矿业权交易主体资质应符合法律、法规的有关规定。

出让人是指国土资源主管部门。转让人是指已拥有合法矿业权的矿业权人。受让人是指符合探矿权、采矿权申请条件或受让条件的、具有独立承担民事责任的法人。

以招标方式出让、转让的，参与投标各方为投标人，中标方为中标人；以拍卖和挂牌方式出让、转让的，参与竞拍和竞买各方均为竞买人，竞得方为竞得人。

第五条 矿业权交易机构是指依法设立，并属国土资源主管部门管理或经国土资源主管部门委托的，为矿业权出让、转让提供交易服务的事业单位法人或企业法人。

矿业权交易机构应当具有固定交易场所、完善的交易管理制度、相应的设备和专业技术人员，并在上一级国土资源主管部门备案。

矿业权交易机构可委托具有相应资质的交易代理中介机构完成具体的招标、拍卖程序工作。

第六条 矿业权交易机构应按照本规则组织矿业权交易，公开交易服务指南、交易程序、交易流程、格式文书等，自觉接受国土资源主管部门的监督，加强自律管理，维护市场秩序，保证矿业权交易活动的正常进行。

第七条 矿业权出让转让应按照审批管理权限，在依法设立的同级矿业权交易机构或国土资源主管部门委托的矿业权交易机构中进行。

国土资源部招标拍卖挂牌出让矿业权的和须到国土资源部办理矿业权转让审批手续的，由部委托省级人民政府国土资源主管部门在省级矿业权交易机构中组织实施、鉴证、公示。

第八条 矿业权出让交易必须在矿业权交易机构提供的固定交易场所或矿业权交易机构提供的互联网络交易平台上进行，矿业权转让必须在矿业权交易机构提供的固定交易场所或矿业权交易机构提供的互联网络交易平台上鉴证和公示。

第九条 以招标、拍卖、挂牌方式出让矿业权的，矿业权交易机构按照国土资源主管部门下达的委托书组织。

以招标、拍卖、挂牌方式转让矿业权的，转让人与矿业权交易机构签订委托合同，由矿业权交易机构组织交易。委托合同应包括下列内容：

（一）转让人和矿业权交易机构的名称、场所；

（二）委托服务事项及要求；

（三）服务费用；

（四）违约责任；

（五）纠纷解决方式；

（六）需要约定的其他事项。

第二章 公告与登记

第十条 矿业权交易机构依据出让人、转让人提供的相关材料发布出让、转让公告，编制招标拍卖挂牌相关文件。

第十一条 矿业权交易机构应在下列平台同时发布公告：

（一）国土资源部门户网站（矿业权出让转让公示公开系统）；

（二）同级国土资源主管部门门户网站；

（三）矿业权交易机构交易大厅或互联网络交易平台；

（四）有必要采取的其他方式。

第十二条 出让、转让公告应包括以下内容：

（一）出让人、转让人和矿业权交易机构的名称、场所；

（二）出让、转让矿业权的简要情况，包括项目名称、地理位置、拐点坐标、采矿权的开采标高、面积、矿种、资源储量（勘查工作）情况、出让年限或勘查许可证（采矿许可证）有效期等；

（三）投标人或竞买人的资质条件；

（四）出让、转让方式及交易的时间、地点；

（五）获取招标、拍卖、挂牌文件的途径和申请登记的起止时间及方式；

（六）确定受让人的标准和方法；

（七）交易保证金的缴纳和处置；

（八）风险提示；

（九）对交易矿业权存有异议的提示；

（十）需要公告的其他内容。

第十三条 以招标方式出让、转让矿业权的，应在投标截止日 30 日前发布公告。

以拍卖、挂牌方式出让、转让矿业权的，应在公开拍卖日或挂牌起始日 20 日前发布公告。

第十四条 矿业权交易机构应按公告载明的时间、地点、方式，接受竞买人或投标人的书面申请；竞买人或投标人应提供其符合矿业权受让人主体资质的有效证明材料，并对其真实性和合法性负责。

矿业权受让人资质证明材料应包括：企业法人营业执照或事业单位法人证书、法定代表人身份证明以及按规定应当提供的其他材料。

第十五条 经矿业权交易机构审核符合受让人资质条件的竞买人或投标人，按照交易公告缴纳交易保证金后，经矿业权交易机构书面确认后取得交易资格。

第三章 交易形式及流程

第十六条 矿业权交易机构应按公告确定的时间、地点组织交易，并书面通知出让人、转让人和取得交易资格的竞买人或投标人参加。

第十七条 招标、拍卖出让或转让矿业权的，每宗标的的投标人或竞买人不得少于三人。少于三人的，出让人或转让人应按照相关规定停止拍卖或重新组织或选择其他方式交易。

第十八条 招标、拍卖、挂牌等竞争方式出让或转让矿业权的，招标标底、拍卖和挂牌底价、起始价由出让人、转让人按国家有关规定确定。

招标标底、拍卖和挂牌底价在交易活动结束前须保密且不得变更。

无底价拍卖的，应在竞价开始前予以说明；无底价挂牌的，应在挂牌起始日予以说明。

第十九条 投标人应在投标截止时间之前，将投标文件密封送达矿业权交易机构，矿业权交易机构应当场签收保存，在开标前不得开启；投标截止时间之后送达的，矿业权交易机构应当拒收。

在投标截止时间之前，投标人可以补充、修改但不得撤回投标文件，补充、修改的内容作为投标文件的组成部分。

第二十条 开标时，由出让人、转让人、投标人检查投标文件的密封情况，当众拆封，由矿业权交易机构工作人员宣读投标人名称、投标价格和投标文件的主要内容。

矿业权交易机构依照有关规定组建评标委员会，按招标公告确定的评标标准和方法，择优确定中标人。

第二十一条 拍卖会依照下列程序组织竞价：

（一）拍卖主持人点算竞买人；

（二）拍卖主持人介绍拍卖标的简要情况；

（三）拍卖主持人宣布拍卖规则和注意事项，说明本次拍卖有无底价设置；

（四）拍卖主持人报出起始价；

（五）竞买人应价；

（六）拍卖主持人宣布拍卖交易结果。

第二十二条 挂牌期间，矿业权交易机构应在挂牌起始日公布挂牌起始价、增价规则、挂牌时间等；竞买人在挂牌时间内填写报价单报价，报价相同的，最先报价为有效报价；矿业权交易机构确认有效报价后，更新挂牌价。

在挂牌期限截止前30分钟仍有竞买人要求报价的，矿业权交易机构应以当时的挂牌价为起始价进行现场竞价或网上限时竞价。

挂牌时间不得少于10个工作日。

第二十三条 拍卖会竞价结束、挂牌期限届满，矿业权交易机构依照下列规定确定是否成交：

（一）有底价的，不低于底价的最高报价者为竞得人；无底价的，不低于起始价的最高报价者为竞得人。

（二）无人报价或竞买人报价低于起始价的，不成交。

第四章 确认及中止、终止

第二十四条 招标成交的，矿业权交易机构应通知中标人在接到通知之日起5个工作日内签订成交确认书；拍卖、挂牌成交的，应当场签订成交确认书。

第二十五条 成交确认书应包括下列基本内容：

（一）出让人或转让人和中标人或竞得人及矿业权交易机构的名称、场所；

（二）出让、转让的矿业权名称、交易方式；

（三）成交时间、地点和成交价格；

（四）出让人或转让人和中标人或竞得人对交易过程和交易结果的确认；

（五）矿业权出让（转让）合同的签订时间；

（六）交易保证金的处置办法；

（七）需要约定的其他内容。

第二十六条 矿业权交易机构应在招标、拍卖、挂牌工作结束后，5个工作日内通知未中标、竞得的投标人、竞买人办理交易保证金退还手续。退还的交易保证金不计利息。

第二十七条 出让人或转让人与受让人应根据成交

确认书签订矿业权出让（转让）合同。矿业权出让（转让）合同应包括下列基本内容：

（一）出让人或转让人、受让人和矿业权交易机构的名称、场所、法定代表人；

（二）出让、转让矿业权的简要情况，包括地理位置、范围、面积，地质勘查工作程度、资源开发利用和矿山环境保护以及土地复垦要求等；

（三）出让矿业权的年限或转让矿业权的许可证号、发证机关、有效期限；

（四）成交价格、付款方式或权益实现方式等；

（五）申请办理矿业权登记手续的时限及要求；

（六）争议解决方式及违约责任；

（七）需要约定的其他内容。

第二十八条 矿业权交易过程中，存在下列情形之一的，矿业权交易行为中止；矿业权交易行为中止的原因消除后，应及时恢复矿业权交易。

（一）公示公开期间出让、转让的矿业权权属争议尚未解决；

（二）交易主体有矿产资源违法行为，尚未处理，或者矿产资源违法行为的行政处罚尚未执行完毕；

（三）因不可抗力应当中止矿业权交易的其他情形。

第二十九条 矿业权交易过程中，出现下列情形之一的，矿业权交易行为终止。

（一）交易主体提出终止交易；

（二）因不可抗力应当终止矿业权交易；

（三）法律法规规定的其他情形。

第三十条 交易主体需要中止、终止或恢复矿业权交易的，应向矿业权交易机构出具书面意见。

矿业权交易机构提出中止、终止或恢复矿业权交易，出让矿业权的，需经主管或委托的国土资源主管部门核实同意，并出具书面意见；转让矿业权的，需经转让委托人同意，并出具书面意见。

矿业权交易机构应及时发布中止、终止或恢复交易的公告。

第五章 公示公开

第三十一条 招标、拍卖、挂牌方式出让矿业权的，应公示的主要内容包括：

（一）中标人或竞得人的名称、场所；

（二）成交时间、地点；

（三）中标或竞得的勘查区块、面积、开采范围的简要情况；

（四）矿业权成交价及缴纳时间、方式；

（五）申请办理矿业权登记的时限；

（六）对公示内容提出异议的方式及途径；

（七）应当公示的其他内容。

第三十二条 申请在先、探矿权转采矿权（含划定矿区范围申请和采矿权登记申请）、以协议方式出让矿业权（协议出让采矿权的含划定矿区范围申请和采矿权登记申请）的，在国土资源主管部门正式受理后，将相关信息直接进场公开。应公开的主要内容包括：

（一）申请人名称；

（二）项目名称或矿山名称；

（三）申请矿业权的取得方式；

（四）申请矿业权的范围（含坐标、采矿权的开采标高、面积）及地理位置；

（五）勘查开采矿种、开采规模；

（六）应当公开的其他内容。

第三十三条 矿业权转让应公示的主要内容包括：

（一）转让人名称、法定代表人、场所；

（二）项目名称或矿山名称；

（三）受让人名称、法定代表人、场所；

（四）转让矿业权许可证号、发证机关、有效期限；

（五）转让矿业权的矿区（勘查区）地理位置、坐标、采矿权的开采标高、面积、勘查成果情况、资源储量情况；

（六）转让价格、转让方式；

（七）对公示内容提出异议的方式及途径；

（八）应当公示的其他内容。

第三十四条 转让人、受让人通过矿业权交易机构协商议价或自行达成协议的，须在矿业权交易机构鉴证下签订矿业权转让合同，转让人受让人主要事项公示无异议的，矿业权交易机构应在 5 个工作日内出具鉴证文书。

鉴证文书应包括以下内容：

（一）转让的矿业权项目名称或矿山名称，矿业权许可证号，转让人、受让人名称；

（二）签订交易合同的时间、地点；

（三）需要注明的其他内容。

第三十五条 矿业权交易机构应在矿业权交易合同签订之日起5个工作日内，同时在国土资源部门户网站（矿业权出让转让公示公开系统）、同级国土资源主管部门门户网站、矿业权交易机构交易大厅或互联网络交易平台公示交易结果和相关情况，公示期不少于10个工作日；有必要采取的其他公示方式，公示期也不少于10个工作日。

第三十六条 矿业权交易机构据其性质依照所在地价格主管部门批准的收费标准收取交易服务费，收费标准应予公开。矿业权转让鉴证、公示收费要与提供的服务相匹配，并确定合理的下限和上限。

第三十七条 矿业权交易成交相关信息公示无异议的，中标人或竞得人履行相关手续后，持成交确认书、矿业权出让（转让）合同及其他所需相关材料，向有审批权限的国土资源主管部门申请办理矿业权登记手续。协议转让矿业权的转让人、受让人履行相关手续后，转让人、受让人持交易鉴证文书、转让合同及其他所需相关材料，向有审批权限的国土资源主管部门申请办理转让审批变更登记手续。

国土资源部委托省级人民政府国土资源主管部门在省级矿业权交易机构实施交易的，中标人或竞得人、转让人、受让人还需持省级人民政府国土资源主管部门对出让转让交易结果的认定材料，方可办理登记手续。

第六章 交易监管

第三十八条 国土资源主管部门应对不同性质的矿业权交易机构分类加强指导和监督，建立矿业权交易年度工作报告和通报制度。省级以下（含）人民政府国土资源主管部门是同级矿业权交易机构的主管部门，负责对矿业权交易的监督管理，并对重大矿业权交易活动加强事前指导和全程实时监控。上级国土资源主管部门负责监督下级国土资源主管部门的矿业权交易活动。上级矿业权交易机构对下级矿业权交易机构提供业务指导。

第三十九条 矿业权交易机构应对每一宗矿业权交易建立档案，收集、整理自接受委托至交易结束全过程产生的相关文书并分类登记造册。

第七章 法律责任及争议处理

第四十条 矿业权交易过程中，转让人、受让人有违法、违规行为的，由国土资源主管部门依法予以处理；造成经济损失的，由责任人承担经济赔偿责任。情节严重、构成犯罪的，移交司法机关处理。

第四十一条 中标人或竞得人存在合同双方约定的违约行为时，中标或竞得结果无效，所缴纳的交易保证金不予退还。

第四十二条 矿业权交易过程中，矿业权交易机构及其工作人员有违法、违规行为的，由国土资源主管部门依法予以处理；造成经济损失的，应承担经济赔偿责任；情节严重、构成犯罪的，移交司法机关处理。

第四十三条 交易过程中发生争议，合同有约定的，按合同执行；合同未约定的，由争议当事人协商解决，协商不成的，可向有关仲裁机关申请仲裁或依法向人民法院起诉。

第八章 附则

第四十四条 矿业权交易活动中涉及到的所有费用，均以人民币计价和结算。

第四十五条 油气和国家规定不宜公开矿种的矿业权交易不适用本规则。

本规则发布前，国土资源部以往有关矿业权交易的规定与本规则不一致的，以本规则为准；省级人民政府国土资源主管部门制定的有关规范矿业权交易的文件与本规则不一致的，按照本规则执行。

省级人民政府国土资源主管部门应结合本地实际制定交易实施细则，并报国土资源部备案。

国土资源部将对矿业权交易有关规定及时进行清理。

第四十六条 本规则自2012年3月1日实行，有效期五年，由国土资源部负责解释。

国土资源部办公厅关于印发《国土资源领域违法违规案件公开通报和挂牌督办办法》的通知

国土资发〔2011〕4号

各省、自治区、直辖市国土资源厅（国土环境资源厅、国土资源局、国土资源和房屋管理局、规划和国土资源管理局），解放军土地管理局，新疆生产建设兵团国土资源局，各派驻地方的国家土地督察局，中国地质调查局及部其他直属单位，部机关各司局：

《国土资源领域违法违规案件公开通报和挂牌督办办法》已经部领导批准，现予印发，请遵照执行。

中华人民共和国国土资源部

二〇一一年一月十四日

国土资源领域违法违规案件公开通报和挂牌督办办法

第一条 为加大对国土资源领域违法违规案件的查处力度，推进依法行政、政务公开，强化执法监管，有效遏制国土资源领域违法违规行为，切实维护国土资源管理秩序，依据《中华人民共和国土地管理法》、《中华人民共和国矿产资源法》的有关规定，制定本办法。

第二条 本办法所称公开通报，是指国土资源部将部直接查处、挂牌督办或以其他方式督促地方国土资源主管部门查处到位的重大、典型国土资源领域违法违规案情和处理结果向社会公开通告，并接受社会监督的一种行政措施。

本办法所称挂牌督办，是指国土资源部对重大、典型国土资源领域违法违规案件的办理提出明确要求，公开督促省级国土资源主管部门限期办理，并向社会公开办理结果，接受社会监督的一种行政措施。

第三条 符合下列条件之一的国土资源领域违法违规案件，可以挂牌督办：

（一）严重违反国家产业政策和土地供应法律法规的；

（二）公众反映强烈、影响社会稳定的；

（三）给国家、人民群众利益造成重大损害的；

（四）造成耕地大量毁坏，或者造成矿产资源严重破坏的；

（五）隐瞒不报、压案不查、久查不决、屡查屡犯的；

（六）其他需要挂牌督办的。

国土资源部挂牌督办的案件，经依规依法处理到位后，应当公开通报。

国土资源部、地方国土资源主管部门查处的符合上述条件（一）、（二）、（三）、（四）之一的案件，经依规依法处理到位后，可以公开通报。

第四条 国土资源部从12336举报电话、举报信件、举报电子邮件、领导批办、媒体反映和其他形式举报、司局业务工作中发现、地方国土资源主管部门上报、派驻地方的国家土地督察局上报等多种渠道，获取案件或案件线索。

第五条 相关业务司局发现案件或案件线索并认为应当公开通报或挂牌督办时，填写《建议公开通报的案件情况表》、《建议挂牌督办的案件线索情况表》并附相关材料，提交执法监察局。执法监察局对多种渠道获取的案件或案件线索进行筛选、核查，会同相关业务司局审核，提出拟公开通报和挂牌督办案件的建议，提交部长办公会议审议决定。

第六条 部将拟公开通报和挂牌督办的案件有关情况函告相关省级国土资源主管部门，请其对拟公开通报案件的违法违规主体、违法违规事实、处理情况等进行审核；对挂牌督办案件的违法违规主体、违法违规事实等进行审核。审核意见经省级国土资源主管部门加盖本部门印章、报告省级人民政府主管领导后报部。对于公开通报案件，审核意见应同时附行政处罚决定书及执行记录、党纪政纪处分决定书等相关法律文书。

对于省级国土资源主管部门提出的异议，部执法监察局审核提出意见，报部长办公会议决定。

第七条 国土资源部通过召开新闻发布会或其他方式，将公开通报和挂牌督办的案件向社会公开。公开的内容包括公开通报案件的违法违规事实和处理结果、挂牌督办案件的基本情况和《国土资源领域违法违规案件挂牌督办通知书》等。

第八条 《国土资源领域违法违规案件挂牌督办通知书》应包括下列内容：

（一）案件名称；

（二）违法违规主体和主要违法违规事实；

（三）督办要求；

（四）办结时限；

（五）联系人。

《国土资源领域违法违规案件挂牌督办通知书》于向社会公开当日向省级国土资源主管部门下达，并抄送监察部和相关省级人民政府办公厅、监察厅及派驻地方的国家土地督察局。

第九条 公开通报或挂牌督办案件向社会公开后，省级国土资源主管部门应及时向本省级人民政府分管领导报告。对于挂牌督办案件，按有关规定配合或会同有关部门进行调查处理，定期向国土资源部报告进展情况。调查处理意见于向社会公开之日起45日内报国土资源部，经国土资源部同意后，由省级国土资源主管部门负责督促落实，落实情况报国土资源部。

根据案件查处情况，国土资源部可以督促省级国土资源主管部门，国家土地总督察可以督促省级人民政府分别按照下列要求办理国土资源领域违法违规案件：

（一）责令停止国土资源领域违法违规行为；

（二）责令限期查处国土资源领域违法违规行为；

（三）责令履行国土资源管理法定义务；

（四）将违法违规主体违法情况记入国土资源诚信记录；

（五）对国土资源领域违法违规案件实施行政处罚；

（六）对有关责任人员建议追究党纪政纪责任；

（七）对涉嫌构成犯罪的，建议移送司法机关依法追究刑事责任。

必要时，国土资源部可以派员进行现场督办。

第十条 挂牌督办案件的办结时限应当根据案件具体情况确定，一般不超过60日。重大或复杂案件，由省级国土资源主管部门向国土资源部提出书面申请，经批准后，可以适当延长办结时限，并在国土资源部门户网站上向社会公开。

第十一条 挂牌督办期间，国土资源部根据案件和社会影响程度，可以采取或要求相关的国土资源主管部门采取以下措施：

（一）暂缓受理、办理与本案有关的国土资源审批、登记事项；

（二）建议相关部门暂缓受理、办理与本案有关的审批、登记等事项；

国家土地总督察根据案件和社会影响程度，可以约谈地方人民政府主要负责人或其他负责人。

第十二条 执法监察局对挂牌督办处理到位的案件落实情况进行审核后，报部领导批准，在国土资源部门户网站上向社会公开。

第十三条 省级国土资源主管部门未按时将挂牌督办案件依法依规处理到位，且未书面申请延长办理期限的，国土资源部可以对该案件进行直接办理，同时对该省级国土资源主管部门进行通报批评。

省级国土资源主管部门对拟公开通报的案件审核不严，造成严重后果的，对挂牌督办的案件相互推诿、办理不力或者弄虚作假的，国土资源部依法依规建议有关纪检监察机关追究相关人员责任。

第十四条 本办法适用于国土资源部公开通报和挂牌督办国土资源领域违法违规案件。

国土资源部商请监察机关、国务院其他有关部门实施联合公开通报和挂牌督办国土资源领域违法违规案件，可参照本办法执行。

地方各级国土资源主管部门实施公开通报和挂牌督办国土资源领域违法违规案件，可参照本办法执行。

第十五条 本办法自发布之日起实施。

国土资源部办公厅关于切实做好征地拆迁管理工作的紧急通知

国土资电发〔2011〕72号

各省、自治区、直辖市国土资源厅（国土环境资源厅、国土资源局、国土资源和房屋管理局、规划和国土资源管理局），新疆生产建设兵团国土资源局：

近期，各地在加快工业化、城镇化建设中，一些地方因征地拆迁引发的恶性事件时有发生，社会反响强烈。为严格规范征地拆迁管理、坚决防范查处强征强拆等违法行为，切实维护群众合法权益，现就有关事项紧急通知如下：

一、进一步提高认识，认真贯彻落实中央有关规定要求

做好征地拆迁补偿安置工作，关系国家经济建设发展、农民群众切身利益和社会和谐稳定，党中央、国务院对此高度重视。2010年5月，国务院办公厅下发《关于进一步严格征地拆迁管理工作切实维护群众合法权益的紧急通知》（国办发明电〔2010〕15号），强调征地拆迁要严格执行有关规定，坚决纠正违法违

规征地拆迁行为。2011年3月，中纪委办公厅下发《关于加强监督检查进一步规范征地拆迁行为的通知》（中纪办发〔2011〕8号），要求加强对征地拆迁政策规定执行情况的监督检查。特别是国务院颁发《国有土地上房屋征收与补偿条例》以来，进一步增强了广大干部群众依法依规做好农村集体土地征收拆迁的自觉性。但是，各地在加快发展中，用地需求猛增，土地征收拆迁任务加重，因各种原因引发的违法违规土地征收拆迁行为，有增加趋势。各级国土资源部门要从切实维护人民群众利益、构建和谐社会的高度，认真领会并贯彻落实好中央一系列规定要求，一把手亲自抓。要配合政府和有关部门，从本省（区、市）实际情况出发，完善征地拆迁补偿安置的政策措施；督促市、县政府切实履行“对征地拆迁管理工作负总责”的责任，加强对各地征地拆迁工作的指导监督，切实做好征地拆迁补偿安置工作。

二、严格征地拆迁管理，维护被征地农民利益

部《关于进一步做好征地管理工作的通知》（国土资发〔2010〕96号）中对提高征地补偿标准、采取多元安置途径、做好农民房屋拆迁补偿安置工作、规范征地程序等提出了明确要求，各级国土资源部门在征地拆迁中要认真执行，加强管理。实施征地拆迁，必须在政府的统一组织领导下依法规范进行。征地中拆迁农民房屋要给予合理补偿，并因地制宜采取迁建安置、货币安置或实物补偿等多种安置方式，妥善解决好农户生产生活用房问题。要严格履行规定程序，征地前及时组织征地公告，并就征地补偿安置标准和政策征求群众意见。群众有意见的，要认真反复做好政策宣传解释和群众思想疏导工作，得到群众的理解和支持，不得强行实施征地拆迁；对于群众提出的合理要求，必须妥善予以解决。征地经依法批准后，要依法规范实施，确保征地补偿费用及时足额支付到位，防止出现拖欠、截留、挪用问题。

三、及时化解矛盾纠纷，妥善处理征地拆迁突发事件

各级国土资源部门要建立健全征地拆迁矛盾纠纷排查调处机制，认真做好征地拆迁中矛盾纠纷化解工作。在征地拆迁前，要分析评估易引发不稳定风险的环节和因素，提出预防和化解不稳定风险的对策措施。征地拆迁实施中要加强监管，及时发现出现的苗头性、倾向性问题，做好有关沟通协调工作，做到早发现、早处理，避免矛盾积累激化。要建立应急预案，对征地拆迁突发事件，要及时分析原因，主动向政府报告，积极采取措施妥善解决，防止简单粗暴压制群众，引发恶性和群体性事件。要积极探索创新土地征收拆迁中做好宣传引导、化解不同意见及组织实施的有效途径和办法，认真做好征地拆迁群众信访工作，深入到问题反映较多的地方去接访、下访，主动倾听群众诉求，及时改进工作，把问题解决在初始阶段。

四、开展全面检查，坚决纠正违法违规征地拆迁行为

省级国土资源主管部门要迅速组织，对本省（区、市）内各项建设正在实施的征地拆迁开展一次全面自查自纠，重点检查征地拆迁程序是否严格规范、补偿标准是否符合规定要求、安置是否落实，是否存在违法违规强制征地拆迁行为等。对发现存在程序不合法、补偿不到位、被拆迁人居住条件未得到保障或违法违规强制征地拆迁等行为的，必须立即予以制止，并采取有力措施进行整改，整改到位前，不得继续实施征地拆迁。对发现的违法违规征地拆迁行为，要依法依规严肃查处。

各省（区、市）要认真按照本通知规定要求，在全面梳理的基础上抓紧完善和落实征地拆迁相关制度规定，有关完善落实情况连同全面检查整改结果汇总形成报告，于2011年7月底前报部。

国土资源部办公厅

二〇一一年五月十六日

国家测绘地理信息局关于印发《遥感影像公开使用管理规定（试行）》的通知

国测成发〔2011〕9号

各省、自治区、直辖市、计划单列市测绘地理信息行政主管部门，新疆生产建设兵团测绘地理信息主管部门，局所属各单位：

为加强遥感影像公开使用的管理，维护国家安全和利益，促进遥感影像资源有序开发利用，根据《测绘法》、《测绘成果管理条例》和其它有关法律法规规定，我局组织制定了《遥感影像公开使用管理规定（试行）》，现予以印发。

国家测绘地理信息局

二〇一一年十一月二十九日

遥感影像公开使用管理规定（试行）

第一条 为维护国家安全利益，加强对遥感影像公开使用的管理，促进遥感影像资源有序开发利用，根据测绘法、测绘成果管理条例、地图审核管理规定和其它有关法律法规，制定本规定。

第二条 本规定所称遥感影像包括卫星遥感影像和航空遥感影像，以及采用测绘遥感技术方法加工处理形成的遥感影像图。

第三条 以公开出版、登载、展示和引进、销售、传播等方式公开使用遥感影像时，须遵守本规定。

第四条 公开使用的遥感影像空间位置精度不得高于50米；影像地面分辨率（以下简称分辨率）不得优于0.5米；不标注涉密信息、不处理建筑物、构筑物等固定设施。

第五条 在公开使用的遥感影像上标注地名、地址或者其他属性信息，应当符合下列要求：

（一）符合《基础地理信息公开表示内容的规定（试行）》；

（二）符合《公开地图内容表示若干规定》；

（三）符合《公开地图内容表示补充规定（试行）》；

（四）符合国家其它法规制度要求，不得标注、显示禁止公开的信息。

第六条 属于国家秘密且确需公开使用的遥感影像，公开使用前应当依法送省级以上测绘地理信息行政主管部门会同有关部门组织审查并进行保密技术处理。分辨率优于0.5米的遥感影像，公开使用前应当报送国家测绘地理信息局组织审查并进行保密技术处理。

第七条 向社会公开出版、传播、登载和展示遥感影像的，还应当报送省级以上测绘地理信息行政主管部门进行地图审核，并取得审图号。

第八条 从事遥感影像采集、加工处理、地名地物属性标注等活动，应当按规定取得相应的测绘资质。

第九条 国家测绘地理信息局负责监督管理全国遥感影像公开使用工作，县级以上测绘地理信息行政主管部门负责监督管理辖区内遥感影像公开使用工作。

从事提供或销售分辨率高于10米的卫星遥感影像活动的机构，应当建立客户登记制度，包括客户名称与性质、提供的影像覆盖范围和分辨率、用途、联系方式等内容。每半年一次向所在地省级以上测绘地理信息行政主管部门报送备案。

第十条 为应对重大突发事件应急抢险救灾急需，各级人民政府及其有关部门和军队，可以无偿使用遥感影像，各遥感影像保管单位、销售与提供机构应当无偿提供相关数据和资料。

第十一条 本规定由国家测绘地理信息局负责解释。

第十二条 本规定自发布之日起施行。与本规定不一致的，以本规定为准。

国土资源部 交通运输部 铁道部关于进一步加强和改进公路、铁路项目建设用地服务和监管的通知

国土资发〔2011〕30号

各省、自治区、直辖市国土资源、交通运输主管部门，各铁路局，新疆生产建设兵团国土资源局、各派驻地方的国家土地督察局：

近年来，公路、铁路建设快速发展，建设用地服务和监管工作逐年好转。但2009年度土地卫片执法检查结果显示，公路、铁路项目违法违规用地尚未得到有效遏制。为贯彻落实十部委《关于进一步加强和改进国家和省级重点工程项目建设用地服务和监管的通知》（国土资发〔2010〕87号）要求，进一步加强和改进对公路、铁路项目建设用地的服务和监管工作，促进公路、铁路项目建设的顺利实施和依法依规用地，现就有关事项通知如下：

一、牢固树立依法依规、节约集约用地意识

公路、铁路项目事关国计民生，工期紧、任务重，而且大多属于线性工程，点多线长、用地类别多、涉及范围广，用地报批工作难度大。多数公路、铁路项

目属于国家和省级重点工程，社会各界和人民群众广泛关注，能否依法依规、节约集约用地，对维护土地管理和利用秩序具有很强的导向和示范作用。地方各级国土资源主管部门和公路、铁路行业主管部门要切实负起责任，主动协调、相互配合，保障公路、铁路项目建设及时供地和依法依规、节约集约用地。

各主管部门和用地单位都要牢固树立依法依规用地意识，坚决杜绝未经依法批准用地擅自开工建设行为，严禁单纯追求建设进度造成违法违规用地。要认真执行土地征收和临时用地补偿安置的法规政策，切实保障被征地农民权益，确保被征地农民生活水平不因征地而降低，坚决杜绝依靠行政命令压低补偿标准，侵害农民权益。要切实贯彻落实节约集约用地各项要求，坚持节约资源优先的原则，严格按用地标准供地，鼓励积极研究推广节地的技术和工程措施，严禁多占多用。

二、进一步改进公路、铁路项目建设用地服务

地方各级国土资源主管部门要按照国土资源部《关于加快做好国务院批准单独选址建设项目用地审查工作的通知》（国土资发〔2010〕192号）的要求，对符合条件的公路、铁路项目建设用地，积极主动服务，改进用地审查报批工作，提高审批效率。

要充分发挥土地利用总体规划的统筹管控作用，在地方政府的统一组织下，国土资源主管部门会同有关部门，加快推进新一轮土地利用总体规划修编，将公路、铁路等重点基础设施项目纳入新一轮土地利用总体规划统筹安排，重点保障；要加强与公路、铁路行业主管部门的沟通协调，积极参与建设项目前期论证，科学合理选址（线），指导建设单位做好用地报件前期准备工作，确保及时申报；要强化用地预审，提前把好用地审查关，确保用地符合规划、纳入计划、符合用地标准，各类补偿安置费用和耕地占补平衡能够落实，征地能够实施。公路、铁路行业主管部门在土地利用总体规划编制、计划拟定、用地预审过程中，要主动提出用地需求，防止重复建设和超前建设，强化节约用地。

国土资源部将进一步加强用地审查、报批工作人员的业务培训，提高用地报批质量，促进各级国土资源主管部门及时发现和解决用地报批中存在的问题。对各省（区、市）申报的公路、铁路项目，同类补正问题多次提出而没有纠正的，国土资源部将进行通报。

国家重点公路、铁路建设项目，因工期紧急需开工建设的，在用地通过预审、项目可研批复后，桥梁、隧道、车站、特殊地基处理等控制性单体工程，以及受季节影响或与其他工程交叉干扰急需开工的工程，在设计审批部门确认工程选址和范围的前提下，可以申请并办理先行用地。先行开工工程涉及的拆迁安置用地，可一同申请办理先行用地。先行用地经批准后，要严格按照批准用地范围进行建设，同时抓紧申报正式用地，原则上应在6个月内完成。

公路、铁路项目正式报批用地时，可根据用地报批组卷进度，以市（地、州、盟）为单位分段报批用地。国家重点建设项目涉及的拆迁安置用地可随同项目用地一同报批；其他建设项目涉及的拆迁安置用地，在土地利用总体规划确定的城镇建设用地规划范围内的，按批次用地报批；在土地利用总体规划确定的城镇建设用地规划范围外的，可随同项目用地一同报批。对于建设施工中由于取弃土场等临时用地位置未确定等原因，难以完成土地复垦方案编制和评审工作，影响主体工程用地申报的，可由建设单位对此作出说明和承诺后报批用地。用地批准后，市、县国土资源主管部门在办理施工临时用地手续前，严格审核土地复垦资金和方案情况，土地复垦资金不落实、未按规定编制土地复垦方案的，不予办理临时用地手续。

加强项目建设用地规划设计管理，建设、设计单位应在设计过程中加强与各级国土资源主管部门沟通，及时提供有关信息，国土资源主管部门应加强服务、提前介入，加快用地手续办理。

三、切实加强行业指导和监管

各级公路、铁路行业主管部门要加强对建设、设计单位的指导和监督。在系统内积极宣传国土资源管理法律法规和政策的相关规定，进一步强化工作责任，认真落实耕地保护基本国策，切实增强建设单位依法依规用地和节约集约用地意识，依法履行建设用地审批程序，严格执行征地拆迁、补偿安置等各项政策要求。

对2009年度土地卫片执法检查发现的公路、铁路违法违规用地，行业主管部门和建设单位要积极配合国土资源主管部门做好整改工作，加快组卷报批，尽早完善用地手续。同时，对用地手续不完备的已建、在建公路、铁路项目进行一次全面清理整治，加快完

善手续。

行业主管部门要严格履行监管职责，确定项目竣工时间要充分考虑项目用地申报、审批和征地实施等情况。建设用地未经依法审批，不得批准项目开工或以行政命令等手段强行要求开工。项目建设概算要足额安排征地补偿安置、补充耕地等费用，并依据有关规定安排被征地农民社会保障等费用，安排好搬迁农户建房等生活用地，切实维护农民权益，确保完成耕地占补任务。采取省部协议方式进行项目建设的，要确保协议签订后土地有关费用能够足额落实到位，用地报批工作顺利开展。

公路、铁路项目初步设计批准后，项目业主单位要及时、准确、完整地向国土资源主管部门提供设计文件和用地红线图，为建设用地组卷报批创造条件；公路沿线设施、铁路站场等项目在设计和建设过程中，要严格执行公路、铁路项目建设用地指标的规定，严禁超标准用地。国土资源主管部门要主动做好压覆矿产资源审核，指导项目主管部门做好协调工作。建设单位要主动与国土资源主管部门沟通，提前做好用地报批前期工作。建设单位必须积极配合国土资源主管部门协调征地拆迁中的有关问题，共同做好征地拆迁工作；要认真研究优化工程设计方案和施工组织方案，尽量少占耕地，节约集约用地；要严格依照国家有关政策规定缴纳相关税费，并督促施工单位及时进行土地复垦，确保耕地保护制度落到实处。

四、加强部门协调联动，严格监管

国土资源部、交通运输部、铁道部将建立多层次的用地协调机制，进一步健全共同责任机制，加强协调联动。

各级公路、铁路行业主管部门要加强对本区域工程建设情况的统筹规划，动态掌握项目建设用地手续办理情况，及时向上级主管部门上报用地手续办理情况。要积极配合国土资源主管部门履行监管职责。公路、铁路项目建设存在边报边用、未报即用等违法用地情况的，国土资源主管部门依法进行实地调查，勘查、测量面积时，建设单位应予以配合，并及时提供立项审批、用地报批等文件资料。未经国土资源主管部门检查核验，或者检查核验不合格的，主管部门不得通过项目竣工验收。

各级国土资源主管部门既要积极主动服务，也要严格规范管理。对先行用地建设项目超过批准范围使用土地，擅自改变公路、铁路用地性质进行建设的行为，要加大力度，严肃查处；严禁地方国土资源主管部门未经批准，擅自审批先行用地，一经发现，严格按非法批准用地查处；对制止无效、查处无法实施的公路、铁路项目违法用地，应当按照《关于进一步加强和规范对违反国土资源管理法律法规行为报告工作的意见》（国土资厅发〔2010〕58号）要求，及时报告，省（区、市）国土资源主管部门对下级国土资源主管部门报告的违法行为，仍然制止无效、查处无法实施的，应当向省（区、市）人民政府和国土资源部专项报告，同时报告相关派驻地方的国家土地督察局。地方人民政府接到国土资源主管部门的报告后，对违法行为不制止、不组织查处、隐瞒不报、压案不查的，上级国土资源主管部门应会同有关部门，按照《关于实行党政领导干部问责的暂行规定》（中办发〔2009〕25号）、《违反土地管理规定行为处分办法》（监察部、人力资源和社会保障部、国土资源部令第15号）的有关规定，追究政府主要领导人员和其他负有责任的领导人员的责任。

各派驻地方的国家土地督察局要进一步完善监管机制，加强建设用地审批事项审核督察，利用在线土地督察系统加强日常审核，组织开展实地核查。要通过与省级人民政府的定期通报机制，向省级人民政府及时通报重点建设项目违法用地情况；属于报国务院审批的单独选址项目用地，及时提出审核意见报国家土地总督察办公室，由国家土地总督察办公室在用地会审时提出意见，并向国务院有关部门通报；属于省级人民政府批准的重点建设项目用地，及时发出纠正整改意见。对违法用地情节和后果严重的，要报请国家土地总督察发出限期整改通知书，严肃查处，限期整改。

中华人民共和国国土资源部
中华人民共和国交通运输部
中华人民共和国铁道部
二〇一一年三月二日

财政部 国土资源部关于印发《中央地质勘查基金管理办法》的通知

财建〔2011〕2号

中央有关部门，各省、自治区、直辖市、计划单列市财政厅（局）、国土资源厅（局）：

为了规范地质矿产调查评价专项资金管理，提高资金使用效益，我们制定了《地质矿产调查评价专项资金管理办法》，现印发给你们，请遵照执行。

中华人民共和国财政部

中华人民共和国国土资源部

二○一一年二月十七日

中央地质勘查基金管理办法

第一章 总则

第一条 为加强中央地质勘查基金（以下简称地勘基金）管理，提高资金使用效益，鼓励和引导社会资金投入矿产资源勘查，建立矿产资源勘查投入良性循环机制，根据《国务院关于加强地质工作的决定》（国发〔2006〕4号）和国家有关法律法规的规定，制定本办法。

第二条 地勘基金是指中央财政在一般预算内安排的着重用于国家确定的重点矿种和重点成矿区带前期勘查的财政预算资金以及探矿权采矿权价款（以下称矿业权价款）以折股形式上缴所形成的股权收益。

本办法适用于对财政预算资金的管理；对股权的管理按照国家出资形成的矿业权价款折股管理的有关规定执行。

第三条 地勘基金投资应当着力发挥政策调控和分担勘查风险的作用，优先支持国家确定的重点矿种、重要成矿区带的地质找矿工作，引导和拉动社会资金投入矿产资源勘查。

地勘基金支持的矿产资源勘查工作程度原则上控制到普查，其中煤炭资源勘查工作程度可以控制到必要的详查。对可以全部由企业投资的商业性矿产资源勘查项目，地勘基金原则上不再投资，不与市场争权，不与企业争利。

第四条 地勘基金主要用于支持下列矿种的勘查：

（一）煤、铁、铜、铝、铅、锌、钾盐、锰、镍、铀、金等重要矿种；

（二）钨、锡、锑、钼、稀土、高铝粘土、萤石等国家规定实行保护性开采的特定矿种或国家限制开采总量的重要矿种；

（三）按照有关规定应当由地勘基金出资勘查的其它重要矿种。

第五条 地勘基金全额投资的勘查成果，除国家另有规定外，一律采用市场方式出让矿业权；地勘基金与社会资本或其他资金合作投资的勘查成果，可以通过项目合同约定成果处置。

第六条 地勘基金的使用和管理必须遵守国家有关法律、行政法规和财务规章制度；项目的确定要充分发挥专家作用；遵循诚实申请、公正受理、公平竞争、公开透明、科学管理、专款专用、良性循环的原则。

第二章 管理机构职责分工

第七条 地勘基金由财政部、国土资源部共同管理，财政部、国土资源部共同委托地勘基金管理机构负责地勘基金组织实施及日常管理工作。

第八条 财政部主要负责地勘基金的预算和资金管理。具体职责如下：

（一）确定地勘基金年度总预算及资金来源；

（二）审定并批复地勘基金项目预算及组织实施费预算；

（三）审核办理资金拨付并对地勘基金的预算执行和资金使用情况进行监督检查；

（四）审批地勘基金年度财务决算。

第九条 国土资源部主要负责地勘基金项目的管理。具体职责如下：

（一）会同财政部发布地勘基金项目立项指南并组织项目的审核、论证；

（二）依法协调和处置相关的矿业权设置；

（三）编报地勘基金项目预算及组织实施费预算；

（四）汇总编制项目支出用款计划，办理资金支付；

（五）汇总编报地勘基金年度财务决算；

（六）监督检查地勘基金项目执行情况。

第十条 省级财政主管部门和国土资源主管部门（以下简称省级管理部门）按照各自的职责协助财政部和国土资源部管理地勘基金项目，负责地勘基金项目的初审和矿业权核查、协调，协助项目实施日常监督管理和项目成果验收。

第三章 项目及预算管理

第十一条 根据全国矿产资源规划和地质勘查规划，国土资源部会同财政部编制发布地勘基金项目立项指南。

第十二条 根据矿产勘查项目的不同情况，地勘基金分别采取全额投资、合作投资两种投资方式。

下列矿产勘查项目，由地勘基金全额投资：

（一）煤炭国家规划矿区的煤炭勘查项目；

（二）钨、锡、锑、钼、稀土、高铝粘土、萤石等国家规定实行保护性开采的特定矿种或限制开采总量的重要矿种勘查项目；

（三）生态脆弱区和跨省（自治区、直辖市）的矿产勘查项目；

（四）尚未登记矿业权、且社会资金不愿承担投资风险的其他重要矿产勘查项目。

已登记矿业权的矿产勘查项目，地勘基金采取合作投资方式。原矿业权人按矿业权评估价或以实际投资额计算出资比例，并有权按货币资金方式追加投资、提高投资比例。原矿业权人持有的由国家出资勘查形成的矿业权，拟与地勘基金进行合作投资的，应当按国家有关规定对矿业权权益进行处置或者对权益处置方式进行约定。

第十三条 尚未登记矿业权的地勘基金项目按照下列方式论证立项：

（一）煤炭勘查项目，由省级国土资源主管部门提出勘查区块和项目建议，报经国土资源部批准后，由地勘基金管理机构发布公告，主要通过招投标等竞争方式确定项目承担单位；

（二）地勘基金管理机构根据国家现有地质工作成果论证提出的勘查项目，经省级国土资源主管部门出具同意为地勘基金设置探矿权的相关文件后，由地勘基金管理机构发布公告，主要通过招投标等竞争方式确定项目承担单位；

（三）地质勘查单位和其他有关单位可以根据前期地质工作成果，提出尚未登记探矿权的项目申请，经项目所在地的省级国土资源主管部门初审并出具同意为地勘基金设置探矿权的相关文件后，将申报材料报送地勘基金管理机构。项目经地勘基金管理机构组织专家论证通过后，由申报单位承担项目勘查工作。

第十四条 已登记矿业权的勘查项目，由矿业权人编制项目申报材料，经项目所在地省级国土资源主管部门或申报单位的上级主管部门初审后向地勘基金管理机构提出立项申请，地勘基金管理机构组织专家对项目进行论证。

第十五条 地勘基金项目立项论证通过后，地勘基金管理机构将优选承担单位情况和项目立项论证结果向社会公示。

第十六条 公示无异议的项目，由项目承担单位编制项目设计，报地勘基金管理机构组织专家审查认定。

地勘基金管理机构根据审查认定的项目设计编制地勘基金项目预算建议和组织实施费预算建议，经国土资源部审核同意后报财政部，财政部审核后向国土资源部批复预算。

地勘基金项目预算一经批复，原则上不得调整。确需调整的，必须按照规定程序报批。

第十七条 项目实施过程中，项目承担单位应当按要求报告项目执行情况。项目结束后按规定进行项目验收，并按国家有关规定汇交项目成果资料和有关地质资料。

第四章 财务管理

第十八条 地勘基金实行项目管理，分账核算，专款专用，任何单位和个人不得挤占、截留和挪用。

第十九条 地勘基金支出范围包括项目费和组织实施费。

（一）项目费是指项目承担单位用于实施项目的各类费用，主要包括人员费、专用燃料和材料费、水电费、交通费、差旅费、会议费、印刷费、用地补偿费、劳务费、咨询费、委托业务费、租赁费和其他相关费用，以及企业法人性质的勘查单位应发生的设备折旧、应缴税金、利润等。

其中：人员费，指直接从事项目工作人员的工资性费用。项目组成员工资性费用属于财政拨款安排的，由所在单位按照国家规定的标准从财政拨款中足额支付给项目组成员，不得在项目经费中重复列支。

专用燃料和材料费，指项目耗用的专用材料、专用工具和仪器、工作设备的燃料\低值易耗品等费用。水电费，指用于项目的水费、电费、污水处理费等费用。

交通费，指用于项目的各类交通工具的租用费、燃料费、维修费、过桥过路费、保险费、安全奖励费等费用。

差旅费，指项目工作人员因项目工作出差的住宿费、旅费、伙食补助费、杂费等费用。

会议费，指项目实施过程中组织召开的与项目实施有关的专题研究、学术会议中按规定开支的房租费、伙食补助费以及文件资料的印刷费、会议场地租用费等。

印刷费，指项目实施过程中印刷报告、资料、图件的费用。

用地补偿费，指因项目实施过程中占用土地需支付的临时性设施拆建费、临时性土地占用费、青苗树木赔偿费等。

劳务费，指支付给项目临时聘用人员的劳务费用。

咨询费，指项目聘请专家或咨询机构进行业务技术咨询、评审发生的费用。

委托业务费，指项目实施过程中委托外单位进行测试、施工、加工、软件研制的费用等。

租赁费，指项目实施过程中租用专用通讯网、仪器设备等发生的费用。

其他相关费用，指除上述费用之外与项目实施有关的其他费用。

以上各项费用，国家有开支标准的，按国家有关规定执行。

（二）组织实施费是指地勘基金管理机构开展项目审查、论证、招标，对项目进行监督检查、项目监理、项目验收、矿业权评估以及其他日常管理等所发生的各类费用。

第二十条 项目经费支出应严格控制在预算核定的额度内，按规定的费用开支范围和标准对项目进行成本核算，不得虚列、多提、多摊费用；不得扩大开支范围，提高开支标准。下列费用不得列入项目支出：

（一）应由事业费、基本建设资金、其他专项资金开支的费用；

（二）归还贷款本息；

（三）投资性支出、捐赠及赞助；

（四）各种罚款、违约金、滞纳金等支出；

（五）其他与项目无关的费用。

第二十一条 项目因不可抗力或者有关合作方终止合作需中途撤销或者中止的，按规定经地勘基金管理机构同意后，项目承担单位应当按完成的工作量和规定的预算标准进行财务清算，并将剩余经费按原渠道退回。

第二十二条 项目资金拨付按照财政国库集中支付制度的规定办理。

第二十三条 项目工作结束进行项目成果验收的同时，项目承担单位应按照实际完成的有效工作量和国家规定的预算标准进行项目经费结算。有结余资金的，按照国家财政拨款结余资金管理的有关规定执行。

第二十四条 地勘基金管理机构按照年度财务决算的有关规定编制年度地勘基金财务决算报送国土资源部，国土资源部审核后纳入部门决算一并报财政部。

第五章 成果管理及矿业权处置

第二十五条 项目成果是指地勘基金项目实施形成的地质资料和矿业权等，按照国家有关规定进行管理。

第二十六条 地勘基金实行退出机制。地勘基金项目完成后，对不能取得矿产资源量、没有进一步勘查意义的，地勘基金投资按规定程序经批准后予以核销。

对能取得矿产资源量、可供进一步勘查的，由地勘基金全额投资的项目，按照国家有关规定通过市场方式有偿出让矿业权；合作投资的项目，地勘基金按照项目合同约定转让其权益，合作的其他投资方有优先购买权。

地勘基金项目因不可抗力或者有关合作方终止合作需中途撤销或者中止的，其投资及相关成果依照前两款的规定处置。

第二十七条 地勘基金全额投资的项目，其矿业权出让收入按照矿业权价款管理的有关规定在中央和地方之间分成。

第二十八条 合作投资的地勘基金项目，根据合同的约定，由合作各方按投资比例分享权益；其中，地勘基金所得收益按照矿业权价款管理的有关规定在中央和地方之间分成。

第二十九条 项目承担单位按知识、技术、管理等要素贡献应享受的奖励，按照国家有关规定执行。

第六章 监督检查

第三十条 财政部、国土资源部不定期地组织有关机构对地勘基金使用情况和项目执行情况进行监督检查。

第三十一条 地勘基金管理机构要建立项目管理的监督约束机制和项目监理制度，实施对项目的全过程监管。实行项目报告制度，及时处理和纠正项目执行和项目经费使用中的问题。

第三十二条 项目承担单位应加强项目资金和技术质量管理，严格遵守有关财务会计制度和技术规范，并积极配合有关部门组织的监督检查。

第三十三条 存在下列情况之一的，财政部、国土资源部将视情况采取通报批评、停止拨款、终止项目、收回已拨项目经费、取消项目申报资格等措施予以相应的处罚。构成犯罪的，移送司法机关处理。

（一）虚报项目的；

（二）擅自转包项目、改变项目设计、调整项目经费预算的；

（三）伪造、隐匿技术资料和成果资料的；

（四）以任何名义截留、挪用、挤占项目经费，随意转拨项目资金的；

（五）违反财务会计制度和本办法规定的；

（六）其他违反法律、法规、制度规定的。

第三十四条 对因组织实施不力或者管理不善等人为因素造成项目中途撤销、未通过竣工验收、未按国家规定汇交成果资料的，除应当将剩余经费如数上缴外，项目承担单位还应当进行整改。整改不合格的项目承担单位不得承担地勘基金项目。

第三十五条 管理机构人员在项目审查、论证、招标和管理中弄虚作假、徇私舞弊、以权谋私的，按有关法律法规的规定处理。

第七章 附 则

第三十六条 本办法由财政部会同国土资源部负责解释。

第三十七条 本办法自发布之日起施行，《中央地质勘查基金（周转金）管理暂行办法》（财建〔2006〕342号）同时废止。

第三十八条 地勘基金管理机构应当根据本办法制定具体实施办法，报财政部、国土资源部批准后实行。

关于印发《广东省土地利用年度计划管理办法》的通知

粤国土资规划电〔2011〕99号

各地级以上市人民政府、顺德区人民政府，省有关部门：

为进一步加强和改进计划管理，全面落实土地利用年度计划差别化政策，切实发挥计划的宏观调控作用，根据国土资源部《土地利用年度计划管理办法》（第37号令）和《土地利用年度计划执行情况考核办法》（国土资发〔2008〕55号）的有关规定，经省人民政府同意，现将《广东省土地利用年度计划管理办法》印发给你们，请认真贯彻执行。

广东省国土资源厅

二〇一一年四月十四日

广东省土地利用年度计划管理办法

第一条 为加强土地利用年度计划管理，以土地供应引导需求，切实发挥土地利用年度计划参与宏观调控的作用，促进经济发展方式转变，根据国土资源部《土地利用年度计划管理办法》（第37号令）和《土地利用年度计划执行情况考核办法》（国土资发〔2008〕55号）的有关规定，结合广东省实际，制定本办法。

第二条 土地利用年度计划管理应遵循以下原则：

（一）严格执行土地利用总体规划和国家下达的

土地利用年度计划；

（二）促进土地节约集约利用和区域协调发展；

（三）优先保障交通运输、能源、水利等基础设施以及现代产业体系、民生工程、抢险救灾工程、保障性住房、农村宅基地和产业转移等建设项目用地；

（四）禁止“两高一资”（高耗能、高污染和消耗资源性外资项目）、产能过剩、低水平重复建设和违反国家产业政策的项目；

（五）实行差别化的土地利用政策。

第三条 土地利用年度计划管理包括土地利用计划分配管理和土地利用计划实施管理。

第四条 土地利用年度计划分配管理实行预下达、年初下达、年中奖励、年终追加以及次年结转指标的使用和收回等制度。

（一）预下达。每年12月份，省国土资源厅以当年年初下达给各地级以上市的土地利用计划为基数，按照一定比例（一般不超过50%）预下达给各地级以上市下一年度的土地利用年度计划，用以解决土地利用年度计划年初下达前各地级以上市的用地需求。

各地级以上市应参照省的做法，将省预下达给各地级以上市的计划指标分解下达给所辖各县（市、区）。

（二）年初下达。每年3～4月，在国家下达广东省当年土地利用计划后，由省国土资源厅会同省发展改革委等有关部门编制土地利用年度计划，报经省政府批准后下达执行。编制土地利用年度计划时，应根据当年广东省省级项目用地需求和其他实际情况，安排一定比例的计划指标，专项用于省级重大基础设施项目和落实省委省政府重大战略部署的项目，其余指标根据以下因素，全部分配到各地级以上市：

1、各地级以上市土地利用总体规划期内（2006～2020年）新增建设用地规模等规划因素；

2、各地级以上市近三年年均GDP和年均GDP增幅、固定资产投资总额、人口密度等经济社会因素；

3、各地级以上市近三年土地利用年度计划执行情况等效率因素；

4、各地级以上市近三年建设用地占总面积的比例等可持续性因素；

5、各地级以上市近二年违法违规用地、闲置土地、批而未用以及已批而未缴费的土地面积等惩戒因素。

分配因素将根据国家产业政策、供地政策以及社会经济发展情况适时调整。各地级以上市应参照省的做法，采用合理的分配因素，会市发展改革局（委）等部门后，将土地利用计划分配至所辖各县（市、区）。

（三）年中奖励。每年第三季度，根据国土资源部对广东省年中奖励计划指标的情况，综合考虑当年重大项目用地需求、集约节约用地情况、产业转移情况和现代产业体系建设以及上半年土地利用年度计划指标使用效率情况，将国土资源部年中奖励广东省的计划指标分配下达。

（四）年终追加。每年12月份，根据国土资源部追加广东省土地利用计划情况，结合当年1-11月份计划指标使用效率、重点项目需求等因素，将相应的追加指标合理分配下达。

（五）结转指标的使用和收回。结转指标指各地级以上市当年未使用完毕的新增建设用地计划指标。该指标可以直接结转使用至次年1月31日。如果到次年1月31日仍未使用完毕的，则由省国土资源厅收回，会省发展改革委并报经省政府同意后调整安排全省使用。

第五条 土地利用计划实施管理包括土地利用年度计划执行情况评估和考核、土地利用年度计划台帐管理等内容。

土地利用计划执行情况评估和考核是指上级国土资源管理部门对下级国土资源管理部门土地利用年度计划的执行情况进行年度评估和考核。年度评估和考核，以土地变更调查和监测数据为依据，防止超计划批地用地，切实维护土地利用计划的严肃性。

土地利用年度计划台帐管理是指建立全省统一的土地利用计划管理信息系统，在建设项目用地审批时上报一宗及时核销一宗计划指标，根据计划台帐对各地计划执行情况进行适时监控和研究分析，及时指导、督促各地合理使用计划指标，切实提高计划指标使用效率。

第六条 省级重大基础设施项目计划指标和落实省委省政府重大战略部署项目计划指标按以下要求安排使用：

（一）省级重大基础设施项目计划指标主要用于省政府及省发展改革委等部门审批、核准和备案的交通运输、能源、水利、矿山、军事设施五类独立选址建设项目。具体按照先急后缓、重点高效优先、逐年解决的原则统筹安排。

（二）落实省委省政府重大战略部署项目计划指标属于奖励性指标，主要用于规模大、成效好的产业转移工业园。该部分指标通过奖励或竞争方式取得，具体办法由省相关部门另行制定。

第七条 省下达给各地级以上市的计划指标，安排以下项目：

1、第六条第（一）项、第（二）项之外的项目；

2、属第六条第（一）项项目，按规定应以城镇批次方式报批用地的项目。

各地级以上市的计划指标优先保障交通运输、能源、水利等基础设施及战略性新兴产业、先进制造业、现代服务业、高新技术产业、优势传统产业、产业转移、抢险救灾、城镇保障性住房、农村宅基地等项目用地，并注意与城乡规划年度实施计划、城市近期建设规划确定的年度建设用地总量相衔接。

第八条 国家立项的建设项目，以及省政府及省发展改革委等部门审批、核准和备案的交通运输、能源、水利、矿山、军事设施五类独立选址建设项目，因征收农村集体经济组织土地需要安排留用地的，用地指标在省级重大基础设施项目计划指标中安排。

第九条 项目审批部门在项目审批、核准时，加强与国土部门的沟通衔接，落实土地利用年度计划。

第十条 各地级以上市应按照国土资源部的要求，将省年初下达各地级以上市的计划指标单列一定比例，专项用于农村建设，不得挪作他用。

第十一条 严格把关，防止超土地利用计划批地用地。各地级以上市应按照国家和省的要求，建立土地利用年度计划管理台帐，每季度定期上报计划指标使用情况。省、市国土资源部门应将土地利用年度计划管理台帐的汇总和分析情况报告分别抄送省、市发展改革部门。各地级以上市根据法律授权批准农转用的，所需计划指标在省下达该市的计划指标中安排，同时应每季度向省国土资源厅上报批准情况。

第十二条 本办法印发之日起施行。

（上接273页）

广东省征地补偿保护标准（2010年修订调整）

单位：万元／公顷

地区类别	耕地	园地	林地	养殖水面	未利用地
一类	128.70	99.00	45.00	133.65	39.60
二类	97.50	75.00	34.20	101.25	30.00
三类	78.00	60.00	27.70	81.00	24.00
四类	70.20	54.00	25.00	72.90	21.60
五类	58.50	45.00	20.60	60.75	18.00
六类	52.65	40.50	18.60	54.70	16.20
七类	47.45	36.50	16.20	49.30	14.60
八类	40.30	31.00	14.85	41.85	12.40
九类	33.15	25.50	12.15	34.40	10.20
十类	30.20	23.25	10.80	31.40	9.30

关于印发《广东省征地补偿保护标准》（2010年修订调整）的通知

粤国土资利用发〔2011〕21号

各地级以上市人民政府、各县（市、区）人民政府：

2010年修订调整的《广东省征地补偿保护标准》业经省人民政府同意，现印发给你们，请认真遵照执行。2006年7月25日我厅印发的《广东省征地补偿保护标准》（粤国土资发〔2006〕149号）同时废止。

广东省国土资源厅

二〇一一年一月十九日

《广东省征地补偿保护标准》使用说明

一、《广东省征地补偿保护标准》（以下简称《标准》）适用于广东省行政区域内（不含深圳市）征收集体农用地（耕地、园地、林地、养殖水面）和未利用地的补偿，《标准》与《广东省征地补偿保护标准地区分类表》（以下简称《分类表》）同时使用。征收集体其它土地的补偿标准按现行法律法规规定执行。

二、《标准》只包含土地补偿费和安置补助费两项费用，青苗补偿费和地上附着物补偿费等费用需另计算。

三、《分类表》没有列出的开发园区参照所在城镇或邻近城镇的标准执行。

四、各地征地补偿不得低于《标准》。各县（市、区）以上人民政府可根据《标准》和《分类表》，结合当地实际，具体制定本地区区域性征地补偿标准，并报省国土资源厅备案。

五、《标准》自公布之日起实施。《标准》公布实施之前已报省国土资源厅受理的征地项目，征地补偿标准按原有关规定办理；《标准》公布之前已完成听证程序，征地补偿款已预付的征地项目，在《标准》实施之日起30日内报省国土资源厅受理的，征地标准可按原有关规定办理。

六、由于行政区域的调整或其他原因，个别村确实未达到所在镇的类别档次水平的，在上报征地材料时，应对上报的征地补偿标准说明理由，经省人民政府同意后执行。

七、根据实际情况变化，《标准》和《分类表》适时进行调整更新。

八、《标准》及《分类表》由省国土资源厅负责解释。

（下转272页）

关于促进批而未供建设用地指标调整使用的通知

粤国土资利用发〔2011〕54号

各地级以上市国土资源局（国土资源行政主管部门）、顺德区国土城建和水利局：

为加强建设用地管理，促进新增建设用地得到及时充分有效利用，进一步规范批而未供建设用地指标调整使用，确保急需建设项目落地，根据《国土资源部关于严格建设用地管理促进批而未用土地利用的通知》（国土资发〔2009〕106号）精神，现就批而未供建设用地指标调整使用有关问题通知如下：

一、高度重视，加强领导，促进批而未供建设用地指标调整工作顺利进行

盘活存量建设用地、促进批而未供建设用地指标调整，是优化建设用地布局和结构、拓展建设用地空间，促进建设用地高效利用和解决当前年度计划指标不足的重要手段之一。各级国土资源管理部门要高度重视辖区范围内批而未供建设用地指标调整工作，加强组织领导，统一部署，全面开展摸底清查工作，掌握辖区范围内批而未供土地的数量和类型，加大统筹力度，加快研究制定建设用地指标调整有关工作计划和具体方案，并按照规定程序权限办理审批手续，有效促进批而未供建设用地指标调整工作的顺利进行。请各地级以上市国土资源管理部门于4月底前将批而未供建设用地摸底清查工作的有关情况（应包括工作部署、清查的类型和数量、存在问题、原因分析以及下一步采取的措施等）书面报告省国土资源厅。

二、批而未供建设用地指标调整的概念和类型

批而未供建设用地指标调整是指在建设用地面积不增加，农用地面积不减少，耕地实现占补平衡的前提下，将某一经合法批准的地块（以下简称甲地块）的建设用地计划指标调整区位到另一地块（以下简称乙地块）使用的行为（其中甲地块属于留用地或涉及土地抵押的，不能进行建设用地指标调整）。

其适用范围是城镇工矿建设用地规模范围内，不涉及城镇建设用地规模的扩大，不涉及城、乡建设用地规模之间的调整使用。凡涉及城乡建设用地增减挂钩的，必须严格按照国务院《关于严格规范城乡建设用地增减挂钩试点切实做好农村土地整治工作的通知》（国发〔2010〕47号）的规定执行。严禁擅自开展建设用地置换、复垦土地周转等行为，防止违规扩大城镇建设用地规模。

根据甲地块的情况，批而未供建设用地指标调整分以下三种类型：

第一种调整类型：甲地块已经有权机关审批，但因新增建设用地有偿使用费、征地管理费等费用（以下简称相关规费）尚未缴齐，省国土资源厅至今仍未正式下发批复文件。

第二种调整类型：甲地块已经有权机关批准办理农用地转用、土地征收等建设用地土地审批手续，但尚未实施征地。

第三种调整类型：甲地块已经有权机关批准办理农用地转用、征收土地审批手续，并已完成批后实施作为建设用地使用，包括未供用地或合法收回作为建设用地储备两种情况。

甲地块为经国务院批准的年度城市建设用地，按国家有关规定办理。

批而未供建设用地指标调整限在同一地级以上市市域范围内。

三、批而未供建设用地指标调整的条件

（一）甲地块必须具有合法的用地批准手续（2010年12月31日前经有权机关批准，包括省政府已批准但省国土资源厅未发出批复等情况）；

（二）乙地块必须符合土地利用总体规划和城乡规划；

（三）地块调整后应当做到农用地面积总量不减少，耕地实现占补平衡，建设用地面积不增加；

（四）权属清楚。

四、批而未供建设用地指标调整的办理程序

市、县（市、区）国土资源管理部门应拟定批而未供建设用地指标调整方案，并连同其他相关材料纳入乙地块报批的农用地转用和征收土地的审查意见中，经同级人民政府审核同意后，逐级行文上报。

对于第一、二种调整类型，乙地块农用地转用、建设占用耕地计划指标从甲地块所使用的农用地转用、建设占用耕地计划指标调整解决。对于第三种调整类型，乙地块农用地转用所需计划指标通过甲地块恢复为农用地来落实，乙地块中占用耕地的面积原则上不得大于甲地块恢复为耕地的面积。

乙地块涉及占用未利用地，从年度计划指标解决。乙地块中占用耕地的面积大于甲地块恢复为耕地的面积的，超出部分可从年度建设占用耕地计划指标解决。

如乙地块与甲地块属于同一农村集体经济组织所有，且甲乙两个地块的新增建设用地面积、农用地面积和耕地面积相等，则乙地块无需再另行办理农用地转用、征收土地审批手续，仅需将乙地块勘测定界图、土地利用现状图、土地利用总体规划图连同市、县国土资源管理部门与被征地集体经济组织就征地补偿安置达成一致协议的书面材料报原办理甲地块用地审批手续的国土资源管理部门备案并重新核发用地批文后由市县国土资源部门实施。

允许多个批次的建设用地指标合并调整给一个地块使用或一个地块的建设用地指标分开调整给两个或两个以上不同的地块使用。其中，如果批而未供建设用地指标调整属于一个地块的建设用地指标分开调整给两个或两个以上不同的地块使用的，在进行第二次及以后的调整，必须在报批材料的审查意见中对该地块之前的调整情况进行说明。

五、批而未供建设用地指标调整的材料

批而未供建设用地指标调整报批材料除按现行规定提交乙地块报批所需材料外，还需提供以下材料：

（一）批而未供建设用地指标调整方案；

（二）甲地块的建设用地批准手续（文件）（第一种类型可不提供）；

（三）甲地块中的实施调整部分地块的勘测定界图、土地利用现状图、土地利用总体规划图；

（四）甲地块涉及垦复的，应附甲地块垦复为农用地的确认文件或建设项目用地指标调整土地验收表以及垦复为农用地后的管理方案。涉及垦复为耕地的，应在垦复前编制土地复垦方案报地级以上市国土资源部门批准，垦复的耕地由地级以上市国土资源部门验收并经省国土资源厅组织抽查。甲地块垦复的耕地面积超过乙地块占用耕地面积部分，只能用于耕地总量平衡，不可再用于其他项目的占补平衡。涉及垦复为林地的，应经省林业局确认；

（五）对第一、二种调整类型，应附当地国土资源行政主管部门确认的甲地块仍为报批时现状地类的材料。如属已提前使用的必须落实将甲地块垦复恢复为原地类，有关要求按上述第（四）点办理；

（六）对于第二种调整类型，如属已完成征地实施但土地现状仍为报批时地类的，按上述第（五）点办理。

（七）如甲地块在 2010 年 1 月 1 日以前已获得合法批准手续，但土地现状图仍为报批时地类的，乙地块所涉及占用的农用地和耕地应按照占补平衡的原则落实补充。

（八）甲地块无具体使用权人的证明。

六、批而未供建设用地指标调整方案的内容

（一）甲地块的合法用地批文文号、批准机关、批准时间或省政府转来省国土资源厅的呈批表的文号、时间；

（二）甲地块的权属性质、位置、面积、土地利用现状，对于第三种调整类型，应说明垦复变更后的农用地地类和面积及各地级以上市国土、农业、林业（涉及林地）的验收情况；

（三）甲地块垦复为农用地（耕地）后的管理方案。

七、其他事项

（一）相关规费问题

1. 对于第一种调整类型，乙地块需按现行政策缴纳新增建设用地土地有偿使用费。对于第二、三种调整类型，乙地块新增建设用地所使用的指标全部是通

过已批建设用地指标调整解决的，无需缴纳新增建设用地有偿使用费；乙地块新增建设用地如有部分所使用的指标是通过年度计划指标解决的，则需按现行标准缴纳新增建设用地土地有偿使用费。涉及集体建设用地，按省有关文件规定执行。

2. 乙地块需办理征收土地手续的，应按照规定缴纳征地管理费。

（二）甲地块的管理意见

1. 对于第一、二种调整类型，调整后甲地块仍为办理报批时的土地所有权人所有，再次使用需办理农用地转用、土地征收手续。

2. 对于第三种调整类型，甲地块作国有建设用地使用的，垦复后作为国有农用地由当地人民政府组织耕种；作集体建设用地使用的，垦复后作为集体农用地管理，再次使用需办理农用地转用手续。

（三）原批准文件的处理

对于第一、二种调整类型，甲地块原批准文件中已实施建设用地指标调整部分的农用地转用和征收行为失效。未进行建设用地指标调整部分的农转用和征收行为仍有法律效力，可作再次调整。

对于第三种调整类型，甲地块原批准文件中已实施建设用地指标调整部分的农用地转用行为失效，征收行为仍有法律效力。未进行建设用地指标调整部分的农转用和征收行为仍有法律效力，可作再次调整。

相关处理意见在乙地块的批复中作出说明（乙地块批复文件放入甲地块的档案中存档备案）。

（四）乙地块的批后实施问题

乙地块经批准后，市县应及时依法组织实施征地，加快征地实施工作进度，促进新增建设用地及时有效供应并得到充分利用，加强建设用地批后实施的跟踪管理和监管，防止产生新的批而未征、征而未供、供而未用等现象的发生。两年内未实施征地补偿安置方案的，乙地块批准文件自动失效，甲地块已实施调整部分仍按上述第（三）点处理。

（五）试行时间

批而未供建设用地指标调整使用政策自发文之日起试行，试行时间为两年。

八、切实加强建设用地批后监管，防止产生新的批而未用土地

各地要充分利用批而未供建设用地指标调整使用的契机，全面盘活批而未供建设用地，促进建设用地的充分有效利用。同时，要进一步加强建设用地批后监管，提高建设用地批后监管水平，科学合理报批和供应土地，切实解决“批而不供、供而不用”的浪费现象，促进节约集约用地。

附件：市级请示文件中建设用地指标调整相关内容文本格式（略）

广东省国土资源厅

二〇一一年三月二十三日

关于印发《广东省国土资源违法违规案件挂牌督办办法（试行）》的通知

粤国土资执法发〔2011〕170号

各地级以上市国土资源局（国土资源行政主管部门），顺德区国土城建和水利局，厅机关各处室：

《广东省国土资源违法违规案件挂牌督办办法（试行）》已经厅务会审议通过，现予印发，请遵照执行。

广东省国土资源厅

二〇一一年八月二十三日

广东省国土资源违法违规案件挂牌督办办法（试行）

第一条 为加大对国土资源违法违规案件的查处力度，推进依法行政，强化执法监管，有效遏制国土资源违法违规行为，切实维护国土资源管理秩序，依据《中华人民共和国土地管理法》、《中华人民共和国矿产资源法》等法律法规及省政府《关于建立土地管理共同责任制度的通知》有关规定，制定本办法。

第二条 本办法所称挂牌督办，是指省国土资源厅对重大、典型国土资源违法违规案件的查处提出明确要求，公开督促地级以上市、顺德区国土资源行政主管部门（以下简称“地方国土资源部门”）限期办理，并向社会公开办理结果，接受社会监督的行政措施。

第三条 具有下列情形之一的国土资源违法违规案件，可以挂牌督办：

（一）严重违反国家产业政策和国土资源法律法规的；

（二）公众反映强烈、影响社会稳定的；

（三）给国家、人民群众利益造成重大损害的；

（四）造成耕地大量破坏，或者造成矿产资源严重破坏的；

（五）隐瞒不报、压案不查、久查不决、屡查屡犯的；

（六）其他需要挂牌督办的。

挂牌督办的土地违法案件原则上涉及土地总面积在100亩以上或者涉及耕地面积50亩以上，挂牌督办的矿产资源违法案件原则上涉及矿产资源破坏价值金额在30万元以上。

第四条 挂牌督办，按照下列程序办理：

（一）通过群众举报、卫片执法检查、地方国土资源部门上报、动态巡查等方式发现的重大、典型国土资源违法违规案件，由厅执法监察局负责进行筛选、核查，会同相关处室审核，提出挂牌督办建议；

（二）经厅长同意将拟挂牌督办案件提交厅务会审议决定；

（三）由省国土资源厅执法监察局向地方国土资源部门下达《国土资源违法违规案件挂牌督办通知书》，抄送同级人民政府和有关部门；

（四）省国土资源厅通过召开新闻发布会或在门户网站公开等形式，将挂牌督办案件向社会公开。公开内容包括案件基本情况和《国土资源违法违规案件挂牌督办通知书》等；

（五）省国土资源厅执法监察局对挂牌督办结案的案件落实情况进行审核后，报经厅领导批准后在厅门户网站上向社会公开。

第五条 《国土资源违法违规案件挂牌督办通知书》应包括下列内容：

（一）案件名称；

（二）涉嫌违法违规行为人和涉嫌违法违规主要事实；

（三）督办要求；

（四）办结时限；

（五）联系人。

第六条 省国土资源厅根据案件查处情况，可以督促地方国土资源部门按照下列要求办理国土资源违法违规案件，必要时省国土资源厅派员进行现场督办：

（一）责令停止国土资源违法违规行为；

（二）责令限期查处国土资源违法违规行为；

（三）责令履行国土资源管理法定义务；

（四）将违法违规行为人的违法违规情况记入国土资源信用记录；

（五）对国土资源违法违规行为人实施行政处罚；

（六）对有关责任人员提出追究纪律责任建议；

（七）对涉嫌构成犯罪的，移送司法机关依法追究刑事责任。

第七条 挂牌督办案件的办理时限应当根据案件具体情况确定，一般不超过60日。重大或复杂案件需要延期的，由被督办的地方国土资源部门在办理时限到期的10日前向省国土资源厅书面申请，经审核批准后可以适当延长办结时限，并在省国土资源厅门户网站上向社会公开，但延长的时限不得超过60日。

第八条 挂牌督办期间，省国土资源厅根据案件和社会影响程度，可以采取或要求相关国土资源行政主管部门采取以下措施：

（一）暂缓受理、办理与本案有关的国土资源审批、登记事项；

（二）建议相关部门暂缓受理、办理与本案有关的审批、登记等事项。

第九条 地方国土资源部门未按时完成督办任务并且未书面申请延长办理期限的，省国土资源厅可以对该案件进行直接办理，同时对该地方国土资源部门负责人进行约谈和通报批评。

地方国土资源部门对挂牌督办的案件相互推诿、办理不力或者弄虚作假的，省国土资源厅将依照规定建议有关行政监察机关追究相关人员责任。

第十条 本办法适用于省国土资源厅决定的挂牌督办案件，具体工作由省国土资源厅执法监察局负责。

地方国土资源部门采取挂牌督办措施，可参照本办法执行。

第十一条 本办法自发布之日起实施。

关于印发《广东省矿山自然生态环境治理恢复保证金管理办法（试行）》的通知

粤国土资地环发〔2011〕49号

各地级以上市人民政府，各县（市、区）人民政府，省政府各部门、各直属机构：

经省人民政府同意，现将《广东省矿山自然生态环境治理恢复保证金管理办法（试行）》印发给你们，请结合本地区实际情况，认真贯彻执行。

各地在执行过程中遇到的问题和意见，请直接向省国土资源厅、省财政厅和省物价局反映。

广东省国土资源厅
广东省财政厅
广东省物价局
二〇一一年三月十四日

广东省矿山自然生态环境治理恢复保证金管理办法（试行）

第一条 为切实加强矿山自然生态环境治理恢复，促进人与自然相协调和经济社会可持续发展，根据《广东省矿产资源管理条例》和国土资源部《矿山地质环境保护规定》，制定本办法。

第二条 本办法所称矿山自然生态环境治理恢复保证金（以下简称“保证金”），是指采矿权人在采矿过程中以及在矿山停办、关闭或者闭坑时，为履行矿山自然生态环境治理恢复义务而缴存的备用资金。

第三条 凡在广东省行政区域内开发利用矿产资源，应按本办法规定缴存保证金。

本办法颁布前各地自行制定的采石取土矿山自然生态环境治理保证金缴存管理办法与本办法存在不一致的，应根据本办法进行修订。

第四条 保证金缴存标准修订工作，由省物价部门会省国土资源、财政部门负责。

省国土资源部门会同省财政部门负责保证金管理协调工作，地级以上市、县（市、区）国土资源部门会同级财政部门负责核定、收缴、提取、退还保证金等具体工作。

第五条 根据“谁开发谁保护，谁破坏谁治理”的原则，采矿权人必须依法履行矿山自然生态环境治理恢复义务，按规定缴存保证金。缴存保证金不免除采矿权人缴纳采矿权使用费和矿产资源补偿费的责任以及法律法规规定的其他责任。

保证金管理按照“企业所有、政府监管、专户储存、专款专用”的原则，纳入财政专户专账管理，所有权属缴纳人。

第六条 矿山自然生态环境治理恢复范围在同一县级行政区域内的，由采矿权人将保证金存入矿山所在地县级以上财政部门开设的财政专户。

矿山自然生态环境治理恢复范围跨不同县级以上行政区域的，由所涉及行政区域的同一上级财政部门确定保证金缴存地区的财政专户。

第七条 采矿权人应根据依法批准的《矿山地质环境保护与治理恢复方案》，并结合水利、环保、林业等部门批准的相关治理方案，与保证金缴存地区的县级以上国土资源部门签订《矿山自然生态环境治理恢复合同书》，并按合同规定的金额，缴存保证金。《矿山自然生态环境治理恢复合同书》应包括以下内容：

（一）矿山自然生态环境治理恢复的技术方法；

（二）矿山自然生态环境治理恢复验收标准（由省国土资源部门制订公布）；

（三）保证金的缴存金额、期限和方式；

（四）双方的权利和义务；

（五）违约责任。

第八条 按照不低于矿山自然生态环境治理恢复费用的原则，保证金总额由开采矿种、矿区面积、开采方式、矿山所在地经济社会发展状况等因素综合确定。具体核算公式为：

保证金总额 = 开采矿种缴存标准 × 矿区登记范围面积 × 开采方式影响系数（其中露天开采和允许地表塌落的地下开采为 1.2，不允许地面塌落的地下开采为 0.5）× 地区影响系数。

保证金开采矿种缴存标准、地区影响系数见附件。

第九条 保证金缴存分一次性全额缴存和分期缴存两种方式。

保证金总额在 200 万元以内的，按一次性全额缴存方式缴存。保证金总额在 200 万元以上的，可分期缴存；首期缴纳金额按以下方式计算，200 万元为基本缴纳数，保证金 200 万元至 1000 万元部分，按 50% 计缴；保证金 1000 万元至 1 亿元部分，按 40% 计缴；保证金超过 1 亿元以上部分，按 20% 计缴。余款逐年缴存，并在采矿权许可证有效期内提前两年完成缴纳。

第十条 如出现开采范围、开采矿种、开采方式调整，或采矿权延续登记等情况，采矿权人要按规定重新签订《矿山自然生态环境治理恢复合同书》，重新核算保证金缴存数额。

第十一条 采矿权发生转让时，保证金一并转让的，由采矿权受让人承担矿山自然生态环境治理恢复义务；如原采矿权人不转让保证金，则继续由其承担《矿山自然生态环境治理恢复合同书》规定的治理恢复义务。

采矿权人因违法违规受到行政处罚或因其他原因终止采矿行为的，不免除其承担的矿山自然生态环境治理恢复的义务。

第十二条 采矿权人在矿山自然生态环境治理恢复工程实施过程中，投入治理恢复资金超过 1000 万元的，可申请提取总额不超过已投入资金 50% 的保证金。

第十三条 县级以上国土资源部门自收到采矿权人保证金提取申请之日起 30 个工作日内，应会同级财政部门予以审核。对符合提取条件的，国土资源部门应书面通知采矿权人和保证金缴存银行，采矿权人凭书面通知到保证金缴存银行办理保证金提取业务。对不符合提取要求的，国土资源部门应书面说明理由。

第十四条 矿山自然生态环境治理恢复工程，依法由县级以上国土资源部门会同级环境保护、财政、水利、林业等部门，按照《矿山自然生态环境治理恢复合同书》组织验收。

一次性完成治理恢复且验收合格的，或按《矿山自然生态环境治理恢复合同书》分期治理的已完成治理恢复且验收合格的分期工程，自验收合格之日起 30 个工作日内，采矿权人凭负责组织验收的县级以上国土资源部门出具的验收合格证明，到缴存保证金的银行办理相应的保证金和利息退还手续。

第十五条 矿山自然生态环境治理恢复工程验收不合格的，由负责管理保证金的县级以上国土资源部门责令采矿权人再进行治理恢复。采矿权人在《矿山自然生态环境治理恢复合同书》约定期限内，不进行治理恢复或治理恢复后验收不合格的，其缴存的保证金和利息由矿山所在地县级以上人民政府转为治理费用，并负责组织治理；保证金不足以支付治理恢复费用的，由上述人民政府责令采矿权人限期补足。

第十六条 采矿权人应如实提供矿山开采、保证金缴存等有关资料。县级以上国土资源部门要按规定认真审查采矿权人申报缴存保证金的相关资料。

第十七条 任何单位和个人不得挤占、截留和挪用保证金。省国土资源部门会省财政部门负责对保证金的缴存使用情况进行监督检查。

采矿权人对不予退还保证金的原因及使用情况拥有知情权。

第十八条 县级以上国土资源部门应会同级财政部门制订保证金监督管理制度，自觉接受审计、监察等部门的监督检查。

第十九条 各县级以上国土资源部门应逐级汇总保证金缴存和退还情况，按年度编制统计报表，上报省国土资源部门和省财政部门备案。

第二十条 采矿权人未按照规定缴存保证金的，由县级以上国土资源部门责令限期缴存；逾期未缴存的，按照《矿山自然生态环境治理恢复合同书》约定，依法追究采矿权人的违约责任，且不予其办理采矿权许可证延续、变更、转让登记等相关手续。

第二十一条 保证金管理相关人员，有下列情形之一的，依法依法追究行政或刑事责任。

（一）提供虚假情况，未按照规定退还保证金的；

（二）挤占、截留和挪用保证金的；

（三）有滥用职权、徇私舞弊、玩忽职守和渎职行为的。

第二十二条 本办法施行前已依法取得采矿权许可证且未缴存保证金的，矿山所在地县级以上国土资源部门要在本办法施行之日起3个月内，书面通知采矿权人在收到通知后20个工作日内依照本办法缴存保证金。

第二十三条 本办法自印发之日起实施。

附件：

1. 广东省矿山自然生态环境治理恢复保证金开采矿种缴存标准表（略）

2. 广东省矿山自然生态环境治理恢复保证金地区影响系数表（略）

关于印发《广东省国土资源厅省级地质公园管理暂行办法》的通知

粤国土资地环发〔2011〕211号

各地级以上市国土资源局（国土资源行政主管部门），顺德区国土城建和水利局：

《广东省国土资源厅省级地质公园管理暂行办法》已经省国土资源厅厅务会议研究通过，现予印发，请认真贯彻执行。

广东省国土资源厅

二〇一一年十月二十七日

广东省国土资源厅省级地质公园管理暂行办法

第一章 总 则

第一条 为了有效保护和永续利用地质遗迹资源，充分发挥地质遗迹资源服务经济社会发展的作用，根据《广东省地质环境管理条例》和国家有关规定，结合本省实际，制定本暂行办法。

第二条 地质公园是以具有典型的地质科学意义、稀有的自然属性、重要的美学观赏价值、有一定数量、规模和分布范围的地质遗迹景观为主体，融合其他自然景观与人文景观而构成的一种特殊的自然区域。

第三条 地质公园建设管理工作，应当遵循“在保护中开发，在开发中保护”的原则。

第四条 本办法适用于本省省级地质公园的监督管理，国家和省另有规定的，从其规定。

第五条 省国土资源厅负责全省地质公园的监督管理工作。

市、县级国土资源行政主管部门负责本辖区内地质公园的监督管理工作。

第二章 申报与评审

第六条 下列具有一定数量、规模和分布范围的地质遗迹区域，可以申请建立省级地质公园：具有重大观赏和重要科学研究价值的地质地貌景观；具有重要价值的地质剖面和构造形迹、古生物化石遗迹；有特殊科学价值的岩石、矿物及其典型产地；有重要观赏和科学研究价值的温泉、矿泉及其他水体景观和典型滑坡、崩塌、泥石流等地质灾害遗迹。

第七条 申报省级地质公园，由地质公园所在地县级以上人民政府提出申请；跨县（市、区）的由同属地级以上市人民政府提出申请；跨地级以上市的由相关地级以上市人民政府共同提出申请。

第八条 申报省级地质公园，由地级以上市国土资源行政主管部门负责对本辖区拟申报单位进行初审，确定推荐名单并按照规定的程序向省国土资源厅报送申报材料。

每个地级以上市每次推荐原则上不能超过2个省级地质公园候选地。

第九条 申报省级地质公园应当提交如下材料：

（一）地质公园申报书；

（二）地质公园综合考察报告；

（三）地质公园申报画册；

（四）地质公园交通位置图、航空遥感影像图、地形图等图件资料；

（五）地质公园申报影视片（光盘）；

（六）提出申请的县级以上人民政府承诺书；

（七）地质公园所在地县级以上人民政府发布的拟建地质公园公告；

（八）地级以上市国土资源行政主管部门推荐意见。

县级以上人民政府承诺书主要承诺严格执行国家地质遗迹保护的法律、法规，依法保护地质遗迹；加强组织领导，按照有关规定做好地质公园的各项建设工作，按时揭碑开园等内容。

第十条 省级地质公园评审原则上每年一次，申报材料由省国土资源厅统一受理。

第十一条 省国土资源厅商有关部门成立广东省地质公园领导小组，负责省级地质公园的核定工作。领导小组下设办公室，挂靠在省国土资源厅地质环境处，负责省级地质公园申报评审的日常事务和评审专家库的管理等有关工作。

第十二条 省级地质公园实行评审委员会审查，省地质公园领导小组核定制度。地质公园的评审工作按照《广东省省级地质公园评审工作制度》、《广东省省级地质公园评审标准》执行。

第十三条 省地质公园评审委员会负责省级地质公园的评审工作。评审委员会组织对申报单位提交的《申报书》、《考察报告》和影视片等材料进行审查，评委会成员按照评审标准各自打分并以记名形式投票表决。经评审委员会全体成员2/3以上（含2/3，含委员委托的代表或书面意见）表决通过后，报省地质公园领导小组核定。

第十四条 经广东省地质公园领导小组核定，同意授予省级地质公园资格的，由省国土资源厅批准公布，并作出授予省级地质公园资格的决定。

第十五条 省级地质公园应当在获得资格后两年内建成，经省国土资源厅验收合格后，授予省级地质公园牌匾，并举行揭碑开园仪式。

凡不能在两年内建成并揭碑开园的省级地质公园，省国土资源厅将提出警告，限期6个月完成建设工作，并举行揭碑开园仪式。逾期仍未达到揭碑开园要求的，取消省级地质公园资格。

第三章 地质遗迹保护与利用

第十六条 地质公园应当建立健全有地质专业人员参加的管理机构，制定和完善地质公园管理措施，实行科学管理。

第十七条 地质公园管理机构应当以地质遗迹景观为主体，融合自然景观和人文景观，建设地质遗迹保护设施，建立标志牌、重要景点地学知识介绍牌、交通指示牌等标示系统、地质公园网站和地质博物馆。

第十八条 地质公园管理机构应当采取措施，对地质公园内的地质遗迹进行有效保护。未经批准，不得在地质公园内进行爆破、采石、取土、开矿等不利于地质遗迹保护的活动。

禁止在地质公园内擅自挖掘、损毁被保护的地质遗迹，禁止修建与地质遗迹保护和地质公园规划无关的建（构）筑物。

第十九条 地质公园管理机构每年应当投入一定的资金，用于地质遗迹保护、标示系统的完善和维护、地质灾害防治、地质科学研究、科普宣传和地质公园网站建设。

第二十条 地质公园管理机构应当组织导游人员学

习地质科学知识，不断提高导游人员的地质科学讲解水平。

第二十一条 地质公园应当遵循“在保护中开发，在开发中保护”的原则，发挥地质遗迹景观和地质生态环境的优势，推动旅游产业发展，为促进当地社会经济可持续发展服务。

第四章 监督管理

第二十二条 县级以上国土资源行政主管部门应当定期对地质公园的建设情况进行监督检查。检查的主要内容包括：管理机构设置及标准化管理、资金使用、地质博物馆、各种标示系统、主要地质遗迹保护、地质灾害治理、科普宣传活动和地质公园网站建设等。

第二十三条 地质公园管理机构应当建立健全档案制度和管理信息系统。对公园的历史沿革、发展变化、各种资源状况、生态环境、开发建设、地质遗迹保护、地质灾害防治、旅游接待、科普教育、经营状况等进行调查统计，形成完整的档案材料，建立地质公园管理数据库。每年年底前地质公园管理机构应将包含上述内容的年度总结报告报省国土资源厅，同时抄送地质公园所在地地级以上市和县级国土资源行政主管部门。

第二十四条 地质公园应当加强地质科学研究。其他单位或者个人在地质公园内进行科学研究和科学考察活动的，应当经地质公园管理机构批准，并且在科研（科考）活动结束后及时向地质公园管理机构提交科研（科考）成果副本。科研和考察活动中新发现的地质遗迹，应当及时向地质公园管理机构报告。因科研和教学需要采集的标本、化石，使用后应当交地质博物馆保存。

第五章 附则

第二十五条 本办法由广东省国土资源厅负责解释。

第二十六条 本办法自发布之日起施行。

关于印发《广东省矿产资源勘查项目评审专家管理暂行办法》的通知

粤国土资地勘发〔2011〕23号

各地质勘查单位主管局及各有关单位：

为了充分发挥矿产资源勘查项目评审专家在矿产资源勘查管理工作中的作用，规范评审程序和专家管理，提高矿产资源勘查工作质量，根据国家和省的有关规定，省国土资源厅制定了《广东省矿产资源勘查项目评审专家管理暂行办法》，现印发给你们，请遵照执行。

广东省国土资源厅

二〇一一年一月二十八日

广东省矿产资源勘查项目评审专家管理暂行办法

第一条 为了充分发挥矿产资源勘查项目评审专家在矿产资源勘查管理工作中的作用，进一步规范评审程序和专家管理，提高矿产资源勘查工作质量，根据国家和省的有关规定，制定本办法。

第二条 矿产资源勘查项目评审专家，是指入选广东省国土资源厅矿产资源勘查项目评审专家库（以下简称“专家库”）的专家。

专家库由省国土资源厅负责建设和管理。

第三条 省国土资源档案馆具体负责专家库的建设和管理工作，具体事项如下：

（一）审查矿产资源勘查项目评审专家申报材料，提出专家库入选人员名单方案；

（二）建立专家信息库，记录专家开展相关工作的情况；

（三）组织专家开展矿产资源勘查实施方案评审工作；

（四）承担专家业务培训和考试（考核）工作；

（五）组织和协助专家完成省国土资源厅委托的其他相关工作。

第四条 矿产资源勘查项目评审专家原则上从长期从事地质、矿产、水工环、探矿工程、遥感、物探、化探、经费预算等专业生产实践工作、科研、教学的工程技术人员中选定。

第五条 矿产资源勘查项目评审专家应当具备下

列基本条件：

（一）拥护党的路线、方针、政策和国家的法律法规，遵纪守法。

（二）坚持原则，作风正派，办事公道，工作认真负责，有强烈的事业心和责任感，具有探索创新的科学精神和良好的职业道德。

（三）有较高的专业技术水平，熟悉本学科专业领域国内外科技发展动态，并熟练掌握运用地质矿产勘查相关法律法规政策及规范和技术要求开展工作，符合下列条件之一：

1. 从事地质勘查工作 10 年以上，具有高级技术职称；

2. 中国科学院或中国工程院院士；

3. 具有突出贡献并享受国务院或省政府特殊津贴的专家；

4. 获国家科技奖的完成人；获部、省级科技奖一、二等奖项目完成人排序前 5 位者和获部、省级科技三等奖项目完成人排序前 2 位者。

（四）服从安排，按时高效保质完成评审、论证、核查、监督和验收等工作任务。

（五）身体健康，年龄一般在 60 周岁以下（博士生导师可放宽至 65 周岁，两院院士年龄不限），能够正常参加地质勘查野外工作。

第六条 矿产资源勘查项目评审专家采取个人申报、单位推荐、省国土资源厅审定的方式确定。

第七条 入选专家库程序：

（一）申报人填写《广东省矿产资源勘查项目评审专家申报表》并提供相关证明材料，经所在单位和单位主管部门签署意见并加盖公章后，报省国土资源厅。

（二）申报人按通知要求参加相关培训及考试。

（三）省国土资源档案馆对申报材料进行审查，根据培训及考试（考核）结果，按照专业分类，本着公平、公正和择优的原则，提出入选专家库的人员名单，报省国土资源厅审定。

（四）经审定后的专家库人员名单在省国土资源厅门户网站公示 7 个工作日，公示期满无异议的，由省国土资源厅予以公布，并颁发专家资格证书。

第八条 评审专家实行动态管理，注重业绩。矿产资源勘查项目评审专家因身体健康、工作关系等原因不能继续参加矿产资源勘查项目评审论证等相关工作的，经本人申请，报省国土资源厅批准，可退出专家库。

专家库专家每届任期 3 年，任期届满，自动离职或重新办理连任手续。

根据工作需要，省国土资源厅可适时增补专家库专家，增补专家库专家按照本办法规定的程序报批。

第九条 矿产资源勘查项目评审专家的主要职责：

（一）参与矿产资源勘查实施方案评审；

（二）受省国土资源厅委托，参与矿产资源勘查项目的论证、评审、核查、监督和验收等工作。

第十条 矿产资源勘查项目评审专家参加除省国土资源厅以外的其他单位委托的矿产资源勘查项目评审、论证、监督、验收等工作，其评审意见或建议不代表省国土资源厅的意见或建议。

第十一条 矿产资源勘查实施方案评审专家组的组成，本着公平、公正和专业对口的原则，在纪检监察部门的监督下，由省国土资源档案馆从专家库中随机抽取。每个项目的评审专家人数不少于 3 人。

第十二条 矿产资源勘查项目评审专家接到省国土资源档案馆发出的矿产资源勘查实施方案评审邀请时，应按时参加评审并按照有关规定提出书面评审意见。无特殊原因，在项目评审期间不得中途退出。

第十三条 为保证矿产资源勘查项目评审、论证等工作的公平、公正，评审、论证等项目涉及本人、本人亲属或本单位利益关系的，矿产资源勘查项目评审专家应当主动申请回避。

第十四条 矿产资源勘查项目评审专家应遵循公平、公正、客观、准确的原则参加矿产资源勘查项目的评审、论证等工作，所提出的评审意见或建议应真实、可靠、有理有据。

第十五条 矿产资源勘查项目评审专家应遵守项目评审、论证等工作的有关要求和相关保密规定，保守国家秘密、工作秘密和项目单位的商业秘密及技术秘密。

第十六条 评审专家因违反国家法律、法规，违背职业道德，或不遵守本办法规定，累计 5 次无正当理由不参加省国土资源厅组织有关活动的矿产资源勘查项目评审专家，省国土资源厅有权取消其矿产资源勘查项目评审专家资格。有严重违纪行为的，通报其所在单位，情节特别严重的，由有关部门依法处理。

第十七条 对工作优秀或做出突出贡献的矿产资源勘查项目评审专家，省国土资源厅给予表彰或奖励。

第十八条 本办法由广东省国土资源厅负责解释。

第十九条 本办法自发布之日起施行。

关于印发《广东省国土资源系统开展法制宣传教育的第六个五年规划》的通知

粤国土资法规发〔2011〕224号

各地级以上市国土资源局(国土资源行政主管部门),顺德区发展规划和统计局、国土城建和水利局,厅机关各处(室、局)、厅属各单位:

为确保"六五"法制宣传教育工作的顺利开展,现将《广东省国土资源系统开展法制宣传教育的第六个五年规划》印发给你们。请结合本地实际,认真贯彻落实。

广东省国土资源厅

二〇一一年十一月十一日

广东省国土资源系统开展法制宣传教育的第六个五年规划

据国土资源部《国土资源系统开展法制宣传教育的第六个五年规划(2011–2015)》、国家测绘地理信息局《全国测绘地理信息法制宣传教育第六个五年规划(2011–2015)〉以及《省委宣传部、省司法厅关于在全省开展法制宣传教育的第六个五年规划(2011–2015年)》的要求,为全面提升全省国土资源法制宣传教育工作水平,制定本规划。

一、指导思想

以邓小平理论和"三个代表"重要思想为指导,以中国特色社会主义法律体系形成为契机,紧紧围绕科学发展这个主题和加快转变经济发展方式这条主线,紧紧围绕党中央、国务院和省委、省政府关于国土资源管理工作的方针政策和决策部署,紧紧围绕保障发展、保护资源中心工作,牢固树立法治理念,大力弘扬法治精神,努力培育法治文化,为经济社会科学发展营造良好的法治环境。

二、工作目标

通过开展法制宣传教育,传播法治理念,普及法律法规,提高各级国土资源行政主管部门依法行政的能力和水平,提高全系统广大干部职工的法律素质,增强全社会国土资源法治意识，形成自觉学法、用法、守法、护法，共同保护和节约集约利用国土资源的良好氛围。

三、工作原则

（一）围绕中心，服务大局。围绕全省“十二五”规划的总体部署和国土资源工作“十二五”规划的总体目标开展国土资源法制宣传教育，进一步促进“保障发展、保护资源”的中心工作，推动破解国土资源管理中的突出问题，更好地服务于全省经济社会发展的大局。

（二）先行先试，改革创新。要与经济社会发展形势紧密结合，积极开展试点，不断拓展思路，创新方式方法，推动国土资源法制宣传教育工作不断把握规律性、体现时代性、富于创造性，切实提高工作成效。

（三）突出重点，全面提高。要突出重点工作，与推进国土资源管理中心工作紧密结合；突出重点岗位，与“两整治一改革”廉政专项行动紧密结合；突出重点环节，与规范制约权力紧密结合，以点带面，促进国土资源法制工作水平的全面提高。

（四）以人为本，促进发展。着眼于保障人民群众的基本权利，贴近和满足群众维权需求，着力解决涉及群众切身利益的国土资源热点问题，引导公民按程序办事，通过合法渠道解决诉求，用更好地维护群众的合法权益、更好地促进经济平稳较快发展和社会和谐稳定来衡量法制宣传教育工作的效果。

四、主要任务

国土资源法制宣传教育工作要通过加强法律学习，树立法治理念；坚持依法行政，弘扬法治精神；加强法制宣传教育，培育法治文化，努力形成国土资源部门依法办事，群众、企业等国土资源行政相对人依法维权的良好氛围。

（一）继续深入学习宪法和行政基本法律。继续深入学习宪法，进一步树立宪法的权威。大力宣传宪法的基本内容和基本原则，积极推进全系统干部认真履行宪法，自觉维护宪法，不断增强法律信仰，维护社会主义法制的统一、尊严和权威。继续深入学习《行政强制法》、《行政许可法》、《行政处罚法》、《行政诉讼法》、《行政复议法》、《中华人民共和国政府信息公开条例》等行政基本法律，全面提升行政法律素质。要通过举办学习活动、视频培训和知识竞赛，使全省国土资源系统干部熟悉行政法律知识，提高运用行政法律解决实际问题的能力。

（二）切实增强依法行政意识，提高依法科学民主决策水平。继续加强对依法治国基本方略的学习，深入贯彻落实《国务院全面推进依法行政实施纲要》，切实提高全省国土资源系统干部职工依法行政意识，规范行政行为。继续完善国土资源决策程序，提高依法科学民主决策水平。要大力推进开门立法，建立公众参与重大立法、决策的制度，从内容上、程序上保证公众对涉及国土资源的重大立法、决策的知情权与参与权，尤其是在土地管理、矿产资源规划、征地补偿问题中，切实提高立法决策的公众参与程度。建立规章和规范性文件“实时清理、自动更新”机制，规范法律、行政法规和规章应用解释工作，加强规范性文件的管理，完善合法性审查制度，推进规章和规范性文件后评估制度，加强重大决策跟踪反馈和责任追究机制，进一步推动国土资源决策的科学性、民主性。

（三）完善依法行政制度，规范行政程序。要通过法制宣传教育，引导广大干部职工转变“重实体、轻程序”的观念，既要保证结果的合法，也要依法履行各项程序。按照科学立法、完善制度、制约权力、改进服务、提高效率的要求，建立和完善体现合法、合理、公正、效率、责任原则的依法行政制度和程序。完善依法行政评价考核体系，把考核指标进一步量化分解到各项具体工作中去，开展经常性的考核和检查，并作为领导干部考核的一项重要指标。进一步规范行政许可、审批、登记、发证等工作程序，进一步推进阳光行政。加强信息化建设，更好地促进依法行政。

（四）进一步建立健全学法制度，提高依法行政能力。继续完善各级领导班子党委（党组）理论学习中心组集体学法、法制讲座学法等制度，深入学习《土地管理法》、《矿产资源法》、《测绘法》等国土资源管理法律法规，深入学习与土地、矿产资源管理密切相关的其他法律法规。继续健全国土资源管理岗位任职前法律法规考试和定期培训制度。切实提高各级国土资源部门领导和干部职工依法行政水平，增强运用国土资源法律法规解决实际问题和驾驭复杂局面的能力。探索建立重大事项决策风险评估制度，切实从源头上防范和化解矛盾。探索建立矛盾预警、疏导、调处机制，有效防范和化解征地拆迁等引发的社会矛盾，进一步加大通过法律法规协调社会关系、规范社会行为的力度，进一步畅通诉求通道，引导公众依法维护合法权益，规范维权行为，促进社会和谐稳定。

（五）进一步加强廉政勤政和惩防体系建设。结合“两整治一改革”廉政专项行动，进一步推进行政审批制度改革和重大资金分配使用管理改革，规范执法权力和程序。大力宣传“甘于奉献、勇于担当、敢于碰硬、善于创新”的精神，切实加强勤政廉政和惩防体系建设。

（六）在全社会营造遵守国土资源法律法规的氛围。继续开展“送法工程”，推进国土资源法律法规“进机关、进乡村、进社区、进学校、进企业、进单位”；利用“4·22世界地球日”、“6·25全国土地日”、“8·29”全国测绘法宣传日、“12·4全国法制宣传日”等专题活动，加大国土资源法律法规政策的宣传力度，继续采取“以案说法”等形式，加强宣传教育；充分利用电视、广播、报刊等传统媒体加强宣传；加大对互联网、手机等新兴媒体的利用，通过网站、论坛、博客、微博、通信短信息、远程教育等形式，扩大宣传教育的覆盖面，提高效果，做到国土资源法律法规家喻户晓，国土资源基本国策深入人心。让全社会熟悉国土资源法律法规，了解国土资源现状，进一步在全社会营造遵守国土资源法律法规的氛围，提高全社会依法保护、合理利用国土资源的自觉性，努力创造“办事依法、遇事找法、解决问题用法”的法治氛围，培育具有国土资源管理系统特色的浓厚的法治文化。

五、工作安排

按照全面规划、整体推进、务求实效的原则，分三个阶段完成“六五“普法工作任务。

（一）宣传准备阶段。

2011年11月底前，各市级国土资源主管部门根据本规划，研究制定本市国土资源“六五”法制宣传教育规划，调整普法领导机构，确定普法工作联络员，报省国土资源厅普法办公室备案。

（二）组织实施阶段。

2011年12月至2015年，各级国土资源主管部门依据规划确定的目标任务和要求，结合实际，制订计划，认真组织实施，开展年度考评和阶段性抽查，确保规划全面落实。

（三）检查验收阶段。

2015年初，厅“六五”普法领导小组组织检查，总结经验，查找问题，对各市国土资源主管部门“六五”普法规划实施情况进行检查验收，推动“六五”普法工作的全面完成。

六、工作要求

在实施“六五”普法工作过程中，要紧紧围绕工作目标，切实履行法律宣传教育责任，积极组织开展形式多样的法制宣传教育活动，努力提供依法行政的管理和服务水平。

（一）加强组织领导。省国土资源厅设立“六五”普法领导小组，负责指导本系统的法制宣传教育工作，下设普法办公室（设在法规处）负责日常工作。各市国土资源主管部门要成立法制宣传教育领导小组和工作机构，并报厅普法办公室备案。各级国土资源管理部门要有负责法制宣传教育的专门人员。开展法制宣传教育所需经费要列入行政工作预算，专款专用，并配备必要的普法设备，确保普法工作的正常开展。

（二）加强指导，狠抓落实。省国土资源厅要加强对本系统开展法制宣传教育的指导，市级国土资源主管部门要加强对本地区开展国土资源法制宣传教育的指导和协调，每年向省国土资源厅上报法制宣传教育总结及下一年度工作安排。要结合本地区、本部门的具体情况，既要兼顾全面，又要突出重点，采取切实措施，确保成效。

（三）加强与有关部门的密切配合。各级国土资源主管部门加强与有关部门的工作联系，在各级地方普法办公室的统一领导下开展国土资源法制宣传教育活动，积极争取各级人大、政协的支持，接受人大、政协对国土资源部门开展法制宣传教育工作的检查、督促。

（四）完善制度，分级培训。各级国土资源主管部门要建立健全公务员学习法律知识的培训、考试、考核制度，组织编写国土资源法律知识读本、依法行政知识读本等作为普法教材，定期组织培训。

（五）形式多样，讲求实效。深入推行茂名市国土资源局“窗口建到基层所，政务公开到村组”的做法；

积极利用电视、广播、报刊等传统媒体，充分运用互联网平台、电子信息等现代传媒，不断探索和加强国土资源法制宣传教育阵地建设，扩大宣传范围，增强宣传效果；曝光一些典型的、重大的土地、矿产违法案件的查处整改情况，通过以案说法、案例分析等形式，开展宣传教育，达到普法与教育目的。

（六）强化督查，考核激励。探索建立领导干部法律素质基准和普法工作目标量化指标考核体系，创新奖惩激励机制，将领导干部学法用法情况、普法规划实施情况作为国土资源管理工作目标考核的重要内容，作为改革试点选择、职位晋升和年度评先表彰的依据。

拟在2015年组织开展全省国土资源系统“六五”法制宣传教育检查验收和总结表彰工作，完成对“六五”普法规划实施情况的总结验收，表彰先进单位和先进个人。

附件：

省国土资源厅“六五”普法领导小组成员名单（略）